高等职业教育汽车类专业活页式新形态创新教材

汽车智能技术

主　编　李占平　李　波　董　光
副主编　沈志平　赵　河　杨　静　尹力卉
参　编　彭　浩　孔春花　刘　鑫　徐　行　赵　鑫
　　　　冯守明　高　洁　郑瑞丽　赵玉霞　张雪彦
　　　　张　静　蔡燕超　李洪友　王勤军　郭浩然
　　　　郭建文　浦显斌

机械工业出版社

本书以国家职业教育改革为契机，以课程改革为突破口，紧密结合当前行业的发展以及职业岗位群和企业需求的变化，学习任务来源于企业真实的岗位和真实的工作任务，融合"有效教学"理念，主要包括：智能汽车及其关键技术、电气系统智能技术、底盘智能技术、汽车空调智能技术，共4个模块。

本书图文并茂、通俗易懂、实用性强，配套天工讲堂课程资源（视频、动画）、课件，可作为职业院校汽车类专业教材，也可供智能网联汽车技术人员和汽车维修工参考。

图书在版编目（CIP）数据

汽车智能技术 / 李占平，李波，董光主编. — 北京：机械工业出版社，2024.5

高等职业教育汽车类专业活页式新形态创新教材

ISBN 978-7-111-75850-1

Ⅰ.①汽…　Ⅱ.①李…②李…③董…　Ⅲ.①汽车–智能技术–高等职业教育–教材　Ⅳ.①U463

中国国家版本馆CIP数据核字（2024）第100287号

机械工业出版社（北京市百万庄大街22号　邮政编码100037）

策划编辑：谢　元　　　　　　　责任编辑：谢　元
责任校对：龚思文　刘雅娜　　　封面设计：张　静
责任印制：单爱军

北京虎彩文化传播有限公司印刷

2024年7月第1版第1次印刷

184mm × 260mm · 18印张 · 422千字

标准书号：ISBN 978-7-111-75850-1

定价：69.90元

电话服务　　　　　　　　　　　网络服务

客服电话：010-88361066　　　机　工　官　网：www.cmpbook.com

　　　　　010-88379833　　　机　工　官　博：weibo.com/cmp1952

　　　　　010-68326294　　　金　书　网：www.golden-book.com

封底无防伪标均为盗版　　　机工教育服务网：www.cmpedu.com

前 言

当今世界，新一轮科技革命和产业变革方兴未艾，汽车智能技术已成为全球汽车产业发展的战略方向。汽车智能技术高度融合车辆工程、现代传感、信息通信、自动控制、计算机和人工智能等技术，是未来汽车新技术集成的载体，代表未来汽车科技的战略制高点。

为了加快智能汽车人才培养与储备，世界各国的高等教育机构均大力进行智能汽车新工科专业人才培养，我国教育部先后发布的《关于开展新工科研究与实践的通知》《关于推进新工科研究与实践项目的通知》《高等学校人工智能创新行动计划》等一系列政策文件中，均将完善智能汽车相关领域人才培养体系作为重要的工作内容。

我们结合长期从事的智能汽车维修工作和河南机电职业学院"汽车智能技术"课程的多年教学实践，对汽车智能技术进行了系统梳理，编写了本教材。

本书全面系统地讲解了智能汽车及其关键技术、电气系统智能技术、底盘智能技术、汽车空调智能技术，共 4 个模块。

本书具备以下 4 个特点：

1）具有工作手册和教材的共同特征，本书既是工作手册，又是活页式教材，是一种以"做中学，学中做"为特征的职业院校教学培训用书。工作手册、活页式教材内容满足学生在工作现场学习的需要，提供简明易懂的"应知""应会"等现场指导信息，同时，又按照技术技能人才成长特点和教学规律，对学习任务进行有序排列。工作手册和活页式教材丰富了工作过程中需要的指导性信息，剔除了工作中不需要的陈旧知识，拉近了产教之间的距离，便于随着工作过程的变化及时修订教材内容。

2）引入"有效教学"理念，在每个项目首页设计有项目描述，包含整个项目主要内容的知识引导以及重要图片。

3）配有课程辅助资源，包括与教材内容相对应的配套课件、动画、视频，实现了课程资源多种介质的立体化融合。

4）用简明、清晰的文字，配以高清彩色图片，从智能汽车关键技术入手，详细介绍了智能灯光辅助、虚拟驾驶舱、夜视辅助系统、平视显示系统和限速显示、自适应巡航控制系统、智能车道保持系统、自动泊车辅助系统、驾驶人辅助系统、典型豪华轿车空调系统空气分配、典型 SUV 空调系统空气分配的构造和原理等新技术。

本书由李占平、李波、董光任主编；沈志平、赵河、杨静、尹力卉任副主编，彭浩、孔春花、刘鑫、徐行、赵鑫、冯守明、高洁、郑瑞丽、赵玉霞、张雪彦、张静、蔡燕超、李洪友、王勤军、郭浩然、郭建文、浦显斌参与编写。

具体分工：李占平、沈志平、王勤军、浦显斌、尹力卉、李洪友编写模块一；彭浩、孔春花、刘鑫、徐行、郭建文、董光编写模块二；冯守明、高洁、郑瑞丽、赵玉霞、郭浩然、赵河、赵鑫编写模块三；张雪彦、张静、蔡燕超、李波、杨静编写模块四。

本书在编写过程中得到了河南机电职业学院、吉林交通职业技术学院、鲁北技师学院、中鑫之宝汽车服务有限公司、河北益飞特化工科技有限公司等单位的大力支持，倾注了多位职业教育专家、一线教师的心血和汗水，在此深表感谢！

由于编者水平有限，书中难免存在疏漏之处，敬请读者不吝指正。

编　者

活页式教材使用注意事项

01 根据需要，从教材中选择需要夹入活页夹的页面。

02 小心地沿页面根部的虚线将页面撕下。为了保证沿虚线撕开，可以先沿虚线折叠一下。注意：一次不要同时撕太多页。

03 选购孔距为80mm的双孔活页文件夹，文件夹要求选择竖版，不小于B5幅面即可。将撕下的活页式教材装订到活页夹中。

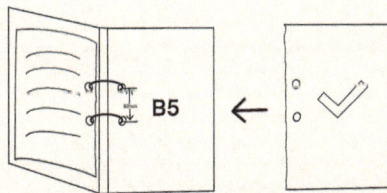

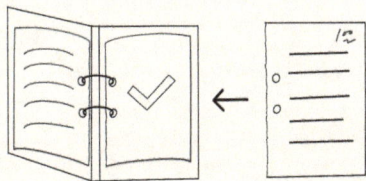

04 也可将课堂笔记和随堂测验等学习资料，经过标准的孔距为80mm的双孔打孔器打孔后，和教材装订在同一个文件夹中，以方便学习。

温馨提示：在第一次取出教材正文页面之前，可以先尝试撕下本页，作为练习

目录

模块四
汽车空调智能技术

模块一

智能汽车及其关键技术

　　智能汽车是集环境感知、规划决策、高等级辅助驾驶等功能于一体的汽车，它集中运用计算机、现代传感、信息融合、通信、人工智能及自动控制等先进技术，是典型的高新技术综合体。对智能汽车的研究主要致力于提高汽车的安全性、舒适性并提供友好的人车交互界面。近年来，智能汽车已经成为世界汽车工程领域研究的热点和汽车工业增长的新动力，很多发达国家都将其纳入各自重点发展的智能交通系统当中。

1. 智驾管家

　　智驾管家集成可靠的安全驾驶辅助功能，智能、便捷、全面，坐享行程无负担，如图 1-1 所示。

　　（1）自适应巡航系统

　　自适应巡航系统可以调节车速并管理本车与前方车辆之间的距离，以适应本车所处的路况，如图 1-2 所示。

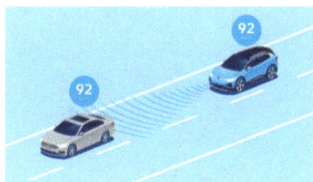

图 1-1　智驾管家　　　　　图 1-2　自适应巡航系统

　　（2）前部防碰撞自动制动系统

　　当车辆高速行驶且前方有潜在的碰撞风险时，前部防碰撞自动制动系统将首先发出视听警告。如有必要，该系统会自动制动以减轻或避免碰撞，如图 1-3 所示。

　　（3）车道保持辅助系统

　　当车辆以更高的速度行驶时，车道保持辅助系统可以使本车避免越线，如图 1-4 所示。

图 1-3　前部防碰撞自动制动系统　　　图 1-4　车道保持辅助系统

（4）变道辅助系统

变道辅助功能为驾驶人提供变道支持。无论是否想要变道，它都会指示该区域内对变道存在重要影响的所有车辆。对应后视镜中的符号持续亮起，以警告驾驶人潜在的风险，如图1-5所示。

（5）后方交通穿行提示

后方交通穿行提示能够帮助驾驶人密切关注车辆后方的情况，在检测到可能导致碰撞的汽车和摩托车时提醒驾驶人，并在紧急时刻自动制动，如图1-6所示。

图1-5　变道辅助系统　　　图1-6　后方交通穿行提示

（6）紧急制动助手

一旦传感器检测到驾驶人没有转向、制动或加速，系统就会启动不同阶段的应急措施。首先系统会通过转向盘急速抖动来警示驾驶人，随后开启紧急制动。危险警告闪光灯自动激活，汽车轻微转向，以提醒其他道路使用者注意危险情况。全速域驾驶辅助可防止与前方发生碰撞。最后，车辆将持续制动至静止状态，如图1-7所示。

（7）交通标志识别

交通标志识别是一种车辆安全系统，帮助驾驶人注意到限速标志等，如图1-8所示。

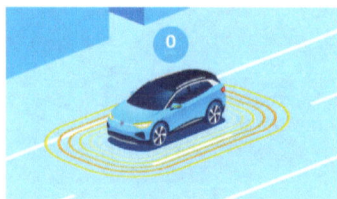

图1-7　紧急制动助手　　　图1-8　交通标志识别

2. 智能导视

驾驶人只需关注前方道路，视野所及之处即可呈现需要的关键驾驶信息。部分车型更具备增强现实显示功能，可在道路前方的增强显示区域中，以3D形式动态呈现导航信息、碰撞预警、电量警示等智能驾驶辅助提示。智能导视如图1-9所示。

智能导视系统将特定的符号叠印到外部窗口，并实现动态显示。增强现实抬头显示屏将重要信息投射到前风窗玻璃上，来自辅助系统的信息和来自导航系统的转向箭头、起点和目的地都将显示在这个远距离的窗口上。

抬头显示屏将速度或导航图标等关键信息直接投射到驾驶人的主要视野中。这种投影可以使驾驶人的眼睛在关注速度等信息的同时保持专注于道路交通。驾驶人可以自行决定显示哪些信息（当前速度、限速、导航指示、辅助系统信息和警告等），如图1-10所示。

图 1-9 智能导视

图 1-10 抬头显示屏

3. 泊车管家

无论是平行泊车还是垂直泊车，泊车管家都可轻松接管，无需换档、制动等复杂操作，如图 1-11 所示。

低速经过车位时，车辆会识别满足条件的车位，驾驶人可手动开启自动泊车，如图 1-12 所示。

图 1-11 泊车管家可轻松接管泊车

图 1-12 开启自动泊车

4. 360° 全景

无论是泊车停驻还是行驶在复杂路况，多个超广角高清摄像头都可为驾驶人保驾护航，提供"鸟瞰式"全局视角，直观了解车身周围情况。360° 的全景影像如图 1 13 所示。

多个超广角高清摄像头集成车身周围影像于中控大屏，如图 1-14 所示，并可根据需求只单独展示其中部分视角。

图 1-13 360° 的全景影像

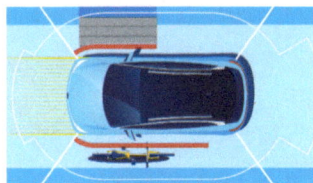
图 1-14 多个超广角高清摄像头
集成车身周围影像于中控大屏

5. 矩阵前照灯

车辆标徽、迎宾照地灯、前照灯、尾灯……这是一场与光的邂逅，有惊鸿一瞥时的心动，更有智慧科技中的贴心。贯穿一体式前后灯在动态光影中蓄势待发。聪明的矩阵式前照灯，在不同环境和天气下提供清晰有效的视野。近光模式可根据车速和场景自动调整，让夜间行车更加智慧安全。更精准的远光灯、自动防目眩功能，守护驾驶人也在守护"同路中人"。

矩阵式 LED 具有可自动开启的动态远光功能、高低自动调节功能，包含 AFS 转向辅助灯和全天候自适应前照灯，如图 1-15 所示。

全天候自适应前照灯根据车速和场景自动输出各种近光模式——城镇模式、经典模式、高速模式等，为夜间行车安全带来保障。

开启动态远光功能后可在不造成前方车辆目炫的同时，为驾驶人提供比近光灯光照范围更远、更宽的灯光，如图 1-16 所示。

图 1-15　矩阵式 LED　　　　图 1-16　矩阵式动态远光功能

6. 灯光精灵

驾驶人的每个举动都会得到心有灵犀的回应。不只是解锁时的欢迎和上锁时的告别，车辆起动、挂档、导航转向……横向贯穿驾驶舱的灯光精灵会随着不同操作变幻灯带色彩及动效，这种场景表现的新视觉语言清新、易懂，帮助驾驶人更直观地了解车辆状态，如图 1-17 所示。

灯光精灵是横向贯穿驾驶舱的灯带，具有场景表现功能，车主仅通过颜色和灯光动态效果即可直观感知车辆状态，如图 1-18 所示，降低信息读取的复杂度。

图 1-17　灯光精灵场景表现　　　图 1-18　通过颜色和灯光动态效果
　　　　　　　　　　　　　　　　　　　即可直观感知车辆状态

7. 语音精灵

导航、出行、播放音乐、接打电话、开启空调……是时候放弃复杂的物理按键和触控操作了，你无需在驾驶过程中手忙脚乱，语音精灵通通可以搞定！它很聪明，听得明白、反应迅速，还能持续对话。任何场景，言出即行！解放双手，让行车更安全、行动更高效，如图 1-19 所示。

语音精灵采用先进的语音识别技术，精准理解、快速反馈，并支持多轮互动对话，无需重复唤醒，如图 1-20 所示。

图 1-19　语音精灵语音声控　　　图 1-20　先进的语音识别技术

8. 智慧车联

智慧车联提供优质的线上服务。语音、导航、出行、生态、远程控制……超越常规的出行新体验！

1）智能语音：具有多种唤醒方式、多种方言识别及综合智能语音系统，实现流畅沟通。

2）智慧导航：不只是指引至目的地，更提供智慧预测等一站式出行建议方案。

3）智享生态：涵盖音乐、电台、广播、智能家居，智享车上信息生活。

4）智趣出行：组队出行、预约服务、车载 WiFi 等多维体验，让出行充满趣味。

5）智联控车：支持空调、充电等远程操控，如图 1-21 所示。

图 1-21 智联控车

9. 无人驾驶汽车

无人驾驶汽车又称自动驾驶汽车，在 20 世纪已有数十年的历史，21 世纪初呈现出接近实用化的趋势。它依靠人工智能、视觉计算、雷达、监控装置和全球卫星定位系统协同合作，让汽车可以在没有人类任何主动的操作下自动安全地行驶。

无人驾驶汽车应用场景如图 1-22 所示。

无人驾驶汽车根据自动化水平的高低分为 4 个阶段：驾驶辅助、部分自动化、高度自动化、完全自动化。

要想学好汽车智能技术，必须学习传感技术、通信技术、软件技术、网络技术、智能交通技术和人工智能技术，如图 1-23 所示。

图 1-22 无人驾驶汽车应用场景

图 1-23 汽车智能技术

学习目标

知识目标

- 能正确掌握和理解车联网。
- 能正确掌握和理解智能网联汽车。
- 能正确理解智能交通系统。
- 能掌握智能网联汽车的分级方法。
- 能掌握智慧车联。

技能目标

- 能了解智能技术的应用。
- 能正确分析和掌握传感技术。
- 能正确分析和掌握通信技术。
- 掌握汽车驾驶辅助系统。
- 正确掌握无人驾驶汽车技术。

素养目标

- 养成严谨科学的工作态度。
- 养成团队协作精神。
- 能够"最大化"利用有限时间。
- 能够与合作伙伴良好地交流和相互理解。

相关知识

一、智能汽车

智能汽车是在一般车辆上增加了先进的传感器（如雷达、摄像头等）、控制器、执行器等装置，通过车载环境感知系统和信息终端，实现与人、车、路等的信息交换，使车辆具备智能环境感知能力，能够自动分析车辆行驶的安全及危险状态，并使车辆按照人的意愿到达目的地，最终实现替代人来操作的目的的汽车，如图1-24所示。

图1-24　智能汽车

总的来说，智能汽车是搭载先进传感系统、决策系统、执行系统，运用信息通信、互联网、大数据、云计算、人工智能等新技术，具有部分或完全自动驾驶功能，由单纯交通运输工具逐步向智能移动空间转变的新一代汽车。

（一）无人驾驶汽车

无人驾驶汽车是通过车载环境感知系统来感知道路环境、自动规划和识别行车路线并到达预定目标的智能汽车。它利用环境感知系统来感知车辆周围环境，并根据感知所获得的道路状况、车辆位置和障碍物信息等，控制车辆的行驶方向和速度，从而使车辆能够安全、可靠地在道路上行驶。无人驾驶汽车是传感器、计算机、人工智能、无线通信、导航定位、模式识别、机器视觉、智能控制等各种先进技术融合的综合体。

与一般的智能汽车相比，无人驾驶汽车需要具有更先进的环境感知系统、中央决策系统以及底层控制系统。

无人驾驶汽车能够实现完全自动控制，全程检测交通环境，能够实现所有的驾驶目标。驾驶人只需提供目的地或者输入导航信息，在任何时候均不需要对车辆进行操控。无人驾驶汽车是汽车智能化、网络化的终极发展目标。无人驾驶汽车场景示意图如图1-25所示。百度无人驾驶微循环车"阿波龙"如图1-26所示。

图 1-25　无人驾驶汽车场景示意图　　图 1-26　百度无人驾驶微循
环车"阿波龙"

（二）车联网

车联网（Internet of Vehicle，IOV）是以车内网、车际网和车载移动互联网为基础，按照约定的体系架构及其通信协议和数据交互标准，通过 V2X（V 代表汽车，X 代表车、路、行人及应用平台等）进行无线通信和信息交换，以实现智能化交通管理、智能动态信息服务和车辆智能化控制的一体化网络。它是物联网技术在智能交通系统领域的延伸。车内网是指通过应用成熟的总线技术建立一个标准化的整车网络；车际网是指基于特定无线局域网络的动态网络；车载移动互联网是指车载单元通过 4G/5G 等通信技术与互联网进行无线连接；三网融合是车联网的发展趋势。车联网技术主要面向道路交通，为交通管理者提供决策支持，为车辆与车辆、车辆与道路提供协同控制，为交通参与者提供信息服务。车联网是智能交通系统与互联网技术发展的融合产物，是智能交通系统的重要组成部分。车联网技术示意图如图 1-27 所示。

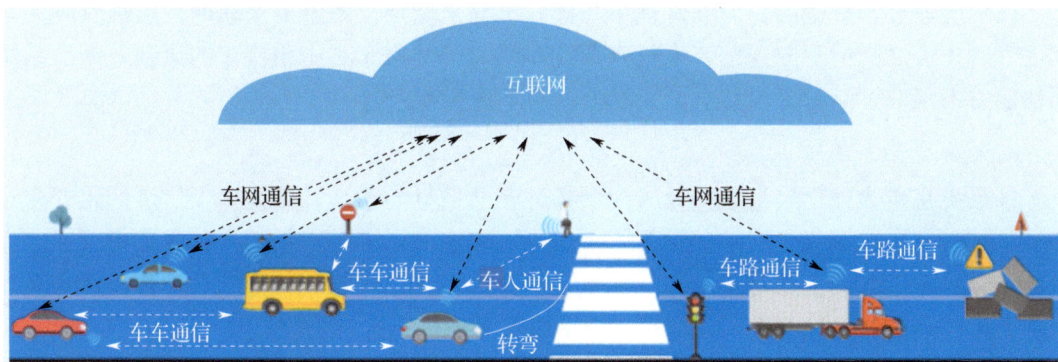

图 1-27　车联网技术示意图

（三）智能网联汽车

智能网联汽车（Intelligent Connected Vehicle，ICV）是一种跨技术、跨产业领域的新兴汽车体系。各国对智能网联汽车的定义不同，叫法也不尽相同，但终极目标是一样的，即可上路安全行驶的无人驾驶汽车。

从狭义上讲，智能网联汽车是搭载先进的车载传感器、控制器、执行器等装置，并融合现代通信与网络技术，实现 V2X 智能信息交换共享，具备复杂的环境感知、智能决策、协同控制和执行等功能，可实现安全、舒适、节能、高效行驶，并最终可替代人来操作的新一代汽车。智能网联汽车概念示意图如图 1-28 所示。

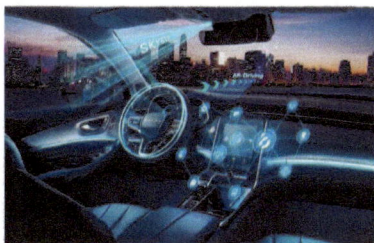

图 1-28　智能网联汽车概念示意图

（四）智能交通系统

智能交通系统（Intelligent Traffic System，ITS）是未来交通系统的发展方向，它是将先进的信息技术、计算机处理技术、数据通信技术、传感器技术、电子控制技术、运筹学、人工智能等有效地集成运用于整个地面交通管理系统而建立的一种在大范围内全方位发挥作用的，实时、准确、高效的综合交通运输管理系统，如图1-29所示。

图1-29　智能交通系统

1. 车辆控制系统

该系统指辅助驾驶人驾驶汽车或替代驾驶人自动驾驶汽车的系统。系统通过安装在汽车前部和旁侧的雷达或红外探测仪，可以准确地判断本车与障碍物之间的距离，一旦遇到紧急情况，能及时发出警告或自动制动避让，并根据路况自己调节车速。

2. 交通监控系统

该系统类似于机场的航空控制器，它将在道路、车辆和驾驶人之间建立快速通信联系。哪里发生了交通事故，哪里交通拥挤，哪条路畅通，系统会以最快的速度告知驾驶人和交通管理人员。

3. 营运车辆调度管理系统

该系统通过车载电脑、调度管理中心计算机与全球定位系统卫星联网，实现驾驶人与调度管理中心之间的双向通信，来提供商业车辆、公共汽车和出租汽车的运营效率。系统通信能力极强，可以对全国乃至更大范围内的车辆实施控制。

4. 旅行信息系统

该系统是专为外出旅行人员及时提供各种交通信息的系统。系统提供信息的媒介多种多样，如计算机、电视、电话、路标、无线电、车内显示屏等，任何一种方式都可以。无论你在办公室、大街上还是家中、汽车里，只要采用其中任何一种方式，你都能从信息系统中获得所需要的信息。有了该系统，外出旅行者就可以眼观六路、耳听八方了。

智能交通系统是一个复杂的综合性系统，从系统组成的角度可分成以下子系统：

（1）先进的交通信息服务系统（ATIS）

ATIS是建立在完善的信息网络基础上的。交通参与者通过装备在道路、汽车、换乘站、停车场以及气象中心的传感器和传输设备，向交通信息中心提供各地的实时交通信息；ATIS得到这些信息并通过处理后，实时向交通参与者提供道路交通信息、公共交通信息、换乘信息、交通气象信息、停车场信息以及与出行相关的其他信息；出行者根据这些信息确定自己的出行方式、选择路线。更进一步，当汽车上装备了自动定位和导航系统时，该系统可以帮助驾驶人自动选择行驶路线。

（2）先进的交通管理系统（ATMS）

ATMS有一部分与ATIS共用信息采集、处理和传输系统，但是ATMS主要是给交通管理者使用的，用于检测控制和管理公路交通，在道路、车辆和驾驶人之间提供通信联系。它将对道路系统中的交通状况、交通事故、气象状况和交通环境进行实时监视，依靠先进的车辆检测技术和计算机信息处理技术，获得有关交通状况的信息，并根据收集到的信息对交通进行控制，如信号灯、发布诱导信息、道路管制、事故处理与救援等。

（3）先进的公共交通系统（APTS）

APTS 的主要目的是采用各种智能技术促进公共运输业的发展，使公交系统实现安全便捷、经济、运量大的目标。如通过个人计算机、闭路电视等向公众就出行方式和事件、路线及车次选择等提供咨询，在公交车站通过显示器向候车者提供车辆的实时运行信息。在公交车辆管理中心，可以根据车辆的实时状态合理安排发车、收车等计划，提高工作效率和服务质量。

（4）先进的车辆控制系统（AVCS）

AVCS 的目的是开发帮助驾驶人实行本车辆控制的各种技术，从而使汽车行驶安全、高效。AVCS 包括对驾驶人的警告和帮助，障碍物避免等自动驾驶技术。

（5）货运管理系统

这里指以高速公路网和信息管理系统为基础，利用物流理论进行管理的智能化物流管理系统，综合利用卫星定位、地理信息系统、物流信息及网络技术有效组织货物运输，提高货运效率。

（6）电子不停车收费系统（ETC）

ETC 是世界上最先进的路桥收费方式。通过安装在车辆前风窗玻璃内侧的车载设备终端与在收费站 ETC 车道上的微波天线之间的微波专用短程通信，利用计算机联网技术与银行进行后台结算处理，从而达到车辆通过路桥收费站不需停车而能交纳路桥通行费的目的，且所交纳的费用经过后台处理后清分给相关的收益业主。在现有的车道上安装电子不停车收费系统，可以使车道的通行能力提高 3~5 倍。

（7）紧急救援系统（EMS）

EMS 是一个特殊的系统，它的基础是 ATIS、ATMS、有关的救援机构及设施，通过 ATIS 和 ATMS 将交通监控中心与职业的救援机构联成有机的整体，为道路使用者提供车辆故障现场紧急处置、拖车、现场救护和排除事故车辆等服务。

二、智能汽车关键技术

智能汽车关键技术依次可以分为：环境感知、行为决策、路径规划和运动控制四大部分。

环境感知技术作为自动驾驶的基础，传感器对环境信息和车内信息的采集与处理，是智能汽车自主行驶的前提。获取周围环境信息，涉及道路边界检测、车辆检测、行人检测等技术，所用到的传感器一般有激光测距仪、视频摄像头、车载雷达、速度和加速度传感器等。

由于传感器有局限性，单个传感器满足不了各种工况下的精确感知，并且感知技术并不是以传感器数量取胜，想要车辆在各种环境下平稳运行，就需要运用到多传感器融合技术，该技术也是环境感知这一大类技术的关键所在，如图 1-30 所示。

有了感知系统收集的数据，接下来要对感知系统采集的数据信息进行分析、判断、决策，如图 1-31 所示，选用合适的工作模型，制定对应的驾驶模式。这就是给智能汽车下达的任务指令（加减速，保持车道、车距，障碍绕行，紧急停车等），并且智能驾驶系统需要根据其他车辆、车道、行人等物体的运动轨迹，预测它们在未来一段时间内的运动状态，再根据决策理论，调整本车的驾驶模式。

图 1-30 环境感知技术

图 1-31 对数据信息进行分析、
判断、决策

智能汽车有了行驶任务，智能汽车的路径规划是在进行环境信息感知并确定汽车在环境中的位置的基础上，按照一定的搜索算法，找出一条可通行的路径，进而实现智能汽车的自主导航，如图 1-32 所示。

路径规划的方法根据智能汽车工作环境信息的完整程度，可分为两大类：

第一类是基于完整环境信息的全局路径规划方法。例如，从郑州到北京有很多条路线，规划出一条作为行驶路线即全局规划。

第二类是基于传感器实时获取环境信息的局部路径规划方法。例如，在全局规划好的南京到北京的路线上会有其他车辆或者障碍物，想要避过这些车辆或者障碍物，需要转向调整车道，这就是局部路径规划。

规划好行驶路径后，接下来需要控制车辆沿着期望的轨迹行驶，这就是运动控制部分需要完成的内容。

运动控制包括横向控制和纵向控制，简单来说就是，横向控制给定一个速度，通过控制转向达到车辆沿着预定轨迹行驶的目的；而纵向控制目的是为了满足车辆行驶过程中的速度要求，有时候还需要配合横向控制达到满足车辆在轨迹跟踪的同时，还需要满足安全性、稳定性和舒适性的目的。因为车辆是一个特别复杂的系统，横向、纵向和垂向都有耦合关系的存在，因此就需要对智能汽车进行横向、纵向，甚至横向、纵向、垂向的协同控制。由于其耦合关系的复杂性，所以说智能汽车运动控制的协同控制技术，也是该部分的技术难点，如图 1-33 所示。

自动驾驶技术分为 L1（辅助驾驶）、L2（部分自动化）、L3（有条件自动化）、L4（高度自动化）、L5（完全自动化）五个级别。目前智能汽车只能达到 L2 和 L3 的自动驾驶级别，如图 1-34 所示。

图 1-32 实现智能汽车的自主导航

图 1-33 运动控制

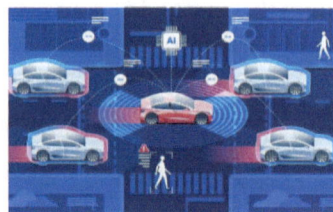

图 1-34 自动驾驶技术

（一）智能网联汽车技术

智能网联汽车发展十分迅速，其技术主要包括以下 11 个方面。

1. 环境感知技术

环境感知包括车辆本身状态感知、道路感知、行人感知、交通信号感知、交通标志感知、交通状况感知、周围车辆感知等。其中，车辆本身状态感知包括行驶速度、行驶方向、行驶状态、车辆位置等；道路感知包括道路类型检测、道路标线识别、道路状况判断、是否偏离行驶轨迹等；行人感知主要判断车辆行驶前方是否有行人，包括白天行人识别、夜晚行人识别、被障碍物阻挡的行人识别等；交通信号感知主要是自动识别交叉路口的信号灯、如何高效通过交叉路口等；交通标志感知主要是识别道路两侧的各种交通标志，如限速、转弯等，及时提醒驾驶人注意；交通状况感知主要是检测道路交通拥堵情况、是否发生交通事故等，以便车辆选择通畅的路线行驶；周围车辆感知主要检测车辆前方、后方、侧方的车辆情况，避免发生碰撞，也包括交叉路口被障碍物遮挡的车辆。环境感知技术示意图如图 1-35 所示。

图 1-35　环境感知技术示意图

在复杂路况交通环境下，单一传感器无法完成环境感知的全部，必须整合各种类型的传感器，利用传感器融合技术，使其为智能网联汽车提供更加真实可靠的路况环境信息。

2. 无线通信技术

长距离无线通信技术用于提供即时的互联网接入，主要采用 4G/5G 技术，特别是 5G 技术，有望成为车载长距离无线通信专用技术。短距离通信技术有专用短程通信技术（DSRC）、蓝牙、WiFi 等，其中 DSRC 重要程度高且急需发展，它可以实现在特定区域内对高速运动下移动目标的识别和双向通信，例如 V2V、V2I 双向通信，实时传输图像、语音和数据信息等，如图 1-36 所示。

图 1-36　V2V、V2I 双向通信

3. 智能互联技术

当两车距离较远或被障碍物遮挡，直接通信无法完成时，两者之间的通信可以通过路侧单元进行信息传递，构成一个无中心、完全自组织的车载网络。车载自组织网络依靠短距离通信技术实现 V2V 和 V2I 之间的通信，在一定通信范围内的车辆可以相互交换各自的车速、档位等信息和车载传感器感知的数据，并自动连接建立起一个移动的网络。典型的应用包括行驶安全预警、交叉路口协助驾驶、交通信息发布以及基于通信的纵向车辆控制等。智能互联技术如图 1-37 所示。

4. 车载网络技术

目前汽车上广泛应用的网络有 CAN、LIN 和 MOST 总线等，它们的特点是传输速率小、带宽窄。随着越来越多的高清视频应用进入汽车，如 ADAS、360° 全景泊车系统等，这些车载网络的传输速率和带宽已无法满足需要。以太网最有可能在智能网联汽车环境下工作，它采用星形连接架构，每一个设备或每一条链路都可以专享 100M 带宽，且传输速率能达到万兆级。同时，以太网还可以顺应未来汽车行业的发展趋势，即开放性、兼容性原则，从而可以很容易地将现有的应用嵌入新系统，如图 1-38 所示。

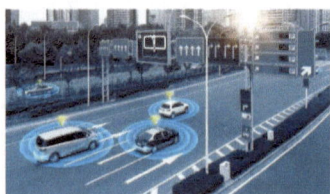

图 1-37　智能互联技术　　　　图 1-38　车载网络技术

5. 高级驾驶辅助技术

高级驾驶辅助技术如图 1-39 所示。高级驾驶辅助技术通过车辆环境感知技术和自组织网络技术对道路、车辆、行人、交通标志、交通信号等进行检测和识别，对识别信号进行分析处理，传输给执行机构，保障车辆安全行驶。高级驾驶辅助技术是智能网联汽车重点发展的技术，其成熟程度和使用多少代表了智能网联汽车的技术水平，是其他关键技术的具体应用体现。

6. 信息融合技术

信息融合技术是指在一定准则下利用计算机技术对多源信息进行分析和综合，以实现不同应用的分类任务。该技术主要用于对多源信息进行采集、传输、分析和综合，将不同数据源在时间和空间上的冗余或互补信息依据某种准则进行组合，输出完整、准确、及时、有效的综合信息。智能网联汽车采集和传输的信息种类多、数量大，必须采用信息融合技术才能保障实时性和准确性，如图 1-40 所示。

图 1-39　高级驾驶辅助技术　　　　图 1-40　信息融合技术

7. 信息安全与隐私保护技术

智能网联汽车接入网络的同时，也带来了信息安全的问题。在应用中，每辆车及其车主的信息都随时随地地传输到网络中被感知，这种暴露在网络中的信息很容易被窃取、干扰甚至修改等，从而直接影响智能网联汽车体系的安全，因此研究智能网联汽车时必须重视信息安全与隐私保护技术的研究，如图 1-41 所示。

图 1-41　信息安全与隐私保护技术

8. 人机交互技术

人机交互技术，尤其是语音控制、手势识别和触摸屏技术，在全球未来汽车市场上将被大量采用。全球领先的汽车制造商，如奥迪、宝马、奔驰、福特以及菲亚特等都在研究人机交互技术。不同国家汽车人机交互技术的发展重点也不同，美国和日本侧重于远程控制，主要通过呼叫中心实现；德国则把精力放在车辆的中央控制系统，主要是奥迪 MMI、宝马 iDrive、奔驰 MBUX。智能网联汽车人机界面的设计，其最终目的在于提供良好的用户体验，增强用户的驾驶乐趣。它更加注重驾驶的安全性，这样使得人机界面的设计必须在好的用户体验和安全之间做平衡，很大程度上安全始终是第一位的。智能网联汽车人机界面应集成车辆控制、功能设定、信息娱乐、导航系统、车载电话等多项功能，方便驾驶人快捷地从中查询、设置、切换车辆系统的各种信息，从而使车辆达到理想的运行和操纵状态。车辆显示系统和智能手机将无缝连接，人机界面提供的输入方式将会有多种选择，通过使用不同的技术允许消费者能够根据不同的操作、不同的功能进行自由切换，如图 1-42 所示。

奔驰 MBUX 智能人机交互系统率先采用了人工智能科技，拥有出众的学习能力，它能够学习驾乘者的习惯和喜好，并基于对驾乘者的了解在特定时刻提出合理建议。它还拥有自然语音识别功能的"读心语音助理"，能够识别更口语化的表达方式，无需指令式语言来控制，以此成为驾乘者的智能贴心好友。除了普通话，它还可以识别四川话和广东话等方言，如图 1-43 所示。奔驰 MBUX 智能人机交互系统拥有全球首创的应用增强现实（AR）技术的"实景穿越导航"，将眼前的实景道路环境和虚拟的导航指示信息叠加，更容易搜索特定的房屋号码或找到正确的转弯路径，特意增加了显示小区名称的功能。

智能数字前照灯在驾驶人视野内直接呈现出特定信息，促进驾驶人与外界环境之间的通信：如智能数字前照灯可向路面投射高清晰度的符号，包括引导线、行人标志、车道保持符号等，还能针对特定危险情况向驾驶人发出警告，并提供道路相关信息。它还可以显示路标信号，提醒路人和其他车辆，使他们尽量避免出现危险，如图 1-44 所示。

图 1-42 人机交互技术　　图 1-43 奔驰 MBUX　　图 1-44 智能数字前照灯
　　　　　　　　　　　　　智能人机交互系统

9. 高精度地图与定位技术

高精度地图技术将大量的行车辅助信息存储为结构化数据，这些信息可以分为两类。第一类是道路数据，比如车道线的位置、类型、宽度、坡度和曲率等车道信息。第二类是车道周边的固定对象信息，比如交通标志、交通信号灯、道路限高、下水道口、障碍物及其他道路细节，还包括高架、防护栏、道路边缘类型、路边地标等基础设施信息。上述信息都有地理编码，导航系统可以准确定位地形、物体和道路轮廓，从而引导车辆行驶。

其中，最重要的是对路网精确的二维表征（厘米级精度），比如路面的几何结构、道路标线的位置、周边道路环境的点云模型等。有了这些高精度的三维表征，自动驾驶系统可以通过比对车载 GPS、惯性测量单元（IMU）、激光雷达（LiDAR）或摄像头的数据精确确认自己当前的位置。另外，高精度地图中包含丰富的语义信息，比如交通信号灯的位置和类型、道路标线的类型，以及哪些路面可以行驶等。高精度地图具有动态化、高精度和高丰富度的特点。不论是动态化，还是精度和丰富度，最终目的都是为了保证自动驾驶的安全与高效率。动态化保证了自动驾驶能够及时地应对突发状况，选择最优的路径行驶。高精度确保了机器自动行驶的可行性，保证了自动驾驶的顺利实现。高丰富度与机器的更多逻辑规则相结合，进一步提升了自动驾驶的安全性。高精度地图与定位技术如图 1-45 所示。

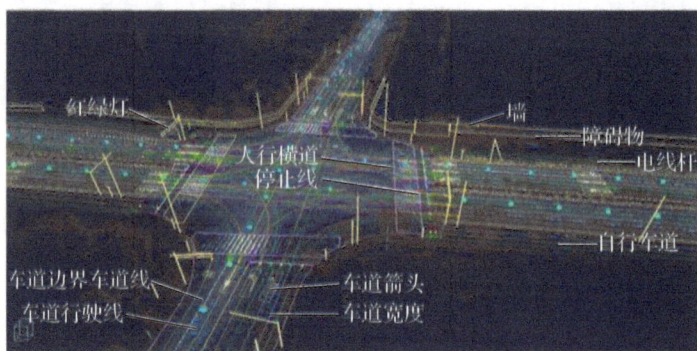

图 1-45　高精度地图与定位技术

10. 异构网络融合技术

异构是指两个或以上的无线通信系统采用了不同的接入技术，或者是采用相同的无线接入技术但属于不同的无线运营商。异构网络融合技术示意图如图 1-46 所示。在智能网联汽车发展的过程中，多域、多网络共存问题日渐凸显，这给智能网联汽车的发展和建设带来极大困难。多网络覆盖区域重叠、通信协议不一致、缺乏统一的服

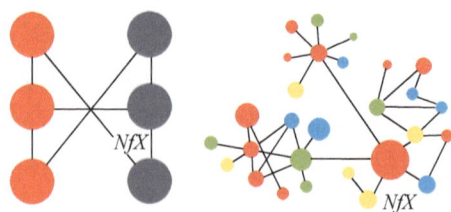

图 1-46　异构网络融合技术示意图

务管控网络格局，使用户面临更加复杂的网络环境。未来通信网络的前景是异构融合的网络模式，多接入方式并存，多节点协同工作，支持不同程度的无缝移动特性，同时它又是一个智能化的无线通信系统，能够随时感知外界环境，并根据当前的网络状况自配置以响应动态自适应环境和操作的改变。5G 网络的一个主要特征就是能够提供多种不同无线接入技术之间的互操作，无线局域网（WLAN）和 5G 网络的融合、点对点网络与蜂窝网络的融合都是无线异构网络融合的重要模式。网络融合技术可极大地提升蜂窝网络的性能，在支持传统业务的同时也为引入新的服务创造了条件，成为支持异构互连和协同应用的新一代无线移动网络的热点技术。无线异构网络融合技术近年来受到了业界的高度重视。

11. 交通大数据处理的关键技术

交通大数据具有种类繁多、异质性、时空尺度跨越大、动态多变、高度随机性、局部性和生命周期较短等特征，智能网联汽车的发展离不开大数据技术的支持，随着城市的发展，交通数据采集量必然成倍增长，形成海量、动态、实时的交通大数据，如图 1-47 所示。因此，以大数据处理技术为支承的交通信息服务将成为未来智能交通发展的增长点。交通大数据技术总结起来大致包括以下 10 个方面的内容。

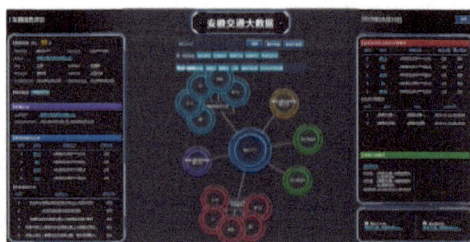

图 1-47　交通大数据

（1）基于 Hadoop 框架的 Map Reduce 模式技术

Hadoop 是一个能够对大批数据进行分布式处理的软件框架，而 MapReduce 是 Hadoop 的核心计算模型，它将复杂的运行于大规模集群上的并行计算过程高度抽象到了两个函数中。Hadoop 实现了一个分布式文件系统（Hadoop Distributed File System，HDFS）。HDFS 具有高容错性的特点，可部署在低成本的硬件上。它能提供高传输率来访问应用程序的数据，适合那些有着超大数据集的应用程序。

（2）数据仓库技术

数据仓库是决策支持系统（DSS）和联机分析应用数据源的结构化数据环境，研究和解决从数据库中获取信息等问题。数据仓库的特征在于面向主题、集成性、稳定性和时变性。其主要功能是将组织通过资讯系统的联机交易处理（OLTP）经年累月所累积的大批资料、数据仓库理论所特有的资料存储架构进行系统地分析整理，以利于各种分析方法，如线上分析处理（OLAP）、数据挖掘（Data Mining）的进行，进而支持决策支持系统、主管资讯系统（EIS）等系统的创建，帮助决策者快速、有效地从大批数据资料中分析出有价值的信息，以利于决策拟定及快速回应外在环境变动，帮助构建商业智能，如图 1-48 所示。

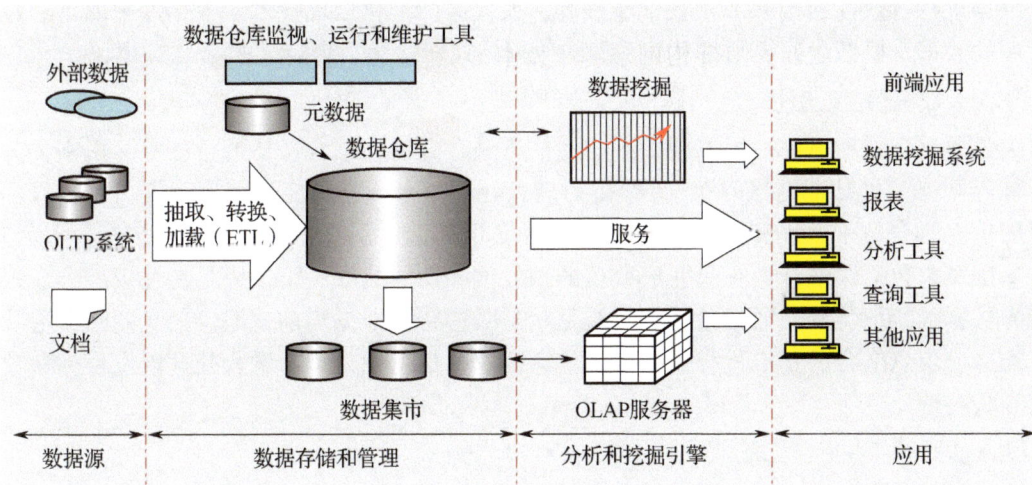

图 1-48　数据仓库技术

（3）中央数据登记簿技术

中央数据登记簿系统是平台数据统一管理、综合交通信息服务的基础，包括与交通信息有关的数据表示和交互以及交通信息服务，适合于综合交通环境的数据字典和消息模板，交通数据项定义规则、注册和管理机制等。

（4）平台 GIS-T 应用技术

平台 GIS-T 应用技术是交通地理信息系统的支撑技术，可为交通信息服务提供高效的信息查询功能、海量的存储功能，包括出租车、公交车、综合交通视频信息等数据，还能够提供优秀用户体验的 WebGIS 引擎，让用户享受基于浏览器的交通信息服务。

（5）基于非序列性数据操作技术

基于非序列性数据操作技术包括虚拟化环境以及流数据处理技术，通过网络将大量服务器的内存空间统合在一起，使之形成一个超大型的虚拟内存，然后在其上进行数据配置，可实现对现有设备资源的最大使用，同时实现对即时性数据的反馈能力。

（6）视频大数据处理技术

视频大数据处理技术将目前各个专用性的视频监控系统有机地整合在一起，实现视频资源统一接入、统一转码、统一分发、统一管理和统一运营的"五统一"目标。它可整合包括交通视频、站台视频、客运站视频、高速公路视频、社会治安视频、车载视频等在内的多种视频资源，提高整体视频监控的效率，且基于视频监控基础设施之上创造更多增值性的应用，从而实现视频监控系统的最大化效用，如图1-49所示。

图1-49　视频大数据处理技术

（7）大数据处理技术

大数据处理技术是将接入平台的数据根据具体的业务规则进行进一步处理，包括对接入的数据进行有效性的检验、大数据清洗等。大数据标准化处理技术从数据库中取出经过清洗后的数据，根据业务规则将外部系统的数据格式转化为平台定义的标准格式。

（8）大数据融合处理技术

大数据融合处理技术是指采用多源交通信息融合方法，结合特征融合技术（识别／分类、神经网络、贝叶斯网络等）、目标机动信息处理技术（自适应噪声模型等）及多目标跟踪的信息融合技术，提高信息系统的鲁棒性及可靠性。多源交通大数据信息融合分为3级：基础级是数据级融合，它只完成数据的预处理和简单关联；第二级是特征级融合，根据现有数据的特征预测交通参数；第三级是状态级融合，根据当前交通流信息判断交通状态。交通流信息融合的基本过程包括多源信息提取、信息预处理、融合处理以及目标参数获取和状态估计。

（9）实时数据分发订阅技术

海量交通大数据具有数据量大、更新频繁、时效性高等特点，往往需要来自其他系统的实时数据来支持其业务逻辑，比如营运车辆的GPS数据、目前城市道路的路况分析和收费站排队监控分析、省级路政卫星定位联网监控系统的上报、营运车辆安全监管系统等监控分析系统需要向外单位共享的数据。

（10）大数据挖掘技术

多源交通大数据挖掘是一个多步骤的过程，可以分为问题定义、数据准备、数据分析、模式评估等基本阶段。

（二）智能网联汽车

智能网联汽车主要由3个层次组成，即环境感知层、智能决策层以及控制和执行层。其系统组成如图1-50所示。

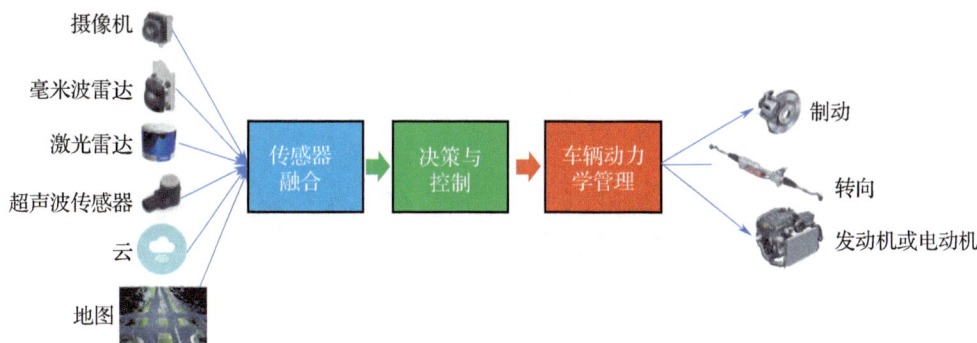

图 1-50 智能网联汽车的系统组成

1. 环境感知层

环境感知层的主要功能是通过车载环境感知技术、卫星定位技术、4G/5G 及 V2X 无线通信技术等，实现对车辆自身特性和车辆外在特性（如道路、车辆和行人等）静态、动态信息的提取和收集，并向智能决策层输送信息，如图 1-51 所示。环境感知层使用的传感器包括车轮转速传感器、加速度传感器、微机械陀螺仪、转向盘转角传感器、超声波传感器、激光雷达、毫米波雷达、视觉传感器等，通过这些传感器来感知车辆行驶速度、行驶方向、运动姿态、道路交通情况。定位技术主要使用全球定位系统（GPS）、北斗卫星导航系统（BDS）以及云技术。

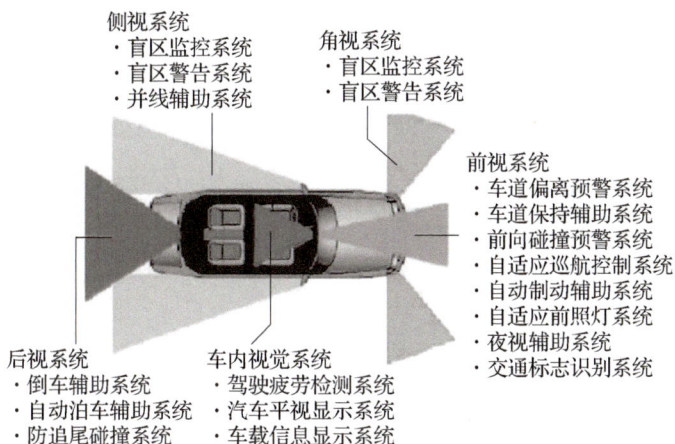

图 1-51 环境感知层

2. 智能决策层

智能决策层的主要功能是接收环境感知层的信息并进行融合，对道路、车辆、行人、交通标志和交通信号等进行识别，决策分析和判断车辆驾驶模式和将要执行的操作，并向控制和执行层输送指令，如图 1-52 所示。

3. 控制和执行层

控制和执行层的主要功能是按照智能决策层的指令，对车辆进行操作和协同控制，并为联网汽车提供道路交通信息、安全信息、娱乐信息、救援信息以及商务办公、网上消费等，保障汽车安全性和舒适性，如图 1-53 所示。

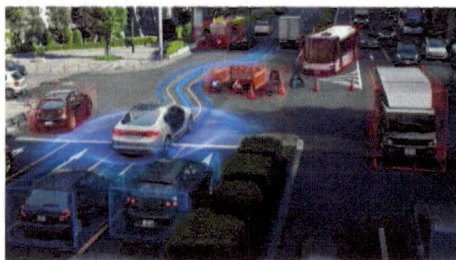

图 1-52 智能决策层应用场景 图 1-53 控制和执行层应用场景

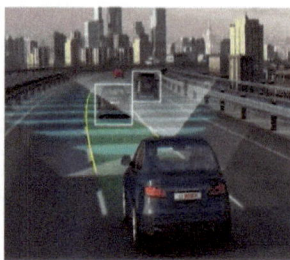

（三）智能网联汽车的分级

1. 美国 SAE 分级标准

根据智能网联汽车驾驶系统自动化程度的高低，美国汽车工程师学会（SAE）将驾驶自动化分为六个级别。

Level 0（L0）：无自动化。在"0级自动驾驶"的场景中，驾驶人执行所有操作任务，如转向、制动、加速或减速。

Level 1（L1）：驾驶辅助。在这个级别，车辆可以辅助一些功能，但驾驶人仍然可以处理所有的加速、制动和周围环境监控。

Level 2（L2）：部分自动化。在这个级别，车辆可以辅助转向或加速功能。驾驶人必须随时准备控制车辆，并且仍然负责大多数安全关键功能和所有环境监控。

Level 3（L3）：有条件自动化。从L2到L3及以上最大的飞跃是，从L3开始，车辆本身负责环境的所有监控（使用如激光雷达等传感器）。

Level 4（L4）：高度自动化。在L4，自动驾驶系统将首先在条件安全时通知驾驶人，然后驾驶人将车辆切换到此模式。它不能在更动态的驾驶情况之间作出判断，例如交通堵塞或并入高速公路。

Level 5（L5）：完全自动化。L5自动驾驶完全不需要驾驶人执行驾驶任务，不需要驾驶人踩加速踏板、制动踏板或控制转向盘，因为自动驾驶系统执行所有关键任务、监控环境并识别独特的驾驶条件，如交通堵塞等。

2. 中国分级标准

2021年8月20日，由工业和信息化部提出、全国汽车标准化技术委员会归口的推荐性国家标准《汽车驾驶自动化分级》（GB/T 40429—2021）由国家市场监督管理总局、国家标准化管理委员会批准发布（国家标准公告2021年第11号文），于2022年3月1日起实施。

该标准为《国家车联网产业标准体系建设指南（智能网联汽车）》规划的分类和编码类推荐性国家标准项目（体系编号102-3），规定了汽车驾驶自动化分级应遵循的原则、分级要素、各级别定义和技术要求框架，旨在解决我国汽车驾驶自动化分级的规范性问题。

《汽车驾驶自动化分级》中给出了驾驶自动化等级与划分要素之间的关系，见表1-1。在汽车驾驶自动化的6个等级之中，0~2级为驾驶辅助，系统辅助驾驶人执行动态驾驶任务，驾驶主体仍为驾驶人；3~5级为自动驾驶，系统在设计运行条件下代替驾驶人执行动态驾驶任务，当功能激活时，驾驶主体是系统。

表 1-1　驾驶自动化等级与划分要素之间的关系

分级	名称	驾驶环境监控	车辆横向或纵向运动控制	目标和事件探测与响应	动态驾驶任务接管	设计运行条件
0 级	应急辅助	驾驶人	驾驶人	驾驶人与系统	驾驶人	有限制
1 级	部分驾驶辅助	驾驶人	驾驶人与系统	驾驶人与系统	驾驶人	有限制
2 级	组合驾驶辅助	系统	系统	驾驶人与系统	驾驶人	有限制
3 级	有条件自动驾驶	系统	系统	系统	动态驾驶任务接管用户（接管后成为驾驶人）	有限制
4 级	高度自动驾驶	系统	系统	系统	系统	有限制
5 级	完全自动驾驶	系统	系统	系统	系统	无限制

0 级驾驶自动化（应急辅助，emergency assistance）：系统不能持续执行动态驾驶任务中的车辆横向或纵向运动控制，但具备持续执行动态驾驶任务中的部分目标和事件探测与响应的能力。

1 级驾驶自动化（部分驾驶辅助，partial driver assistance）：系统在其设计运行条件下持续地执行动态驾驶任务中的车辆横向或纵向运动控制，且具备与所执行的车辆横向或纵向运动控制相适应的部分目标和事件探测与响应的能力。

2 级驾驶自动化（组合驾驶辅助，combined driver assistance）：系统在其设计运行条件下持续地执行动态驾驶任务中的车辆横向和纵向运动控制，且具备与所执行的车辆横向和纵向运动控制相适应的部分目标和事件探测与响应的能力。

3 级驾驶自动化（有条件自动驾驶，conditionally automated driving）：系统在其设计运行条件下持续地执行全部动态驾驶任务。

4 级驾驶自动化（高度自动驾驶，highly automated driving）：系统在其设计运行条件下持续地执行全部动态驾驶任务并自动执行最小风险策略。

5 级驾驶自动化（完全自动驾驶，fully automated driving）：系统在任何可行驶条件下持续地执行全部动态驾驶任务并自动执行最小风险策略。

无论怎样分级，从驾驶人对车辆控制权角度来看，可以分为驾驶人拥有车辆全部控制权、驾驶人拥有部分车辆控制权、驾驶人不拥有车辆控制权 3 种形式。其中，驾驶人拥有部分车辆控制权时，根据车辆 ADAS 的配备和技术成熟程度，决定驾驶人拥有车辆控制权的多少，ADAS 装备越多，技术越成熟，驾驶人拥有车辆控制权越少，车辆自动驾驶程度越高。

3. 自动驾驶汽车技术发展现状

现阶段各厂商和研究组织主要专注于 L2~L4 的研究，当然也会听说 L2.5、L2+ 的概念，它们是介于 L2 和 L3 之间的级别。

高级别自动驾驶系统主要包括建图和定位、感知、规划和控制这四大模块，另外，无人驾驶系统还会安装各种传感器。一辆具备高级别自动驾驶功能的车辆会安装各种传感器，包括相机、激光雷达、毫米波雷达、惯性导航等，如图 1-54 所示。

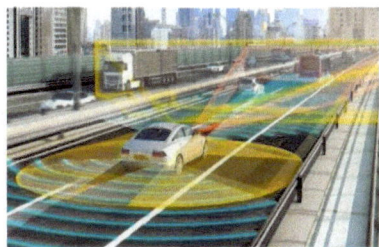

图 1-54　高级别自动驾驶系统

　　相机可以提供场景中丰富的纹理信息，激光雷达可以提供更加精确的距离信息，毫米波雷达可以对雨雾等恶劣天气进行更稳定的观测，惯性导航设备可以提供更高频率的车辆位姿信息。不同传感器之间特性互补、互为冗余，就像人类使用不同感官去感受周围世界一样。

　　（1）建图和定位模块

　　建图和定位模块主要通过不同传感器信息来解决"我在哪里"的问题，定位依赖于地图信息，而地图信息也依赖于定位信息去构建和更新地图。这里的地图包含车道标识、路口、交通指示牌、道路曲率等信息。

　　地图对和真实世界比较的绝对精度以及局部区域的相对精度都有很高的要求，基本会达到分米级甚至厘米级的精度；除了精度，地图还要保证即时更新，也就是所谓的地图"鲜度"。在真实场景，例如车道信息等发生变化时，需要即时更新高精地图数据，如图 1-55 所示。

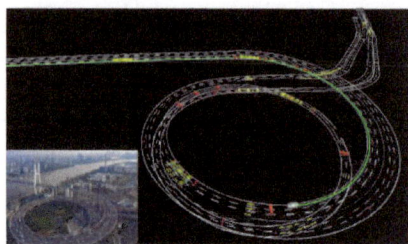

图 1-55　高精地图数据

　　在现阶段高级别自动驾驶系统中，高精地图是一个重要的技术依赖，各厂商所走的技术路线主要包括几类：

　　1）在自动驾驶运营范围内进行自主采集、构建、更新地图。这条路线运营成本相对较高，比较适合有限区域或者特定场景内的自动驾驶，例如固定园区、机场等。

　　2）利用诸多终端车辆进行众包建图。这些终端车辆为云端服务器构建、更新高精地图的数据，同时也共享更高质量的高精地图服务，形成数据闭环。这条路线比较适用于当前比较火热的 Robotaxi 或者乘用车领域。

　　3）一种比较激进的路线，即自动驾驶系统不会过度依赖高精地图，车辆具有很高的局部区域感知能力，结合道路级的普通地图即可支撑自动驾驶功能，特斯拉是这条路线的代表之一。

　　（2）感知模块

　　感知模块主要通过传感器信息解决"周围环境是什么样"的问题，如图 1-56 所示。当前火热的深度学习技术推动了感知技术的发展，感知技术又可以细分为检测、跟踪、预测。

　　检测主要是将不同传感器的观测信息输给深度学习模型，可以检测出车辆、行人、交通标识等目标物；跟踪的作用是给每个目标物一个 track ID（目标的唯一标识），以实现对这个目标的持续观测，进而计算出这个目标的速度以及预测未来轨迹。预测基于时序上的检测和跟踪结果，结合道路信息预估目标物未来可能的运动轨迹，可以为路径规划提供更多的信息，也使系统更加智能。

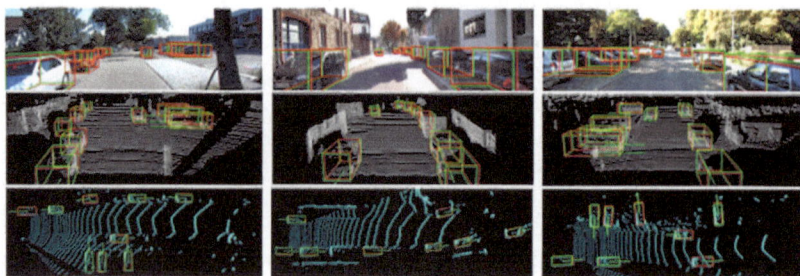

图 1-56　感知模块通过传感器信息解决"周围环境是什么样"的问题

（3）规划和控制模块

规划和控制模块主要解决"我该如何去某个目的地"的问题。规划技术根据上游的定位和感知模块输出，结合高精地图信息给出路径规划结果，这比较类似于我们使用导航软件看到的规划轨迹。不同的是，自动驾驶系统的规划模块不仅要提供全局的路径规划还需要提供局部的路径规划，根据周边环境执行避让、超车等驾驶操作。

控制技术控制车辆在规划的路径上行驶，将规划的路径转换成车辆转向盘、加速和制动的控制量，如图1-57所示。根据研究，优秀的规划和控制技术可以使自动驾驶比人类驾驶更加安全高效。

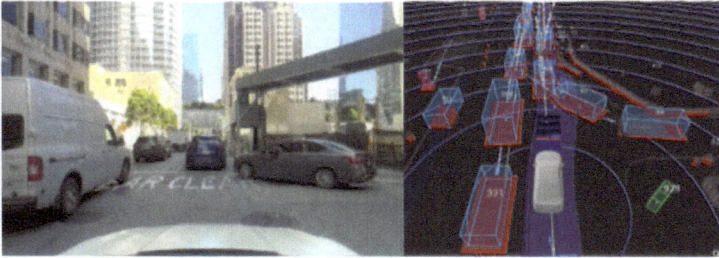

图1-57　在规划的路径上行驶，将规划的路径转换成车辆转向盘、加速和制动的控制量

（4）仿真技术

除了传感器、定位、感知、规划和控制技术之外，还有仿真技术，它是自动驾驶技术中容易忽略的一部分。

仿真技术中一个很重要的应用是可以虚拟化很多逼真的场景，为深度学习模型的训练提供海量数据，而且可以针对一些不常见的极端场景进行足够的数据生产，从训练样本的数量和多样性给予深度学习模型足够的支撑，如图1-58所示。

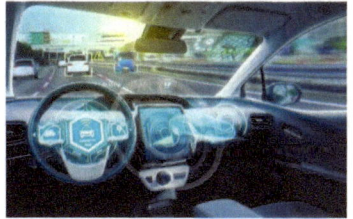

图1-58　仿真技术应用场景

此外，仿真技术还有很多其他应用，比如可以模拟一些危险的驾驶场景，包括碰撞、各种交通事故等，一定程度上使得自动驾驶系统测试不再强依赖于真实场景的测试验证，可大幅度降低测试验证成本、提升效率。

1）建立仿真场景。场景是仿真体系的开端，它在整个体系扮演着极其重要的角色，但其重要性相比于仿真系统相对容易被忽略。随着仿真系统和评价体系的逐渐完善，越往后期，场景在整个体系中扮演的角色越重要。场景之所以有此地位，本质是因为其是对自动驾驶相关数据的一种价值提炼，是发挥数据价值必需且高效的途径之一。基于场景的测试方法可以弥补基于里程的测试方法的局限性，在提高系统开发效率、产品落地效率方面都有重要作用，如图1-59所示。

从具体元素的角度看待场景内容，可将元素分为静态元素和动态元素（半动态）两部分。

静态场景元素的分析和提取相对较简单，主要包括道路、基础交通设施（交通标线、交通标志、交通信号灯以及抽象的交通规则等）、天气、光照、其他建筑物基础设施等，难点在于一些连续量（如光照和雨量）的取值范围分析，以及不同静态场景元素之间的约束关系。

图 1-59　仿真场景

动态场景元素的提炼和转化相对较为困难，主要原因如下：

①除了静态场景元素固有的连续值取值范围和多约束问题外，交通行为是在一个高度复杂的存在多种约束条件的环境下的高交互性行为。

②交通参与者类型众多，包括货车、乘用车、电动车、行人等，每种交通参与者都有自己特定的动态行为模式。

③具体的动态行为模式有多种类型：带时间戳的轨迹数据、基于行为分类的数据（如跟车、换道等）、基于 Agent 的动态行为。

④在实际提取动态交通数据时，需要考虑采集车自身的影响，即考虑处理交互性。简单动态交通元素的分析以及大规模复杂交通元素的提取和具体形式有较多不同，需要不同的技术手段，动态交通数据流示意如图 1-60 所示。

图 1-60　动态交通流示意图

2）仿真软件。单就自动驾驶仿真软件而言，PreScan、VTD、PanoSim、51SimOne、GaiA 等商业自动驾驶仿真软件，CARLA、LGSVL、AirSim 等开源自动驾驶仿真软件，稍微粗糙一些的 DeepDrive、一些基于 ROS 构建的自动驾驶仿真平台，都有各自的可取之处，如图 1-61 所示。

在交通流仿真方面有 VisSim、SUMO、High-env 等软件；在动力学仿真方面有 CarSim、TruckSim、CarMaker 等软件；在静态场景仿真方面有一些大规模城市构建仿真软件；在构建复杂交通流场景方面也有一些软件。这些软件都可以纳入整个自动驾驶仿真体系，如图 1-62 所示。

3）被测对象。根据被测对象的不同，业界常用的仿真

图 1-61　CARLA 仿真软件

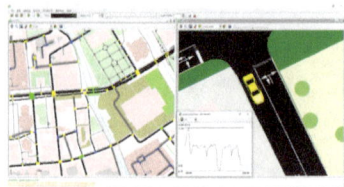

图 1-62　SUMO 仿真软件

工具链包括模型在环（MIL）、软件在环（SIL）、硬件在环（HIL）、整车在环（VIL）。目前 SIL 在各类公司应用范围最广，但其他各类也都有自己的独特优势和测试必要性；按照自然开发的流程，完整的测试过程也确实需要兼顾这几种平台。站在具体实践角度，每种在环仿真平台有适配于自己的仿真软件和技术栈，其中部分要掌握的技术如下：

① MIL 与 SIL 相似，最基础的问题是通信环境构建，往上进一步则需要研究仿真效率、实时性、同步性等。

② HIL 需要补充实时机与硬件通信接口的知识。

③ VIL 是大工程，需要投入大量人力、物力来搭建专门的实验室，目前一般都应用于驾驶人在环仿真。

4）交通流模块。动态场景构建方式如图 1-63 所示。

① 典型交通行为建模，如启动、跟车、换道、超车、十字路口处理等。这部分主要可以使用 DBM 相关方法进行分析。

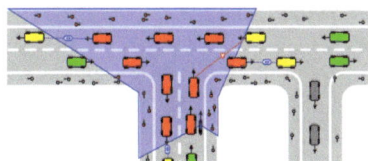

图 1-63 动态场景构建方式

② 利用 AI 技术生成驾驶模型，在虚拟世界中设置 AI 车辆自动行驶，AI 可以学习交通流的特性，尤其在行人仿真方面有比较好的成效。这部分主要可以使用模仿学习、强化学习来完成。

③ 导入交通学中的交通流模型，并引入数学概率分布数学模型。这样的交通流模型包括宏观交通流模型和微观模型，相应的数学概率分布模型应该以高斯模型为主，这部分可以通过与 SUMO/VisSim 联合仿真完成，也可直接构建交通流模型。

④ 将真人开车的数据导入交通流中，研究 rare-events simulation，主要利用驾驶模拟器实现。

5）传感器模块。传感器模块是连接外界环境和被测车辆的媒介。通过采集实际环境及已有的高精度地图构建静态地图，包括现实交通环境数据收集、路测数据收集，并抽取不同智能交通体行为模型，基于模型有机地形成动态交通体，如图 1-64 所示。自动驾驶仿真是一个融合多专业的交叉领域。首先，图像学和游戏相关技术同仿真技术有较大的重合度，例如程序化场景生成、大场景的构建和处理、高真实感的渲染。同时，仿真也是一个非常专业的领域，涉及专业传感器模型、动力系统方面的仿真，大规模分布式自动化测试框架的搭建也会带来很大的挑战。

目前，虽然高级别自动驾驶技术仍不够成熟，存在争议，但相信随着科学技术的发展，自动驾驶技术必将走进千家万户，提高人们的生活质量。

图 1-64 智能交通体行为模型

L2 辅助驾驶功能已经成为在售车型主流配置方案。随着汽车市场的发展和消费者认知的强化，L2 辅助驾驶离规模化商业变现更为接近，车型渗透率也逐渐增高，面临产业快速膨胀的机会。

在市场结构方面，L2 辅助驾驶早期主要应用于 30 万元以上的中高端汽车，很多厂家将其作为高配车型的选装功能。在技术层面，行业内认知度较高的主机厂有特斯拉、沃尔沃、奥迪等，其中特斯拉从 2014 年开始为车辆配备安全性驾驶辅助功能，目前其自动驾驶硬件已经升级到第三代，配备了 HW3.0 硬件，支持停车场低速运行和高速公路部分特定场景下驾驶辅助功能，未来将提出进一步的功能升级，包括识别交通信号灯和停车标志、城市道路自动驾驶。沃尔沃搭载的 PilotAssist 自动驾驶辅助系统能满足车辆在特定条件下的自动跟车、主动制动、车道保持、限速标志识别等功能，在识别以及介入方面精准度都非常高。

4. V2X 技术的发展

智能网联汽车的发展路径是从单车智能到车路协同升级，其中以单车智能为主，车路协同为辅。单车智能主要依赖于摄像头、激光雷达、毫米波雷达等环境感知传感器进行道路场景识别，车路协同是单车智能的功能延展和补充，基于 V2X（Vehicle to Everything）技术开展。

（1）车路协同的应用有望降低单车成本

车路协同是一种自动驾驶补充方案，能够在一定程度上弱化单车传感器的功能和性能要求。从原理上讲，车端传感器的功能可以通过道路端传感器来补偿实现，道路端通过路侧单元（RSU）将获取到的环境数据传递给车端，通过坐标系变换将路端环境信息转化成车端环境信息，发送至计算平台进行数据融合。这样一来，只要能保证道路端数据的实时性、完整性和可靠性，便可以通过降低单车传感器搭载的数量和性能来实现单车集成成本的降低，而基于 RSU 的路端数据通过类似广播的方式让所有在道路行驶的车辆共享，实现资源集中和高效处理。

（2）车路协同降低自动驾驶计算平台算力负荷

自动驾驶计算平台是智能网联汽车的大脑，各路传感器获取的数据都要在这里融合、决策并输出决策和控制信号。算力是评价计算平台性能的重要指标，也是直接关系到造价成本的核心参数。单车智能方案中，要增强环境感知能力，往往通过增加传感器性能和数量的方式来实现，这意味着实时处理信息量的增大。由于自动驾驶对于数据传输延时性极为敏感，所以会对计算平台的算力提出很高的要求。基于此背景，接入边缘计算成为比较实用的网络结构，可以部分缓解计算平台的压力。

（3）5G 的应用将拓宽数据通道、减小通信时延

基于 5G 高速数据传输的特征，可以实现海量传感器信息的传输。从功能角度分析，车端可以利用多元异构的传感器获取更加丰富的车辆周边环境动态信息，在一定程度上提高自动驾驶的安全性；道路传感器之间可以进行实时的信息通信，实现路径优化、安全信息广播等，包括周边行人预警、盲区车辆碰撞预警等场景；边缘云与区域云的数据传输也可以通过 5G 的无线方案实现。从性能角度分析，5G 的高速传输特征可以有效降低端到端的通信时延，提高安全性能。

拓展阅读

《诗经·卫风》里说"有匪君子，如切如磋，如琢如磨"，阐明了古人对"精益求精"的追求，这就是当下提倡的"工匠精神"。时下，很多人常常把"工匠精神"理解为追求最好甚至追求完美，其实，"工匠精神"是永无止境地追寻"没有最好，只有更好"，认真做好每一件事，从小事做起，注重细节，时刻提醒自己要有精品意识，要全力以赴，每个细节都要比别人做得好。

爱岗敬业是工匠之魂，精益求精是工匠之术，脚踏实地是工匠之行。常言道："差之毫厘，谬以千里。"在工作中必须要有工匠般"爱岗敬业，精益求精"的精神，牢固树立认真、勤勉、从严、谨慎、精细的工作态度，事无巨细都应认真负责、一丝不苟。做事都要秉持"文经我手无差错、事交我办请放心"的理念，做实"精"字这篇文章，确保工作零差错、零失误，力求"出手必精品"。

在工作中秉承一丝不苟的工作态度，锤炼"匠心"。思想是行动的先导，但凡成事者、名扬者，皆有一丝不苟的处事态度。做合格员工，要态度先行，充分认识合格员工的标准不是"及格"而是"优秀"，要以"勿以善小而不为，勿以恶小而为之"的原则开展工作，不嫌弃事小，不计较事杂，不急慢、不马虎、不畏惧。

精于工、匠于心、品于行。员工的"工匠精神"是一种精益求精的工作态度、笃行务实的工作作风、勇于创新的工作方法，它要求我们树立起对职业的敬畏、对工作的执着、对人民的负责。

任务评价

（一）判断题

1. 只要采用车载网络系统的车辆就属于智能网联汽车。　　　　　　　　　　（　　）
2. 智能网联汽车是车联网与智能汽车驾驶技术相结合的产物。　　　　　　　（　　）
3. 根据SAE的自动驾驶等级分级，L3就能完全实现自动驾驶系统。　　　　（　　）
4. 根据现行法律，自动驾驶车辆的事故责任主体仍然是驾驶人。　　　　　　（　　）
5. 智能网联汽车是智能交通系统的核心组成部分，是车联网体系的一个结点。（　　）
6. 智能网联汽车的环境感知是自动驾驶实现的第一步。　　　　　　　　　　（　　）

（二）单项选择题

1. 车联网的主要功能包括（　　）。
   A. 智能动态信息服务　　　　　　　B. 车辆智能化控制
   C. 智能化交通管理　　　　　　　　D. 以上都正确
2. 我国在智能网联汽车网联化方面，分为（　　）等级。
   A. 3个　　　　　B. 4个　　　　　C. 5个　　　　　D. 6个
3. 智能网联汽车的层次结构由（　　）组成。
   A. 信息感知层、智能决策层、控制和执行层
   B. 环境感知层、智能决策层、控制和执行层

    C. 环境感知层、安全决策层、控制和执行层

    D. 环境感知层、智能决策层、控制和反馈层

4. "危险预警与控制优先级划分"属于智能网联汽车涉及的技术中的（　　）。

    A. 环境感知技术   B. 智能决策技术   C. 控制执行技术   D. V2X 通信技术

5. 代表智能网联汽车的技术水平的是（　　）。

    A. 人机界面技术   B. 信息融合技术   C. 车载网络技术   D. 高级驾驶辅助技术

6. L3 级以上自动驾驶必不可少的传感器是（　　）。

    A. 超声波传感器   B. 毫米波雷达   C. 激光雷达   D. 视觉传感器

7. 目前的辅助驾驶领域的单目视觉传感器可识别的范围在（　　）。

    A. 10~40m   B. 40~80m   C. 40~120m   D. 200m 以上

8. 以下应用于夜视技术的是（　　）。

    A. 超声波   B. 红外线   C. 紫外线   D. 无线电信号

（三）多项选择题

1. 根据博世公司对自动驾驶分级定义，从技术角度看，车辆事故主体属于自动驾驶系统的是（　　）。

    A. L1   B. L2   C. L3   D. L4   E. L5

2. 根据我国对智能网联汽车智能化划分的等级，属于驾驶人监控驾驶环境的等级是（　　）。

    A. DA   B. PA   C. CA   D. HA   E. FA

3. 智能网联汽车涉及三大领域的技术包括（　　）。

    A. 基础设施   B. 信息交互   C. 车辆 / 设施   D. 车载平台   E. 基础支撑

4. 以下属于智能网联汽车关键技术的是（　　）。

    A. 环境感知技术   B. 无线通信技术   C. 智能互联技术   D. 高级驾驶辅助技术   E. 人机界面

5. 我国智能网联汽车标准体系包括（　　）。

    A. 环境感知   B. 智能决策   C. 控制执行   D. 系统设计   E. 政策法规

6. 智能网联汽车的环境感知系统由（　　）组成。

    A. 信息采集单元   B. 信息处理单元   C. 信息传输单元   D. 车载网络单元   E. 整车控制单元

7. 视觉传感器主要进行（　　）的检测。

    A. 车道线   B. 交通标志   C. 交通信号   D. 车辆   E. 行人

8. 主动环境感知传感器可以主动向外部环境发射信号，包括（　　）

    A. 超声波传感器   B. 视觉传感器   C. 毫米波雷达   D. 激光雷达   E. 加速度传感器

9. 视觉传感器包括（　　）等。

    A. 单目摄像头   B. 双目摄像头   C. 三目摄像头   D. 环视摄像头   E. 倒车雷达

10. 智能网联汽车上长距离毫米波雷达应用于（　　）。

    A. 前向碰撞预警   B. 自适应巡航   C. 自动紧急制动   D. 盲点检测   E. 倒车辅助

电气系统智能技术

项目描述

21世纪以来，汽车电气电子技术趋向网络化、智能化。今天就让我们一起来了解了解汽车电气系统智能技术。

1. 主动转向前照灯

AFS（Adaptive Front-lighting System）又叫自适应转向前照灯系统，根据汽车转向盘角度、车辆偏转率以及行驶速度来不断对前照灯进行动态调节，确保驾驶人视线达到最佳亮度，如图2-1所示。

图2-1　主动转向前照灯

2. 增强现实（AR）技术

AR技术是在真实的视野中通过计算机叠加上由计算机产生的感官输入，包括（音频、视频、图像、GPS数据），让汽车更智能化，比如倒车影像、行车记录仪等，如图2-2所示。

图2-2　增强现实（AR）技术

3. 夜间监视器（红外线摄像头）

在黑暗的环境中，如果多了一双红外线之"眼"，那么将大大提高夜间行车安全性。

1）把握路上的物体和汽车之间的情况。路上即使掉落某物体时，在黑夜里也能顺利发现，还能向数据中心传送故障车辆引起堵车等路面信息。

2）快速发现黑夜中的行人，因为近红外线采用远光灯照明，不会使迎面车辆的驾驶人或行人感觉闪眼，所以能把握比普通前照灯更远的情况。如果使用波长较长的红外线，可以检测到前照灯照射范围外，远处行人的体温并进行影像化处理，如图2-3所示。

图2-3　夜间监视器

4. 防碰撞技术（76GHz 毫米波雷达）

通过装在车前保险杠处的雷达发出电波，再接收前方车辆弹回的电波，来测量与周围车辆之间的距离、角度和相对速度。在与前方车辆发生碰撞前，发出警告提醒驾驶人存在危险，并能自动控制车距，如图 2-4 所示。

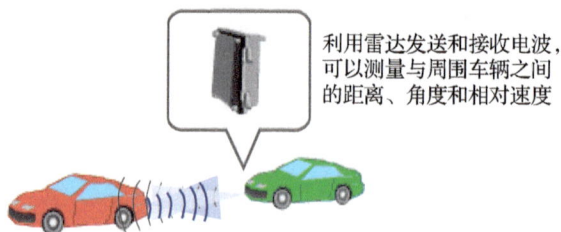

利用雷达发送和接收电波，可以测量与周围车辆之间的距离、角度和相对速度

图 2-4　防碰撞技术

5. 睡意检测

检测本人都无法察觉的睡意，提醒驾驶人（防止散漫驾驶），如图 2-5 所示。

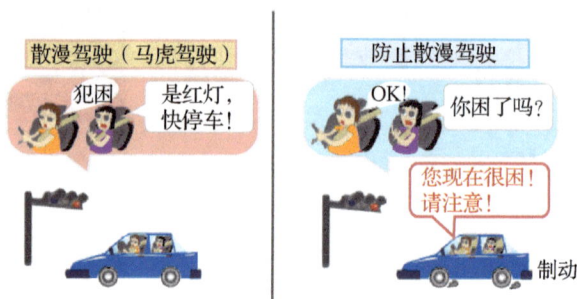

散漫驾驶（马虎驾驶）

犯困　是红灯，快停车！

防止散漫驾驶

OK!　你困了吗？

您现在很困！请注意！

制动

图 2-5　睡意检测

6. 360° 全景式拍摄（全景式立体监视器）

首先确认汽车周围情况的技术，通过导航仪显示的画面，从前后左右和上方等各个视点观察自己乘坐的车辆。汽车入库、狭窄道路擦车而过、右转左转时确认是否受事故牵连、高速上进入主干道时，为驾驶人提供视觉上的支持。

在车身的前后左右分别有一个带有鱼眼镜头的小型车载摄像头。在车内的座椅下安装LSI，用以处理车载摄像头拍摄到的影像，按照需要在导航仪的屏幕上显示处理后的影像，如图 2-6 所示。

像是从空中看自己的车一样

摄像头

4个摄像头

图 2-6　360° 全景式拍摄

7. "V2V"技术

随着车辆计算机化程度的提高，车辆之间将实现信息共享和交换，使驾驶人能够更好地了解交通、天气和路况信息。更重要的是，要让汽车自己"告知"驾驶人自己的速度和方向信息，以减少潜在的安全隐患。这种技术叫作车间通信，简称 V2V。该装置每秒能传输 10 个短程安全信号，并能检测其他车辆的信号，判断是否会发生碰撞事故。当检测到潜在的危险时，例如，当其他车辆进入交叉口时，行人或路面结冰出现在他们前面，甚至其他车辆超速时，V2V 车辆会发出警告声。据估计，V2V 技术可以减少 76% 的交通事故。未来的 V2V 技术除了向驾驶人发送预警信息外，还可以在感知到碰撞威胁时采取制动措施或转向，如图 2-7 所示。

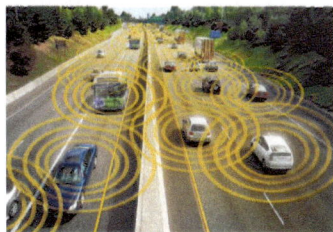

图 2-7　"V2V"技术

V2V 通信是将车辆"拟人化"，其背后的技术允许车辆广播和接收全方位消息（每秒最多 10 次），从而对附近的其他车辆产生 360°"感知"。通过配套软件，可以确定潜在的碰撞威胁。当两辆车通信后，如果出现碰撞的危险，车辆就可以使用视觉、触觉和听觉警报来警告驾驶人，这些警告使驾驶人能够采取措施避免撞车，如图 2-8 所示。

图 2-8　使用视觉、触觉和听觉警报来警告驾驶人

带有 V2V 的车辆将形成网状网络，专用短程通信（DSRC）是 ISO 等组织提出的一项技术。类似于 WiFi，因为它的工作频率为 5.9GHz、范围约为 300m，相当于在高速公路上行驶 10s，这 10s 足以告知危险，避免碰撞。

由于网格上最多有 10 个"跳跃"，V2V 系统可见性可以延伸到大约 1.6km，也就是说，这 1.6km 范围内的车辆可以互相对话通信，减少交通事故的发生。尤其在雨雪或者大雾天气，当看不清前方路况时，最容易出现追尾等情况。如果两辆车都有 V2V，就可以实现 300m 范围内的对话，提前告知位置等，即使不会作出反应，车辆自带的主动制动系统也可以完成急停，如图 2-9 所示。

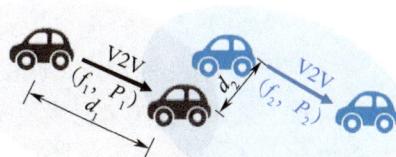

图 2-9　两辆车都有 V2V，就可以实现 300m 范围内的对话，提前告知位置

8. 汽车大数据

未来，车载电脑可以收集数据并进行分析，了解主人的爱好、情绪和日程安排，实时跟踪交通问题，并建议驾驶路线。许多新车将传感器连接到踏板和转向盘上，以检测驾驶人在这些操纵过程中的行为。还有传感器连接到车轮和发动机，以检测汽车的反应。这些信息存储在数据记录器中，也称为"黑匣子"。但与飞机的黑匣子不同的是，它不记录乘客的位置或对话，只记录与驾驶人控制和汽车反应有关的数据。如果发生碰撞，黑匣子将停止录制并保存最后几秒的活动，如图 2-10 所示。

图 2-10　汽车大数据

9. 监视驾驶人动向

一种新技术正在智能汽车上进行测试，以监控酒后驾驶。例如，变速器换档手柄上的传感器可以测量驾驶人汗液中的酒精浓度；如果检测到异常行为，汽车导航系统会发出警告。还有一种注意力监控技术，它使用摄像头来监控驾驶人的头部。如果驾驶人的眼睛离开道路太久，汽车会发出警告，甚至减速以避免碰撞。此外，传感器还用于监测驾驶人的重要特征，如心率、眼动和大脑活动，并监测从疲劳到心脏病发作的任何风险，如图 2-11 所示。

图 2-11　监视驾驶人动向

10. 激光前照灯

从普通灯到卤素灯、氙气灯、高能效的 LED 灯，激光前照灯可能是汽车前照灯的下一个发展方向。这种前照灯可以照亮前方 600m 以上的道路，射程是 LED 灯的两倍，能耗更低。为了防止对面驾驶人"失明"，激光前照灯利用一系列后视镜和反光镜形成漫射白光，可以照亮远处的道路，如图 2-12 所示。

图 2-12　激光前照灯与 LED 灯对比

11. 自动泊车

泊车入库可能是驾驶过程中最具挑战性且最乏味的部分。智能汽车未来的发展方向是自动泊车技术，驾驶人要做的就是按下按钮。福特汽车公司开发了一种系统，可以搜索停车位，然后完成停车过程，驾驶人甚至不必待在车里。本田公司曾验证了一种无人自动泊车系统，该系统使用配备 WiFi 的汽车之间的无线通信和安装在停车位四角的一系列摄像头来完成泊车，如图 2-13 所示。

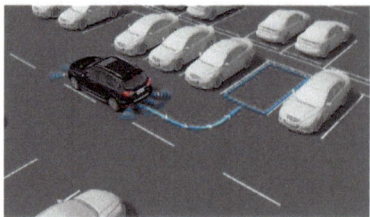

图 2-13　自动泊车

要想学好汽车电气系统智能技术，在学习过程中必须学习传感技术、通信技术（GPS、DSRC、4G/5G）、智能控制技术、辅助控制技术、灯光控制技术等。

学习目标

知识目标

- 能掌握灯光系统结构的分类。
- 能掌握灯光智能辅助控制系统构造。
- 能掌握智能辅助控制系统工作原理。
- 了解虚拟驾驶舱技术。
- 能掌握智能灯光辅助。
- 能掌握平视显示系统技术。

技能目标

- 能正确对智能灯光系统分类。

- 能独立进行智能灯光系统的分解和组装。
- 能正确区分智能灯光系统的人为故障和自然故障。
- 掌握平视显示系统故障诊断的基本技能。
- 正确掌握48V供电网技术。

素养目标

- 严格执行汽车故障诊断规范，养成严谨科学的工作态度。
- 尊重他人的劳动，不窃取他人成果。
- 养成团队协作精神。
- 能够养成劳动光荣、创造伟大的思维和创新意识。
- 养成主动思考、自主学习的习惯。
- 提升发现问题、分析问题、解决问题的能力。
- 培养知识总结、综合运用、语言表达的能力。

相关知识

一、照明系统

为了保证汽车在夜间和雾中安全行驶，车上装有各种各样的灯，如前照灯、转向灯、制动灯、仪表灯、工作灯等，俗称"照明系统"，如图2-14所示。

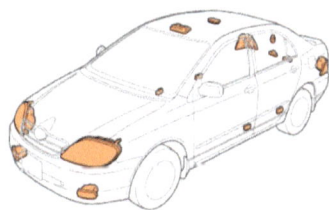

图 2-14　照明系统

汽车的照明和信号装置是汽车无声的语言，无论是汽车的转向、制动、超车，还是抛锚停靠，尤其是夜间行车，时时刻刻都离不开它。为保证汽车在各种条件下安全行车，提高汽车的行驶速度，在汽车上装有各种照明、信号装置，其数量的多少和配置形式因车型而异。

汽车灯具按功能可分为前照灯和信号灯两大类；按安装位置可分为外部灯具和内部灯具。常见外部灯具有前照灯、雾灯、牌照灯、倒车灯、制动灯、转向灯、示廓灯、驻车灯和警示灯，如图2-15所示。外部灯具的光色一般采用白色、黄色和红色。常见内部灯具有顶灯、阅读灯、行李舱灯、门灯、踏步灯、仪表前照灯、工作灯、仪表板警告灯等。

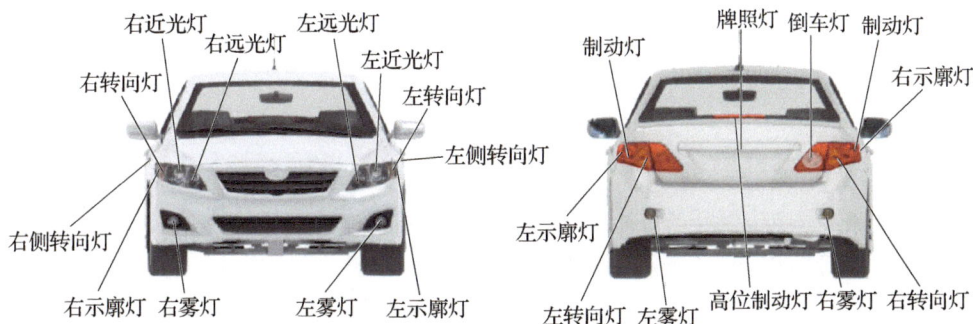

图 2-15　照明系统常见外部灯具

随着车辆行驶速度的不断提高，灯光系统成为汽车非常重要的安全部件，保证汽车灯光系统技术状况良好的重点是前照灯和信号灯。因此，必须对汽车灯光系统进行检查、检测与调整，以便及时发现和排除故障，确保灯光系统的工作性能良好，保证行车安全。

车辆使用的灯光可按用途分类，主要用于照明、信号或指示。例如，前照灯用于夜间照明，转向信号灯用于向其他车辆和行人发出信号，尾灯则指示自己车辆的存在和位置。

除了一般的照明系统，根据地区和等级不同，车辆还装有不同功能的系统。

（一）氙气放电前照灯系统

1. 系统部件作用

（1）控制部件

1）在很短的启动阶段提高灯泡电流，使灯泡立即亮起。

2）运行期间限制灯泡电流并调节工作电压，以发射均匀的光线。

（2）点燃部件

产生灯泡所需的高电压（20kV），然后提供200V、400Hz的交流电使灯泡亮起。

灯泡发热到工作温度时，85V的电压就已够用。根据ECE（欧洲经济委员会）R48的要求，氙气前照灯必须与自动照明距离调节装置和前照灯清洁装置组合使用。

2. 结构

弧光管有氙气、水银和金属卤化物。

当在电极之间施加高压时，促使电子和金属子碰撞并释放光能点亮灯泡，如图2-16所示。

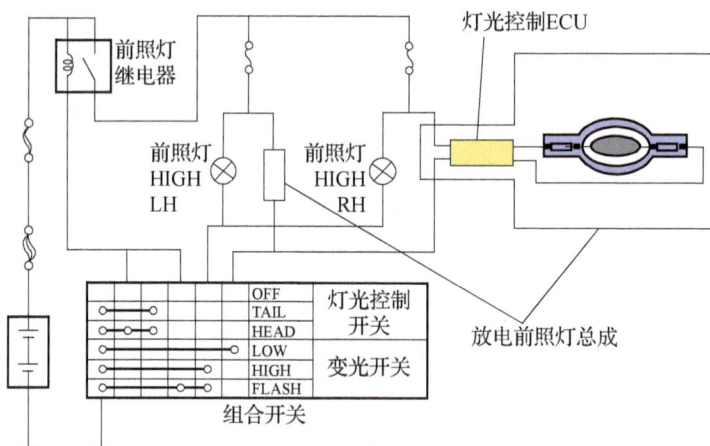

图2-16 氙气放电前照灯结构

3. 工作过程

系统在电极两侧施放高压脉冲（20kV）使氙气发光。随着灯泡内温度上升，水银蒸发并放出弧光。当灯泡内的温度进一步增加，水银电弧中的金属卤化物蒸发分解，金属原子发出光束。

由于灯光控制ECU的控制，灯泡发光稳定，如图2-17所示。

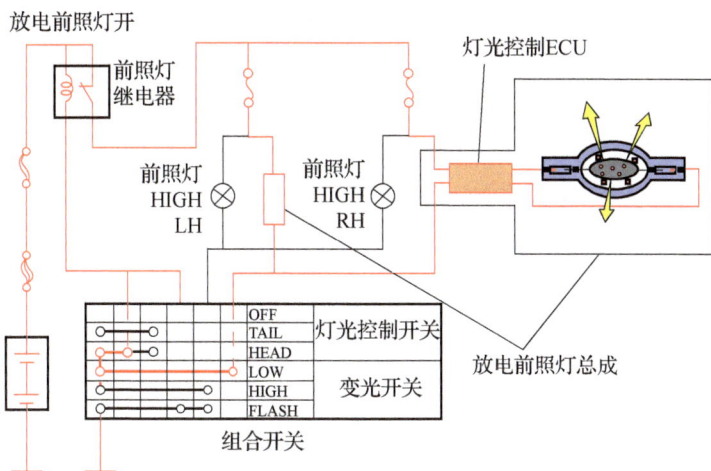

图 2-17 工作过程

4. 前照灯控制 ECU（用于放电前照灯的 ECU）

前照灯控制 ECU 是点亮放电前照灯灯泡所必需的电子控制装置。它位于左右前照灯的下部。它执行对灯泡的最佳供电以确保灯泡发光时能迅速达到最佳的光亮度，实现稳定、连续的照明，如图 2-18 所示。

前照灯控制 ECU 的输出端子产生极其危险的高压，需极其小心地处理。为防止危险，在前照灯侧面和前照灯控制 ECU 本身需放置警告标牌。

小心提示：

- 玻璃和放电前照灯灯泡电极产生破坏性的高电压（接近 20kV），不可触摸。
- 灯泡完全安装后，才可打开电源。不能用其他电源。
- 更换灯泡时，应按维修手册规定进行。

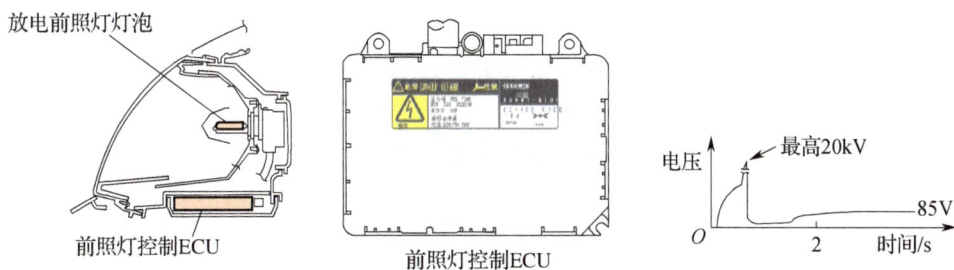

图 2-18 前照灯控制 ECU

5. 故障保护功能

前照灯控制 ECU 判断已发生的故障，并在下述条件下触发故障安全功能。

- 检测到输入故障。

如果输入电压超出运行电压范围（9~16V），故障安全功能将关闭放电前照灯。如果发生此情况，一旦运行电压恢复，放电前照灯马上点亮。

- 检测到输出故障（开路／短路）／检测到灯光闪烁。

如果输出电压有故障或者放电前照灯闪烁，故障安全功能将关掉放电前照灯。如果发生这种情况，ECU 不能确定输出故障的原因，在检查熔丝和线束系统故障后，更换前照灯灯泡。如果问题没有解决，则更换灯光控制 ECU。

- 检测到灯泡开路。

如果前照灯灯泡插座中没有灯泡，会检测到灯泡开路。故障保护功能将停止产生高压。如果发生此情况，则关闭点火开关并安装灯泡。

（二）LED 照明系统

丰田 2008 款雷克萨斯 LS600Ch 是率先部分应用 LED 前照灯的车型。随后奥迪 R8 车型又推出了全 LED 前照灯。由于 LED 光源体积非常小，使灯内布局更随意，LED 可采用多光源组合形式，这完全改变了汽车前照灯的形状和布置方式。

1. 普通 LED 前照灯

奥迪 A6L（C7）LED 前照灯总成使用发光二极管作为光源，如图 2-19 所示。一个 LED 前照灯共有 78 个发光二极管并带有散热片。前照灯内部集成有一个风扇，用于防止电子元件过热。根据灯的功能情况，使用反射镜或者投射模块。日间行车灯 / 驻车灯和转向灯使用厚壁型光学器件，以便能获得均匀的灯光形状。

图 2-19　LED 前照灯总成

2. 日间行车灯 / 驻车灯

日间行车灯 / 驻车灯由 24 个发光二极管组成，由脉冲宽度调制（PWM）信号来触发，如图 2-20 所示。在使用驻车灯功能时，灯泡亮度会降低一些。

3. 转向灯

转向灯使用 24 个黄色发光二极管，如图 2-21 所示。在转向灯闪烁过程中，日间行车灯的发光二极管会关闭。

图 2-20　日间行车灯 / 驻车灯

4. 近光灯

近光灯工作时，带有总共 14 个发光二极管的 9 个投射模块被激活，如图 2-22 所示。日间行车灯的发光二极管变暗至驻车灯状态。

图 2-21　转向灯

5. 远光灯

远光灯工作时，除了近光灯和驻车灯的发光二极管亮以外，还会激活 3 组发光二极管芯片，如图 2-23 所示。远光灯是通过远光灯拨杆或者远光灯辅助系统来激活的。

图 2-22　近光灯

图 2-23　远光灯

6. 典型车型 LED 灯

（1）ECE 版本奥迪 Q8 LED 灯

奥迪 Q8 LED 前照灯配备自动动态范围前照灯控制，如图 2-24 所示。

（2）奥迪 Q8 LED 前照灯高清矩阵灯

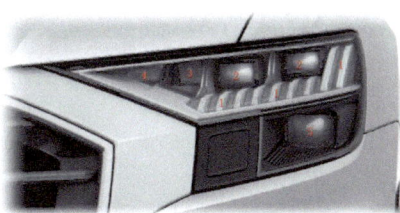

奥迪 Q8 LED 前照灯配备高清矩阵灯控制，如图 2-25 所示。

图 2-24　奥迪 Q8 LED 灯　　　图 2-25　LED 前照灯高清矩阵灯

（3）奥迪 Q5 前照灯

奥迪 Q5 前照灯有 3 种不同类型：

- 氙气前照灯（ECE1 和 SAE2）
- LED 前照灯（ECE1 和 SAE2）
- 奥迪矩阵式 LED 前照灯（ECE1）

1）氙气前照灯（PR 号：8IH）如图 2-26 所示。

日间行车灯 / 驻车灯：使用带光纤的 3 个发光二极管，在使用驻车灯时变暗。

近光灯 / 高速公路灯 / 远光灯：使用气体放电灯泡 D5S，通过照程调节来提高近光灯照射距离，通过前照灯内部的遮光板来切换近光灯。

全天候灯：使用白炽灯 H8。

转向灯：使用白炽灯 PWY 24W。

图 2-26　氙气前照灯（PR 号：8IH）

日间行车灯在转向灯工作过程中是关闭的；全天候灯在转向灯工作时是单侧关闭的。近光灯和远光灯之间的切换是借助于左 / 右遮光板 V294/V295 来实现的。回家 / 离家功能是通过近光灯和驻车灯实现的。

要想拆卸前照灯，需要先把保险杠蒙皮拆下。前照灯通过调节元件的调节来与车身连接，即可让前照灯与车身部件精确对齐。

氙气前照灯激活原理示意图如图 2-27 所示。

如果装备的是氙气前照灯，供电控制单元是通过单独导线来激活气体放电灯泡和前雾灯的。另外，J519 通过单独导线负责供电且通过子总线系统来与左 / 右车灯控制单元 J1018/J1023 进行通信。

气体放电前照灯装备有自动静态照程调节装置，即，可以补偿因车辆装载质量变化导致的前照灯照程的变化，但是车辆加速或者制动导致的俯仰运动所造成的照程变化则无法进行补偿。

供电控制单元从舒适系统中央控制单元 J393 或者底盘控制单元 J775（如果装有）获得车辆水平信息。

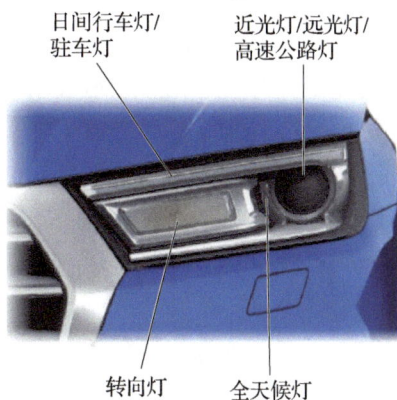

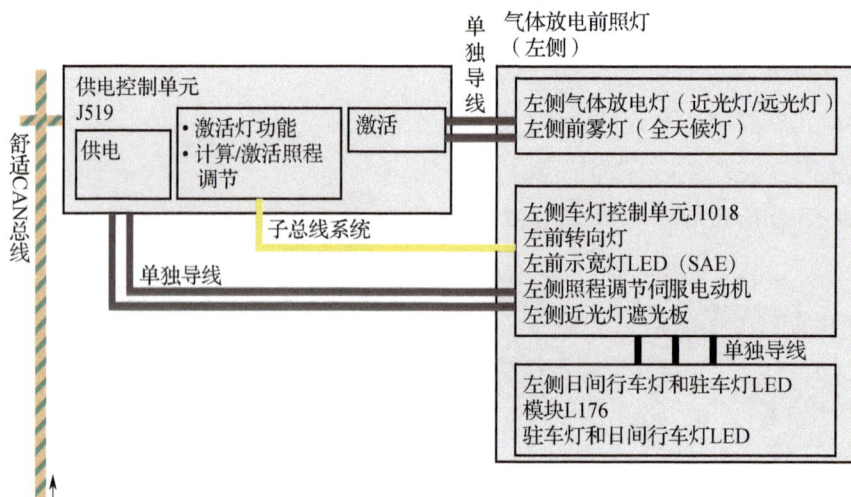

图 2-27　氙气前照灯激活原理示意图

2）LED 前照灯（PR 号：8IT）。

ECE 型的日间行车灯在转向灯工作过程中是关闭的；SAE 型的驻车灯，其上部光纤叠加有转向灯。全天候灯、十字路口灯以及驻车灯在转向灯闪烁时不受影响，如图 2-28 所示。回家 / 离家功能是通过近光灯和驻车灯发光二极管来实现的。

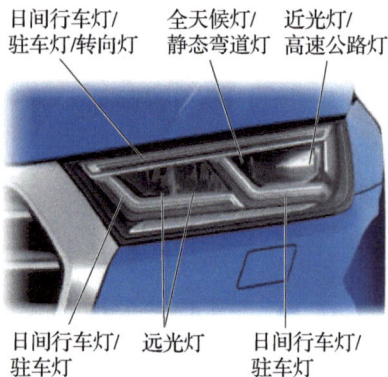

图 2-28　LED 前照灯（PR 号：8IT）

- 日间行车灯 / 驻车灯：带光纤的 5 个发光二极管，在当驻车灯用时变暗。
- 近光灯 / 高速公路灯：7 个发光二极管，通过照程调节来提高近光灯。
- 远光灯：6 个发光二极管。
- 全天候灯：2 个发光二极管。
- 转向灯：0～40km/h 通过转向灯来控制。
- 静态弯道灯：0～70km/h 通过转向角传感器来控制。
- 十字路口灯：双侧转弯灯变暗且近光灯变暗。
- 城市灯：双侧转弯灯变暗且近光灯变暗。
- 转向灯：5 个发光二极管（ECE1）/7 个发光二极管（SAE2）。
- 示宽灯：1 个发光二极管。

LED 前照灯激活原理示意图如图 2-29 所示。

如果装备的是 LED 前照灯，那么由供电控制单元 J519 来为左 / 右侧 LED 前照灯功率模块 1 A31/A27 以及左 / 右侧车灯控制单元 J1018/J1023 来供电。另外，J519 是通过子总线系统来与这些控制单元进行通信的。

左 / 右侧 LED 前照灯功率模块 1 A31/A27 负责激活近光灯、远光灯和静态弯道灯（转弯灯）的 LED。控制单元有自诊断能力，可通过地址码 D6/D7 来调用。

左 / 右侧车灯控制单元 J1018/J1023 负责控制日间行车灯 / 驻车灯 / 转向灯、示廓灯（SAE2）和照程伺服电动机。控制单元有自诊断能力，可通过地址码 29/39 来调用。

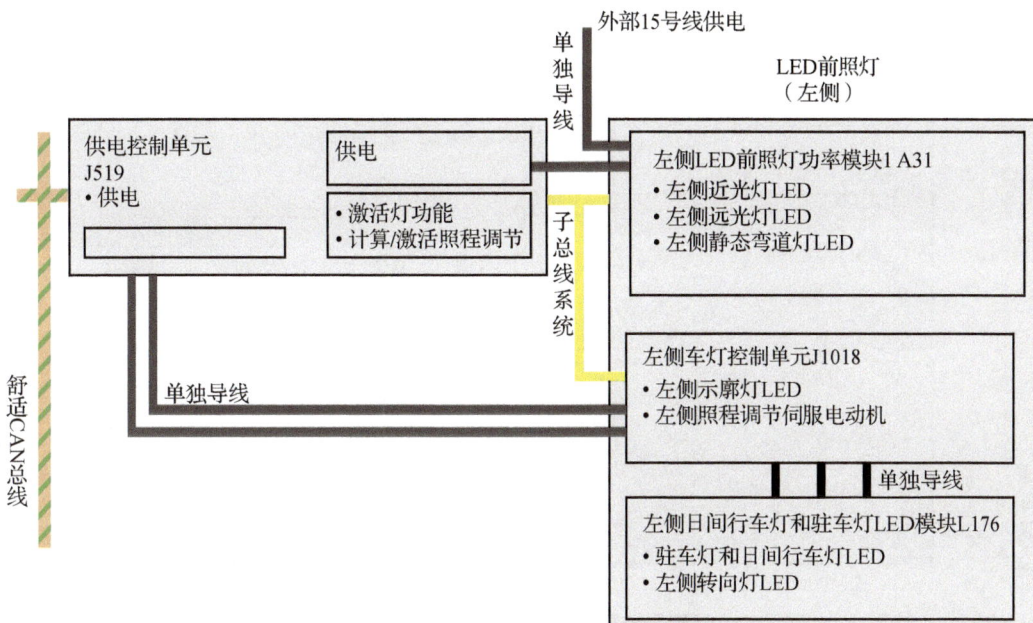

图 2-29　LED 前照灯激活原理示意图

LED 前照灯装备有自动动态照程调节装置。车辆因载荷、制动和加速所导致的照程变化均能得到修正。供电控制单元通过舒适系统中央控制单元 J393 或者底盘控制单元 J775（如果装有该控制单元）来获取车辆水平信息。

3）奥迪矩阵式 LED 前照灯（PR 号：8G4）。

日间行车灯在转向灯工作过程中是关闭着的。奥迪矩阵式 LED 前照灯装备有动态转向灯。全天候灯、十字路口灯以及城市灯在转向灯闪烁时不受影响，如图 2-30 所示。

回家/离家功能是通过驻车灯和近光灯的发光二极管来实现的。奥迪矩阵式 LED 前照灯未应用于北美市场。

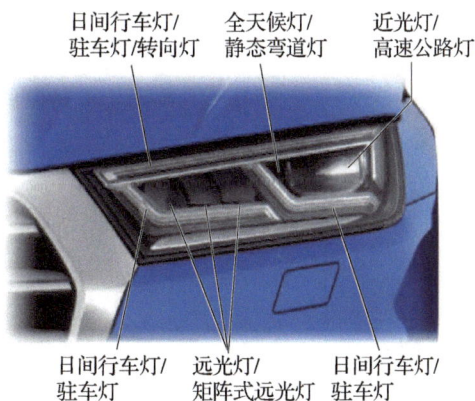

图 2-30　奥迪矩阵式 LED 前照灯

- 日间行车灯/驻车灯：带光纤的 5 个发光二极管，在当驻车灯用时变暗。
- 近光灯/高速公路灯：7 个发光二极管，通过照程调节来提高近光灯。
- 矩阵式远光灯：14 个发光二极管。
- 全天候灯：2 个发光二极管。
- 转向灯：0~40km/h 通过转向灯来控制。
- 静态弯道灯：0~70km/h 通过转向角传感器来控制。
- 十字路口灯：双侧转弯灯变暗且近光灯变暗。
- 城市灯：双侧转弯灯变暗且近光灯变暗。
- 转向灯：10 个发光二极管。

奥迪矩阵式 LED 前照灯激活原理示意图如图 2-31 所示。

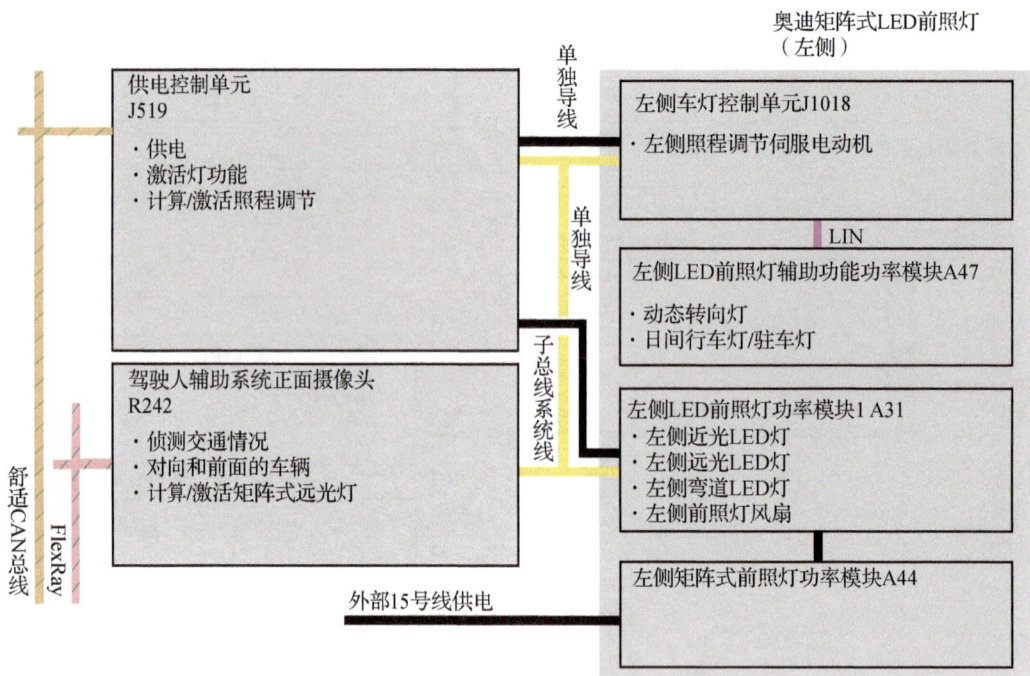

图 2-31　奥迪矩阵式 LED 前照灯激活原理示意图

　　如果装备的是奥迪矩阵式 LED 前照灯，则由供电控制单元 J519 来为左 / 右侧 LED 前照灯功率模块 1 A31/A27 和左 / 右侧车灯控制单元 J1018/J1023 供电。另外，J519 通过子总线系统与这些控制单元进行通信。

　　左 / 右侧 LED 前照灯功率模块 1 A31/A27 负责激活近光灯、远光灯和静态弯道灯（转弯灯）的 LED 以及激活前照灯风扇。控制单元有自诊断能力，可通过地址码 D6/D7 来调用。

　　左 / 右侧车灯控制单元 J1018/J1023 负责激活驻车灯 / 日间行车灯和照程调节伺服电动机。控制单元有自诊断能力，可通过地址码 29/39 来调用。通过 LIN 总线来激活动态转向灯的 LED 模块。

　　以动态方式让转向灯工作还是以传统方式让转向灯工作，这个决定信息由供电控制单元 J519 经子总线传至左 / 右侧车灯控制单元 J1018/J1023。

　　奥迪矩阵式 LED 前照灯配备有自动动态照程调节装置。车辆因载荷、制动和加速所导致的照程变化均能得到修正。供电控制单元通过舒适系统中央控制单元 J393 或者底盘控制单元 J775（如果装有该控制单元）来获取车辆水平信息。

　　（4）奥迪 Q5 后车灯

　　奥迪 Q5 后车灯安装在行李舱盖上，其灯具全是发光二极管。奥迪 Q5 后车灯有下述几种：

- Low 型（低端型，ECE1）。
- High 型（高端型，ECE1），带有动态转向灯功能。
- High 型（高端型，SAE2），带有动态转向灯功能。

这些后车灯的几何外形都是相同的；高端型

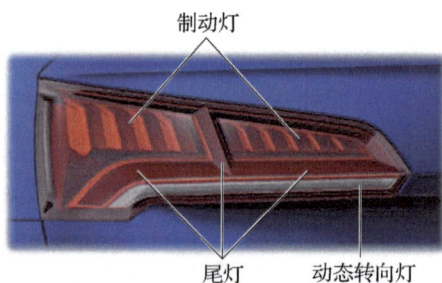

图 2-32　奥迪 Q5 后车灯（高端型）

带有动态转向灯功能，在后车灯内多了一套电子系统，如图 2-32 所示。

主后车灯和辅助后车灯都由舒适系统中央控制单元 J393 控制。使用尾灯以及牌照灯的发光二极管来实现上 / 下车灯（回家 / 离家）功能。舒适系统中央控制单元 J393 通过单独导线来通知主后车灯是使用动态转向灯还是传统转向灯。

（三）矩阵式 LED 前照灯

奥迪 A8 上的 LED 前照灯智能与"数字式"远光灯辅助系统组合在一起使用。这种远光灯辅助系统根据交通状况和其他环境条件，会自行接通和关闭远光灯，因此就减轻了驾驶人的负担。"数字式"远光灯辅助系统只有两个状态：远光灯接通和远光灯关闭。该系统的控制单元是远光灯辅助系统控制单元 J844，该控制单元集成在车内后视镜中。

带有弯道灯的氙气前照灯，这种远光灯辅助系统是进一步开发的。这种装备叫"无级前照灯照程调节系统"。该系统可以根据交通状况和其他环境条件，来无级调节前照灯的照程，它通过前照灯内一根辊子来实现。要实现无级前照灯照程调节，除了弯道灯和前照灯照程调节控制单元 J745 外，还需要使用摄像头控制单元 J852，如图 2-33 所示。

图 2-33 无级前照灯照程调节系统

1. 矩阵光柱（MatrixBean）远光灯

矩阵式 LED 前照灯是选装装备，用户通过该装备可以使用矩阵光柱技术。这其实是一种远光灯辅助系统，使用该系统可以免除驾驶人夜间行车时不停地变光的麻烦，实现自动变光功能。

矩阵光柱远光灯由 25 个光段组成，这些光段相互重叠在一起，构成远光光束。采用矩阵光柱技术，可以使各个光段独立接通或者关闭。

如果识别出道路上有其他车辆，那么可以只把此时导致别人目眩的那部分远光灯光段关闭。无论是针对前行车辆，还是对向来车，均可执行这种操作，如图 2-34 所示。

图 2-34 光段可单独控制的远光灯光束（光锥）的分布

矩阵光柱技术的优点是：其余那部分远光灯光段（就是此时并未引起别人目眩的那部分）仍然以远光灯状态照亮道路，因此就始终能为驾驶人提供尽可能好的道路照明，尽可能利用远光灯。

该系统还可以识别出摩托车驾驶人。如果是自行车，那么自行车照明的光强度和质量，会决定系统能识别还是不能识别。

（1）识别出有其他车辆时的矩阵光柱远光灯

前行车辆和对向来车由摄像头控制单元来识别。该摄像头控制单元内的图像处理软件会搜寻其他车辆的尾灯或者前照灯。如果识别成功，就会确定其与本车的角度和距离。这些数据随后会被传至矩阵光柱控制单元。

矩阵光柱控制单元会计算出哪些远光灯光段可以接通以及哪些远光灯光段必须要关闭，不致于引起其他车辆驾驶人目眩。这些信息会被传至奥迪矩阵式 LED 前照灯内的功率模块，功率模块会对远光灯的 LED 进行相应的操控，如图 2-35 和图 2-36 所示。

图 2-35　有对向来车时的矩阵光柱远光灯　　图 2-36　有前行车辆时的矩阵光柱远光灯

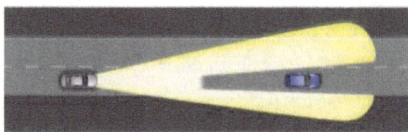

（2）预测的道路数据

如果车上装备 MMI 增强版导航系统，就有了预测的道路数据，因此矩阵光柱远光灯可以以"前瞻性"方式来工作。矩阵光柱控制单元一旦知道前方道路的走向、现在行驶过的道路类型，也就知道了本车现在是在建筑物较多的区域内还是区域外行驶。有了这些附加信息，远光灯有些功能才能实现或者才能提前激活。

（3）系统在周围有很多建筑物（居民点和城市）时的特性

如果车辆行驶在周围有很多建筑物的地方，那么只能使用近光灯。周围是否有很多建筑物，这个由摄像头控制单元来识别。具体说就是由图像处理软件在摄像头的视频数据中搜索相应的光源。如果这些光源满足一定的前提条件，则认为这是路灯照明，也就认为这个区域有很多建筑物。如果有预测的道路数据可供车辆使用，那么确认车辆是否在有很多建筑物的区域内行驶就变得更容易、更可靠了。

（4）自动远光灯接通或者关闭时的车速界限值

在黑暗中行车时，如果驾驶人激活了远光灯辅助系统，那么自动远光灯接通或者关闭时的车速界限值是这样的：

1）有预测的道路数据的车辆。

情形 1：周围有很多建筑物

- 车速高于 60km/h 时，矩阵光柱远光灯辅助功能就接管了远光灯的自动工作控制。
- 车速低于 40km/h 时，矩阵光柱远光灯辅助功能就停止操控远光灯了，车辆用近光灯继续行驶。

情形 2：周围无很多建筑物

- 车速高于 30km/h 时，矩阵光柱远光灯辅助功能就接管了远光灯的自动工作控制。
- 车速低于 20km/h 时，矩阵光柱远光灯辅助功能就停止操控远光灯了，车辆用近光灯继续行驶。

2）无预测的道路数据的车辆。

- 车速高于 60km/h 时，矩阵光柱远光灯辅助功能就接管了远光灯的自动工作控制。
- 车速低于 40km/h 时，矩阵光柱远光灯辅助功能就停止操控远光灯了，车辆用近光灯继续行驶。

（5）远光灯的高速公路模式

高速公路模式是远光灯的专用模式，只在有预测的道路数据可用时才能实现该模式。如果预测的道路数据表示出车辆现在正在高速公路上行驶，那么高速公路模式就被激活。

在高速公路模式工作时，远光灯的光束（光锥）要窄一些，以便与高速公路的结构特点更匹配，如图 2-37 所示。

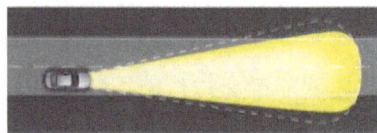

图 2-37　高速公路模式激活时的矩阵光柱（MatrixBean）远光灯

2. 近光灯

在奥迪矩阵式 LED 前照灯上，近光灯采用非对称型光束（光锥）。道路边缘被照亮得更宽，因此就能更快地识别出潜在的危险了。与此相对的是，道路中间被照亮的距离比较短，因为这时最重要的是要避免给对向来车造成目眩如图 2-38 所示。

图 2-38 用近光灯在行车

在每个奥迪矩阵式 LED 前照灯上，近光灯采用了 15 个发光二极管。近光灯光束（光锥）可以照到紧靠车辆的前部区域和再往前的区域，后者中的光束也含有不对称的成分。照到紧靠车辆的前部区域的光束由 9 个发光二极管负责，照到再往前区域的光束由 6 个发光二极管负责。

3. 转弯灯

转弯灯的作用是使得转弯过程更安全。这是通过让车辆前部周围区域在转弯时得到更好的照明来实现的。最重要的是让驾驶人能更好地看清车辆前部的侧面情况并快速识别出危险源。转弯灯也是通过 LED 来实现的。在车上的两个奥迪矩阵式 LED 前照灯中，每个前照灯中有 3 个发光二极管用于实现。至于究竟要激活哪一侧的转弯灯，就由相应的转向灯或者是朝哪个方向转动转向盘来决定了，如图 2-39 所示。

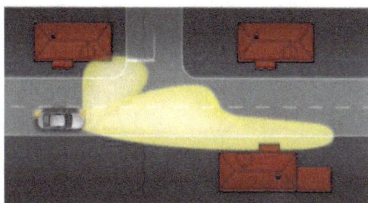

图 2-39 车辆在路口已激活转弯灯时

（1）未激活转向灯时接通转弯灯
- 当车速低于 60km/h 时，如果转向盘转角超过约 50°，那么相应的转弯灯就被接通。
- 车速超过 70km/h 或者转向盘转角小于 15°，接通的转弯灯就又被关闭。

（2）通过激活转向灯来接通转弯灯
- 可以通过激活相应的转向灯来接通转弯灯，车速不能超过 30km/h。
- 一旦车速超过 40km/h，转弯灯就会再次被关闭。

4. 十字路口灯

十字路口灯的作用是让前方的十字路口获得更好的照明。为此，除了接通正常的近光灯外，还接通两侧的转弯灯。这样就使车辆前部的侧面获得了良好的照明，从而可以更好地识别危险源，如图 2-40 所示。

图 2-40 车辆在十字路口前时十字路口灯激活的状态

只在车辆有预测的道路数据可用时，十字路口灯才可用。如果前方的十字路口既不能用摄像头来识别的，也不能用其他传感器识别的，就只能参考导航数据了。

当车辆以低于 40km/h 的车速行驶到距离十字路口还有 60m 的地方时，两个转弯灯（准确说就是十字路口灯）就被接通了。十字路口必须是预测的道路数据的组成部分，这样车辆的电子系统才能去检查距离是否符合接通十字路口灯的标准。随后，十字路口灯在行驶过路口 15m 后或者当车速超过 50km/h 后就关闭了。

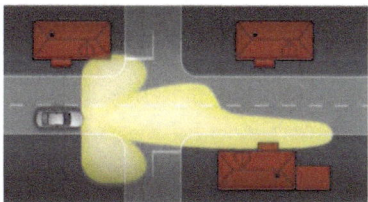

5. 全天候灯

全天候灯在恶劣天气（比如有雾或者下雪）时使用。使用时，可以降低前照灯灯光的反射所造成的对于本车驾驶人的目眩程度，实际是通过降低近光灯的照程来实现的。与此同时，还要激活两侧的转弯灯以便更好地照亮车辆前部区域（照明宽度增大了），如图2-41所示。

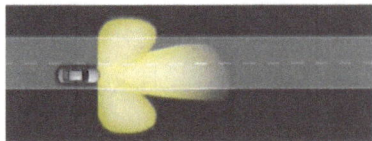

图2-41　激活了全天候灯在行车

通过操控车灯旋钮开关上的相应按键来激活全天候灯。只要车速不超过110km/h，就可以激活全天候灯，按键上的功能指示LED会显示出是否激活，如图2-42所示。

如果激活了全天候灯，矩阵光柱远光灯辅助系统就被关闭了（如果在此之前已经激活了该系统），这两个功能则不能同时工作。

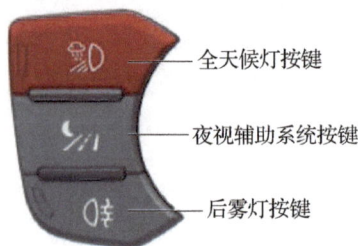

——全天候灯按键

——夜视辅助系统按键

——后雾灯按键

图2-42　车灯旋钮开关上的按键

功能激活后，车辆就一直开着全天候灯在行驶；当车速超过140km/h时，就切换到普通近光灯模式。一旦车速低于110km/h，则又切换回全天候灯模式。

6. 弯道灯

矩阵式LED前照灯也有弯道灯功能，具体说就是远光灯有弯道灯功能，近光灯没有。实现此功能可以不用偏转机械机构了，矩阵式LED前照灯不用伺服电动机就足以完成此功能。弯道灯可以将远光灯最亮点从远光灯光束（光锥）的中间移至所需要的一侧，这是通过使远光灯LED变暗来实现的，如图2-43所示。

图2-43　激活了弯道灯在行车

7. 标识灯

配备有夜视辅助系统，那么矩阵式LED前照灯在此功能中也有新应用。如果夜视辅助系统识别出有与行人相撞的危险了，那么会给驾驶人发出警告的。该警告包括一个声响信号，同时还用红色括号标识出行人，如图2-44所示。

另外，还可以用矩阵式LED前照灯的远光灯来更好地看清危险情形，如图2-45所示。

1）在远光灯接通的情况下，通过让照到行人身上的远光灯光段三次连续变暗。

2）在远光灯关闭的情况下，通过让照到行人身上的远光灯光段三次连续通电激活。

想使用标识灯，要满足下述先决条件：

- 车速高于60km/h。
- 车辆本身未处于有良好照明的居民点（城镇）内。
- 当前未识别出有可能被标识灯造成目眩的车辆。

图2-44　在组合仪表显示屏上标识识别出的行人

图2-45　矩阵式LED前照灯标识别出的行人

8. "快速移动式"转向闪光

矩阵式 LED 前照灯上使用"快速移动式"转向闪光。所谓的"快速移动式"转向闪光，是指转向灯 LED 从内向外依次接通（时间上错开），但是所有转向灯 LED 是一下子就全关闭的，如图 2-46 所示。

用于激活转向灯的请求，是由转向灯主控制器（舒适控制单元 J393）发送的。供电控制单元 J519 接收到这个请求，随后通过一根单独的导线将转向闪光信号送给前照灯中的功率模块使用。

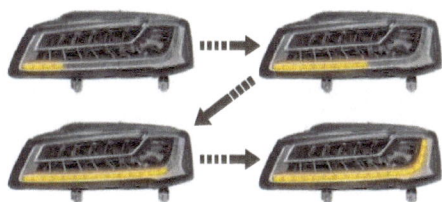

图 2-46　矩阵式 LED 前照灯上的"快速移动式"转向闪光

由于不是所有情况下都需要采用"快速移动式"转向闪光，因此舒适控制单元 J393 会通过一根单独的导线通知 LED 前照灯中的两个功率模块：是采用"快速移动式"转向闪光，还是采用普通的转向闪光。

普通的转向闪光用于撞车后闪光、紧急情况闪光和强力制动后的警告闪光；而"快速移动式"转向闪光用于转向闪光、手动激活警告闪光、中央门锁确认闪光和成功完成自适应过程后的闪光。

9. 矩阵式 LED 前照灯控制

矩阵光柱远光灯辅助功能的激活和关闭、驾驶人接管矩阵光柱远光灯辅助功能、远光灯手动接通和关闭以及操控变光示意信号时，是通过远光灯拨杆的两个操控位置来实现的，如图 2-47 所示。

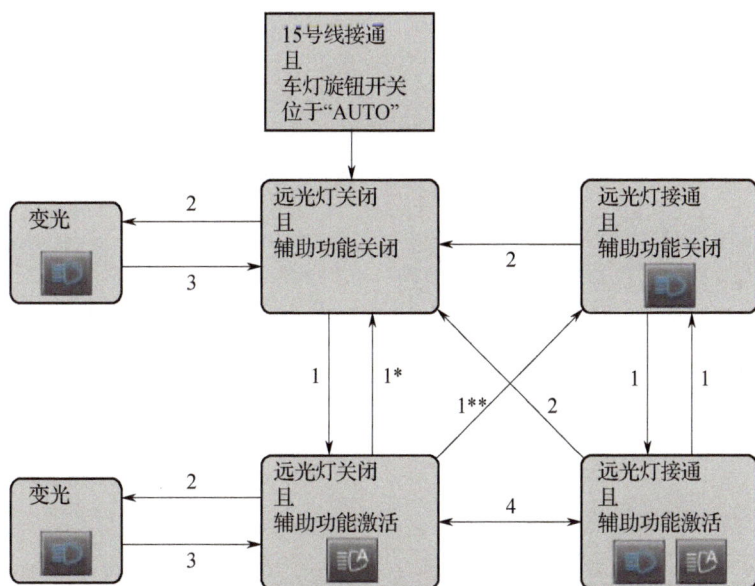

图 2-47　远光灯辅助功能的操纵逻辑状态图

1—将远光灯拨杆向前轻推　1*—将远光灯拨杆向前轻推（远光灯关闭）　1**—将远光灯拨杆向前轻推（远光灯接通）
2—将远光灯拨杆向后拉　3—松开远光灯拨杆　4—取决于具体情形（自动的）

要想只用两个操控位置来实现这些功能，供电控制单元的软件就得有出色的操控逻辑。最好是通过状态图来进行说明操控逻辑，共有四个主要状态：

- 远光灯辅助功能关闭且远光灯关闭。
- 远光灯辅助功能关闭且远光灯接通。
- 远光灯辅助功能激活且远光灯关闭。
- 远光灯辅助功能激活且远光灯接通。

10. 矩阵式 LED 前照灯设置

使用 MMI 的 Car 菜单，在菜单选项 < 车辆设置 / 外部照明 / 自动行车灯 > 中可以接通或关闭矩阵光柱远光灯辅助功能。如果已接通矩阵光柱远光灯辅助功能，那么驾驶人可以通过将远光灯拨杆向前轻推来激活它，但这有个前提条件：车灯旋钮开关应位于"AUTO"位置。

如果车灯旋钮开关位于"近光灯"位置，那么驾驶人可以操控远光灯拨杆以手动方式接通和关闭远光灯。如果 MMI 上将远光灯辅助功能设置成"关闭"状态，那么当车灯旋钮开关位于"AUTO"位置时，可以手动接通和关闭远光灯，如图 2-48 所示。

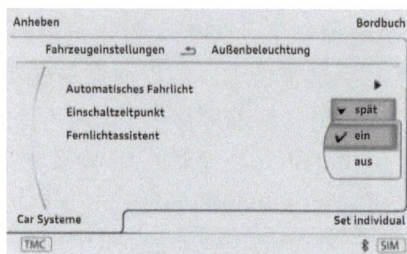

图 2-48　在 MMI 上激活远光灯辅助功能

11. 显示

矩阵光柱可以显示下述符号：

如果用户激活矩阵光柱远光灯辅助功能，这个符号▨就会显示在显示屏上。

如果矩阵光柱远光灯辅助功能已激活，只要远光灯 LED 亮起，就会出现这个蓝色的远光灯符号▨。

12. 矩阵式 LED 前照灯结构

1）矩阵式 LED 前照灯正面视图如图 2-49 所示。

2）矩阵式 LED 前照灯的结构如图 2-50 所示。

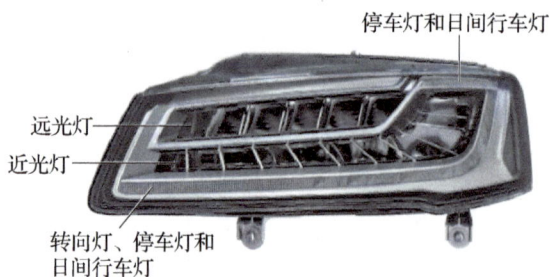

图 2-49　矩阵式 LED 前照灯正面视图

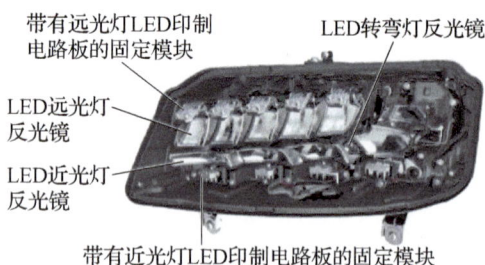

图 2-50　矩阵式 LED 前照灯的结构

3）远光灯 LED 印制电路板。

奥迪矩阵式 LED 前照灯的远光灯由五个单独的印制电路板和五个串联的 LED 组成。每个前照灯上的共计 25 个远光灯 LED 可以单独操控，它们与另一个前照灯的远光灯模块一起形成远光灯光束（光锥）。

每个 LED 负责照亮远光灯的一个区段，每个单独的区段是有重叠的，如图 2-51 所示。

4）矩阵式 LED 前照灯的功率模块如图 2-52 所示。

图 2-51　远光灯 LED 印制电路板

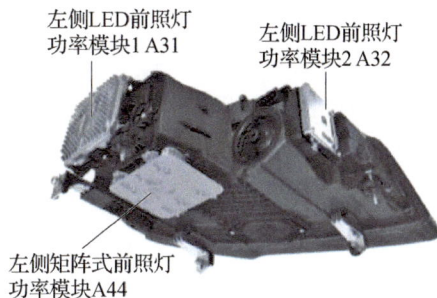

图 2-52　矩阵式 LED 前照灯的功率模块

13. 矩阵式 LED 前照灯工作原理图

矩阵式 LED 前照灯工作原理图如图 2-53 所示。

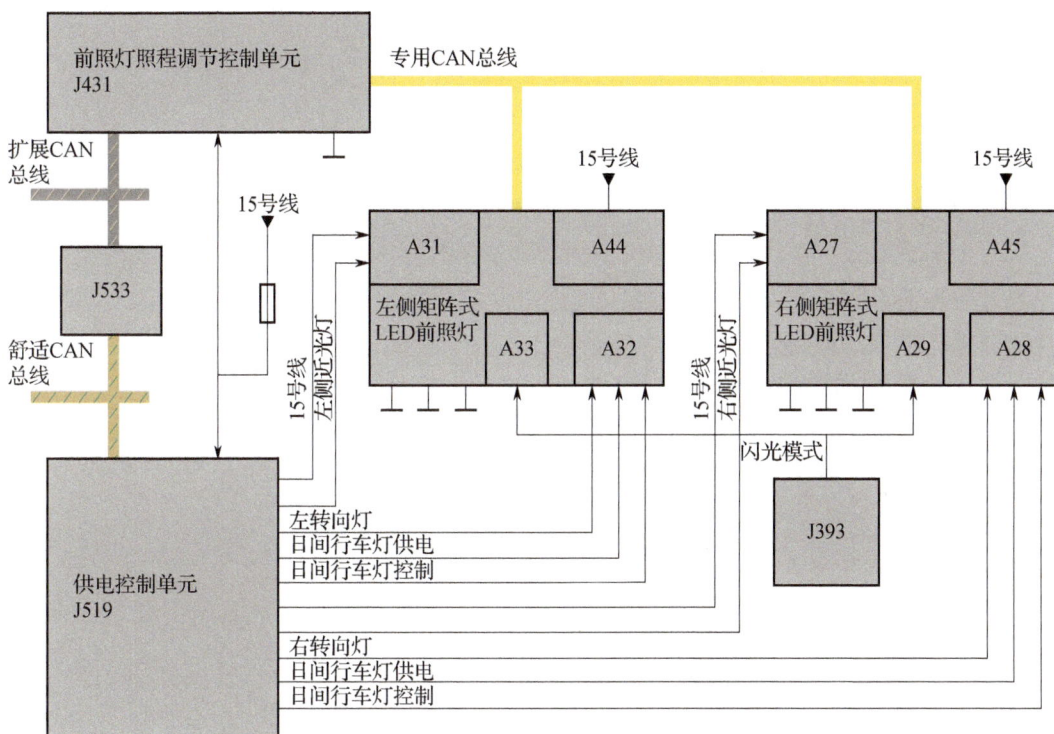

图 2-53　矩阵式 LED 前照灯工作原理图

A27—右侧 LED 前照灯功率模块 1　A28—右侧 LED 前照灯功率模块 2　A29—右侧 LED 前照灯功率模块 3

A31—左侧 LED 前照灯功率模块 1　A32—左侧 LED 前照灯功率模块 2　A33—左侧 LED 前照灯功率模块 3

A44—左侧矩阵式前照灯功率模块　A45—右侧矩阵式前照灯功率模块　J393—舒适控制单元　J533—数据总线诊断接口

（1）LED 前照灯功率模块 1（右 A27/左 A31）

该模块负责近光灯和转弯灯 LED 的供电和操控以及前照灯内风扇的操控，在 LED 前照灯功率模块 1 上连接有下面这些导线：

- 一根"15 号线"，从供电控制单元 J519 过来，用于给转弯灯、风扇和功率模块运算器供电。
- 专用的"近光灯"导线，从供电控制单元 J519 过来，该导线用于给近光灯供电。
- 两根 CAN 总线（专用 CAN 总线），接前照灯照程调节控制单元 J431。通过这两根总线告知功率模块：现在要求哪个灯工作。功率模块通过这些信息就知道哪些近光灯 LED 需要以多强的亮度来工作。同样，接通和关闭转弯灯也需要这两根导线。

（2）LED 前照灯功率模块 2（右 A28/ 左 A32）

负责停车灯（驻车灯）、日间行车灯和转向灯 LED 的供电和操控，在 LED 前照灯功率模块 2 上连接有下面这些导线：

- 一根"日间行车灯供电线"，从供电控制单元 J519 过来，用于给日间行车灯或者停车灯（驻车灯）的 LED 供电。
- 专用的"日间行车灯控制"导线，从供电控制单元 J519 过来。一个 PWM 信号会通过该导线传输，用于使灯光变暗。日间行车灯不能变暗，停车灯会按照这个 PWM 信号来变暗。
- 专用的"左 / 右转向灯"导线，从供电控制单元 J519 过来，用于给转向灯 LED 供电。同时，该导线也是转向信号的信号线。

（3）LED 前照灯功率模块 3（右 A29/ 左 A33）

转换要求的转向闪光模式，在 LED 前照灯功率模块 3 上连接有下面这根导线：

- 专用的"转向闪光模式"导线，来自舒适控制单元 J393。它是一根数字式信号线，表示转向灯闪光是普通模式的还是快速移动式的。

（4）矩阵式 LED 前照灯功率模块（左 A44/ 右 A45）

按前照灯照程调节控制单元 J431 的规定来操控单独的远光灯 LED 的亮度，在矩阵式 LED 前照灯功率模块上连接有下面这些导线：

- 一根"15 号线"，用于给功率模块和远光灯 LED 供电。
- 两根 CAN 总线（专用 CAN 总线），接前照灯照程调节控制单元 J431。通过这两根总线告知功率模块：远光灯 LED 以多大亮度去工作。

14. 矩阵光柱控制单元（前照灯照程调节控制单元 J431）

矩阵光柱控制单元在维修手册中叫作前照灯照程调节控制单元 J431。之所以叫这个名称，是因为所用的硬件在其他车型上用于前照灯照程调节，如图 2-54 所示。

（1）接线图

前照灯照程调节控制单元 J431 有六根连接线。其中两根用于供电，另外还有两套 CAN 总线，每套 CAN 总线有两根导线，如图 2-55 所示。

前照灯照程调节控制单元 J431 是矩阵光柱功能的主控制器。另外，它还负责其他车灯功能，比如弯道灯、转弯灯、全天候灯和夜视辅助系统标识灯。

图 2-54　前照灯照程调节控制单元 J431

（2）矩阵光柱功能的实现

前照灯照程调节控制单元 J431 从摄像头控制单元 J852 接收数据，这些数据由摄像头图像处理软件识别出来。这些数据包含别的车与本车之间相对角度以及别的车与本车之间的距离。

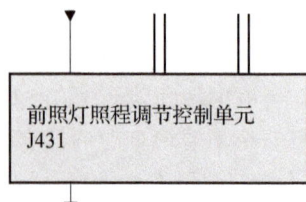

图 2-55　前照灯照程调节控制单元 J431 的导线连接

前照灯照程调节控制单元 J431 从这些数据中计算出远光灯 LED 应以多大亮度去工作。计算是按这个程度来进行的：道路被照亮到一个比较理想的程度，但又不使人目眩。在计算远光灯 LED 的亮度过程中，也顺便考虑了弯道灯。如果车辆行驶在弯道处，那么远光灯光束（光锥）的最大亮度点会偏移，以便更好地将弯道照亮。如果激活了高速公路模式，对于这个计算也是有影响的。如果高速公路模式被激活了，那么远光灯光束（光锥）外缘区的 LED 就很暗或者干脆就不亮了。

计算出的各个远光灯 LED 亮度，不断地经专用 CAN 总线被传送到矩阵式 LED 前照灯两个功率模块上（左 A44，右 A45），模块会操控相应的 LED 来工作。

但是，只有当满足使用矩阵光柱远光灯辅助系统的所有条件时，才能对 LED 实施操控。这些条件包括：

- 车灯旋钮开关位于 AUTO。
- MMI 上的远光灯辅助菜单项处于"接通"。
- 驾驶人已将该功能激活。
- 车速处于正确值范围内。
- 车辆当前位置周围足够暗。

（3）其他车灯功能的转换

前照灯照程调节控制单元 J431 会通知功率模块：哪些近光灯 LED 应激活亮起。这些数值通过专用 CAN 总线被传至矩阵式 LED 前照灯内的两个功率模块上，并被转换成所需要的控制动作。

同样，控制单元 J431 也负责全天候灯的操控。如果全天候灯已被驾驶人接通且也满足所有其他条件，那么近光灯 LED 相应的亮度会按照恶劣天气条件进行匹配。所需的亮度要求随后被送至 LED 前照灯内的功率模块上并进行相应转换。

前照灯照程调节控制单元 J431 根据接收到的车辆数据，也会计算是应该接通一个转弯灯还是两个（弯道灯）。如果有这个需要，信息则通过专用 CAN 总线通知相应的功率模块。功率模块会来操控 LED 转弯灯。

当旅行灯激活时，也是这样的功能流程。这个请求是通过扩展 CAN 总线传至前照灯照程调节控制单元 J431 的。该控制单元随后会相应降低 LED 的亮度（就是形成近光灯中非对称成分的那些 LED），并把这个信息传至奥迪矩阵式 LED 前照灯内的两个功率模块上。

15. 供电控制单元

供电控制单元 J519 是外部照明的主控制器。控制单元 J519 是通过 LIN 总线从车灯开关接收到车灯旋钮开关当前的位置以及全天候灯是否激活这些信息的，如图 2-56 所示。

车灯旋钮开关当前的位置对车外灯具有重要意义，因为矩阵光柱远光灯辅助功能以及其他的灯功能，只有在车灯旋钮开关处在 AUTO 位置时才能工作。

图 2-56　供电控制单元 J519

控制单元 J519 是通过舒适 CAN 总线从转向柱电子控制单元 J527 处获知远光灯拨杆是否被拨动这个信息的。于是，J519 知道了矩阵光柱远光灯辅助功能的激活状态，此信息又被放到了 CAN 总线上。

控制单元 J519 将左、右 LED 前照灯内的功率模块的 15 号接线柱接通。另外，两个功率模块还各有一根用于近光灯的供电/信号组合线。

LED 前照灯内的功率模块只通过控制单元 J519 来操控。这是通过一根单独的供电线（停车灯和日间行车灯的）和一根 PWM 信号线来实现的。PWM 信号决定 LED 的亮度。这些 LED 既用于停车灯也用于日间行车灯。还有一根单独导线（第三根），用于操控两个奥迪矩阵式 LED 前照灯内的转向灯 LED。

16. 联网

这些控制单元直接参与该功能，将车辆数据提供给该功能使用，为用户提供对该功能进行设置的可能性，或者显示与该功能相关的信息。

图 2-57 所示是所有参与矩阵光柱功能的控制单元的联网情况。还展示了控制单元用来交换数据的总线系统。

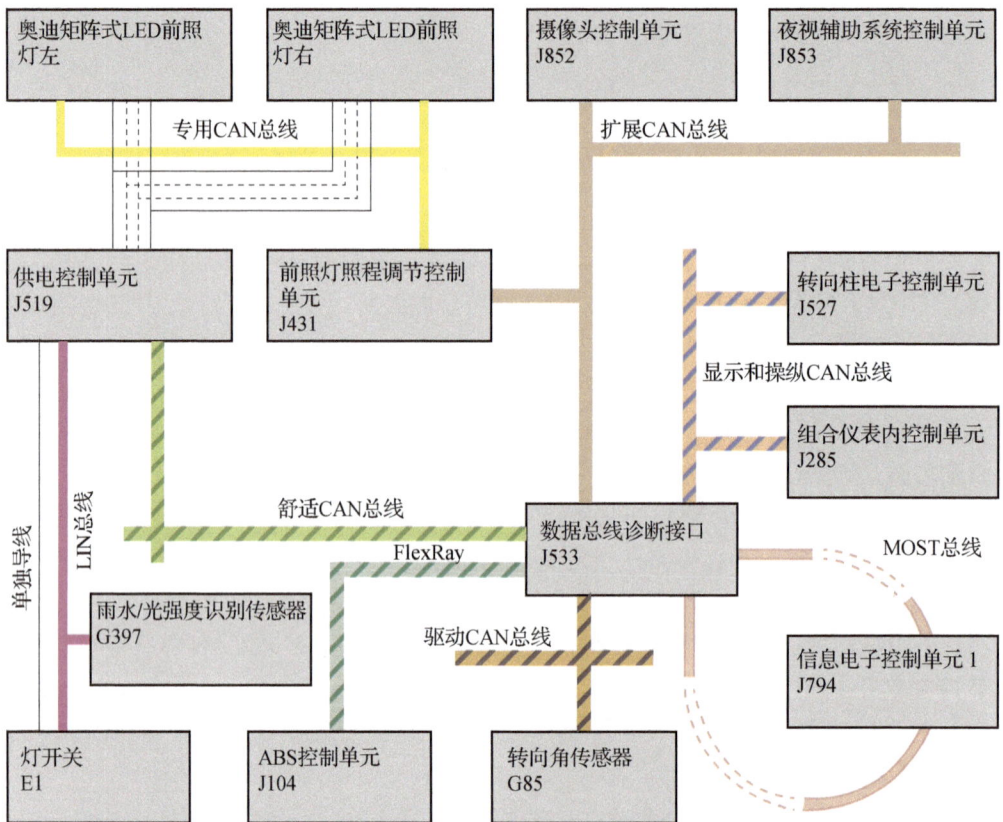

图 2-57　矩阵光柱功能控制单元的联网情况一览

（1）供电控制单元 J519

供电控制单元 J519 是外部照明的主控制器。

（2）前照灯照程调节控制单元 J431

前照灯照程调节控制单元 J431 是矩阵光柱功能的主控制器。另外，它还负责其他车灯功能，比如弯道灯、转弯灯、全天候灯和夜视辅助系统的标识灯。

（3）摄像头控制单元 J852

摄像头安装在车内后视镜内，用于接收车辆前方周围区域的图像。集成在该控制单元内的图像处理软件不断地在图像中搜寻本车前方或者对向车道的车辆。这识别要在接通了车外照明灯时进行。

如果识别出有其他车辆，那么就会去估算其他车辆与本车的相对角度，并且会估算两车之间的距离。这些信息会被提供给前照灯照程调节控制单元 J431 去使用。该摄像头也会侦测周围环境的亮度。它还用于判定：激活了的远光灯辅助系统是否该实际使用远光灯（因为远光灯指在周围很黑时才允许使用）。

（4）转向柱电子控制单元 J527

将远光灯拨杆向前还是向后推这个信息放到 CAN 总线上。

（5）灯开关 E1

为供电控制单元 J519 提供车灯旋钮开关当前位置信息，并告知全天候灯按钮的操纵情况。

（6）信息电子控制单元 1 J794

用于提供这个信息：MMI 上的 Car 菜单中，选项"远光灯辅助系统"是处于"接通"还是"关闭"状态。另外，如果车上配备有选装的 MMI 增强版导航系统，还会提供预测的道路数据。

（7）ABS 控制单元 J104

将当前的车速信息放到 CAN 总线上。

（8）转向角传感器 G85

将当前的转向角信息放到 CAN 总线上。

（9）雨水 / 光强度识别传感器 G397

通过 LIN 总线将当前的环境亮度信息提供给供电控制单元 J519。这个信息用于决定：自动行车灯切换功能何时接通或者关闭近光灯。

（10）夜视辅助系统控制单元 J853

在有碰撞危险时，将识别出的行人及其位置通过 CAN 总线告知前照灯照程调节控制单元 J431。

二、智能灯光辅助系统

汽车远光灯辅助系统是驾驶人辅助系统的新亮点。因为它根据当时的交通情形自行打开和关闭远光灯，所以可提高在黑暗中行驶的舒适性。该系统将改善夜行时的视线条件。

但是，近光灯下行驶时对物体的识别程度远远不及远光灯下。使用远光灯时，常常可以尽早地识别出物体，从而有时间及时停车或规避。

在黑暗中行驶时，借助远光灯辅助系统可最长间地使用远光灯，只有当交通和环境条件要求时才将灯光转变成近光灯。近光防目眩处理只在远光灯对对方驾驶人造成目眩之前及时进行。驾驶人不必持续开关远光灯，从而可尽量利用良好的环境照明，如图 2-58 所示。

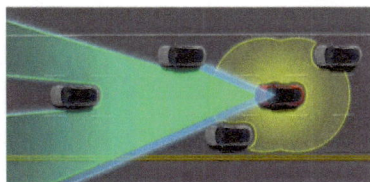

图 2-58 智能灯光辅助系统

（一）远光灯辅助系统

当夜间行车时，虽然打开远光灯能够明显地提高能见度从而增强安全性，但很多驾驶人没有这么做，原因主要有以下三种：第一种是他们不愿因远光灯的强光照射而使对面行驶车辆中的人员感到刺眼；第二种是他们对所行驶的路段非常熟悉，从而认为可以不必使用远光灯；第三种原因是他们懒得因为对面不时驶过的车辆而频繁地手动开启或者关闭远光灯。

在打开近光灯行驶时，驾驶人对物体的辨别能力远比打开远光灯时低。打开远光灯行车时，往往很早就能够识别出前方的物体，从而有足够的时间可以及时制动或者躲避。

远光灯辅助系统延长了远光灯在黑暗中的打开时间，只有在交通和环境条件需要的时候才会变暗，也就是在让其他车辆的驾驶人觉得刺眼之前及时地转为近光灯。驾驶人不但可以充分利用明亮环境所带来的便利，而且不必再经常地手动开启或关闭远光灯，如图2-59所示。

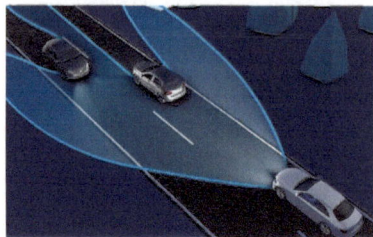

图2-59　远光灯辅助系统

1.远光灯辅助系统的功能

远光灯辅助系统是一种新型驾驶辅助系统，将来会在所有车型中提供。该系统在黑暗中可为驾驶人提供更佳的视野，因为只要交通和环境条件允许，远光灯便会一直处于打开状态，所以该系统可为驾驶人在黑暗中提供更好的视线条件。

如果远光灯辅助系统的摄像头识别到对方车道有来车或本方车道前方有车，那么就及时将远光变为近光以避免对其他驾驶人造成目眩。一旦识别到的车辆脱离远光灯辅助系统的监控范围，那么系统马上自动将近光再次变为远光，如图2-60所示。

根据路面的照明情况，远光灯辅助系统也会识别出城镇和城市，接着系统同样会将远光灯转为近光灯。

在离开城镇或城市后，又会自动转为远光灯。该系统软件也可以识别出浓雾，在这种情况下同样把远光灯转为近光灯。远光灯辅助系统大大减轻了驾驶人的负担，使其把更多的注意力集中在驾驶上，如图2-61所示。

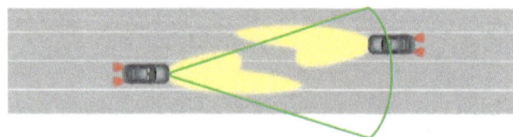

图2-60　将远光变为近光以避免对其他驾驶人造成目眩　　图2-61　再次将近光变为远光

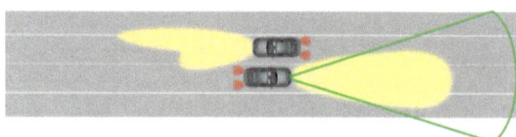

远光灯辅助系统是一种驾驶人辅助系统，在黑暗中行车时，帮助驾驶人自动打开和关闭远光灯。但是，开车时认真负责地使用远光灯，始终仍是驾驶人的任务。因此，即便激活了远光灯辅助系统，驾驶人也可以随时手动打开和关闭远光灯。

2.打开和关闭条件

（1）通过远光灯辅助系统打开远光灯

为了能够使用远光灯辅助系统，驾驶人必须首先向前推动远光灯操纵杆将其激活。不过，只有当车灯开关处于"自动"（AUTO）位置时，才能激活该系统。

只有当满足下述全部条件时，激活的远光灯辅助系统才会打开远光灯：

- 远光灯辅助系统的摄像头发出信息，环境亮度已低于预先设定的极限值。
- 已经根据雨量和光照传感器的要求打开近光灯。
- 车速超过 60km/h。
- 既未发现有对面驶来的汽车或摩托车，也未发现在前面行驶的汽车或摩托车。
- 没有识别到城镇。

（2）通过远光灯辅助系统关闭远光灯

如果远光灯已经通过远光灯辅助系统打开，则在下述情况下又会重新关闭：

- 发现对面驶来的汽车或摩托车。
- 发现前面行驶的汽车或摩托车。
- 发现照明充足的一个村镇。
- 车速降到 30km/h 以下。
- 远光灯辅助系统探测到浓雾。

3. 远光灯辅助系统的工作原理

图 2-62 所示的远光灯辅助系统监控范围示意图并非严格按照比例绘制的图解，而只是介绍一下原理，以便让读者对远光灯辅助系统的工作方式有一个基本的了解。

根据这些示意图，无法确定近光和远光转换的精确时间点。转换时间点取决于许多因素，例如能见度、道路走向、对面驶来或者前面行驶的车辆前照灯的照射强度等。

图 2-62　远光灯辅助系统的监控范围示意图

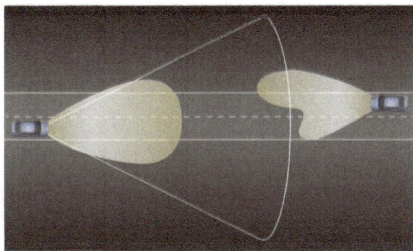

远光灯辅助系统的扫描区，最远可达 1000m。但需要注意的是，这是最大的扫描范围，只有在理想条件下才能达到。在实际的交通状况下，扫描范围会低于这个数值。

因为环境条件，如视线条件、道路走向和地形特征，都是很强的影响因素，所以无法给出精确的监控范围数值。

（1）对方车道有来车

对方车道的来车尚在远光灯辅助系统的监控范围以外，如图 2-63 所示。

对方车道的来车已在远光灯辅助系统的监控范围以内，但车距很远，远光灯辅助系统还不采取远光防目眩措施，如图 2-64 所示。

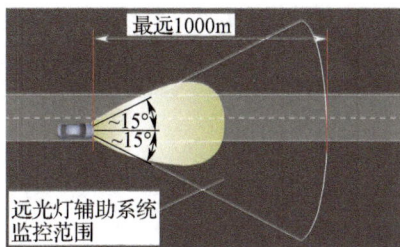

图 2-63　对方车道的来车在监控
范围以外

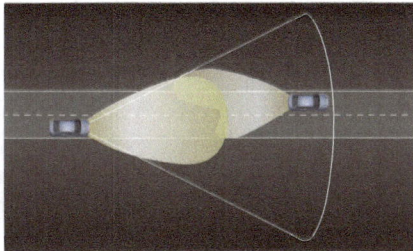

图 2-64　对方车道的来车在监控
范围以内但车距很远

这时，对面驶来的汽车这时已经离得很近，为了不使对面车上的驾驶人目眩，远光灯辅助系统将远光灯转换为近光灯，如图 2-65 所示。

当远光灯辅助系统探测不到对面驶来的汽车，超过 1s 时，系统重新打开远光灯，如图 2-66 所示。

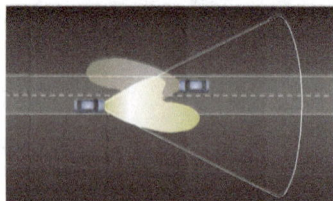

图 2-65　远光灯辅助系统将远光灯转换成近光灯

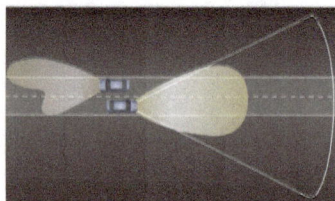

图 2-66　当远光灯辅助系统探测不到对面驶来的汽车

（2）尾随或超车

本方车道前方的车辆尚在远光灯辅助系统的监控范围以外，如图 2-67 所示。

在前面行驶的汽车进入远光灯辅助系统的扫描区，但还有足够远的距离，所以远光灯辅助系统让远光灯继续亮着，如图 2-68 所示。

这时距离前面行驶的汽车已经很近，于是远光灯辅助系统转换为近光灯，如图 2-69 所示。

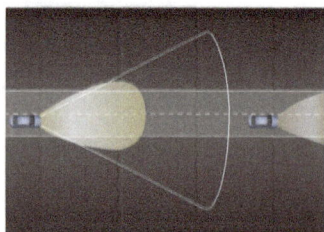

图 2-67　前方的车辆尚在远光灯辅助系统的监控范围以外

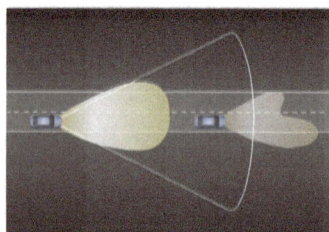

图 2-68　前面行驶的汽车进入远光灯辅助系统的扫描区

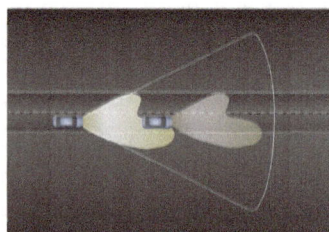

图 2-69　远光灯辅助系统将前照灯转换成近光灯

在前面行驶的汽车被超车，但在最后 3s 里仍然被远光灯辅助系统探测到它的尾灯，所以近光灯仍旧暂时亮着，如图 2-70 所示。

远光灯辅助系统识别不到被超车的尾灯时间超过 3s，因此再次打开远光灯，如图 2-71 所示。

超车过程结束，车辆开着远光灯继续行驶，如图 2-72 所示。

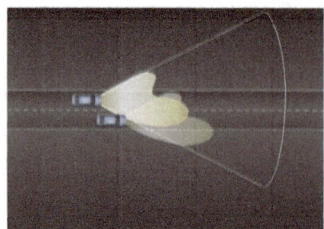

图 2-70　超过了前方的车辆

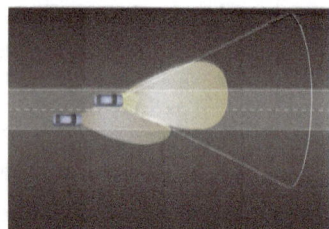

图 2-71　远光灯辅助系统识别不到被超车的尾灯时间超过 3s

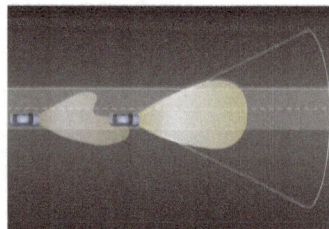

图 2-72　超车过程结束

（3）驶过城镇

城镇还未进入远光灯辅助系统的扫描区，因而，远光灯辅助系统开启远光灯，如图 2-73 所示。

城镇进入远光灯辅助系统的扫描区，但远光灯仍然开着，如图 2-74 所示。

因为识别到城镇的照明良好，所以关闭远光灯，如图 2-75 所示。

车辆已穿过城镇区，远光灯辅助系统在其监控范围内已识别不到光源，因此系统将远光灯再次打开，如图 2-76 所示。

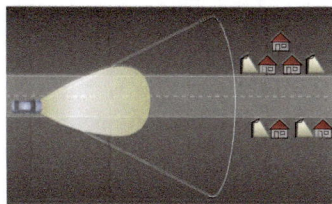

图 2-73　城镇还未进入远光灯辅助系统的扫描区

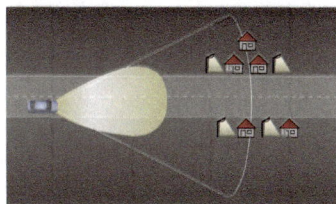

图 2-74　城镇进入远光灯辅助系统的扫描区

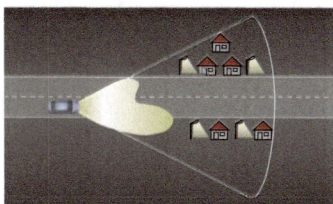

图 2-75　识别到城镇的照明良好关闭远光灯

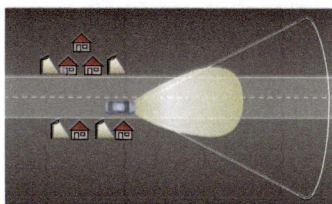

图 2-76　系统将远光灯再次打开

（4）离公路较远的城镇

距离公路较远的城镇尚未进入远光灯辅助系统的扫描范围，因此远光灯处于开启状态，如图 2-77 所示。

路侧较远方的城镇进入远光灯辅助系统监控范围之内，远光灯继续保持开启状态，如图 2-78 所示。

该城镇被远光灯辅助系统视为光照不足。由于汽车以超过 90km/h 的速度行驶，远光灯保持开启状态。假如车速低于 90km/h，则远光灯会被关闭。对于远光灯辅助系统而言，90km/h 的速度是一个至关重要的条件，但是只在这一具体情况下才起作用，如图 2-79 所示。

城镇不再处于远光灯辅助系统的扫描范围之内，远光灯保持开启状态，如图 2-80 所示。

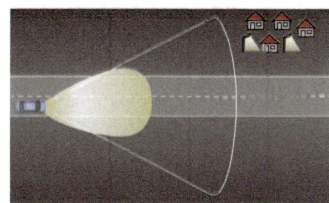

图 2-77　城镇尚未进入远光灯辅助系统的扫描范围

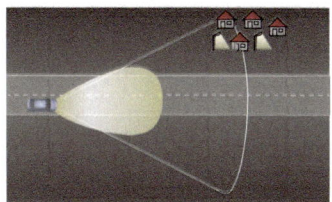

图 2-78　路侧较远方的城镇进入远光灯辅助系统监控范围之内

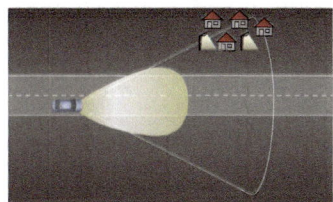

图 2-79　根据车速控制灯光

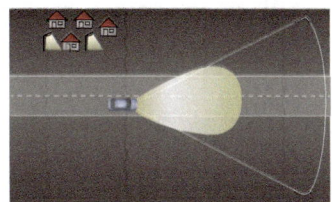

图 2-80　城镇已脱离远光灯辅助系统的扫描范围

（5）驶过公路边的独栋房屋

房屋和路灯尚未进入远光灯辅助系统的扫描区，远光灯处于开启状态，如图 2-81

所示。

房屋和路灯进入远光灯辅助系统的扫描区，远光灯保持开启状态，如图 2-82 所示。

由于只探测到一个单独的光源，远光灯保持开启状态，如图 2-83 所示。

图 2-81　房屋和路灯尚未进入远光灯辅助系统的扫描区

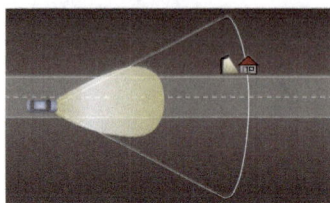

房屋和路灯离开远光灯辅助系统的扫描区，远光灯继续保持开启状态，如图 2-84 所示。

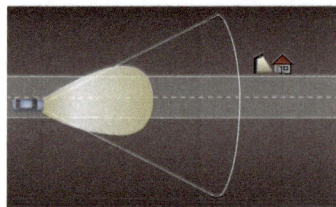

图 2-82　房屋和路灯进入远光灯辅助系统的扫描区

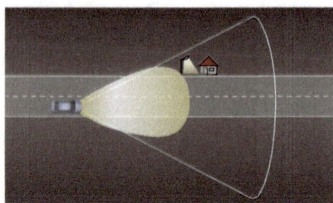

图 2-83　只探测到一个单独的光源

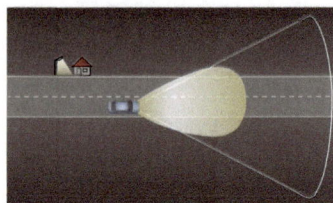

图 2-84　房屋和路灯离开远光灯辅助系统的扫描区

4. 远光灯辅助系统控制

（1）激活远光灯辅助系统

为了能够激活远光灯辅助系统，车灯开关必须处于"自动"（AUTO）位置。由驾驶人通过向前推动远光灯操纵杆激活远光灯辅助系统，如图 2-85 所示。

图 2-85　灯光旋转开关

（2）关闭远光灯辅助系统

如果旋扭车灯开关离开"自动"（AUTO）位置，远光灯辅助系统将持久地处于关闭状态。当再次向前推动远光灯操纵杆，直至操纵杆被推至前端位置，则远光灯辅助系统将被重新激活。

（3）更改远光灯辅助系统所执行的操作

驾驶人可以随时更改远光灯辅助系统所执行的操作（开启或者关闭远光灯）。通过将远光灯操纵杆向后扳可以关闭由远光灯辅助系统开启的远光灯，同时远光灯辅助系统将被关闭。

如果远光灯辅助系统只是开启了近光灯，那么可以通过向前推远光灯操纵杆开启远光灯。在这种情况下，远光灯辅助系统同样将被关闭。

5. 远光灯辅助系统的操作逻辑

远光灯辅助系统的激活与关闭，驾驶人对远光灯辅助系统所执行操作的更改，手动开启和关闭远光灯以及对闪光功能的操控，均通过远光灯操纵杆的两种操作方式加以控制：

- 将远光灯操纵杆向前推。
- 将远光灯操纵杆向后扳。

为了能够仅仅通过两种操作方式便实现诸多功能之间的转换，车载电网控制单元 J519 的软件采用了一种操作逻辑。图 2-86 以状态示意图的形式，层次分明地描述一下该操作

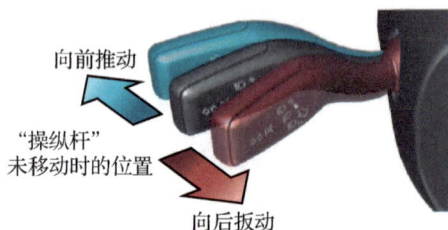

逻辑以及它的 4 种主要状态：

- 远光灯辅助系统被抑制——远光灯关闭。
- 远光灯辅助系统被抑制——远光灯打开。
- 远光灯辅助系统被激活——远光灯关闭。
- 远光灯辅助系统被激活——远光灯打开。

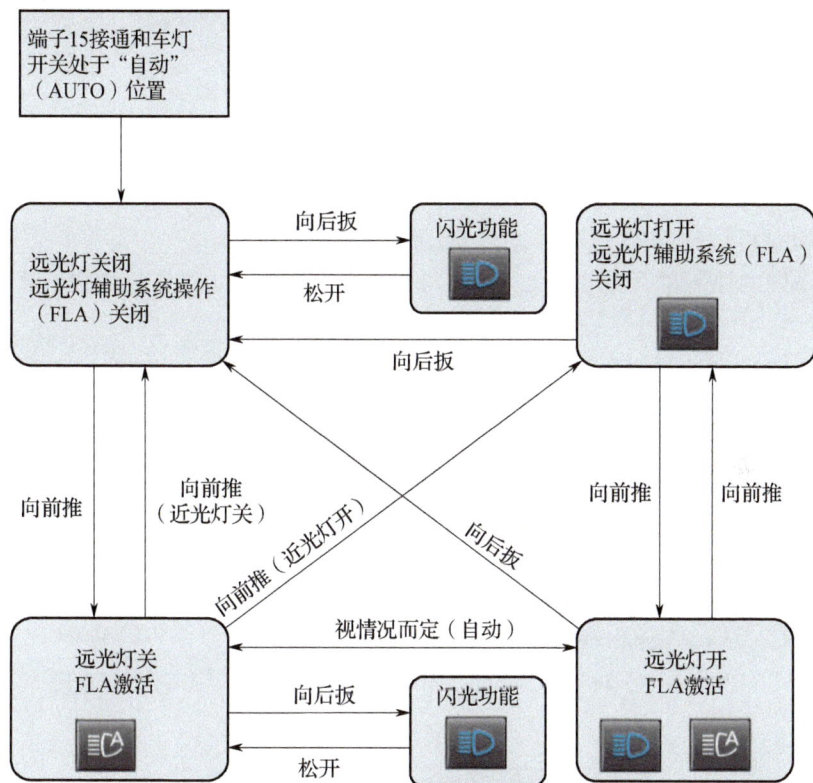

图 2-86 远光灯辅助系统的操控逻辑示意图

6. 在组合仪表板上的显示

（1）组合仪表板上的指示灯

激活的远光灯辅助系统显示在组合仪表板上，显示位置在远光灯辅助系统关闭状态下显示总里程数的位置，如图 2-87 所示。

当远光灯开启时，组合仪表板上的蓝色远光指示灯亮起。该灯亮与不亮与远光灯通过远光灯辅助系统开启还是通过手动开启无关。

（2）组合仪表板上的故障文本

- 故障信息——"系统故障"。

当远光灯辅助系统由于某种故障而不能供客户继续使用时，在组合仪表板的中间显示屏上便会显示旁边图示的故障信息，如图 2-88 所示。

- 故障信息——"请清洗风窗玻璃"。

如果远光灯辅助系统软件识别到摄像头的视野受到限制，那么便会通过旁边所示的故障信息要求驾驶人清洗风窗玻璃，也就是要求去除风窗玻璃上面的结冰、霜花或者所沾的

图 2-87 激活的
远光灯辅助系统显
示在组合仪表板上

脏污，如图 2-89 所示。

摄像头的视窗位于风窗玻璃刮水器的刮洗范围内。

7. 远光灯辅助系统的系统组件

远光灯辅助系统电子部分和光学部分全部集成在车内后视镜中。远光灯辅助系统摄像头位于车内后视镜的底座里。该底座和风窗玻璃牢固地结合在一起。摄像头是一种专用的黑白摄像头，如图 2-90 所示。相反，远光灯辅助系统的控制单元 J844 安装在车内后视镜本体中，而后视镜是可以活动的，如图 2-91 所示。远光灯辅助系统的控制单元是扩展 CAN 参与者，并通过 CAN 与其他控制单元交换信息。

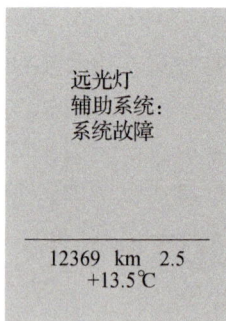

图 2-88 组合仪表板的中间显示屏上便会显示旁边图示的故障信息

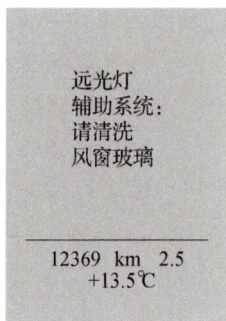

图 2-89 故障信息要求驾驶人清洗风窗玻璃

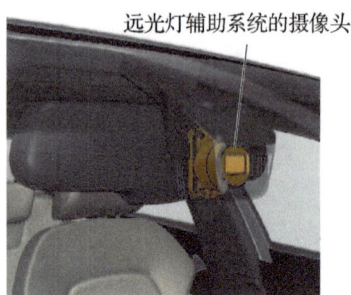

图 2-90 摄像头位于车内后视镜

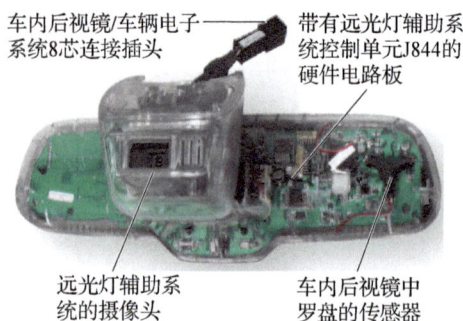

图 2-91 远光灯辅助系统控制单元

8. 车内后视镜的电气接口

车内后视镜配有一个 8 芯插头，用于将远光灯辅助系统的控制单元 J844、后视镜电子自动防目眩装置以及空气湿度传感器 G355 同汽车其他电子装置相连接。

远光灯辅助系统的控制单元 J844 和用于后视镜自动防目眩的电子系统安装在一块共用的电路板上。后视镜的自动防目眩功能需要两根 EC 导线，这两根导线分别用于左右两个车外后视镜的防目眩功能。另外一根离散式导线用于向自动防目眩功能传递车内照明此时处于开启还是关闭状态的信息。

远光灯辅助系统通过两根扩展 CAN 的导线与汽车的其他控制单元进行信息交换。后视镜自动防目眩功能通过 CAN 总线获得倒车灯当时是处于开启还是关闭状态的信息。车内后视镜中的电子系统通过一根端子 15 导线和一根端子 31 导线供电。

空气湿度传感器 G355 还需要一根 LIN 总线导线，用于与舒适系统中央控制单元 J393，即传感器的 LIN 主控制单元进行信息沟通。如果汽车配置的是单区空调装置，则不配备空气湿度传感器以及 LIN 总线导线，如图 2-92 所示。

9. 远光灯辅助系统的功能分配

远光灯辅助系统的设计功能在远光灯辅助系统控制单元 J844 和车载电网控制单元 J519 之间进行了区分。远光灯辅助系统控制单元 J844 依据摄像头摄取的图像确定当时的环境条件以及汽车前方的交通状况。同时，它还通过 CAN 总线获得汽车当时的速度以及雨量和光照识别传感器此时对于打开或者关闭近光灯的要求。依据这些信息，它向车载电网控制单元 J519 建议打开或者关闭远光灯，如图 2-93 所示。

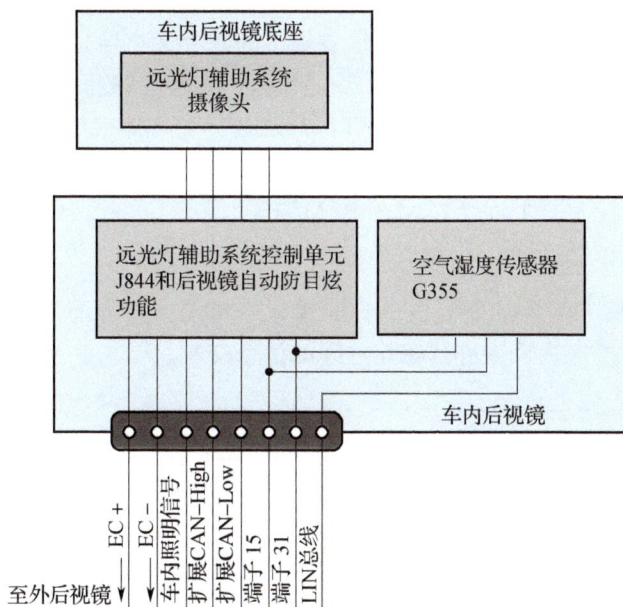

图 2-92 车内后视镜的电气接口

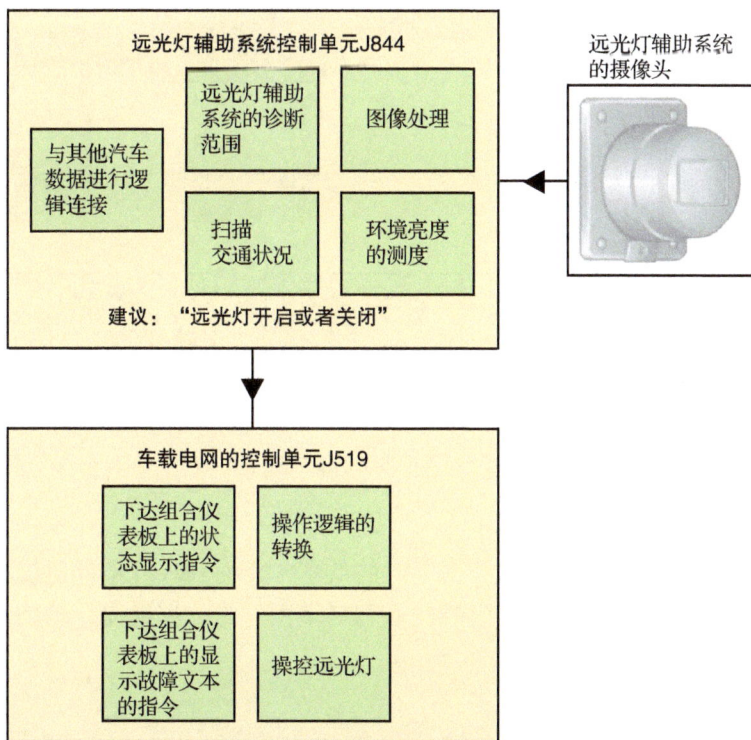

图 2-93 远光灯辅助系统的功能分配

车载电网控制单元 J519 在其软件中将操作逻辑加以转换。当远光灯操纵杆向前推或者向后扳时，车载电网控制单元 J519 根据当时的情况（远光灯开关状态，远光灯辅助系统处于激活还是关闭状态）计算出下一步的状态。根据下一步的状态将远光灯辅助系统激活或者使之关闭，开启或关闭远光灯。随后，车载电网的控制单元通过 CAN 信息操控属于远光灯辅助系统功能的状态显示和组合仪表板上的故障文本信息。

当汽车采用氙气前照灯时，则通过近光灯的两个光阀 V294 和 V295 接通远光灯。在这种情况下，汽车每一侧的近光灯和远光灯都只通过一个气体放电泡作出反应。如果汽车采用卤素前照灯，近光灯和远光灯则分开执行。与此相应，需要打开远光灯时，车载电网的控制单元会直接控制两个远光灯 M30 和 M32。

10. 通信系统结构

图 2-94 所示是所有与该功能有关的控制单元一览图，另外还显示了各种不同的总线系统，各控制单元通过这些总线进行相互之间的信息交流。

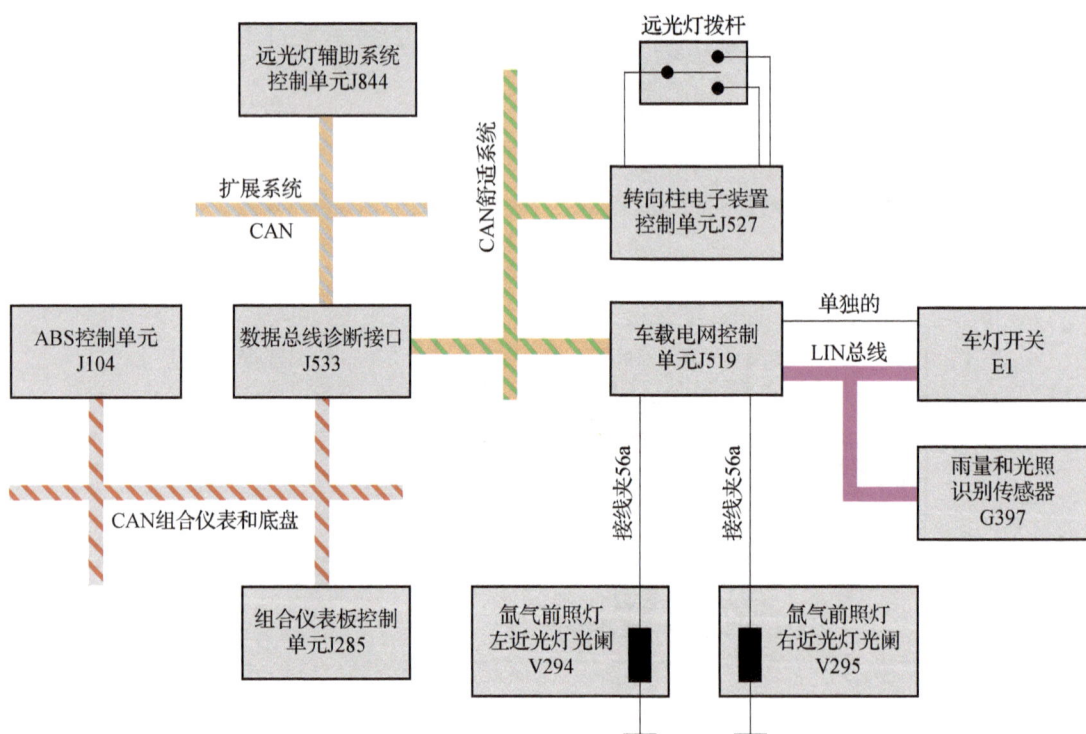

图 2-94　通信系统结构

（1）远光灯辅助系统控制单元 J844

远光灯辅助系统控制单元 J844 依据当时的汽车、交通和环境条件建议车载电网控制单元 J519 打开或者关闭远光灯。当时的交通和环境条件是依据远光灯辅助系统的摄像头摄取的图像得出的。

（2）车载电网控制单元 J519

车载电网控制单元 J519 向组合仪表板控制单元 J285 发出是否必须激活远光灯和远光灯辅助系统的指示灯，并且在需要时发出在组合仪表的中间显示屏上显示故障文本的要求。

（3）数据总线诊断接口 J533

数据总线诊断接口 J533 用于各种不同的 CAN 数据总线系统之间信息内容的交换。另外，出于诊断的目的，还可以检验远光灯辅助系统控制单元 J844 以及各总线系统是否正常工作。

（4）ABS 控制单元 J104

ABS 控制单元 J104 持续不断地向远光灯辅助系统控制单元 J844 发送当前的车速信息。之所以需要这一信息，是因为在远光灯辅助系统的作用原理中必须考虑各种不同的速度界限。另外，远光灯辅助系统还从控制单元 J104 得到远光灯辅助系统自动校准所需要的偏转率。

（5）组合仪表板控制单元 J285

组合仪表板控制单元 J285 从车载电网的控制单元 J519 获得远光灯辅助系统当时正处于激活或未被激活的状态信息，依此决定组合仪表中的远光灯辅助系统状态指示灯是开启还是关闭。此外，当出现故障时，驾驶人还可以读到故障文本。组合仪表板控制单元 J285 同样是从车载电网控制单元 J519 获得这些信息的。

（6）转向柱电子装置控制单元 J527

转向柱电子装置控制单元 J527 为车载电网控制单元 J519 提供远光灯操纵杆已被向前还是向后移动的信息。车载电网控制单元中的操作逻辑需要这些信息。

（7）车灯开关 E1

车灯开关 E1 为车载电网控制单元提供车灯开关的当前位置信息。只有当它处于"自动"（AUTO）位置时，远光灯辅助系统才能够被激活。

（8）雨量和光照识别传感器 G397

雨量和光照识别传感器 G397 根据当前的环境条件，要求车载电网控制单元 J519 打开或者关闭近光灯。只有在按照雨量和光照传感器的要求且近光灯开着的情况下，远光灯辅助系统才会打开或者关闭远光灯。

（二）随动转向灯系统

相比普通前照灯，随动转向灯系统在汽车转弯与转向时大大提高了道路照明度，如图 2-95 所示。

随动转向灯系统有以下功能：

- 行驶时动态随动转向灯（转动的近光灯）。
- 静态随动转向灯，可在汽车小半径转弯时，如掉头时，辅助提供更好的照明度。

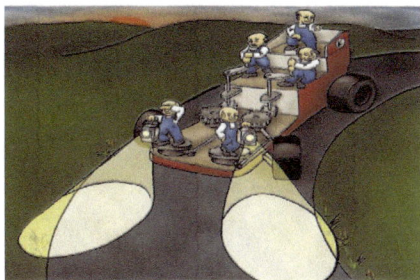

图 2-95　随动转向灯系统示意图

1. 随动转向灯系统传感器和执行器

随动转向灯系统传感器和执行器如图 2-96 所示。

2. 前照灯电路图

右侧前照灯电路图如图 2-97 所示。静态随动转向灯灯泡的供电电压由 J668 右侧前照灯电源模块与 J667 左侧前照灯电源模块控制。前照灯的其他灯泡由车载电网控制单元供电。

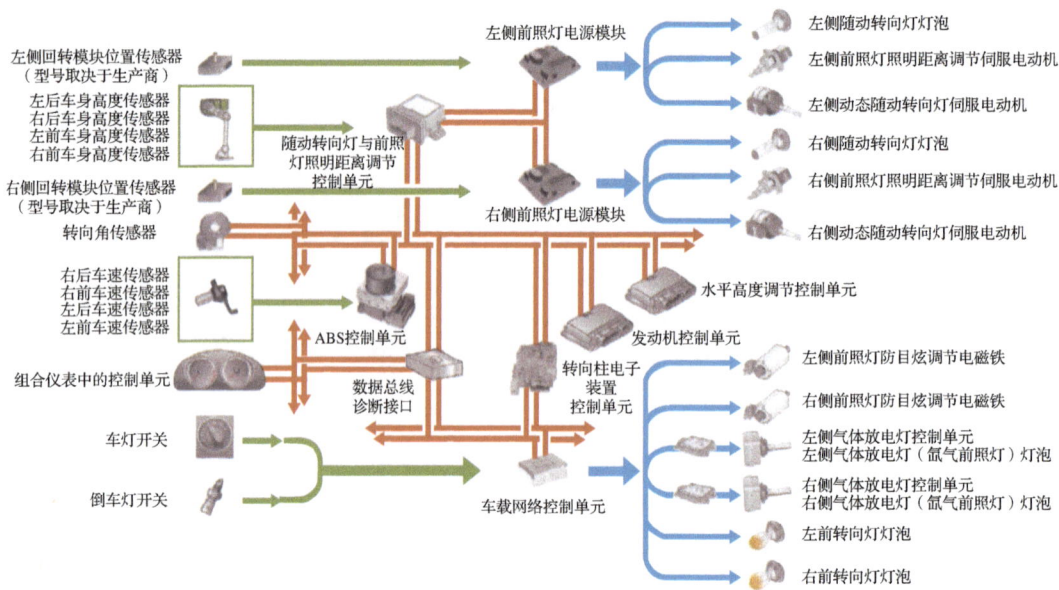

图 2-96　随动转向灯系统传感器和执行器

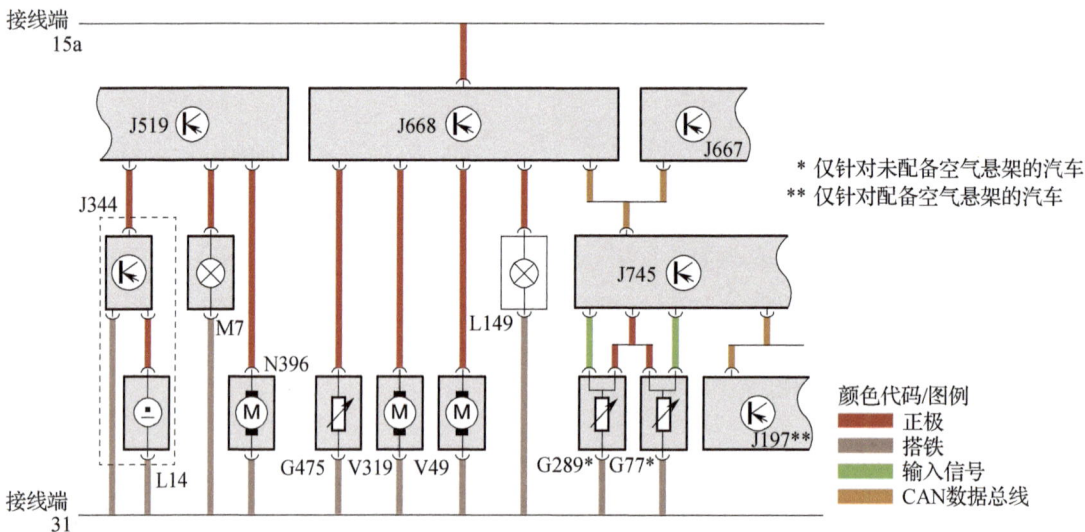

图 2-97　右侧前照灯电路图

N396—右侧前照灯防目眩调节电磁铁　G77—右后车身高度传感器　G289—右前车身高度传感器
G475—右侧回转模块位置传感器　J197—水平高度调节控制单元　J344—右侧气体放电灯控制单元
J519—车载电网控制单元　J667—左侧前照灯电源模块　J668—右侧前照灯电源模块
J745—随动转向灯与前照灯照明距离调节控制单元　V319—右侧动态随动转向灯伺服电动机
V49—右侧前照灯照明距离调节伺服电动机　L14—右侧气体放电灯（氙气前照灯）灯泡
L149—右侧随动转向灯灯泡　M7—右前转向灯灯泡

3. 动态随动转向灯功能

动态随动转向灯系统通过集成电动机横向转动近光灯灯泡，动态随动转向灯在弯道内侧边的转动角度约为 15°，在弯道外侧边的转动角度为 7.5°，如图 2-98 所示。

不同的转动角度使得转弯道的照明度更好。弯道内侧边的模块转动角度是弯道外侧边模块转动角度的两倍，如图 2-99 所示，因此达到了最大的照明广度，并且灯光分布均匀。

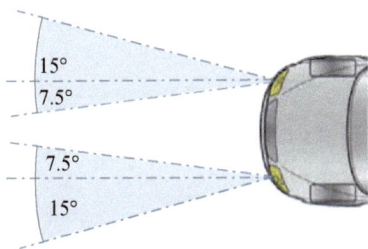

图 2-98 动态随动转向灯的转动角度　　图 2-99 弯道内侧边的模块转动角度是
弯道外侧边模块转动角度的两倍

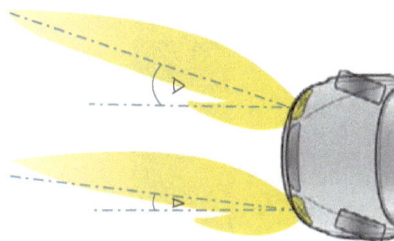

行驶速度低于 10km/h 时，车灯灯泡模块不会转动。行驶速度高于 10km/h 时，车灯转动角度基本取决于弯道半径。因此，符合法律中有关在汽车静止时前照灯不可转动的规定。此外，汽车起步时前照灯会略微转动。

4. 照明范围

图 2-100 清楚地显示了在汽车转弯时道路照明范围的改进，深色锥形光束代表了常规近光灯的照明范围。

常规近光灯仅照亮了行驶车道的 A 区，大部分光束照射在了道路旁边，淡色锥形光束显示了动态随动转向灯的照明范围，它能同时照亮行驶车道的 B 区。

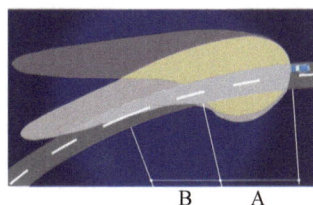

图 2-100 照明范围

5. 静态随动转向灯功能

静态随动转向灯是在车外清晰可见的一项创新。这一功能通过在前照灯内加装一个反光器得以实现，如图 2-101 所示。

图 2-102 显示了常规前照灯近光灯在汽车转弯时的照明范围，图 2-103 所示为增加主动式前照灯系统后的照明范围。显而易见，改进后的照明功能提高了安全性。静态随动转向灯仅与前照灯近光灯一起工作。

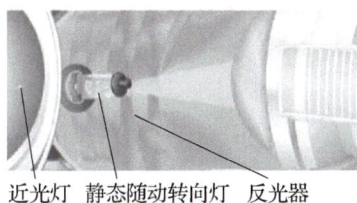

近光灯　静态随动转向灯　反光器

图 2-101 在前照灯内加装一个反光器

图 2-102 常规前照灯近光灯

图 2-103 主动式前照灯系统

在车速 ≤50km/h 时，反光器内的卤素灯泡将会视具体情况点亮，如图 2-104 所示。这能帮助驾驶人提前注意其他车辆或路障。静态随动转向灯通过调整亮度打开和关闭。

具备主动式前照灯系统功能的前照灯有四个灯泡，如图 2-105 所示。

1）气体放电灯灯泡（用于近光灯、远光灯和动态随动转向灯）。

2）静态随动转向灯灯泡。

3）转向灯灯泡。

4）侧灯灯泡。

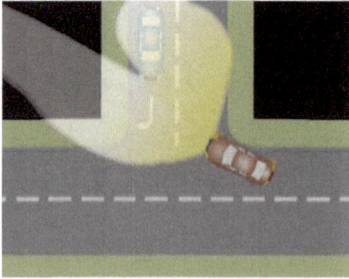

图 2-104　卤素灯泡将会视具体情况点亮

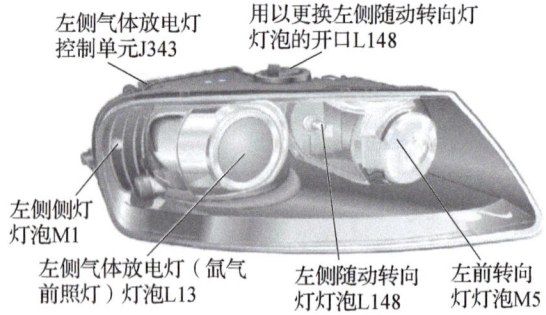

图 2-105　主动式前照灯系统功能的前照灯

左侧前照灯电源模块 J667 与右侧前照灯电源模块 J668 均位于前照灯模块底部，如图 2-106 所示。

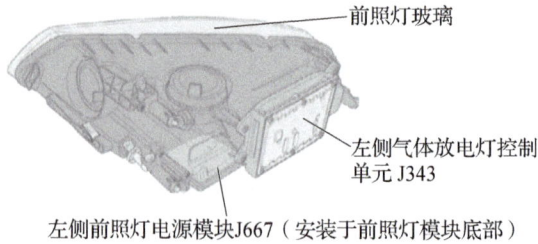

图 2-106　前照灯电源模块与左侧气体放电灯控制单元

动态随动转向灯的模块总成与常规双氙气灯的模块总成十分相似。灯泡模块包括近光灯与远光灯，安装于转动框架的轴承上以便横向转动。灯泡模块还包含一个伺服电动机与传感器（用于识别转动角度），如图 2-107 所示。

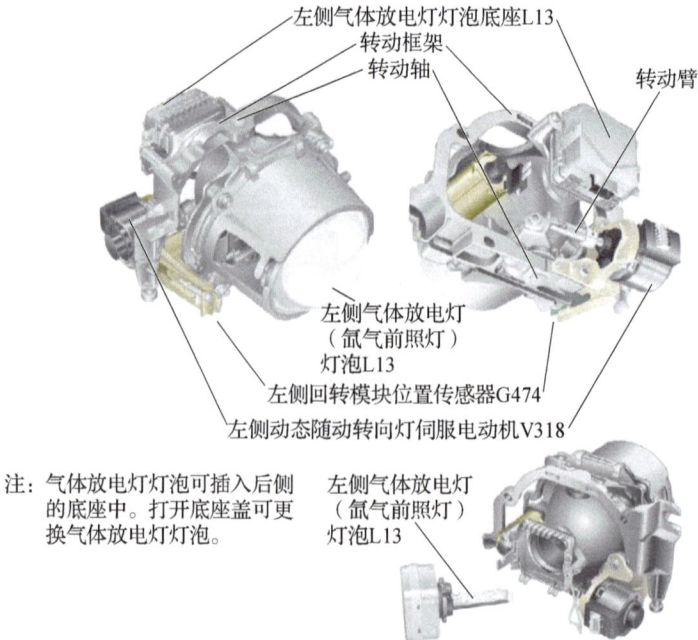

注：气体放电灯灯泡可插入后侧的底座中。打开底座盖可更换气体放电灯灯泡。

图 2-107　动态随动转向灯

静态随动转向灯通过转向灯后方的反光器向外照射，如图 2-108 所示。

当系统发生故障时，组合仪表上的警告灯会闪烁，故障信息会存储在随动转向灯与前照灯照明距离调节控制单元的故障存储器内，如图 2-109 所示。

如果一侧的近光灯出现故障，随动转向灯功能将被完全关闭。这意味着，前照灯内的近光灯在汽车转弯时无法再转动。如果一个近光灯出现故障，相应的静态随动转向灯也将无法开启。

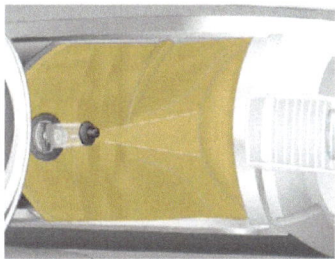

图 2-108　静态随动转向灯　　　　图 2-109　警告灯会闪烁

（三）可变照明距离

"可变照明距离"功能不需要在近光灯和远光灯之间进行切换了。该系统采用一个新型的摄像头来识别车前的实时亮度有多强，然后实施前照灯照明距离的无级调节（近光灯到远光灯之间）。

在夜间行车时，"可变照明距离"功能保证本车道能获得足够的照明，同时又不会对其他车辆造成目眩，如图 2-110 所示。

要想实现"可变照明距离"功能，在技术上必须要使用一种新型的图像处理系统，该系统有两个开发阶段。在最后完成阶段，这个图像处理系统可以支持 ACC Stop & Go（停停走走）模式，可提前作出反应。

这样，ACC 即可提前获知前行车辆的变道情况。

图 2-110　"可变照明距离"功能

1. 图像处理系统

安装新型的图像处理系统，根据车辆装备情况，该系统包括一个或两个控制单元。涉及到的控制单元如下：

- 图像处理控制单元 J851。
- 摄像头控制单元 J852。

图像处理控制单元 J851 是个全新的控制单元。摄像头控制单元 J852 用于取代以前的车道保持辅助系统控制单元 J759。该控制单元由于采用运算能力更强的运算器，所以除了能实现车道保持辅助功能外，还能实现其他功能。

图像处理系统的电路图如图 2-111 所示。

图像处理控制单元 J851 接口一共有 9 条线：

- 两条 FlexRay 线，用于接 ABS 控制单元 J104。
- 两条 FlexRay 线，用于接数据总线诊断接口 J533。
- 两条总线（LVDS），用于将图像传送到摄像头控制单元 J852。
- 接 J852 的两条总线（LVDS）的屏蔽线。
- 两条供电线：15 号线和 31 号线。

摄像头控制单元 J852 接口一共有 8 条线：

- 两条扩展 CAN 总线，用于与其他控制单元进行数据交换。
- 两条总线，用于连接图像处理控制单元 J851（LVDS）。
- 接 J851 的两条总线（LVDS）的一条屏蔽线。
- 一条导线，接车道保持辅助系统的前风窗玻璃加热器 Z67。
- 两条供电线：15 号线和 31 号线。

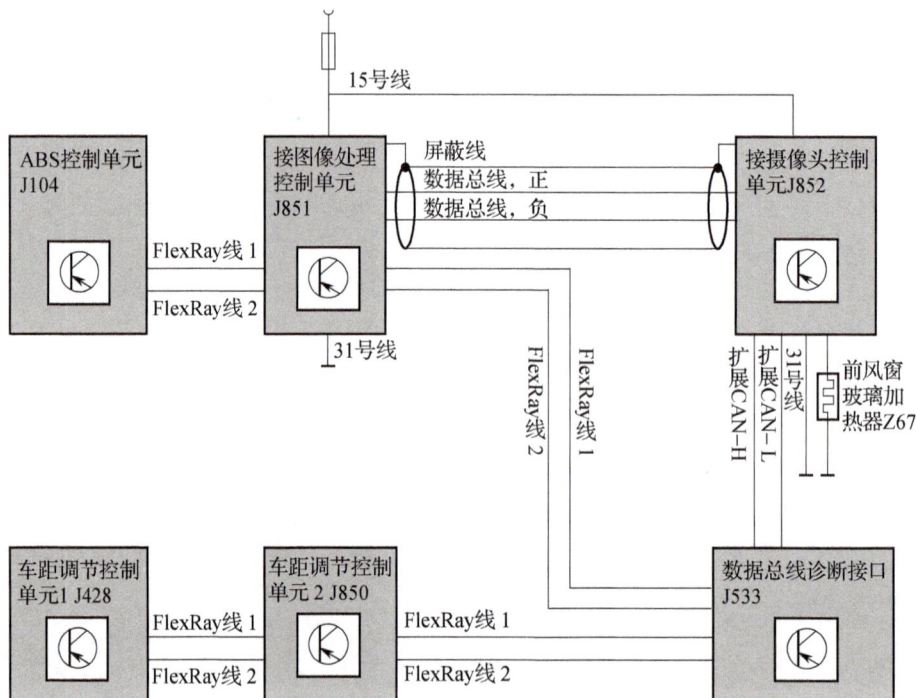

图 2-111　图像处理系统的电路图

2. 摄像头控制单元

摄像头控制单元 J852 用于取代以前的车道保持辅助系统控制单元 J759，采用更高级的摄像头和运算能力更强的运算器。控制单元 J852 的运算器除了负责实现车道保持辅助功能外，还能实现新的车灯功能"可变照明距离"。这个功能与车道保持辅助一样，也是以摄像头图像为基础来工作的。

此外，摄像头控制单元 J852 还将图像提供给图像处理控制单元 J851，以便进一步处理，如图 2-112 所示。

（1）摄像头的安装位置

为了探测到车前尽可能大的范围，摄像头安装在车内后视镜底座上方的风窗玻璃上尽可能高的地方，如图 2-113 所示。

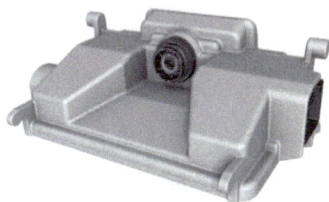

图 2-112 摄像头控制单元 J852

图 2-113 摄像头的安装位置

（2）控制单元 J852 内摄像头的改进

为了满足新功能的要求，控制单元 J852 安装了一个新的摄像头。与车道保持辅助系统控制单元内的摄像头相比，这个新摄像头的特点如下：

- 摄像头分辨率为 1024×512 像素（以前是 640×480 像素）。
- 新摄像头除了能摄录黑白图像，也能摄录彩色图像。
- 水平视角扩大到 42°。

3. 单线侦测功能

车道保持辅助系统首次引入"单线侦测"这个功能，如图 2-114 所示。

图 2-114 车道保持辅助系统和 ACC 综合在一起的显示情况

这项改进所产生的效果是：即使只识别出一条车道边界线，车道保持辅助系统也仍能处于警告准备状态。

在驶过弯道时，车道保持辅助系统允许车辆稍微压过中线一点。如果车道保持辅助系统识别出中线是虚线，那么允许公差要比实线大一些。

4. 可变照明距离

该功能是在远光灯辅助系统的基础上进一步开发而来的（远光灯辅助系统在夜间行车时能自动识别当前情况下可否接通远光灯并相应地接通或关闭远光灯）。

远光灯辅助系统与"可变照明距离"相比，工作的区别在于是纯数字式的，就是说它直接从近光灯切换为远光灯。

相比之下，"可变照明距离"这个功能可根据当时的交通情况，对前照灯照程进行无级调节，使照程在近光灯和远光灯之间变化。

（1）对面来车时的工作状态

如果识别出对面来车，那么"可变照明距离"这个功能就会减小前照灯照程，最多可降至近光灯的照程。这样就可避免对对面的驾驶人目眩。

对面的车辆驶过后，只要交通状况允许，前照灯照程会增大，最多可增至远光灯的照程，如图 2-115 所示。

（2）前面有车时的工作状态

如果本车驶近前面的车辆时，系统的工作状态与对面来车时大致相似。

在这种情况下，"可变照明距离"功能也会连续降低前照灯照程，以防止对前车驾驶人目眩。

如果本车超过了前车，那么前照灯照程随后会增大，最多可增至远光灯的照程。当然，前提是交通状况允许，如图 2-116 所示。

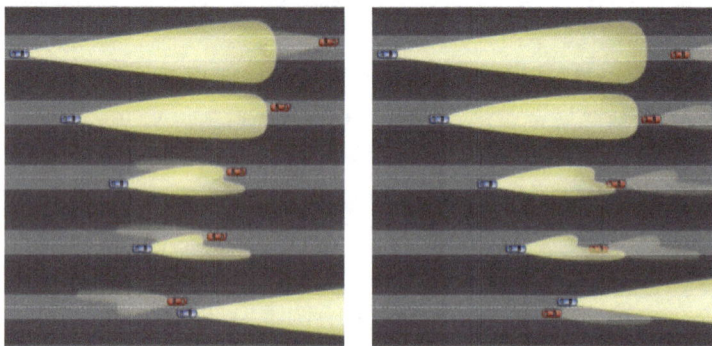

图 2-115　对面来车时的工作状态　　图 2-116　前面有车时的工作状态

5. 在汽车上的应用

当前的交通状况由控制单元 J852 内的摄像头来侦知，并在该控制单元内的运算器中进行分析处理。图像处理软件会在摄像头的图像中搜寻光源。该控制单元内的软件将识别出的光源分为下面几类：

- 前照灯。
- 尾灯。
- 路灯。
- 与本功能不相关的其他光源。

如果能准确判断出光源，那么控制单元 J852 会在摄像头图像上确定出识别出的车辆的位置，并估算与本车的距离。这两个值通过扩展 CAN 总线被送到弯道灯和照程调节控制单元 J745，如图 2-117 所示。

图 2-117　CAN 总线

两个前照灯中装有辊轮，用于调节照程。辊轮上有相应的轮廓形状，伺服电动机工作使得辊轮转动，即可根据需要来获得所要求的照明。可以用这种方法调节前照灯的照程。

控制单元 J745 根据被识别出车辆的位置和距离这两个输入量，来确定辊轮应在的位置。

辊轮需要采用的位置信息通过专用 CAN 总线被传送到两个前照灯。前照灯电子系统根据 J745 的指令来启动伺服电动机开始工作，于是车道就会根据实际的交通状况获得理想的照明了，如图 2-118 所示。

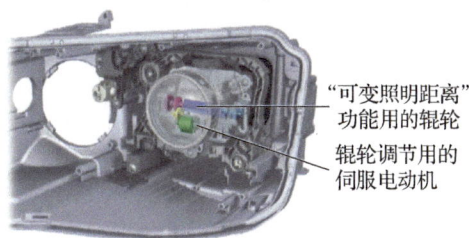

"可变照明距离"功能用的辊轮

辊轮调节用的伺服电动机

图 2-118 辊轮调节用的伺服电动机

（1）接通和关闭该功能

要想接通"可变照明距离"功能，必须满足两个前提条件：

● 车灯开关必须在 AUTO 位置。

● MMI 中的自动远光灯必须激活。

如果满足这两个前提条件，那么向前轻推转向灯拨杆即可接通"可变照明距离"功能。向后拉转向灯拨杆就可再次关闭"可变照明距离"功能，如图 2-119 所示。

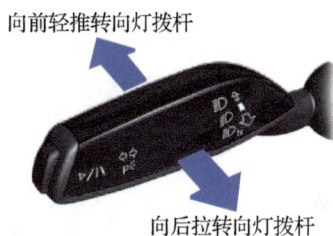

向前轻推转向灯拨杆

向后拉转向灯拨杆

图 2-119 转向灯拨杆

（2）组合仪表上的系统状态显示

"可变照明距离"功能是否接通，可以看组合仪表显示屏上这个符号：▤。

该符号同时也是远光灯辅助系统接通状态的显示符号。这是因为：汽车上始终只会配备这两个功能中的一种，因此就不需要新符号了。

（3）手动接通远光灯

在"可变照明距离"功能已经接通的情况下，驾驶人也可手动接通远光灯。方法是：再次向前轻推转向灯拨杆。

这个操作就接通了远光灯（与远光灯辅助系统的操作逻辑相似），同时关闭了"可变照明距离"功能。

6. "可变照明距离"功能工作过程

要想实现让"可变照明距离"功能工作，需要满足下面的基本先决条件：

● 该功能应已经接通。

● 行车灯已由行车灯自动切换功能接通了。

● 控制单元 J852 内的摄像头必须识别出环境已足够暗了。

● 必须已超过了规定的车速极限值。

激活和关闭"可变照明距离"功能的车速极限值，取决于系统是否识别出居民点。如果摄像头图像上识别出了至少两个不同路灯，则认为这是个居民点。于是，系统就可以将路灯与别的光源准确区分开。

功能激活和关闭的极限条件：

居民点识别状态	激活"可变照明距离"功能	关闭"可变照明距离"功能
未识别出居民点	车速超过 60km/h	车速低于 40km/h
	车速超过 90km/h	车速低于 80km/h

（1）辊轮调节及其所调节的车道照明

两个前照灯内都安装有辊轮，伺服电动机根据交通状况会将辊轮转到相应的位置。这两个辊轮的位置就决定了车道照明的实际状态。

"可变照明距离"这个功能可根据当时的交通情况，对前照灯照程进行无级调节，使照程在近光灯和远光灯之间变化。

远光灯对车道的照明总是一样的，但近光灯就不一样了。前照灯处于近光灯工作状态时，会根据行驶过的道路形式形成不同的照明形式（通过辊轮在近光灯状态的不同位置来实现的）。

所谓"道路形式"，分为三种形式，如图 2-120 所示。

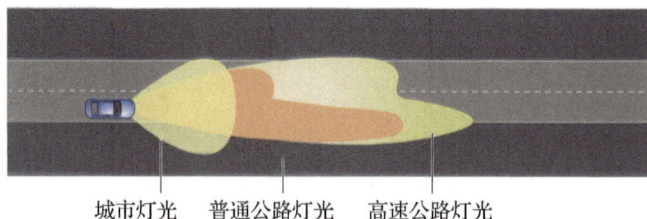

城市灯光　　普通公路灯光　　高速公路灯光

图 2-120　道路形式

- 居民点内部路。
- 普通公路。
- 高速公路。

前照灯处于近光灯工作状态时，如果车辆在居民点内的路上行驶或者车速较低时，近光灯发出的是"城市灯光"；在普通公路行驶时近光灯发出的是"普通公路灯光"；在高速公路行驶时发出的是"高速公路灯光"。

"普通公路灯光"相当于没有"可变照明距离"功能的汽车的近光灯发光状态。

（2）前照灯上辊轮的调节范围

如果这两个辊轮处于其调节范围的下止点位置，那么氙灯前照灯发出的就是城市灯光。在这种城市灯光状态，这两个氙灯模块还略微向外偏转一点。

如果这两个辊轮处于其调节范围的上止点位置，那么车道就由远光灯来照亮。如果这两个辊轮处于其调节范围内的两个其他位置，那么前照灯就发出普通公路灯光和高速公路灯光，如图 2-121 所示。

（3）城市灯光、普通公路灯光和高速公路灯光之间的切换

近光灯到底采用这三种灯光形式中的哪一种，取决于当时的车速。另外，系统是否识别出居民点也会产生影响。

为了更容易理解这三者之间的相互关系，下面以两个行驶示例来说明从城市灯光到普通公路灯光和到高速公路灯光的切换过程：

1）假设：在整个行驶周期内，系统均未识别出居民点，如图 2-122 所示。

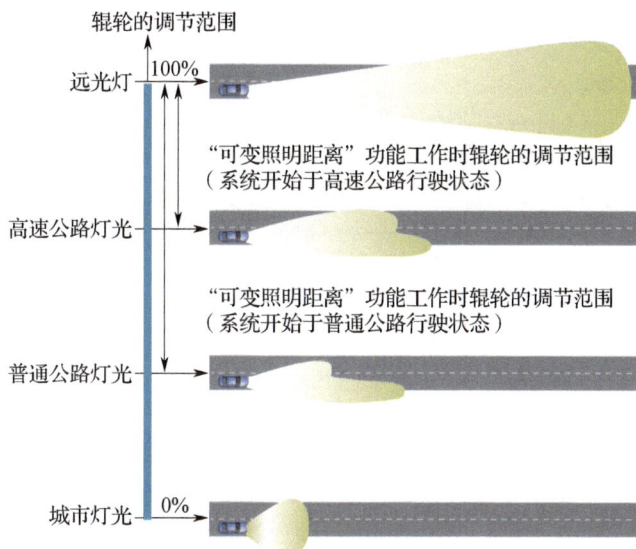

图 2-121 辊轮的调节范围

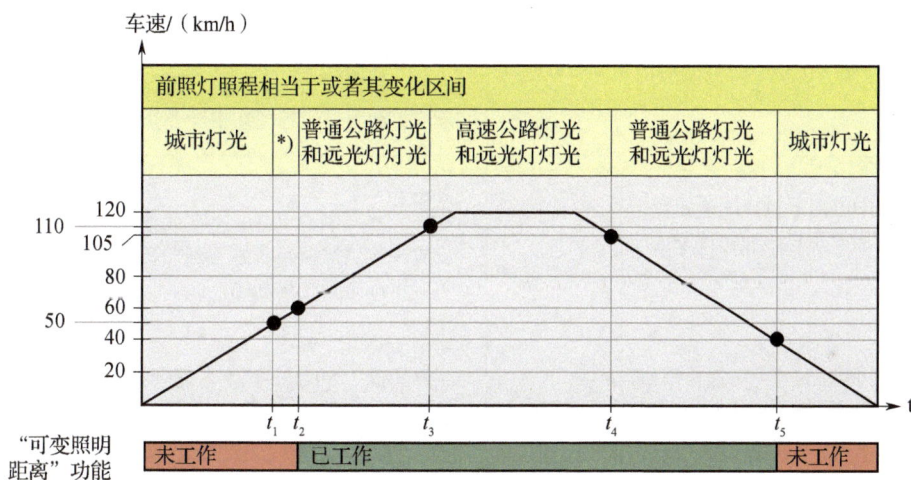

图 2-122 系统均未识别出居民点

*）普通公路灯光。

在时刻 t_1 前： 事件：车速低于 50km/h，"可变照明距离" 功能未工作 反应：前照灯照程相当于城市灯光	时刻 t_1： 事件：超过了 50km/h 这个车速极限值 反应：前照灯照程现在相当于普通公路灯光
时刻 t_2： 事件：超过了 60km/h 这个车速极限值 反应："可变照明距离" 功能被激活 前照灯照程根据交通状况在普通公路灯光和远光灯之间变化	时刻 t_3： 事件：超过了 110km/h 这个车速极限值 反应：近光灯现在相当于高速公路灯光 前照灯照程根据交通状况在高速公路灯光和远光灯之间变化
时刻 t_4： 事件：低于 105km/h 这个车速极限值 反应：近光灯现在相当于普通公路灯光 前照灯照程根据交通状况在普通公路灯光和远光灯之间变化	时刻 t_5： 事件：低于 40km/h 这个车速极限值 反应：近光灯现在相当于城市灯光 "可变照明距离" 功能被关闭

2）假设：在整个行驶周期内，系统识别出了居民点，如图 2-123 所示。

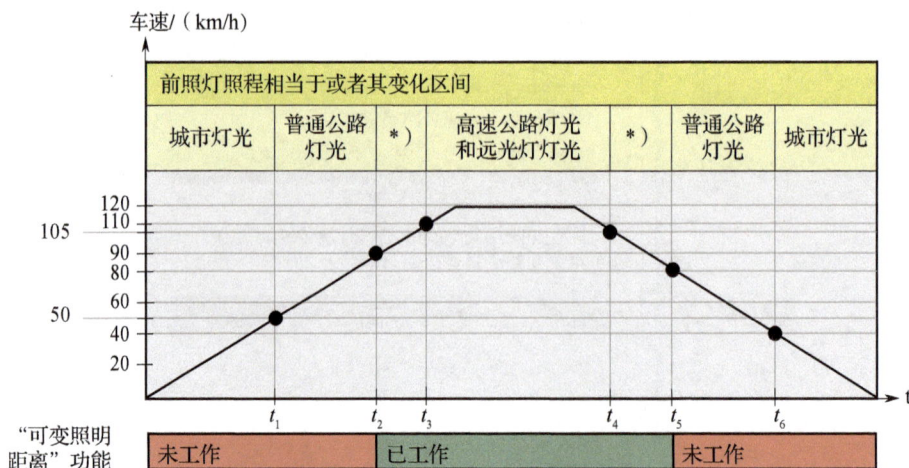

图 2-123　系统识别出了居民点

*）普通公路灯光和远光灯灯光。

在时刻 t_1 前： 事件：车速低于 50km/h，"可变照明距离" 功能未工作 反应：前照灯照程相当于城市灯光	时刻 t_1： 事件：超过了 50km/h 这个车速极限值 反应：前照灯照程现在相当于普通公路灯光
时刻 t_2： 事件：超过了 90km/h 这个车速极限值 反应："可变照明距离" 功能被激活 　　　前照灯照程根据交通状况在普通公路灯光和远光灯之间变化	时刻 t_3： 事件：超过了 110km/h 这个车速极限值 反应：前照灯照程根据交通状况在高速公路灯光和远光灯之间变化
时刻 t_4： 事件：低于 105km/h 这个车速极限值 反应：前照灯照程根据交通状况在普通公路灯光和远光灯之间变化	时刻 t_5： 事件：低于 80km/h 这个车速极限值 反应："可变照明距离" 功能被关闭 　　　前照灯照程现在相当于普通公路灯光
时刻 t_6： 事件：低于 40km/h 这个车速极限值 反应：前照灯照程相当于城市灯光	

7. 有导航支持的可变照明距离

导航系统在车上的配备率在逐年增加，已经成为一个流行的必备装置。

这个事实就提醒人们：应该让汽车上的控制单元利用导航的某些数据。

控制单元可以利用下面这些导航数据：

- 车辆行驶的道路类型（普通公路、高速公路等）。
- 在这些路段上允许的车速。
- 车道数目。
- 车辆将要驶近的弯道的几何形状。
- 车辆将要驶近的十字路口。
- 当前方位是在市内还是市外。
- 车辆当前的位置是在哪个国家。

- 交通类型（靠右行驶还是靠左行驶）。

控制单元通过导航系统可以获得车辆行驶路段的详细信息，因此这些数据也被称为"前瞻性道路信息"。

另外，这些信息还可用于优化前照灯的操控，由此可以使得氙灯前照灯的灯光分配更加符合实际的行驶状况。

于是，在市区内行驶时就可采用与在普通公路上行驶时不同的灯光分配模式了。即使行驶在有隔离带的车道上，车道照明的自由度也更大了（与行驶在不断有对面来车的普通公路上相比）。

额外再使用导航数据的一个最大优点是：在识别当前行驶的道路类型时，就不仅仅依靠当前的车速和对街路照明的识别了。车辆是在市区内行驶还是在普通公路或者高速公路上行驶，控制单元可从导航数据中获知。即使是在不同类型的道路之间切换，也可从道路数据中准确获知，因此就可以更好地发挥"可变照明距离"功能。

有导航支持的可变照明距离功能与无导航支持的可变照明距离功能对比而言，前者的优点可以使得"可变照明距离"功能在单车道普通公路上时车速超过 30km/h 就激活了，这样行车就更安全了。

激活和关闭的极限条件：

道路类型	有导航支持的"可变照明距离"功能激活	有导航支持的"可变照明距离"功能关闭
居民点内部的街路	车速超过 60km/h	车速低于 40km/h
单车道普通公路	车速超过 30km/h	车速低于 20km/h
高速公路或多车道普通公路	车速超过 60km/h	车速低于 40km/h

1）使用城市灯如图 2-124 所示。

a）使用城市灯。要想使得有导航支持的"可变照明距离"功能将城市灯用做近光灯，必须满足下述前提条件：

- 车辆在建筑区内。
- 道路既不是高速公路，也不是多车道普通公路。
- 车速不高于 55km/h。

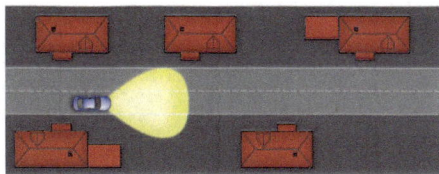

图 2-124　使用城市灯

b）从城市灯切换到普通公路灯。要想使得有导航支持的"可变照明距离"功能将普通公路灯用做近光灯，必须满足下述前提条件之一：

- 车辆不在建筑区内。
- 或道路是高速公路或者多车道普通公路。
- 或车速高于 60km/h。

2）使用高速公路灯如图 2-125 所示。

a）使用高速公路灯。要想使得有导航支持的"可变照明距离"功能将高速公路灯用作近光灯，必须满足下述前提条件：

- 车辆在高速公路上、驶入高速公路或者在多车道普通公路上。

- 车速高于80km/h。

b）从高速公路灯切换到普通公路灯。要想使得有导航支持的"可变照明距离"功能将普通公路灯再次用作近光灯，必须满足下述前提条件之一：

- 车辆在多车道普通公路上。
- 车速低于70km/h。

3）使用普通公路灯如图2-126所示。如果不满足使用城市灯的要求，也不满足使用高速公路灯的要求，那么就把普通公路灯用做近光灯。车辆在倒车时或者无法判明当前的道路类型（比如越野行驶）时，也使用普通公路灯。

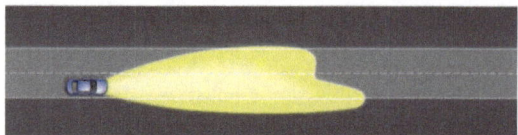

图2-125　使用高速公路灯

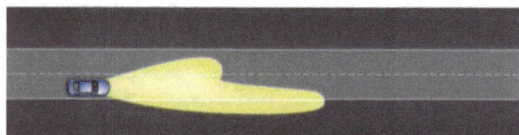

图2-126　使用普通公路灯

4）十字路口灯如图2-127所示。除了城市灯、普通公路灯和高速公路灯外，有导航支持的"可变照明距离"功能还有十字路口灯。

十字路口灯这个功能是通过接通两个静态转弯灯来实现的。该功能在十字路口处更容易识别可能的危险。在到达十字路口前，该灯会及时接通。

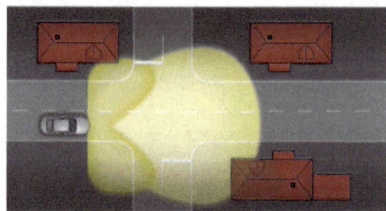

图2-127　十字路口灯

十字路口灯总是与其他灯一起亮。在市区内行驶时该灯与城市灯一同接通；在普通公路上行驶时与普通公路灯一同接通。

a）接通十字路口灯。只有在下个路口前的车速低于40km/h时，十字路口灯才会接通（图2-128、图2-129）。

图2-128　十字路口灯已关闭

图2-129　十字路口灯已接通

b）关闭十字路口灯。满足下述条件之一时，十字路口灯就被关闭了：

- 车辆加速度超过某一特定值。
- 车辆距上个路口超过15m，但距下个路口超过150m。
- 车辆距上个路口超过15m，但距下个路口小于150m且车速超过60km/h。

8. "可变照明距离"的系统通信

"可变照明距离"的系统通信如图2-130所示。

（1）摄像头控制单元J852

- 在摄像头图像上搜寻前照灯和尾灯，并将识别出的车辆位置和距离信息放到总线上。

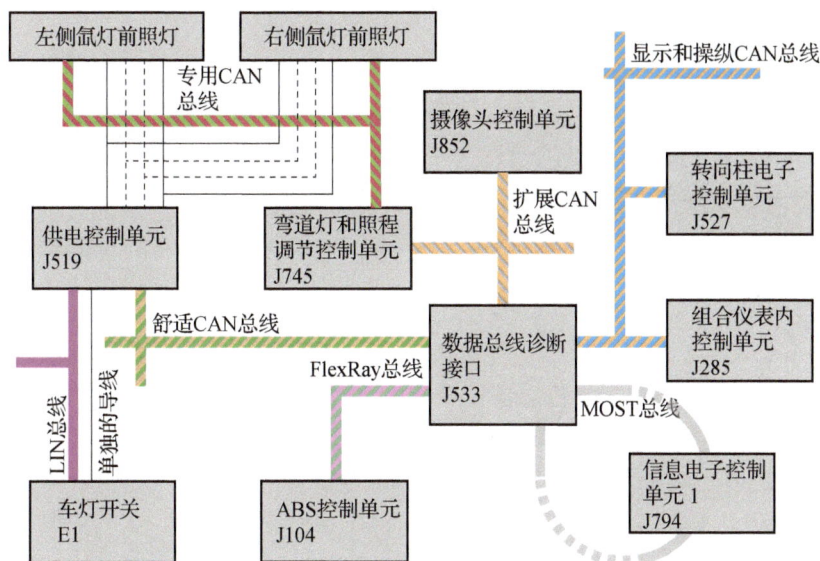

图 2-130 "可变照明距离"的系统通信

（2）弯道灯和照程调节控制单元 J745

• 根据摄像头控制单元 J852 的数据（和导航信息）确定出前照灯的最佳灯光分配方式，并计算出实现这种方式需要两个辊轮处于什么位置。这些信息被送往氙灯前照灯。

• 启动两个静态转弯灯（这两个灯还负责实现十字路口灯功能）。

（3）信息电子控制单元 1 J794

• 将选中的的导航数据放到总线上。J794 内集成有导航单元。

• 使得用户可以手动激活或者关闭旅行模式。

（4）供电控制单元 J519

• 根据多个控制单元的信息（灯开关位置、转向灯拨杆的操纵……）来确定"可变照明距离"功能的接通状态，并把信息放到总线上。

（5）转向柱电子控制单元 J527

读取转向灯拨杆位置，并将信息放到总线上。通过转向灯拨杆可接通和关闭"可变照明距离"功能。

（6）组合仪表内控制单元 J285

• 在显示屏上显示"可变照明距离"功能的信息文本和警告文本。

• 显示"可变照明距离"功能的接通状态。

（7）ABS 控制单元 J104

• 将当前车速信息放到总线上。

（8）数据总线诊断接口 J533

• 是不同数据总线系统之间的接口。

9. 图像处理控制单元

图像处理控制单元 J851 是个新控制单元，它会对控制单元 J852 的摄像头图像做进一步处理。该控制单元每秒接收 25 次传来的完整图像，如图 2-131 所示。

控制单元 J851 和 J852 之间采用专用的总线（LVDS）来传输图像。其他的信息和量也是通过这个专用总线从摄像头传到图像处理控制单元的。

图 2-131　图像处理控制单元 J851

10. ACC Stop & Go（停停走走）模式图像处理系统

（1）通过驾驶人辅助系统支持 ACC

带有 Stop & Go（停停走走）功能。除了将 ACC 工作的车速范围修改为 0~250km/h 外，在车前方还使用了两个雷达传感器以及它们与其他驾驶人辅助系统的联网。

ACC 控制单元还从控制单元 J851 和 J791 接收下面的信息：

1）从图像处理控制单元 J851 接收的信息有：

- 前行车辆（包括本车车道和相邻车道上的车）的位置。
- 前行车辆将要变道的信息。
- 车前周围区域识别出的物体。

2）从驻车转向辅助控制单元 J791 接收的信息有：

- 车前周围区域识别出的物体。

车上配备有选装装备 ACC Stop & Go，那么车上肯定会有图像处理控制单元 J851 和驻车转向辅助控制单元 J791。

变道辅助（Side Assist）控制单元和导航系统也会为 ACC 控制单元提供信息。

（2）在摄像头图像上识别前行车辆

要想帮助 ACC 来探测车辆，图像处理控制单元 J851 会在摄像头图像上搜寻前行的车辆。因此，需要在摄像头图像上有针对性地搜寻车辆的后部视图。搜寻车辆的后部视图就满足需要了，因为在识别可能出现的变道时，现在所关心的只是与本车行驶方向相同的车辆，如图 2-132 所示。

图像处理视情况不同而不同，分为客车、货车和双轮车这几种识别情况。如果识别出车辆，那么该车的位置信息就会被传给 ACC。ACC 会通过两个雷达传感器来确定被识别出的车辆与本车之间的距离。

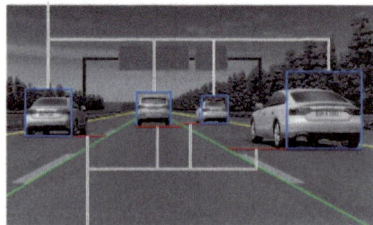

识别出的前行车辆的后部视图

与车道分界线的距离

图 2-132　摄像头图像上识别前行车辆

于是，该车的位置和距离就都确定了，ACC 内的调节运算机构也就可以工作了。

（3）识别前车变道

1）识别出前车可能要往本车车道上并线。

如果识别出相邻车道上有前行的车辆，那么系统会一直都在确定该车与本车车道分界线的距离。对这个距离值持续地观察就可以让系统弄清楚：前行车辆是否要换道。

前行车辆是否是驾驶人有意要换道的另一个标志，就是图像处理系统是否识别出前车上相应亮起的转向灯，如果认为前车马上要换道了，那么 ACC 会考虑到这个情况。这样，车距调节的舒适性和前瞻性就更好了。

2）识别出前车可能要离开本车车道。

如果识别出本车车道上有前行车辆，那么系统会一直都在确定该车与本车车道分界线的距离。持续测量的是与车辆较近的那条车道分界线的距离。对这个距离值持续地观察就可以让系统弄清楚：前行车辆是否要离开本车道。

在这种情况下，识别出前车上相应亮起的转向灯，也是判断前车将要变道的一个标志。

如果认为前车马上要离开本车道了，那么 ACC 会考虑到这个情况。这样，车距调节的舒适性和前瞻性就更好了。

3）ACC 图像处理系统的起步指令。

ACC 在工作时，尤其是在车速较低以及再次起步时必须要注意：车的前方不得有人或者骑自行车的人。正是因为这个原因，所以就使用其他控制单元的测量值来识别车辆前部周围的物体。

因此，既要使用驻车辅助系统的超声波传感器信号，也要使用图像处理系统（在摄像头图像中搜索移动的物体）的信息。

如果车辆在停住或者缓慢行驶时识别出物体（车速低于 15km/h 所作出的识别），那么系统会将这个信息通知 ACC。为了警示驾驶人，ACC 随后会启动组合仪表来发出锣音并显示相应的文字提示信息。

车辆前部的被监控区尺寸，其 x 方向最大为 12m；y 方向根据车速变化而变化，车宽范围为 20~40cm 之间，如图 2-133 所示。

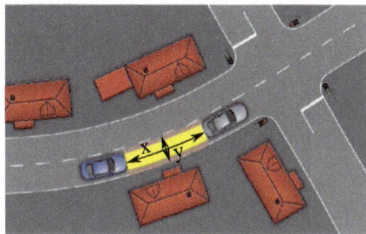
图 2-133 车辆前部的被监控区尺寸

三、虚拟驾驶舱

虚拟驾驶舱由奥迪提出的从本质上改变汽车的显示理念，通过全数字化的显示方式，整合车辆信息、导航、娱乐等各种功能，为驾驶者提供全面的功能与体验。这也就意味着传统的仪表板被高清的数字显示屏所替代，所有的车辆和行驶信息都将通过仪表板显示屏呈现给驾驶人，令驾驶人在驾驶过程中查看信息更加安全和方便，如图 2-134 所示。

图 2-134 虚拟驾驶舱

（1）未来的组合仪表

虚拟驾驶舱将一个中央 MMI 显示屏的功能和一个传统组合仪表的功能整合到单独的 TFT 显示屏上了。所有这些功能和服务内容都用漂亮而直观的图形详细地展示出来。驾驶人可在两种显示模式中选择：传统显示模式和信息娱乐显示模式。

根据选择的模式不同，会呈现不同的显示类型。如果是传统显示模式，那么圆仪表（比如车速表和转速表）处于最显著位置；如果是信息娱乐显示模式，那么导航、电话、Audi connect 或者媒体信息就处于最显著位置了。至于车外温度、时钟时间、行驶里程以及警告和提示符号等显示，在这两种模式中都处于固定位置，就在虚拟驾驶舱的下边缘处，如图 2-135 所示。

（2）快速、可靠和全数字

为了能快速而可靠地将这些内容展现出来，使用了 NVIDIA 的 Tegra 3 系列中的四核 Tegra 30 芯片。这款图形处理器每秒能处理 60 帧图像，这就保证了车速表和转速表指针能极为精确地指示出相应内容。

图 2-135　组合仪表

虚拟驾驶舱可以展示不同的信息，从通过倒车摄像头来的辅助系统图片到动态的车辆信息都行。

（3）直观而智能的操作

在操作时，奥迪的"使用愉悦"理念非常重要，由此才出现了虚拟驾驶舱以及新型智能式 MMI 操纵结构。

一方面驾驶人可以通过改进了的 MMI 来操纵虚拟驾驶舱，另一方面还可以通过多功能转向盘来下命令。

（一）虚拟驾驶舱（组合仪表）

奥迪公司首次将一个高清晰度显示屏作为中央显示器，这项创新的正式名称叫奥迪虚拟驾驶舱。

该显示屏分辨率为 1440×540 像素，显示屏对角线长度达到 31.2cm。

奥迪虚拟驾驶舱取代了以前使用的那种传统仪表显示的组合仪表，是奥迪 TT（型号 FV）上的标配。另外，奥迪虚拟驾驶舱也取代了中控台上的 MMI 显示单元。导航地图和所有其他信息内容现在直接显示在转向盘后面的奥迪虚拟驾驶舱上，如图 2-136 所示。

如果驾驶人需要，导航地图可以扩展到整个显示面上，同时车速表和转速表就变小了，可以通过多功能转向盘或者中控台上的 MMI 操纵单元来操纵该系统。

图 2-136　虚拟驾驶舱（组合仪表）

1. 虚拟驾驶舱的种类

引入了虚拟驾驶舱，可以明显减少组合仪表种类的数量。一种用于北美市场，另一种用于其他市场。下面三种原因导致北美市场需要有自己的组合仪表类型：

1）温度在北美是采用华氏度计量并显示的。因此北美市场上的冷却液温度显示刻度看起来与其他市场上不一样，因为其他市场使用的是摄氏度。由于冷却液温度显示并不是显示在可自由编程的组合仪表显示屏上，而是在一个特定区域且有固定的符号，所以北美的组合仪表与其他市场的就有区别了，如图 2-137 所示。

图 2-137　冷却液温度在北美是采用华氏度计量

2）在中国市场上冷却液温度表指示与其他的不同，如图 2-138 所示。

3）北美市场上的有些警告符号与其他市场的警告符

图 2-138　在中国市场上冷却液温度表指示

号不同。这些警告符号显示在组合仪表显示屏上方的单独显示栏内，因此组合仪表就不同，如图2-139和图2-140所示。

图2-139 北美市场的警告符号栏

图2-140 中国市场的警告符号栏

2. 虚拟驾驶舱有两种不同的显示模式

- 传统显示模式。
- 信息娱乐显示模式。

1）传统显示模式从外观上看，非常像以前的组合仪表。显示内容的布置以及显示大小也与传统的组合仪表外观基本一致，如图2-141所示。

2）采用信息娱乐显示模式时，两个圆仪表之间的中间显示面明显扩大，因为圆仪表这时都变小了。显示面变大，更有助于显示信息娱乐信息和车辆信息，如图2-142所示。

3）显示模式间的切换。可以在这两个显示模式间来回切换，操纵多功能转向盘上的VIEW按键即可切换。

多功能转向盘有两种：

- 入门型多功能转向盘，这是标配。
- 高端型多功能转向盘，这是选装。

入门型多功能转向盘（图2-143）、高端型多功能转向盘（图2-144）。

图2-141 传统显示模式

图2-142 信息娱乐显示模式

图2-143 入门型多功能转向盘

图2-144 高端型多功能转向盘

（二）虚拟驾驶舱主要功能

虚拟驾驶舱的内容和功能被细分为主要功能，一部分主要功能是组合仪表内控制单元J285内软件的要素；另一部分则属于信息电子控制单元1 J794的软件功能范畴了。但是，所有显示内容都显示在虚拟驾驶舱上，因为奥迪TT上没有单独的MMI显示屏。信息电子控制单元1 J794上实现的主功能显示要通过LVDS线传送至组合仪表内控制单元J285并输出到奥迪虚拟驾驶舱上。

具体主功能如下：

车辆（车载计算机）	电话	提示	导航	音色
收音机	Audi connect	媒体	MMI设置	地图

1. 主菜单

主功能可以通过所谓的主菜单来选择。调出主菜单后，所有可用的主功能都会显示在中间显示区处。

通过中控台处的 MMI 操纵单元上的 MENU 按键来调出主菜单。奥迪 TT 上有两种不同的操纵单元，但是 MENU 按键都是在同一个位置，如图 2-145 所示。

图 2-145　MENU 按键

基本型操纵单元上，通过翘板开关可以调用下述主功能，如图 2-146 所示。

- 主功能"车辆"（CAR）。
- 主功能"音色"（TONE）。
- 主功能"Radio"（收音机）。
- 主功能"Media"（媒体）。

在 MMI touch 操纵单元上，通过翘板开关可以调用下述主功能，如图 2-147 所示。

图 2-146　基本型操纵单元

- 主功能"导航"或者"地图"（NAV/MAP）。
- 主功能"电话"（TEL）。
- 主功能"Radio"（收音机）。
- 主功能"Media"（媒体）。

有些主功能也可以通过 MMI 操纵单元上的两个翘板开关直接调用，到底可以直接调用哪些主功能，这取决于具体的操纵单元，如图 2-148 所示。

图 2-147　MMI touch 操纵单元

按压 MENU 按键后，主菜单就出现在虚拟驾驶舱上了，这时总是采用信息娱乐显示模式来显示的。在主菜单上就可以选择可用的主功能了。

在选择了某个主功能后，主菜单就从中间显示区消失，而所选择的主功能就出现在显示屏上，如图 2-149 所示。

以信息娱乐显示模式显示出的主菜单也可以通过 VIEW 按键切换到传统显示模式。这时倒是能显示出主菜单，但是由于空间受限，可能就无法选择主功能了。如果试图选择主功能，那么虚拟驾驶舱会自动切换回信息娱乐显示模式，如图 2-150 所示。

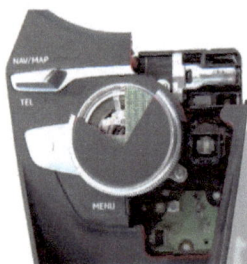

图 2-148　MMI 操纵单元

图 2-149　以信息娱乐显示模式显示出的主菜单

图 2-150　以传统显示模式显示出的主菜单

2. 不同显示内容的显示区划分

以传统显示模式显示时和以信息娱乐显示模式显示时虚拟驾驶舱的划分，这两种显示模式中，所有显示内容都是有的，只是大小和位置可能不同。

以传统显示模式显示时虚拟驾驶舱的划分如图 2-151 所示。

以信息娱乐显示模式显示时奥迪虚拟驾驶舱的划分如图 2-152 所示。

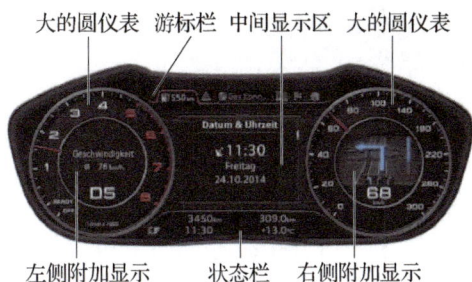

图 2-151 以传统显示模式显示

图 2-152 以信息娱乐显示模式显示

3. 中间显示区的显示

中间显示区指两个圆仪表之间的显示面。这个显示区在信息娱乐显示模式时的面积要比传统显示模式时的面积大，因为圆仪表相应地缩小了。

因此，在信息娱乐显示模式时标示的是"扩大了的中间显示区"，而在传统显示模式时只说是"中间显示区"。

至于要在中间显示区显示什么内容，这可以通过选择主功能来确定。比较理想的是在信息娱乐显示模式时使用整个显示面或者展示行车地图，如图 2-153所示。

图 2-153 信息娱乐显示模式时使用整个显示面

4. 闪光和警告符号栏

闪光和警告符号栏不会被转移到虚拟驾驶舱的显示面上。它是个单独的显示栏，在显示屏上方，有规定的符号。这些符号的后面是发光二极管，可以使得相应的符号亮起，如图 2-154 所示。

图 2-154 闪光和警告符号栏

显示栏中有下述警告灯：

与废气排放相关的故障警告灯	柴油机预热灯	防抱死制动系统指示灯	中间指示灯，注意显示出的文字提示内容！	安全气囊或者安全带张紧系统故障警告灯
中间指示灯，注意显示出的文字提示内容！	电动机械式转向系统故障警告灯	制动系统故障警告灯	电动机械式驻车制动器故障警告灯	电动机械式驻车制动器故障警告灯

5. 游标栏

游标栏（也可称为选项卡）是组合仪表上的一个显示栏，其上有各种游标。在索引卡片上，游标就是卡片上凸出的那部分，用于方便检索。用户可以用奥迪 TT 的组合仪表显示屏上的游标来选择各种主功能，如图 2-155 所示。

第1游标　第3游标　第5游标

第2游标　第4游标　第6游标

图 2-155　游标栏

游标栏中最多可以显示六个游标。每个游标后面伴随着一个或者多个主功能。在选择了相应的游标后，主功能会显示在中间显示区。游标栏中的前五个游标都固定对应着一个或者多个主功能。第六个游标对应着剩下的三个主功能。

虚拟驾驶舱的游标：

车辆游标（第 1 游标）	主功能"车辆"（也包括了车载计算机）
车辆游标（第 2 游标）	主功能"提示"（只有在确实有提示时才会显示）
车辆游标（第 3 游标）	主功能"Radio"（收音机）和"Media"（媒体）
车辆游标（第 4 游标）	主功能"电话"
车辆游标（第 5 游标）	主功能"导航"和"地图"
车辆游标（第 6 游标）	主功能"音色""Audi connect"或者"MMI 设置"

在通过主菜单选择对应的三种主功能的某一种后，可变游标会首次出现在游标栏上。可变游标一直保留在游标栏上，直至点火开关被关闭为止。如果在此期间激活了这三种主功能中的另一个，那么游标上的符号也会做相应切换。

至于具体通过可变游标选择了哪个主功能，从游标上显示的主功能符号即可看出。

另外，在某些游标上还会显示状态信息。

举例如下：

- 显示续驶里程（在车辆游标上显示）。
- 如果音频输出被关闭，那么显示静音符号（在音频游标上显示）。
- 如果没安装电话，那么显示被划掉的电话符号（在电话游标上显示）。

游标栏示例如图 2-156 所示。

1　　2　　3　　4　5　6

图 2-156　游标栏示例

1	当前选择的是"车辆"这个主功能，车辆还可以再行驶 550km
2	至少有一个车辆提示信息，因为显示出提示游标了
3	选择了 CD 播放器作为当前的音频源
4	电话已就绪，接收场强足够大
5	导航游标上的目的地标识旗表示：上次用过"导航"这个主功能。选择这个游标表示要输入目的地。也可让这个游标处显示出地图符号。如果上次使用了"地图"这个主功能的话，这个游标处就会显示出地图符号
6	在"音色""Audi connect"或者"MMI 设置"这三个主功能中，"Audi connect"是最后使用的

（三）附加显示

1. 左侧附加显示

左侧附加显示指组合仪表显示屏的一个显示区，其上会显示车载计算机的各种信息，可以选取自己需要的信息显示出来。

可以进行如下选择：

- 无附加显示。
- 当前日期。
- 瞬时油耗和平均油耗。
- 自开车行驶到现在的行驶时间长度。
- 自开车行驶到现在的平均车速。
- 自开车行驶到现在的行驶里程。

左侧附加显示在传统显示模式和信息娱乐显示模式时均可显示。在传统显示模式时，左侧附加显示出现在转速表的中央位置，如图 2-157 所示。

在信息娱乐显示模式时，左侧附加显示出现在变小了的转速表的上方。图 2-158 中表示的是当前平均车速 76km/h。

（1）注意下述区别

在传统显示模式时，所选的车载计算机信息总是显示的，无论中间显示区现在激活的是哪种主功能。

在信息娱乐显示模式时，只有当前在中间显示区激活了"车辆"这个主功能时，左侧附加显示中才会显示车载计算机信息。

（2）左侧附加显示的显示优先性

如果车辆电子系统确定出现在有一个车门或者舱盖是打开着的，那么这个显示内容是具有优先性的，并会阻止左侧附加显示中出现车载计算机信息。

激活了的驻车辅助系统的优先性也高于车载计算机信息。一旦激活了且显示了驻车系统的可视图像，那么车载计算机信息和转速表会暂时从显示屏上消失。

一旦关闭了驻车辅助系统，那么转速表和所选的车载计算机信息就又出现了。这也同样适用于奥迪泊车辅助系统。

奥迪 TT 在驾驶人和前排乘客车门打开时的显示如图 2-159 所示，在倒车时驻车系统的可视图像显示如图 2-160 所示。

（3）左侧附加显示上的其他显示内容

左侧附加显示也可以用于显示导航内容。在图 2-161 所示的例子中，导航游标已被激活且显示现在的目的地地址。当前这个瞬间选择的目的地地址是"Zhengzhou"。

图 2-157 传统显示模式时左侧附加显示

图 2-158 信息娱乐显示模式时左侧附加显示

图 2-159 奥迪 TT 在驾驶人和前排乘客车门打开时的显示

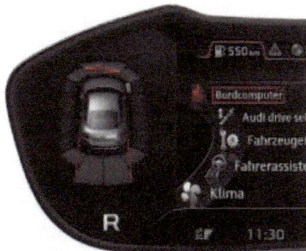

图 2-160 在倒车时驻车系统的可视图像显示

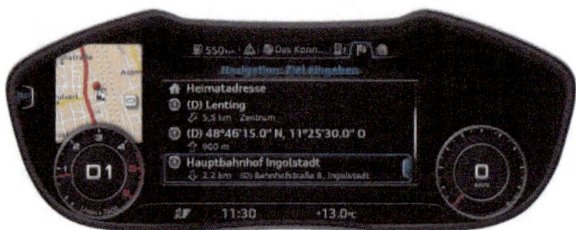

图 2-161 以地图形式显示

通过这个选择，郑州车站就以地图形式显示在左侧附加显示中了，但是这个显示内容只在信息娱乐显示模式时才能出现。

主功能"电话"也可以使用左侧附加显示。如果激活了"电话"游标且在地址簿中选择了一个条目，那么被选择的那个联系人的照片（假设在 MMI 中已经有相应的照片了）就会显示出来了。这个功能只能在信息娱乐显示模式时才可用。

2. 右侧附加显示

与左侧附加显示类似，右侧附加显示在传统显示模式时，出现在车速表的中央位置。在信息娱乐显示模式时，右侧附加显示出现在变小了的车速表的上方。

右侧附加显示只能用于"导航"这个主功能。

右侧附加显示在激活了目的地指引时，会显示即将到来的驾驶状况和距离数据或者显示距目的地的剩余里程和预计到达时间。在激活了目的地指引时就会显示这些信息，不论当前中间显示区在显示什么。

图 2-162 传统显示模式右侧显示车速

传统显示模式右侧显示车速如图 2-162 所示，信息娱乐显示模式右侧显示车速如图 2-163 所示。

显示距目的地的剩余里程和预计到达时间，传统显示模式右侧显示如图 2-164 所示，信息娱乐显示模式右侧显示如图 2-165 所示。

图 2-163 信息娱乐显示模式右侧显示车速

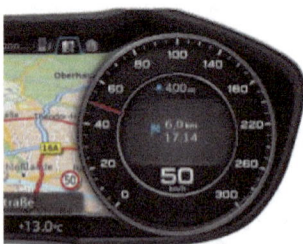

图 2-164 传统显示模式右侧显示剩余里程和预计到达时间

图 2-165 信息娱乐显示模式右侧显示剩余里程和预计到达时间

（四）菜单选择

1. 选择菜单

选择菜单使用户可以通过多种方式选择某一主功能。每个选择菜单明确地只与某一主功能相对应。每个主功能可以有一个选择菜单，但是也有主功能没有自己的选择菜单，比如"提示"这个主功能就是这样的。

主功能"车辆"这个选择菜单提供了各种车辆功能。在这个选择菜单下，可选择想要显示的功能或者想要做的设置，如图 2-166 所示。

如果在这个选择菜单中选择了"车载计算机"，那么就可能出现下述的显示内容，如图 2-167 所示。

图 2-166 主功能"车辆"的选择菜单

在这个显示中，左侧边缘处有一个带有符号的括号，这个符号就表示当前显示的功能。在本例中就是车载计算机。如果操纵了相应的按键，就可以退回到主功能"车辆"这个选择菜单中。

要想退回到这个选择菜单，使用多功能转向盘上的控制按键（图 2-168）或者 MMI 操纵单元均可（图 2-169）。另外，使用旋压按钮的操纵杆功能也行，这时必须向左按压才行。

图 2-167 左侧边缘处有一个带有符号的括号表示当前显示的功能

显示屏左边缘处带有功能符号的括号，只在信息娱乐显示模式时才会显示出来；在传统显示模式时，因为地方受限，就省去了。但是，在传统显示模式时仍可以用相同的按键来调用这个选择菜单。

图 2-168 多功能转向盘上的控制按键（一） 　图 2-169 MMI 操纵单元（一）

2. 选项菜单

选项菜单是针对已经选定了的列表以及主功能的一般设定，为用户提供一个与文字背景有关的选择。由于需要的地方较大，因此选项菜单必须在信息娱乐显示模式时才能显示出来。

与调用选择菜单类似，选项菜单是通过高端型多功能转向盘上的控制按键（图 2-170）或者 MMI 操纵单元（图 2-171）来调用的。另外，使用旋压钮的操纵杆功能也行，这时必须向左按压才行。

图 2-170 多功能转向盘上的控制按键（二） 　图 2-171 MMI 操纵单元（二）

（1）第一个例子：车载计算机的选项菜单

在信息娱乐显示模式时，可以在右侧显示屏边缘处看见有带加号的括号，这就表示有选项菜单；在传统显示模式时，因为地方有限，就没有这个括号了，如图 2-172 所示。

图 2-172 信息娱乐显示模式时右侧显示屏

但在传统显示模式时，驾驶人在按压了右侧的控制按键后，能看出是否有选项菜单。

在按压了右侧的控制按键后，出现下述选项菜单，如图 2-173 所示。

有两个选项供用户选用：

• Nebenanzeige（附加显示）：用于选择车载计算机信息，这些信息会在左侧附加显示

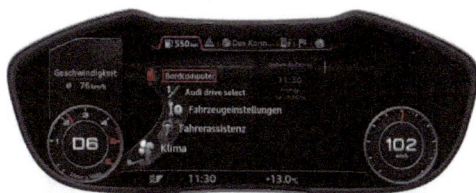

中展示出来。

- Werte zurücksetzen（重置数值）：将车载计算机数值重置。

如果选择了第一个选项，那么就出现下面这个显示内容，如图 2-174 所示。

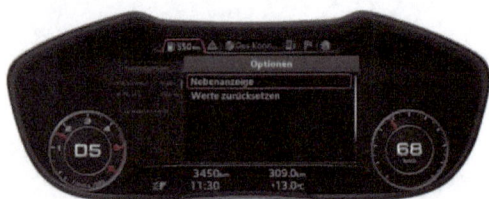

图 2-173　按压了右侧的控制按键后显示选项菜单

图 2-174　选择了第一个选项出现的显示

在这个菜单中，驾驶人可以确认想把哪些车载计算机信息显示在左侧附加显示上。

（2）第二个例子：SD 卡上已选歌曲的选项菜单

先前已激活了主功能"Media"（媒体）的选择菜单，且将光标移至"SD 卡"这个播放源上。

黄色的 SD 卡符号旁边有个数字 1，它表示现在使用的是 SD 卡插口 1，如图 2-175 所示。

图 2-175　表示现在使用的是 SD 卡插口 1

在选择了"SD 卡"这个播放源后，显示屏上出现了另一个选项菜单。在这个选择菜单中，需要选择按哪种特征来给曲目排序。可以按表演者、专辑、类型或者播放列表来进行排序。

在这个具体例子中，选择的是按"专辑"来排序的。在所提供的专辑中，最后选择了"2 Hearts"这组中的"2 Hearts beat as one"这个专辑。

随后显示该专辑中的曲目名称列表，但曲目名称列表中选定了"For this time"这首曲目并正在播放，如图 2-176 所示。在"For this Time"这个列表元素的右边缘有一个带加号的括号，这个加号表示这个列表元素有选项菜单可供使用。

如果通过右侧控制按键调出这个选项菜单，会出现下述显示内容，如图 2-177 所示。

图 2-176　选定了"For this time"这首
曲目并正在播放

图 2-177　选项菜单

在右边的侧面菜单上显示出可用的选项。这其中有与播放曲目或者专辑直接相关的选项（与内容有关）。

还有一些选项，它们有更重要的任务，且与当前播放的曲目或者专辑无关。

这些选项如下：

- Als Favorit speichern（作为偏好存储）。

- Spielposition verändern（修改播放位置）。
- Titel wiederholen（重放该曲）。
- Zufallswiedergabe（随机播放）。
- Klangeinstellungen（音色设置）。
- Gesamtes Medium abspielen（播放全部媒体）。
- Medieneinstellungen（媒体设置）（这个条目在图中看不到，因为显示区被限制只能显示六行）。

选项菜单右边缘的白色垂线表示还有更多的选项可供使用。使用左侧的转轮或者旋压钮可以让选项菜单滚动，就可以将隐藏的选项显示出来了。

（3）状态栏

标准的状态栏只有一行显示内容，其包含如下信息，如图 2-178 所示。

- 时钟时间。
- 车外温度。
- 各种警告灯（具体看实际需要）。

图 2-178　标准的状态栏只有一行显示内容

- 相应的交通标识（在激活了车速限制显示时）。
- 接收信号强度、连接状态和激活的数据模块的数据连接。
- 升级符号（如果当前正在执行软件升级）。

在下述状况时，状态栏呈两行显示，如图 2-179 所示。

- 在中间显示区显示车载计算机信息。
- 欢迎和告别显示。
- 在按动了日行驶里程表后。

图 2-179　状态栏呈两行显示

在两行状态栏中，还会显示下述信息：

- 当前的总里程。
- 当前的日行驶里程。

（五）虚拟驾驶舱上的其他显示

氛围照明亮度调节菜单如图 2-180 所示，主动式车道辅助系统的系统状态显示如图 2-181 所示。

图 2-180　氛围照明亮度调节菜单

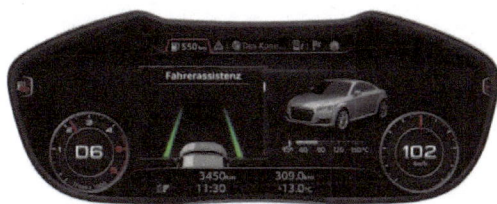

图 2-181　主动式车道辅助系统的系统状态显示

虚拟驾驶舱上的倒车摄像头图像显示如图 2-182 所示。

如果自诊断功能诊断出车辆某部件有故障，相应的控制单元内会记录下一个故障。根据识别出的故障情况，也会给驾驶人发出相应的提示信息。在这种情况下，组合仪表内控制单元 J285 会激活相应的警告灯，必要的话还会在组合仪表上给出文字提示。

将要显示的文字提示信息会挤走最后显示的内容（就是不让后者显示了），并会在显示屏上停留 3~10s。

如果在这个显示期间驾驶人操纵了奥迪虚拟驾驶舱的某个操纵元件，那么这个文字提示内容会提前消失，但是约 2s 的最短显示时间还是会保证的。

图 2-182　倒车摄像头图像显示

在传统显示模式和信息娱乐显示模式时，故障提示信息的显示都是相同的。由于文字提示内容不需要驾驶人做什么就显示出来了，因此也被称作弹出式显示（图 2-183）和在信息娱乐显示模式时（图 2-184）故障的弹出式显示。

图 2-183　传统显示模式的故障提示信息

图 2-184　信息娱乐显示模式的故障提示信息

由于故障提示内容是很重要的，所以提示内容在第一次显示完后，用户应能随时将其调出来。

调出时，用户需选择游标栏上的"提示"这个游标，或者在主菜单上选择"提示"这个主功能。

如果驾驶人面临着多个故障提示内容，那么驾驶人可以通过多功能转向盘左侧滚轮或者 MMI 操纵单元上的旋压钮来将其一个接一个显示出来。如果存在多个故障提示内容，那么可以通过文字信息右边的滚动条来识别出。

在传统显示模式（图 2-185）时"提示"游标中的故障信息和在信息娱乐显示模式（图 2-186）时"提示"游标中的故障信息，在信息娱乐显示模式时，故障信息右侧的显示面用于故障的动画模拟显示。

图 2-185　传统显示模式"提示"游标中的
故障信息

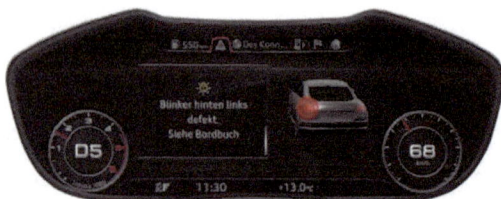

图 2-186　信息娱乐显示模式"提示"游标中的故
障信息

此外，存在的故障信息会在状态栏以相应的符号交替显示。存在的故障提示信息在"提示"游标上以一个三角警报符号来呈现。如果在该游标上展示的是一个扳手符号，那表示现在有一个保养信息，但是无警告提示。如果既没有警告提示也没有保养信息，那么游标列表中不会显示"提示"游标。

（六）虚拟驾驶舱的构造及电路

1. 虚拟驾驶舱的构造

奥迪虚拟驾驶舱在某个部件出故障时不能换件，只能整体更换。但有个例外，就是组合仪表上的扬声器。该件可作为备件来订购，不必打开虚拟驾驶舱即可更换该件，如图 2-187 所示。

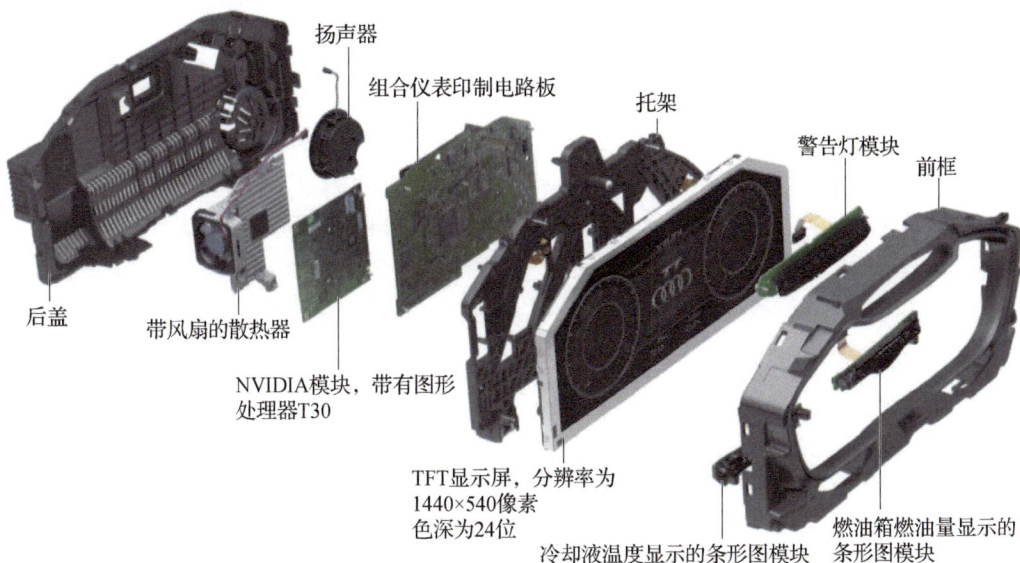

图 2-187 虚拟驾驶舱的构造

2. 虚拟驾驶舱电路

组合仪表电路连接图如图 2-188 所示。

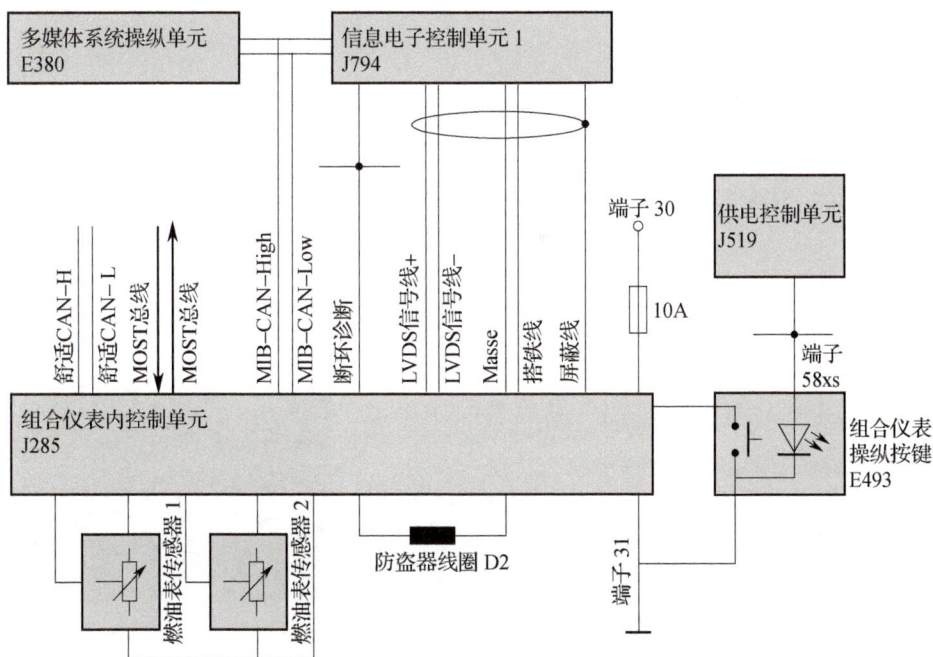

图 2-188 组合仪表电路连接图

下面的导线接在组合仪表内控制单元 J285 上：

（1）供电导线

- 用端子 30 供电的导线；该导线使用 10A 熔丝。
- 一根搭铁线。

（2）总线导线

- 两根舒适 CAN 总线导线（用于与其他控制单元进行通信和数据交换）。
- 两根 MIB-CAN 总线（用于与信息电子控制单元 1 J794 和多媒体系统操纵单元 E380 进行通信）。
- 两根 LVDS 导线（用于从信息电子控制单元 1 J794 接收图像数据）。
- 两根 MOST 总线的光纤导线；在新奥迪 TT 上，MOST 总线只用于刷新组合仪表内控制单元 J285。J285 通过信息电子控制单元 1 J794 上卡槽内的 SD 卡来刷新。
- 断环诊断线（用于通过 MOST 总线主控制单元即信息电子控制单元 1 J794 来为 MOST 总线用户进行诊断。

（3）已连接部件的单独的导线

- 两根导线，接燃油表传感器 1。
- 两根导线，接燃油表传感器 2。
- 一根搭铁线，接两个燃油表传感器。
- 两根导线，接防盗器线圈 D2（在应急起动时需要使用；这时需要把车钥匙按住在标记处）。
- 一根导线，接组合仪表操纵按键 E493（该按键用于重置日行驶里程表）。
- 两根搭铁线，接信息电子控制单元 1 J794。
- 一根导线，用于在 LVDS 导线和信息电子控制单元 1 J794 之间实施屏蔽。

四、夜视辅助系统

最新的驾驶人辅助系统"夜视辅助系统"，也是为了满足这方面的要求而设计的。

"夜视辅助系统"可以使得驾驶人能在黑暗中及时识别出车辆前部区域的行人（如果没有夜视辅助系统，这个识别就会晚很多）。这种提前识别，可以使得驾驶人能及时避免危险情况。

即使尚未出现在车辆照明视野中的动物，也可在显示屏上识别出来。夜视辅助系统在黑暗情况下对车辆前部区域的感知更快且更准。夜视辅助系统的感知区明显比远光灯更远。夜视辅助系统采用热敏成像摄像头来实现其夜视功能，可以将发热对象（比如人和动物）从其背景中提取出来。

图 2-189 展示了驾驶人在使用夜视辅助系统时的明显优点。通过风窗玻璃仅能勉强看见路上有行人，但是在夜视辅助系统上可以完全识别出来（全身的）。

该行人以高亮图像被从背景中剥离出来，并用红色包围起来，表示有被撞到的危险。由于提前识别出

图 2-189　行人以高亮图像被从背景中剥离出来并用红色包围起来

行人，因此驾驶人有更充足的时间来对这种危险情况作出合适的反应。

（一）夜视辅助系统的功能

1.引入夜视辅助系统的原因

事故统计表明：夜间行车的危险性非常大。死亡事故中有约一半是发生在夜间的，虽然只有 25% 的交通事故发生在夜间。因此，与白天行车相比，夜间行车发生事故的危险性就翻倍了。从整个来看，每年因在黑暗中行车发生事故，导致 100 多万人受伤，超过 20 万人死亡。

尤其是行人和骑自行车的人，最容易造成夜间的交通事故。比如着装不易辨识的慢跑者和照明亮度不足的骑自行车的人，采用传统的灯光技术，驾驶人是很难及时识别他们并作出相应的反应。尤其是上述人和车辆不在光束中时，就更难识别了，如图 2-190 所示。

图 2-190 很难及时识别他们并作出相应的反应

如果探究黑暗中行车事故频发的原因，那么很快就能总结出以下几点：

- 街路视野不好或视野受到很大限制。
- 有障碍物或急转弯，近光灯来不及识别。
- 驾驶人缺少定位标记作为参考，因此对车速和距离估计有误。
- 相向车道的车辆造成目眩。
- 车速不符合周围环境要求。

2.夜视辅助系统

这种夜视辅助系统在夜间行车时，可以帮助驾驶人提前识别危险情况，该系统将车辆前部的热敏图像显示在组合仪表显示屏上。图像是采用红外摄像头采集的，该摄像头安装在车前部的圆环中，人或动物会产生热辐射，因此其图像也比周围环境要亮，驾驶人也就很容易在显示屏上将他们识别出来，如图 2-191 所示。

图 2-191 热敏图像显示在组合仪表显示屏上

如果该系统将某物识别为人，那么图象还会加上颜色。热敏图像不只能识别生物，车道和建筑物轮廓也能识别。

夜视辅助系统控制单元还要对热敏图象进一步分析。系统根据图像推测已识别出的行人的下一步运动方向。

为了预测本车下一步的运行轨迹，需要考虑到当前车速和偏摆率。如果根据这两个预测而判断有碰撞危险，那么会想起一个声音警告信号，以便让驾驶人能对这种情况作出反应，但是夜视辅助系统本身并不参与交通。

3. 夜视辅助系统的作用距离

在视野良好时，夜视辅助系统的作用距离可达300m。如果天气恶劣，夜视辅助系统的作用距离明显受限。与此相比，非对称近光灯在相向车道侧的照射距离约为60m，在靠近路沿侧照射距离约为120m，即使是远光灯，照射距离也只有约200m，还是低于夜视辅助系统的作用距离，如图2-192所示。

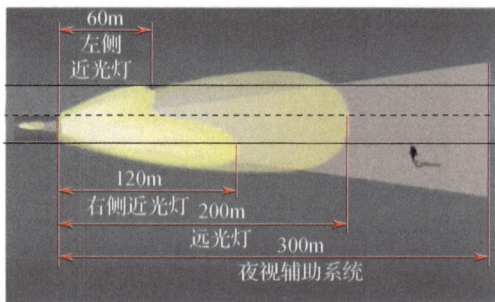

图2-192　夜视辅助系统的作用距离

（1）中央显示屏热敏图像显示提示

在热敏图像显示在组合仪表显示屏上的头5s中，还会出现下面的驾驶指南：Der Nachtsichtassistent ersetztnicht Ihre Aufmerksamkeit（夜视辅助系统不能替代您的细心观察）如图2-193所示。

（2）识别出行人时做出标记

夜视辅助系统的主要任务是：在摄像头的热敏图像上识别出人，随后做出标记。对人的识别过程非常简单，将有热辐射的物体从其背景中提取出来，与一个标准目录进行对比，以便判断该物体是否是人。如果满足特定的标准，那么该物体就被判定为"人"。当一个物体被判定为"人"后，其热敏图像就会被做上标记，以便让驾驶人在整个图像上更容易看清楚。做上标记是把这个人像放在一个黄色矩形内，由两个括号包围着。如果在热敏图像中识别出多个人，那么对每个人都会单独做标记，如图2-194所示。

图2-193　中央显示屏热敏图像显示提示　　　图2-194　识别出行人时做出标记

如果人不是处于直立状态（比如人是坐着、躺着或者弯腰状态），那么夜视辅助系统就识别不出来。当人在图像上部分被遮挡时（比如人处在停着的车后），那么夜视辅助系统也识别不出来。

要想给人做出标记，那么人在夜视辅助系统的作用范围内与车辆就必须保持一定的距离。

这个距离不能超过约90m，不能低于约15m。如果人与车辆之间的距离超过了90m，那么其图像就太小了，也就无法将其准确地判定成"人"。如果人与车辆之间的距离低于15m，那么其图像又过大了，那么系统也无法将其准确地判定成"人"。

系统要想识别出人，需要满足下面的条件：

- 车和行人都处于运动中。
- 人的比例要独特，彼此能明显区分出来。
- 采用二维图像作为识别的基础。如果人相对于摄像头处于不利位置，那么就会妨碍识别。
- 只对一个图像进行分析是不够的，必须实时对一系列连续图像分析才行。
- 头部和四肢要是被遮挡住，那么就会妨碍识别（虽然还不至于完全不能识别）。

示例：

- 戴着风帽或安全帽。
- 打着雨伞。
- 穿有隔热夹克（体热无法透出）。

为了保证在组合仪表显示屏上总能获取高质量图像，控制单元每隔2min就要校准一次温度。校准温度时，一个遮光物（快门）会被推至图像采集芯片前300ms。在这300ms的过程中，组合仪表显示屏上显示出的连续画面会短时中断，驾驶人仔细观察能感觉出连续画面短时发卡。

（3）识别双轮车骑手和动物

1）骑自行车的人。一般说来，夜视辅助系统可以识别骑自行车的人并做出标记。但是，由于骑车人的弓腰姿势以及腿部的周期性弯曲，所以标记不是一直都有。

2）骑摩托车的人。夜视辅助系统开发目标不要求识别骑摩托车的人，因为该系统是针对本身有足够的车身照明度的交通参与者的。因此，热敏图像上不会为摩托车骑手做出标记的。

3）动物。系统无法对动物进行实时识别，也就无法做出颜色标记。对动物的判定在将来会实现（这是将来的要求）。当然，因为动物会发出热辐射，所以现在系统中的热敏图像中就可以识别出动物，但是无法另加标记来凸显。

（4）系统将"识别出行人时做出标记"功能关闭

在下述条件下，系统会将"识别出行人时做出标记"功能关闭。

1）环境温度超过28℃。

随着环境温度的升高，热敏图像的对比度就降低了，最终人与环境之间的温差也越来越小了。因此，系统判定行人也就越来越难了。因此，在环境温度超过28℃时，系统会将"识别出行人时做出标记"功能关闭。

如果随后环境温度又降到25℃以下，那么"识别出行人时做出标记"功能也就又被激活。

2）周围环境亮度超过了预定极限值。

在亮度足够的情况下，人眼就可识别行人了，因此就不需要"识别出行人时做出标记"功能了。

3）由驾驶人来关闭"识别出行人时做出标记"功能。

驾驶人可在MMI上关闭"识别出行人时做出标记"功能。

关闭了"识别出行人时做上标记"功能后，热敏图像右上方会有这个符号加以提示，如图2-195所示。关闭了"识别出行人时做出标记"功能，也就关闭了驾驶人警告功能了。

图2-195 关闭"识别出行人时做出标记"功能提示

4. 夜视辅助系统上的驾驶人警告

通过夜视辅助系统发出警告,如果夜视辅助系统识别出行人并判断有碰撞危险,就会发出警告。

警告方式:组合仪表上发出声响信号,同时摄像头图像的黄色行人标记变成红色,如图 2-196 所示。发出警告的时刻点是这样的:要能使驾驶人作出相应反应,以避免碰撞。

图 2-196　摄像头图像的黄色行人标记变成红色

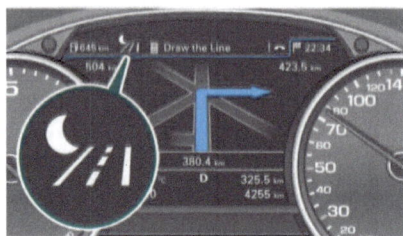

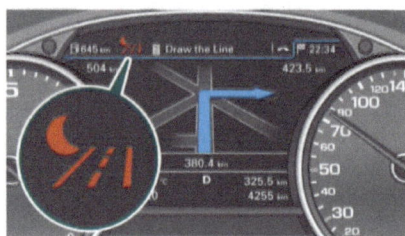

如果发出警告时正赶上组合仪表显示屏上显示的是别的内容,那么组合仪表上方的夜视辅助系统符号就从白色变为红色。

声响警告也同时响起(只要驾驶人并未将其关闭)。

警告并不会使组合仪表显示屏的显示切换到夜视辅助系统图像。

发出警告前的夜视辅助系统符号如图 2-197 所示,正在发出警告时的夜视辅助系统符号如图 2-198 所示。

图 2-197　发出警告前的夜视辅助系统符号　　图 2-198　正在发出警告时的夜视辅助系统符号

发出声响信号的"警告锣音"功能可以在 MMI 上关闭。如果通过 MMI 将"识别出行人时做出标记"功能关闭了,那么"警告锣音"功能就自动关闭了。热敏图像右上方的这个符号就表示"警告锣音"功能已被关闭,如图 2-199 所示。

图 2-199　"警告锣音"功能已被关闭

(二)夜视辅助系统的操纵和显示

1. 接通夜视辅助系统

夜视辅助系统通过灯开关模块上的一个单独的按钮来接通,在天亮时,随时都可接通夜视辅助系统。在黑暗中,只有当灯开关位于"AUTO"位置或"近光灯"位置,才能接通夜视辅助系统,如图 2-200 所示。

图 2-200　夜视辅助系统开关

每次接通点火开关后,如果想使用夜视辅助系统,都必须将其再次接通。在断开 15 号接线柱前所存储在车钥匙中的上次的系统状态在这时是无法调用的。

一旦接通了夜视辅助系统,那么组合仪表显示屏上就会出现热敏图像,先前显示的信息就简化成为组合仪表上方的一个符号了,这些信息需要通过多功能转向盘上的的操作元件来再次调出。

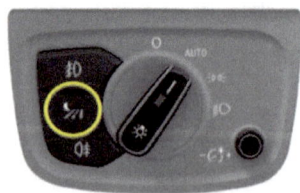

2. 关闭夜视辅助系统

再次操作该按钮就可以关闭夜视辅助系统，如图 2-201 所示。

在下面的两种情形时，夜视辅助系统会自动关闭并显示图示的信息。

1）在光线不够亮（黄昏或黎明）或者黑暗中，未接通近光灯时。

2）在夜视辅助系统已经接通的情况下，接通近光灯但光线不够亮时。

图 2-201　关闭夜视辅助系统

在出现图示的信息后，如果在 5s 内没有接通近光灯，那么夜视辅助系统会自动关闭。出于安全考虑，在显示出夜视辅助系统的图像时，如果不接通近光灯，就不能行车。

3. 组合仪表上方的夜视辅助系统符号

如果夜视辅助系统已经接通，那么或者是能在组合仪表显示屏上看到热敏图像，或者能在组合仪表上方看到夜视辅助系统符号，如图 2-202 所示。

如果选择了其他功能，比如想要显示导航内容，那么热敏图像就会从显示屏上消失。由于随时都能看到夜视辅助系统的接通状态，因此夜视辅助系统按钮内就不使用功能灯了。

如果在组合仪表上方看不到夜视辅助系统符号，那就表示夜视辅助系统是关闭的，如图 2-203 所示。

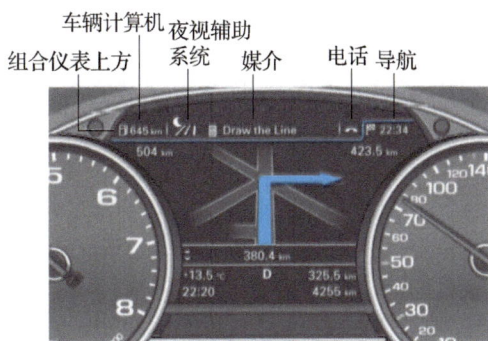

图 2-202　组合仪表上方的夜视辅助系统符号

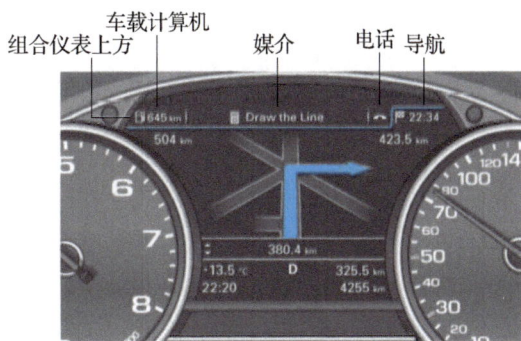

图 2-203　组合仪表上方看不到夜视辅助系统符号

4. 功能关闭流程

如果在 MMI 菜单中将"识别出行人时做出标记"功能和发出声响信号的"警告锣音"功能关闭，那么组合仪表右上方就会一直显示图 2-204 中的符号。

在 MMI 上对夜视辅助系统的设置有三种，必须按下述操作来进入设置菜单：

1）按压功能按钮 CAR，如图 2-205 所示。

2）按压控制按钮 CAR Systeme。

3）选择菜单项"Fahrerassistenz"（驾驶人辅助系统）。

4）选择"Nachtsichtassistent"（夜视辅助系统）

图 2-204　"识别出行人时做出标记"功能和发出声响信号的"警告锣音"功能关闭

如图 2-206 所示。

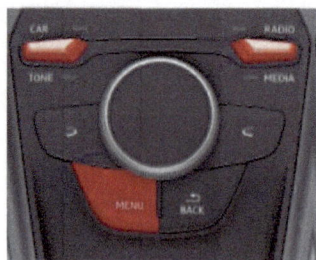

图 2-205　功能按钮 CAR

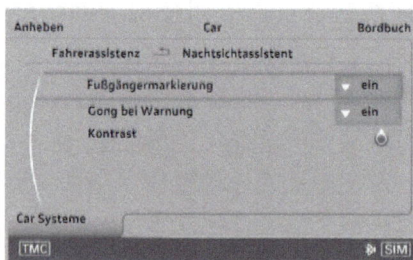

图 2-206　选择"Nachtsichtassistent"
（夜视辅助系统）

- MarkierungerkannterFußgänger（识别出行人时做出标记）。

如果该选项被激活，那么图像上识别出的人都会被标记成黄色。在发出警告时，标记的颜色从黄色变为红色。

- Gong beiWarnung（警告锣音）。

如果该选项被激活，那么当车辆有与行人相撞危险时，除了标记颜色变成红色外，还会发出声响信号。只有在"识别出行人时做出标记"这个选项已激活时，才能进行这个设置。

- Kontrast（对比度）。

热敏图像的对比度是可以调节的。色阶调节范围为 –9~+9。

只有在组合仪表显示屏上显示出热敏图像时，才能进行该设置，如果当前显示屏上显示的是其他信息内容，那么对比度这个菜单项是灰色的。

（三）夜视辅助系统元件

1. 夜视辅助系统控制单元

夜视辅助系统控制单元 J853 是夜视辅助系统的电子中心，如图 2-207 所示。

夜视辅助系统控制单元要完成下述任务：

- 处理夜视辅助系统摄像头的原始图像。
- 识别出热敏图像上的人并将其做出标记。
- 持续不断地对摄像头图像进行分析，并测算车辆与识别出的行人的碰撞可能性。

图 2-207　夜视辅助系统控制
单元 J853

- 在识别出有碰撞危险时发出警告。
- 将已处理完的的热敏图像传送给组合仪表。
- 使用 CAN 扩展总线接收并处理夜视辅助系统功能所需要的数值和信息。
- 为摄像头供电（蓄电池电压）。
- 持续地对系统进行诊断，并将识别出的故障记录到故障存储器内。
- 通过测量数据块、自适应和执行元件诊断来帮助查找夜视辅助系统故障。
- 通过软件对售后中和生产中的系统进行校准。
- 行车中在某些条件下进行动态校准。

● 存储用户对夜视辅助系统所做的设置（对应所使用的钥匙）。

2. 夜视辅助系统摄像头

夜视辅助系统摄像头 J764 配备有自己的运算器。该摄像头除了录下原始图像并把图像传给夜视辅助系统控制单元，还要存储校准数据。这些校准数据并不是存储在夜视辅助系统控制单元 J853 内，而是存储在摄像头内。这样，在更换损坏的夜视辅助系统控制单元后，就不必重新进行校准了，如图 2-208 所示。

摄像头是一种红外热敏图像摄像头，它与夜视辅助系统控制单元都是系统供货商 Autoliv 供货的。在远距离红外区，该摄像头的最大灵敏度为 8~12μm，人眼是看不出来的。

摄像头的图像是黑白图像，其分辨率水平为 320 像素，垂直为 240 像素，20 帧 /s 照片。

盖

锗制保护窗

图 2-208 夜视辅助系统
摄像头 J764

为防止石击，摄像头的镜头前有一个保护窗，该窗采用锗制成，不能用玻璃来制作，因为热辐射无法穿过玻璃。该保护窗的强度极佳。如果该保护窗被石击损坏了，那么它可以与盖一同更换掉。这两个件是一个修理包，可作为原装备件来订购。由一个单独的喷嘴来清洁摄像头保护窗，该喷嘴在操纵前照灯清洗喷嘴时一同工作，就可以清除污物。

（1）摄像头保护窗的加热

由于夜视辅助系统摄像头安装在车辆散热器隔栅的奥迪圆环中，那么在冬季就有结冰的危险。

在温度低于 6℃时，如果摄像头有结冰危险，那么会对摄像头保护窗进行加热。这个温度由摄像头自己的温度传感器来侦测。加热电流可根据温度来调节，如图 2-209 所示。

（2）夜视辅助系统摄像头的安装位置

夜视辅助系统摄像头 J764 安装在奥迪圆环中，如果面对车辆站在车前看，夜视辅助系统摄像头在右侧的环中，如图 2-210 所示。

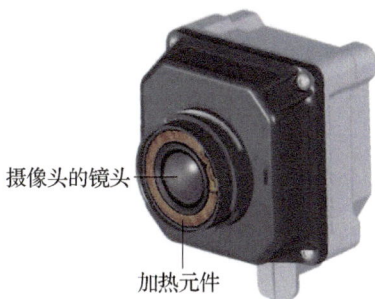

摄像头的镜头

加热元件

图 2-209 摄像头保护窗加热

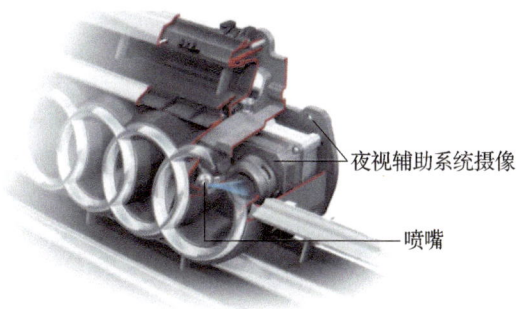

夜视辅助系统摄像

喷嘴

图 2-210 夜视辅助系统摄像头的安装位置

（3）摄像头的探测范围

夜视辅助系统的探测范围约为 300m，夜视辅助系统摄像头 J764 的水平探测张角约为 24°，如图 2-211 所示。

（4）防止滥用热敏成像摄像头的机构

夜视辅助系统在热敏图像摄像头上使用了一种电子保护机构，该机构的作用是：离开

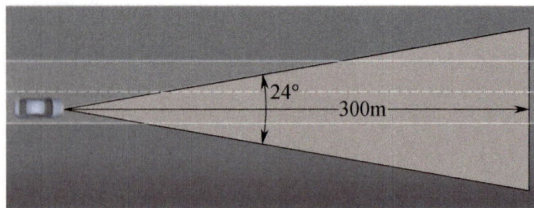

图 2-211　摄像头的探测范围

了与其相匹配的控制单元，该摄像头就不会输出热敏图像了。

只有当摄像头和控制单元通过单独的总线彼此进行过通信联系且控制单元已经安装在许可的车辆上时，才会输出热敏图像。

（四）夜视辅助系统一览

1. 功能的电气转换

夜视辅助系统控制单元 J853 是一个"15 号线"控制单元，它的供电线是"15 号线"和"31 号线"。J853 用两条专用总线来与夜视辅助系统摄像头 J764 进行通信。通信内容包括诊断信息、数据和命令等。

摄像头的原始图像通过两条图像传输导线传给控制单元。那两条专用总线与这两条图像传输导线都采用屏蔽隔离进行了处理，如图 2-212 所示。

此外，还有两根从控制单元到摄像头的供电线，控制单元给摄像头提供蓄电池电压。

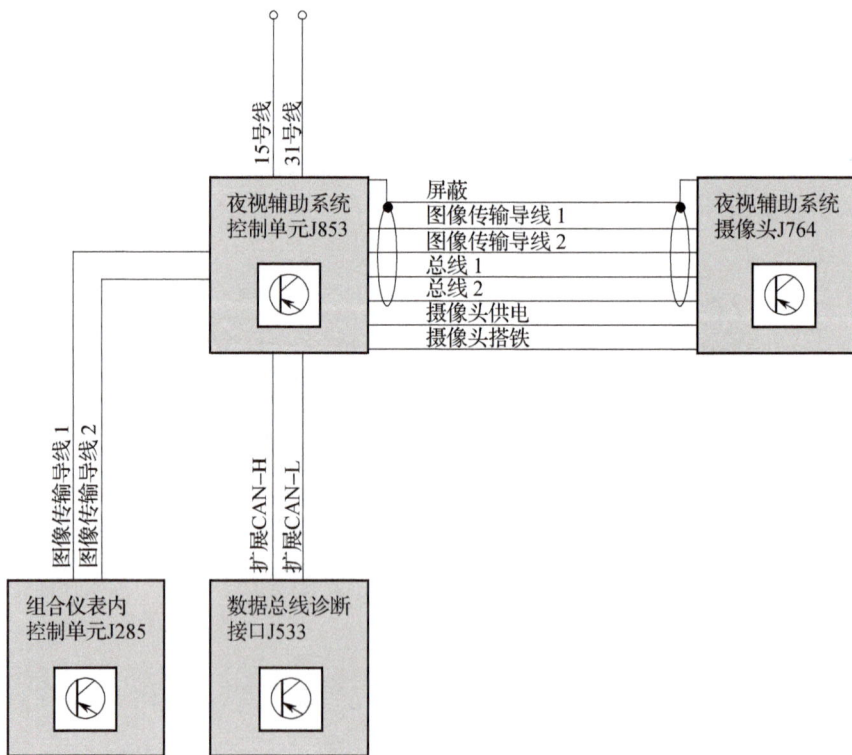

图 2-212　电气转换

一条双绞线（没有外包皮，也没有屏蔽处理过）从夜视辅助系统控制单元 J853 到组合仪表内控制单元 J285，模拟的图像信号就通过这条导线被送往组合仪表显示屏。

有两条扩展 CAN 总线通向数据总线诊断接口 J533，用于与其他控制单元进行数据交换。这个诊断接口在扩展 CAN 总线和其他总线系统之间交换信息。因此，这个诊断接口使得不同总线系统之间可进行数据交换了。

2. 通信结构

要想在车上实现夜视系统的全部功能，夜视辅助系统控制单元 J853 需要用到很多数值和信息。这些数值和信息的很多是来自于其他控制单元，这些控制单元通过 LIN 总线、CAN 总线、FlexRay 总线和 MOST 总线来彼此进行通信，如图 2-213 所示。

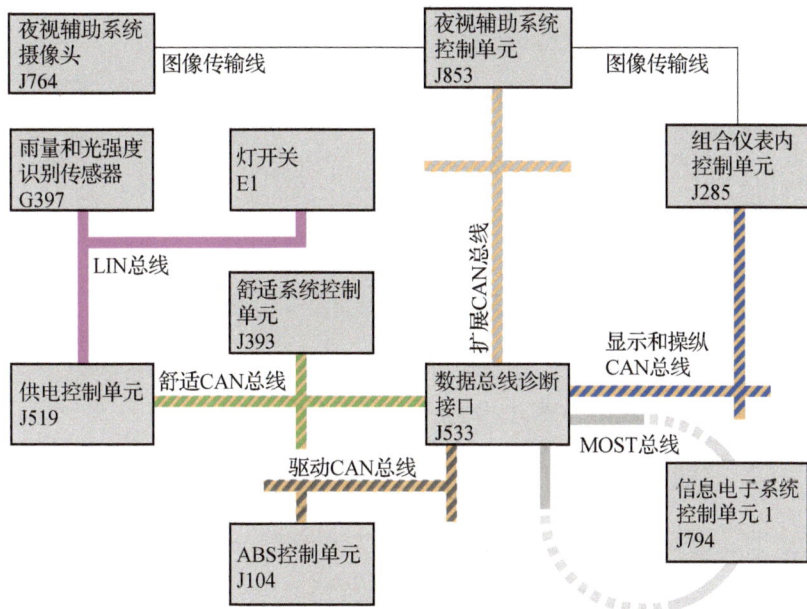

图 2-213 通信结构

（1）夜视辅助系统控制单元 J853
- 接收含有各种量值和内容的 CAN 总线信息，这些信息是完成该功能所需要的。
- 将经过处理的热敏图像传给组合仪表。
- 将用语显示的信息传给组合仪表。

（2）数据总线诊断接口 J533
- 是各种 CAN 总线系统和 FlexRay 总线的接口。
- 是元件保护的主控制单元。

（3）组合仪表内控制单元 J285
- 将夜视辅助系统摄像头的图像显示在显示屏上。
- 在警告时发出声响信号。
- 将与夜视辅助系统相关的驾驶指南显示在显示屏上。
- 在出现故障时给出故障信息。
- 将处理过的车外温度值传给夜视辅助系统。

（4）信息电子系统控制单元 1 J794

- 用户通过 MMI 可以对夜视辅助系统进行各种设置。

（5）舒适系统控制单元 J393

- 发送"15 号线"信息位，用于可靠性校验。

（6）供电控制单元 J519

- 雨量和光强度识别传感器 G397 和车灯开关 E1 的 LIN 总线主控制单元。

（7）雨量和光强度识别 G397

- 发送最新测得的亮度。

（8）灯开关 E1

- 发送夜视辅助系统按钮的操纵信息。
- 发送灯开关当前位置信息。

（9）ABS 控制单元 J104

- 发送当前车速信息。
- 发送当前的偏摆率。

五、平视显示系统和限速显示

平视显示系统用于将重要的车辆参数直接投影显示在驾驶人的视线范围之内，使驾驶人总是能在基本的视野中获得与驾驶相关的各种信息。例如，为了了解当前的车速信息，驾驶人无须将目光转向组合仪表，透过前风窗玻璃观察就能看到这些信息。

平视显示系统由 LED 光源通过仪表板后方四组镜片的反射，将图像投射到改进过的前风窗玻璃上。透过镜片的定位技术，最后让影像犹如飘浮在前机舱盖上，大约离驾驶人眼睛 2m 远的位置，这样驾驶人无须低头就可随时看清各种行车信息和导航路况引导等，从而可提高行车安全性，如图 2-214 所示。

汽车平视显示系统最早是从飞机上引进的。汽车平视系统主要显示内容：

1）导航信息。
2）自适应巡航控制。
3）定速巡航控制车速。
4）车道偏离警告。
5）当前车速。
6）道路限速。

图 2-214 平视显示系统

（一）平视显示系统

平视显示系统是指将各种车辆系统的信息投影显示到扩大的驾驶人视野中的光学系统。如果想了解这些参数，驾驶人不必明显地改变头部位置，只需在端坐的同时将目光投向道路即可。由于头部可以保持在"上部"，只须略微低下，因而此系统得名"平视"显示系统（Head-up Display）。

平视显示系统的显示使驾驶人能够快速、精准地获得重要的车辆信息。在带平视显示系统的车辆上使用专门的风窗玻璃可以让人产生这样的感觉：平视显示系统所显示的内容并不是出现在风窗玻璃上，而是出现在离驾驶人 2~2.5m 的舒适距离上。平视显示内容似乎悬浮在前机舱盖上方，如图 2-215 所示。

平视显示系统相对于组合仪表的优点：

将通过组合仪表与通过平视显示系统获得车辆参数相比，平视显示系统具备以下优点：

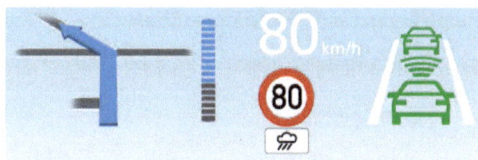

图 2-215　平视显示系统所显示的内容

- 平视显示位于驾驶人扩大视野中的便利位置，获取显示内容时，驾驶人只须将头低下约 5°~10°。而要获取组合仪表的显示内容时，驾驶人必须将头低下 20°~25°。
- 由于平视显示位于驾驶人的扩大视野中，所以在获取显示内容时，人眼不必像查看组合仪表时那样必须对较暗的环境条件做出调整。

1. 平视显示系统的显示

平视显示系统的显示内容限于最重要的车辆参数。其中，当前车速作为最主要的显示参数会持续显示，无法在 MMI 中将其关闭。

其他的显示内容只有在 MMI 中启用后才会出现。启用时要使用 MMI 菜单"Head-up Display"中的菜单项"显示内容"。

另一组显示内容只会临时显示，例如出现警告或系统设置发生更改时。

下列信息和车辆参数可由平视显示系统显示：

（1）当前车速

当前车速是唯一一个持续显示的车辆参数。驾驶人无法在 MMI 中将其关闭，如图 2-216 所示。

（2）导航信息

导航信息只有在目的地引导功能激活时才显示。需要事先在 MMI 中启用显示内容"导航信息"，如图 2-217 所示。

（3）ACC 和主动车道保持辅助系统

启用自适应巡航控制系统（ACC）或奥迪主动车道保持辅助系统（Audi Active Lane Assist）后，就会出现这些信息。需要事先在 MMI 中启用显示内容"ACC / Audi Active Lane Assist"，如图 2-218 所示。

图 2-216　当前车速

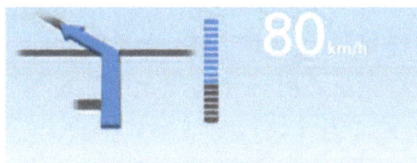

图 2-217　导航信息

图 2-218　ACC 和奥迪主动车道保持辅助系统

（4）ACC 的当前调节车速

ACC 中设置的调节车速被更改后会临时显示在平视显示系统中。需要事先在 MMI 中启用显示内容"ACC / Audi Active Lane Assist"，如图 2-219 所示。

（5）ACC 的当前调节车距

ACC 的调节车距被更改后，这一内容会短时间显示，如图 2-220 所示。

（6）限速显示

在 MMI 中启用显示内容"限速显示"后，交通限速标志就会出现在平视显示系统中，如图 2-221 所示。

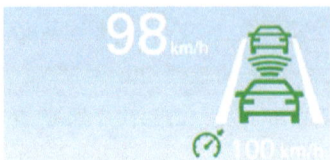

图 2-219　ACC 的当前调节车速　　　图 2-220　ACC 的当前调节车距　　　图 2-221　限速显示

（7）定速巡航装置的当前调节车速

设置的调节车速被更改后会临时显示在平视显示系统中。需要事先在 MMI 中启用显示内容"定速巡航装置"，如图 2-222 所示。

（8）夜视辅助系统的警告

在 MMI 中启用相应的显示内容后，奥迪夜视辅助系统的警告会出现在平视显示中，如图 2-223 所示。

（9）红色警告标记

红色警告标记总是会在平视显示中出现，无法关闭。红色警告标记只会短时间显示。在显示此标记期间，除当前车速以外的其余显示内容都会被抑制，如图 2-224 所示。

图 2-222　定速巡航装置的当前　　　图 2-223　夜视辅助系统的警告　　　图 2-224　红色警告标记
　　　　　调节车速

2. 风窗玻璃投影控制单元

平视显示系统的中心元件是风窗玻璃投影控制单元 J898。平视显示系统所需的所有光学、机械和电气元件都安装在这个控制单元中，它位于紧邻组合仪表正前部的位置，如图 2-225 所示。

风窗玻璃投影控制单元 J898 具有自诊断功能，通过地址码 82 响应。

只要控制单元 J898 中的一个元件发生故障就必须更换整个控制单元，更换控制单元 J898 时一定要拆卸风窗玻璃。

图 2-225　风窗玻璃投影控制单元

3. 光学系统

为产生平视显示，系统用一个非常明亮的光源从后部透射—— 一个高分辨率 TFT 显示器。此光源共由 15 个发光二极管组成。其技术构造类似于一个幻灯片投影仪，所发出的光束通过两面转向镜投射到风窗玻璃上。其中一面转向镜是可调的，用于设置平视显示的高度。为了使平视显示图像适合座椅位置或驾驶人的身材，这个设置方式发挥着重要的作用。这两面转向镜的另一个作用是纠正由风窗玻璃的曲率造成的图像变形。

系统会使显示图像的光强持续地与当前的环境光线相匹配。为此，控制单元 J898 会分析雨量 / 光线识别传感器 G397 探测到的环境亮度数值。驾驶人也可以根据自己的需要，通过 MMI 及车灯开关中的显示器和仪表照明基本设置调节器来调节显示亮度。

光强经过适当的设计，使用户在阳光直射的条件下也能清晰准确地读取显示内容，如图 2-226 所示。

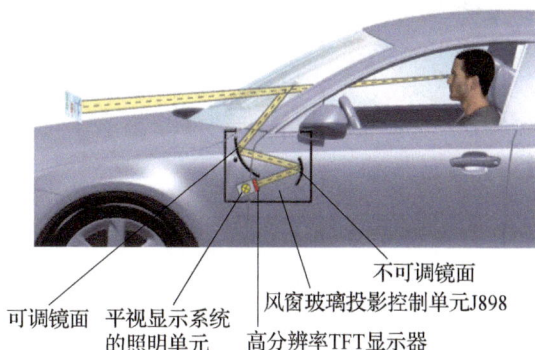

不可调镜面
风窗玻璃投影控制单元J898
可调镜面　平视显示系统　高分辨率TFT显示器
　　　　　的照明单元

图 2-226　平视显示

4. 风窗玻璃

风窗玻璃是平视显示系统的整套光学系统的重要组成部分。投射的图像在风窗玻璃上发生反射，这使风窗玻璃如同成为第三块镜面。

出于这个原因，系统对风窗玻璃的公差提出了很高的要求。不带平视显示系统的车辆上安装的标准风窗玻璃，由于其结构上的原因，会形成干扰性的重影。因此，带平视显示系统的车辆安装的是特殊的风窗玻璃。

平视显示系统的风窗玻璃在两层扁平玻璃中间的 PVB 膜的厚度不是恒定不变的，而是略微呈楔形。因此，风窗玻璃的厚度从下往上略有增加。楔形 PVB 膜使驾驶人不会看到重影。

PVB 膜：由聚乙烯醇缩丁醛制成的薄膜。

带平视显示系统的车辆的风窗玻璃如图 2-227 所示。

不带平视显示系统的车辆的风窗玻璃如图 2-228 所示。

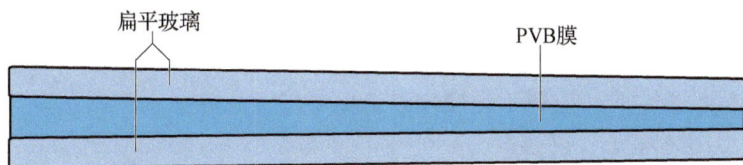

扁平玻璃　　　　　　　　　　　　　PVB膜

图 2-227　带平视显示系统的车辆的风窗玻璃

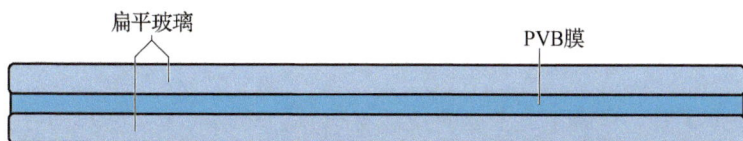

扁平玻璃　　　　　　　　　　　　　PVB膜

图 2-228　不带平视显示系统的车辆的风窗玻璃

5. 电气系统

风窗玻璃投影控制单元是一个具备自诊断功能的控制单元，它通过 CAN 总线与其他控制单元进行数据交换，如图 2-229 所示。

使用车辆诊断测试仪时通过地址码 82 作出响应。

控制单元上有 6 个电气插头：

- 两根导线用于接线端 30。
- 两根导线用于接线端 31。
- 两根导线用于 CAN 显示和操作。

控制单元 J898 通过下列控制单元接收用于平视显示系统的信息：

（1）组合仪表控制单元 J285

- 当前车速，以所在国使用的速度单位显示。
- 优先级 1 的警告（红色警告标记）。

（2）信息电子系统控制单元 1 J794

- 目的地引导功能启用时的方向箭头。
- 目的地引导功能启用时的条块显示（条形图）和距离数据。
- 平视显示系统显示内容方面的 MMI 用户设置。
- 平视显示系统显示亮度方面的 MMI 用户设置。

（3）发动机控制单元 J623

- 定速巡航装置的当前调节速度。

（4）图像处理控制单元 J851

- 奥迪主动车道保持辅助系统的警告和系统状态（与 ACC 组合显示）。
- 当前待显示的限速交通标志。

（5）夜视系统控制单元 J853

- 用于警告驾驶人的行人标记显示。

（6）车距调节控制单元 J428

- ACC 自动车距调节装置的状态（与奥迪主动车道保持辅助系统组合显示）。
- 为 ACC 设置的调节车距。

控制单元 J898 通过下列控制单元接收以下更多的信息和请求：

（1）车载电网控制单元 J519

- 雨量和光线传感器 G397 提供的环境亮度当前数值（车载电网控制单元是接有传感器 G397 的 LIN 总线的主控单元）。
- 按压车灯开关模块中的平视显示系统位置调节器（风窗玻璃投影按钮 E736）的动作（打开或关闭系统）。
- 转动车灯开关模块中的平视显示系统位置调节器的动作（垂直移动可见范围）。
- 转动显示器和仪表照明调节器的动作（改变显示亮度）。

（2）带记忆功能的座椅调节和转向柱调节控制单元 J136

- 请求 J898 保存平视显示系统的当前设置。按下座椅记忆按键后进行保存。

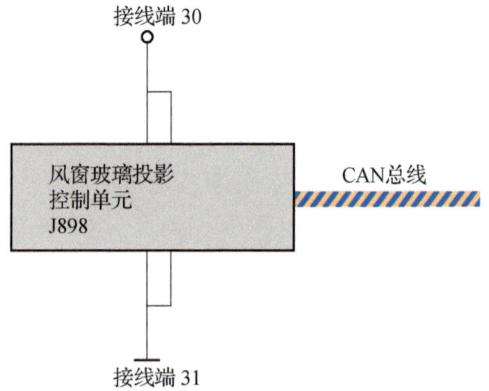

图 2-229　风窗玻璃投影控制单元

- 请求 J898 启用所存储的平视显示系统的设置。为此，它会发送所按下的座椅记忆按键的编号。

（3）数据总线诊断接口 J533

- 当蓄电池电压过低时关闭平视显示系统。
- 在运输模式被启用的情况下禁用平视显示系统。

6. 车灯开关模块上的设置方式

（1）平视显示系统位置调节器（风窗玻璃投影按键 E736）

用平视显示系统位置调节器可进行下列设置：

按压位置调节器可打开和关闭平视显示系统的显示转动位置调节器可设置平视显示可见范围（视野框）的垂直位置。通过这一设置方式可以使平视显示的可见范围最好地配合座椅位置以及驾驶人的身材。

（2）显示器和仪表照明调节器

通过此调节器可对显示器和仪表照明进行基本设置。改变此设置时，平视显示系统的显示亮度也会发生改变，如图 2-230 所示。

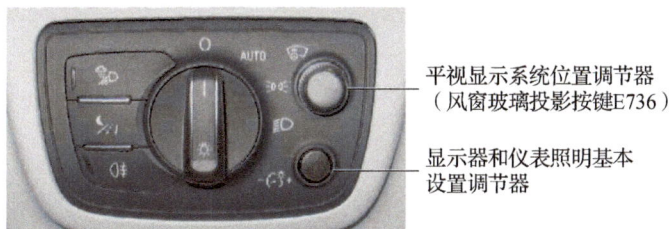

图 2-230　车灯开关模块上的设置方式

7. 通过 MMI 设置

MMI 为用户提供了两种与平视显示系统相关的设置：

- 平视显示系统的显示器亮度。
- 显示内容。

要到达此设置菜单，必须进行如下操作。

- 按下 MMI 操作面板上的功能键"CAR"（汽车）。
- 点击左下角对应"Car Systeme"（汽车系统）的控制键。
- 选择菜单项"Fahrerassistenz"（驾驶人辅助系统）。
- 选择菜单项"Head-up Display"（平视显示系统），如图 2-231 所示。

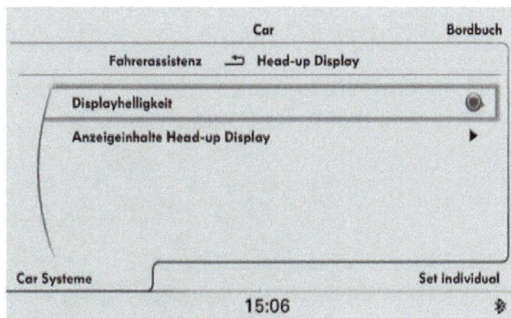

图 2-231　选择菜单项"Head-up Display"（平视显示系统）

（1）显示器亮度设置

在菜单项"显示器亮度"中可设置平视显示系统的亮度，如图 2-232 所示。显示器和仪表照明的基本设置通过车灯开关模块上相应的调节器来完成。它同样会影响平视显示系统的亮度。在 MMI 中设置的显示器亮度与显示器和仪表照明的基本设置，一起形成平视显示系统的总体亮度。

要达到最大显示亮度，必须将这两种设置方式都调节为最大。

（2）平视显示系统的显示内容

用户可以打开和关闭平视显示系统中的各项显示内容，如图 2-233 所示。根据车辆装备情况，打开后显示下列内容：

- 导航系统信息。
- ACC 与主动车道保持辅助系统的组合显示。
- GRA 调节速度显示。
- 夜视辅助系统警告。
- 限速标志。

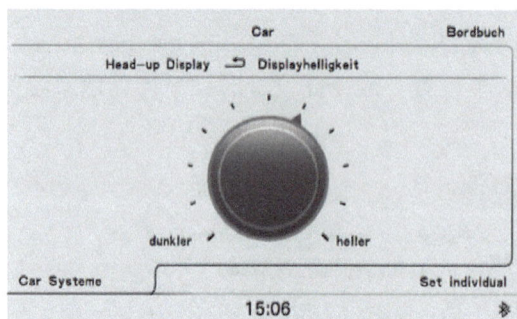

图 2-232　显示器亮度设置

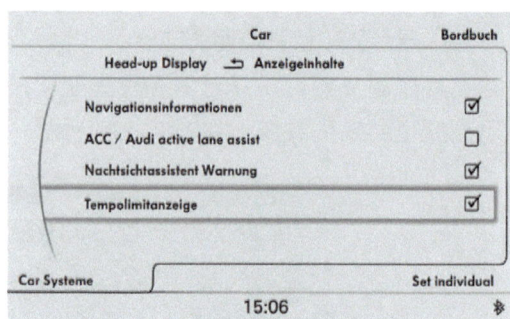

图 2-233　平视显示系统的显示内容

8. 平视显示的调校

通过调校可以适当地改变 TFT 显示器中的图像，使显示出的投射图像尽可能不发生扭曲，从而使平视显示具有良好的图像质量。

调校平视显示需要两种工具：

- 车辆诊断测试仪。
- 新的专用工具 VAS 6656，如图 2-234 所示。

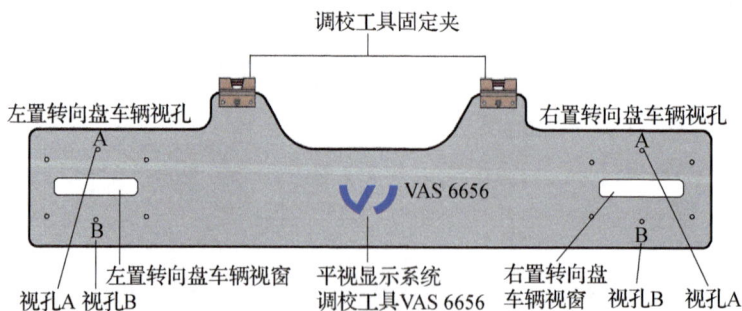

图 2-234　专用工具 VAS 6656

工具 VAS 6656 是针对特定车型的工具。仅用于调校奥迪 A7 Sportback 上的平视显示系统。其他带平视显示系统的奥迪车型有其相应的工具，工具的 VAS 编号是连续的。

在可以开始对平视显示进行调校前，必须先完成下列准备工作：

- 必须拆下驾驶人和副驾驶人侧的遮阳板。
- 调校工具 VAS 6656 必须安装在遮阳板的两个支架上，如图 2-235 所示。
- 车辆诊断测试仪必须与车辆连接。
- 在引导型故障查询 GFS 中必须选择风窗玻璃投影控制单元 J898。

调校包括两项操作：

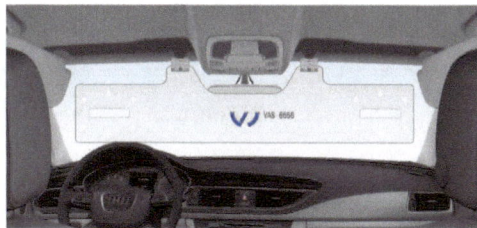

图 2-235　调校工具安装在遮阳板的两个支架上

（1）平视显示可见范围的垂直基本设置（高度调校）

此时必须首先进行垂直基本设置。需要启动程序"J898 高度调校"。接着，风窗玻璃投影控制单元 J898 将一个测试图像投射到风窗玻璃上。现在，通过车辆诊断测试仪可以适当地设置平视显示的垂直调校情况，使得通过调校工具的视孔 A 和 B 看到的平视显示的截取情况相同。如果情况是这样，接下来就可以进行扭曲效果的补偿，如图 2-236 所示。

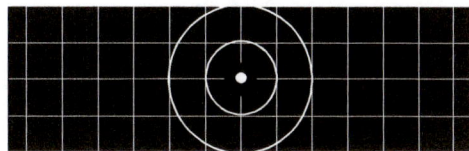

图 2-236　测试图像投射到风窗玻璃上

（2）扭曲效果补偿（图像调校）

现在可以用车辆诊断测试仪对测试图像的各种扭曲效果进行补偿。

需要启动程序"J898 图像调校"。此程序展示了可以对哪些扭曲效果进行补偿。

现在由观察者对投射在风窗玻璃上的测试图像的扭曲情况进行评估。建议从程度最严重的扭曲情况开始。选择相应的程序，通过输入校正值来校正扭曲效果。

重复所描述的过程，直至投射到风窗玻璃上的测试图像呈现出良好的质量。显示的质量是否达到要求，需要由从事调校工作的人员凭借其个人感觉来判断。

完成调校后交车时，让用户同样认可平视显示系统的显示质量对完成工作很有帮助。用户对显示图像质量的感觉可能与特约维修站技师的不同。这种结果可能是由身材差异或座椅位置不同引起的。

下列方法可用于校正扭曲效果，如图 2-237 所示。

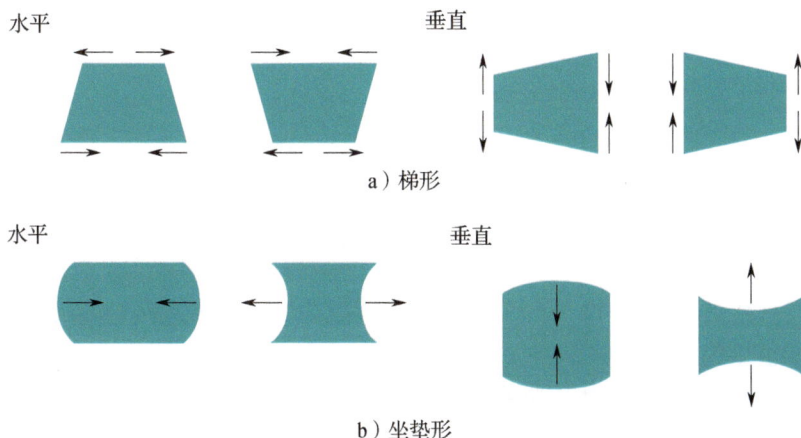

水平　　　　　　　　垂直

a）梯形

水平　　　　　　　　垂直

b）坐垫形

图 2-237　校正扭曲效果

水平　　　　　　　　　　　　　垂直

c）笑脸形

水平　　　　　　　　　　　　　垂直

d）剪切形

重心在右边　　　　　　　　　重心在左边

e）水平不对称剪切形

重心在右边　　　　　　　　　重心在左边

f）水平不对称座垫形

顺时针　　　　　　　逆时针

g）旋转形

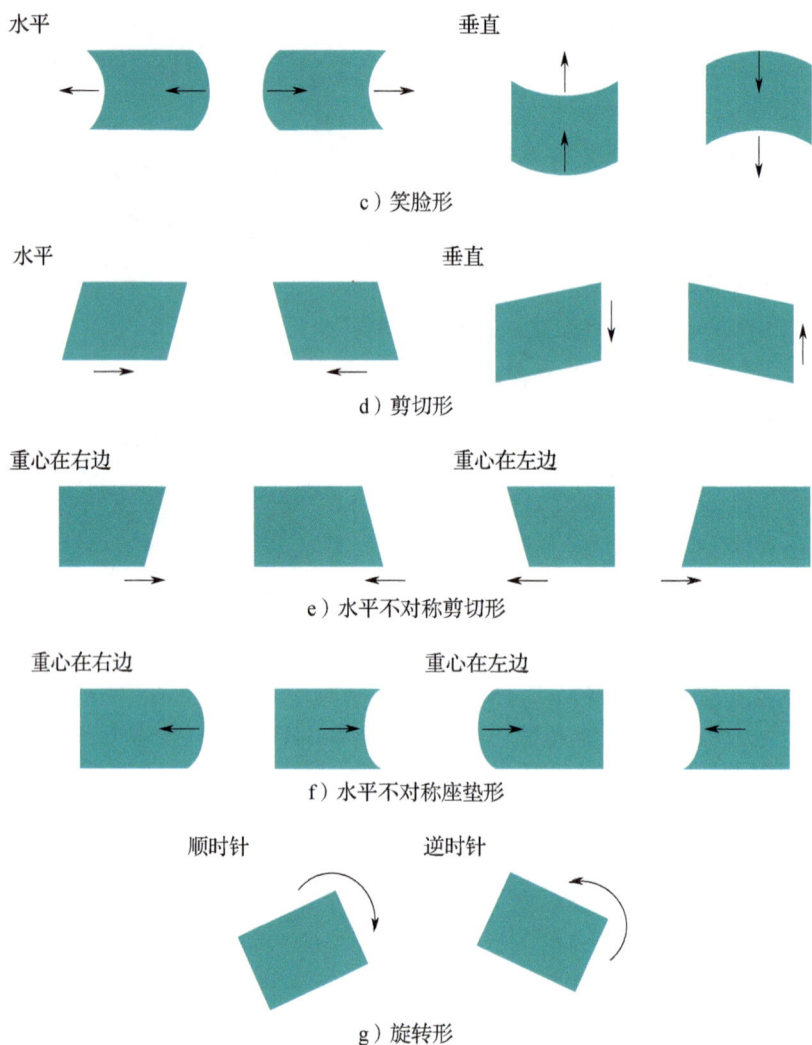

图 2-237　校正扭曲效果（续）

（二）限速显示

　　限速以图标化的交通标志形式显示在 MMI 显示屏中，系统从导航系统的数据记录中获取所需的信息。这种方式的优点是，无须在车辆上安装额外的元件即可实现其功能，如图 2-238 所示。

　　所使用的地图资料只须包含驶过相应街道时要显示的车速规定即可，但导航数据中并不包括临时设定的车速规定，所以也无法显示。同样，如果车速规定在数据记录制作完成后发生改变，也会遇到无法显示的问题。

在基于导航数据的限速显示中显示带车速规定的交通标志

图 2-238　限速标志显示

1. 基于图像处理系统的限速显示

用于显示当前车速规定的另一个方案是通过摄像头识别交通标志，一个图像处理软件会对拍摄下的图像进行车速规定标牌方面的分析，并将算得的限速显示给驾驶人，如图 2-239 所示。

这种方法的优点是，临时设定和经过修改的车速规定也可以被获悉并显示出来。

图 2-239 通过摄像头识别交通标志

但是，不利的环境条件可能使交通标志的光学识别产生错误。例如，大雪、大雨、浓雾或强光会增加准确识别交通标志的难度，或暂时无法识别。交通标志受损或被弄脏时也会出现同样的情况。

2. 限速显示

限速显示结合了上述两种系统的优点，即基于导航数据的限速显示和基于图像处理系统的限速显示。奥迪限速通过将两个系统组合获得两个信息源，而这两个信息源的数据也可以相互验证。这样，限速显示就会更加可靠。

（1）系统元件

摄像头控制单元 J852（图 2-240）图像处理控制单元 J851（图 2-241）这种组合式的限速显示需要用到因奥迪 A8 而为人所熟知的图像处理系统和 MMI Navigation Plus。

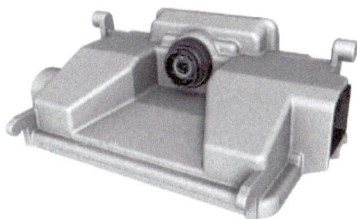

图 2-240 摄像头控制单元 J852   图 2-241 图像处理控制单元 J851

该图像处理系统由用于拍摄车辆前部区域的摄像头控制单元 J852 和用于分析摄像图像的图像处理控制单元 J851 组成。摄像图像由摄像头控制单元传输给图像处理控制单元，并由其对图像进行车速规定交通标志方面的分析。

限速显示的功能软件也集成在图像处理控制单元 J851 中。

限速显示功能将通过光学方式识别的限速与导航数据中的车速规定相比较。如果两个系统的信息不同，则会根据具体情况确定图像处理系统的信息与导航系统的信息哪个更加优先，然后将其显示出来。

当其中一个信息源失灵时，限速显示会继续工作，但会受到限制。驾驶人可以通过驾驶人信息系统中的相应提示了解到这一情况。

限速显示功能是一种帮助驾驶人遵守车速规定的驾驶辅助系统。但是，与往常一样，在实际中遵守限速的责任始终由驾驶人自己承担。此外，真实的交通标志总是优先于车中显示的限速！

（2）限速显示的媒介

限速显示功能使用下列媒介显示限速：

- 组合仪表中的驾驶人信息系统如图 2-242 所示。
- 平视显示系统如图 2-243 所示，驾驶人信息系统的完整显示中可以同时显示多个限速，而在平视显示系统中只能显示一个限速。

图 2-242　组合仪表中的驾驶人信息系统

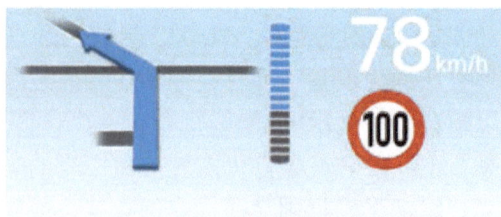

图 2-243　平视显示系统

（3）显示允许的最高速度

如果既无法通过摄像头识别到车速规定，也无法从导航数据获取相关信息，限速显示就会将所在国对这类道路允许的最高速度显示出来。通过导航系统的持续传输，限速显示获取预备性的道路数据，此外还包括下列信息：

- 车辆当前行驶所在的国家。
- 当前行驶的道路类型。
- 车辆是否正处于某一城市之外或之内。
- 地图资料中记录的当前行驶道路的车速规定。

3. 可显示的交通限速标志

以下列出了限速显示可以显示的各种交通标志（所列出的各种交通标志都以限速 80km/h 为例）。

限速显示可以显示下列交通标志。

（1）无附加标牌的限速 	
（2）带附加标牌"潮湿天气"的限速 	带有"潮湿天气"这一限制的交通标志在显示时，其识别不受实际天气情况的影响 如果在导航数据中保存有"潮湿天气"附加标牌，即便图像处理系统没有识别到，这个附加标牌同样会出现
（3）带时间限制的限速 	图像处理系统无法从摄像图像中可靠地获得时间限制信息，此信息将从导航数据中获得。通过摄像图像仅仅得知这是一个带有附加标牌的交通标志 这种附加标牌总是以时钟符号出现，而确切的时间限制则不会显示。此交通标志的显示不受当前时间的影响。当目前并不在时间限制的范围之内时，此标志也会出现。确定显示优先权需要了解准确的时间限制

（续）

（4）带附加标牌"挂车行驶"的限速	只有当 MMI 中的菜单项"挂车相关标牌"被启用后，此交通标志才会显示。当遇到这种情况时，在完整显示中会一直出现带附加标牌"挂车行驶"的限速显示 根据分析挂车识别控制单元 J345 的 CAN 信息来控制显示的方式已经不再使用。原因如下： 1）使用带有照明装置的自行车架时也会被识别为挂车行驶，尽管这种情况下相应的限速并不适用 2）由第三方提供的挂车行驶加装解决方案通常不会安装奥迪原装挂车识别控制单元。在这种情况下，限速显示也无法通过分析 CAN 信息来识别挂车行驶
（5）附加标牌上带方向箭头的限速	系统能够识别带方向箭头的限速，并且将其以不带附加标记的限速标志形式显示出来 在实际中是否显示这种限速，取决于车辆是否在适用此限速的道路上行驶

4. 交通限速标志信息显示

在完整显示中最多可以显示三个不同的、带或不带附加标牌的车速规定交通标志。

示例 1：限速显示会在下列两种情况下出现，如图 2-244 所示。

情况 1：

- 在高速公路上行驶（在相关国家中，高速公路上允许的最高车速超过 100km/h）。
- 识别到无附加标牌、车速规定为 100km/h 的交通标志。
- 对正在行驶的路段未识别到带附加标牌"仅潮湿天气"或带时间限制附加标牌的车速规定。
- MMI 中的菜单项"挂车相关标牌"处于"关"状态。

情况 2：

- 在乡村公路上行驶。
- 在车辆所在的这个国家，乡村公路上允许的最高车速为 100km/h。
- 未识别到带车速规定的交通标志。
- MMI 中的菜单项"挂车相关标牌"处于"关"状态。

示例 2：限速显示会在图 2-245 所示情况下出现。

情况 3：

- 在高速公路上行驶。
- 有的国家对高速公路最高车速没有限制。
- 未识别到用于当前正在行驶的高速公路路段的车速规定交通标志。
- MMI 中的菜单项"挂车相关标牌"处于"关"

图 2-244　限速显示会在两种情况下出现 100km/h

图 2-245　未识别到用于当前正在行驶的高速公路路段的车速规定交通标志

状态。

示例 3：限速显示会在图 2-246 所示两种情况下出现。

情况 4：

- 在高速公路上行驶。
- 识别到无附加标牌、限速 120km/h 的交通标志。
- 识别到带附加标牌"潮湿天气"、限速 100km/h 的交通标志。
- 识别到带附加标牌"挂车行驶"、限速 80km/h 的交通标志。

图 2-246　不同状态的限速显示

- MMI 中的菜单项"挂车相关标牌"处于"开"状态。

情况 5：

- 在高速公路上行驶。
- 在相关国家中，在高速公路上允许的最高车速为 120km/h。
- 未识别到无附加标牌、带车速规定的交通标志。
- 识别到带附加标牌、限速 100km/h 的交通标志。图像处理系统无法准确地识别附加标牌，而在导航数据中却记录了带"潮湿天气"。
- 限制的 100km/h 的限速。
- 在车辆当前所在的国家中，在高速公路上对带挂车的车辆允许的最高车速为 80km/h。

5. 驾驶人信息系统中的附加显示

如果驾驶人希望在中央的组合仪表显示屏上显示导航信息，同时又不想完全取消限速显示，那么驾驶人可以启用驾驶人信息系统中的附加显示。可以通过 MMI 的菜单项"限速显示"启用或关闭这一显示，如图 2-247 所示。

图 2-247　中央的组合仪表显示屏上显示导航信息和限速显示

在附加显示中，当前的车速限制显示在驾驶人信息系统的左上部。这种显示方式最多可以显示一个带附加标牌的限速标志。

如果完整显示中出现多个限速，那么系统会根据优先权来确定附加显示中出现的限速。

6. 平视显示系统中的限速显示

在平视显示系统中也能出现限速显示。与附加显示相同，在平视显示系统中最多可以显示一个带附加标牌的限速。如果识别到多个不同限速，则会在附加显示中显示具有最高优先权的限速。

1）平视显示系统中的限速显示，在此情况中，带附加标牌"潮湿天气"的 80km/h 限速具有最高优先权，如图 2-248 所示。

2）平视显示系统中的限速显示，在此情况中，无附加标牌的 100km/h 限速具有最高优先权，如图 2-249 所示。

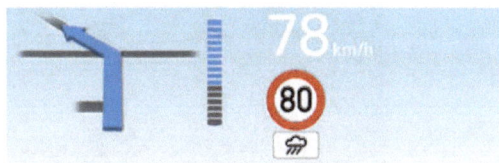

图 2-248 带附加标牌"潮湿天气"的 80km/h
限速具有最高优先权

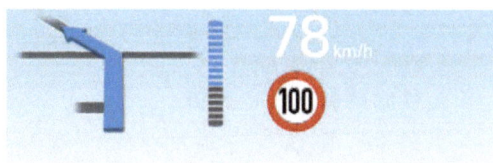

图 2-249 无附加标牌的 100km/h 限速具有最高
优先权

用户可以在 MMI 中设置，哪些信息需要出现在平视显示系统中，哪些不需要。在平视显示系统中进行限速显示的前提是，已在菜单"显示内容"中启用菜单项"限速显示"。

7. 确定显示优先权

受到空间的限制，平视显示系统与驾驶人信息系统中的附加显示只能显示一个限速。因此，必须在识别到多个不同限速时确定其中一个具有优先权，然后将其显示出来。

示例 1：图 2-250 所示是中央的组合仪表显示屏上显示的完整显示。

（1）如果满足

● 风窗玻璃刮水器已打开。

这个条件，则认为带附加标牌"潮湿天气"的 80km/h 限速具有优先权，并且将其显示在附加显示和平视显示系统中，如图 2-251 所示。

（2）如果满足

● 当前时间符合限速的时间限制。
● 风窗玻璃刮水器已关闭。

这两个条件，则认为带时间限制附加标牌的 100km/h 限速具有优先权，并将其显示在附加显示和平视显示系统中，如图 2-252 所示。

（3）如果满足

1）当前时间不符合限速的时间限制。

2）风窗玻璃刮水器已关闭。

这两个条件，则认为带时间限制附加标牌的 120km/h 限速具有优先权，并将其显示在附加显示或平视显示系统中，如图 2-253 所示。

图 2-250 中央的组合仪表显示屏上显示
信息

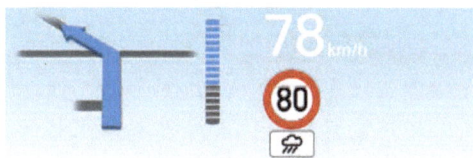

图 2-251 带附加标牌"潮湿天气"的 80km/h
限速具有优先权

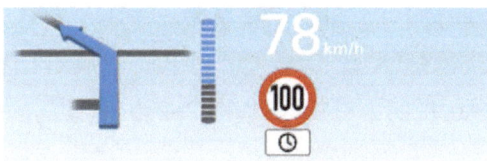

图 2-252 带时间限制附加标牌的 100km/h
限速具有优先权

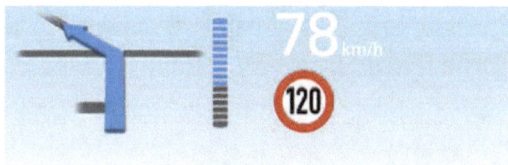

图 2-253 带时间限制附加标牌的 120km/h
限速具有优先权

示例2：图2-254所示是中央的组合仪表显示屏上显示的完整显示。

（1）如果满足

- 风窗玻璃刮水器已打开。

这个条件，则认为带附加标牌"潮湿天气"的60km/h限速具有优先权，并且将其显示在附加显示和平视显示系统中，如图2-255所示。

（2）如果满足

- 风窗玻璃刮水器已关闭。

这个条件，则认为带附加标牌"挂车行驶"的80km/h限速具有优先权，并且将其显示在附加显示和平视显示系统中，如图2-256所示。

图2-254　中央的组合仪表显示屏上显示

图2-255　带附加标牌"潮湿天气"的60km/h
限速具有优先权

图2-256　带附加标牌"挂车行驶"的80km/h
限速具有优先权

8. 驾驶人信息系统中的提示文本

1）下列情况会导致出现"限速显示目前受限。无摄像头视野"信息，如图2-257所示。

- 风窗玻璃内部或外部凝结水蒸气。
- 大雾天气。
- 风窗玻璃被弄脏。

2）下列情况会导致出现提示文本"限速显示：系统故障"，如图2-258所示。

- 图像处理控制单元J851故障。
- 连接控制单元J851的FlexRay总线失灵。

3）下列情况会导致出现提示文本"限速显示：目前受限"，如图2-259所示。

- 摄像头故障。
- 导航系统故障。

如果出现这种情况，限速显示会受到限制地继续工作。因为如果只有一个信息源可供使用，限速显示的错误率就会提高。

4）下列情况会导致出现提示文本"限速显示：目前不可用"，如图2-260所示。

- 暂时接收不到导航数据。
- 摄像头虽然可以观察，但图像与道路实况不符。

图2-257　出现"限速显示目前受限。
无摄像头视野"信息

图2-258　限速显示：系统故障

图 2-259　限速显示：目前受限

图 2-260　限速显示：目前不可用

9. 操作和设置方式

（1）限速显示的启用和关闭

打开点火开关后，限速显示功能就会启用。在点火开关打开情况下，此功能总是处于工作状态。

用户只能通过相应的系统设置决定，是否开启限速显示的显示。如果不启用显示，限速显示就会在后台工作，不会被驾驶人注意到。

（2）启用驾驶人信息系统的完整显示

要使限速显示提供完整显示，必须进行如下操作：

1）在驾驶人信息系统中选择标签"车载电脑"。通过多功能转向盘上的翘板按键进行选择。

2）按压标配的多功能转向盘上的车辆功能按键，接着，在驾驶人信息系统中会出现车辆功能菜单。

3）用菜单滚轮选择菜单项"限速显示"，然后按下滚轮实现，显示如图 2-261 所示。

（3）驾驶人信息系统中的附加显示

附加显示通过 MMI 启用和关闭，按如下步骤切换到相应的菜单项：

1）按下 MMI 操作单元中的功能键"CAR"（汽车）。

2）按下左下部的控制键"Car Systeme"（汽车系统）。

3）选择菜单项"Fahrerassistenz"（驾驶人辅助系统）。

4）选择菜单项"Tempolimitanzeige"（限速显示）。

5）将菜单项"Zusatzanzeigen im Kombi"（组合仪表中的附加显示）设置为"ein"（开）或"aus"（关），如图 2-262 所示。

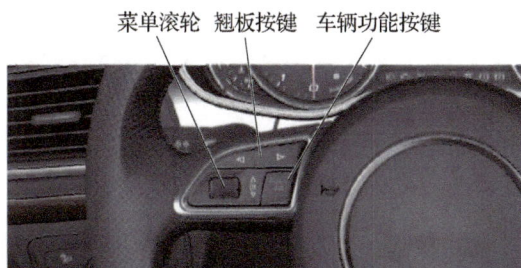

图 2-261　在驾驶人信息系统操作按键的多功能转向盘

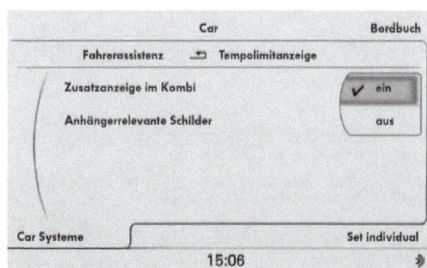

图 2-262　附加显示通过 MMI 启用和关闭

（4）"挂车相关标牌"显示

为了在带挂车的车辆上显示限速，必须在 MMI 中将相应的菜单项"Anhängerrelevante Schilder"（挂车相关标牌）设置为"ein"（开）。按照如下步骤切换到相应的菜单项。

1）按下 MMI 操作单元中的功能键"CAR"（汽车）。

2）按下左下部的控制键"Car Systeme"（汽车系统）。

3）选择菜单项"Fahrerassistenz"（驾驶人辅助系统）。

4）选择菜单项"Tempolimitanzeige"（限速显示）。

5）将菜单项"Anhängerrelevante Schilder"（挂车相关标牌）设置为"ein"（开）或"aus"（关），如图 2-263 所示。

（5）平视显示系统中的限速显示

为了在平视显示系统中也出现限速显示，必须在相应的 MMI 菜单中启用此功能。按如下步骤切换到这一设置。

1）按下 MMI 操作单元中的功能键"CAR"（汽车）。

2）按下左下部的控制键"Car Systeme"（汽车系统）。

3）选择菜单项"Fahrerassistenz"（驾驶人辅助系统）。

4）选择菜单项"Head-up Display"（平视显示系统）。

5）选择菜单项"Anzeigeinhalte"（显示内容）。

6）将菜单项"Tempolimitanzeige"（限速显示）设置为"ein"（开）或"aus"（关），如图 2-264 所示。

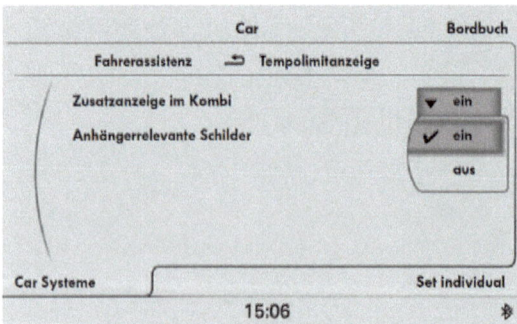

图 2-263　"挂车相关标牌"显示设置　　　图 2-264　在平视显示系统中限速显示

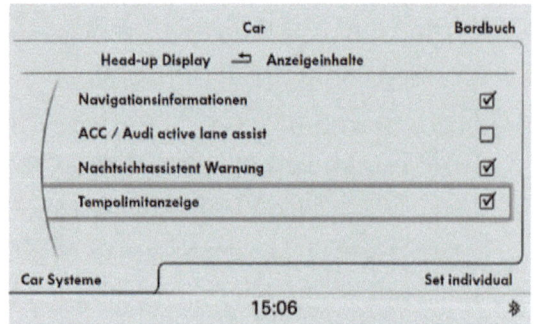

10. 车辆上的功能实现

图 2-265 显示了所有参与此功能的控制单元，各个控制单元之间用于数据交换的总线系统。

（1）摄像头控制单元 J852

控制单元 J852 中集成的摄像头持续拍摄车辆前部区域的图像。摄像头同样用于主动车道保持辅助系统和自适应巡航控制系统 ACC，它位于车内后视镜上方的风窗玻璃上。这些图像通过两条 LVDS 导线传输给图像处理控制单元 J851 进行分析。

（2）图像处理控制单元 J851

图像处理控制单元 J851 每秒获得 25 张摄像头传输的图像。专门的软件算法会在带车

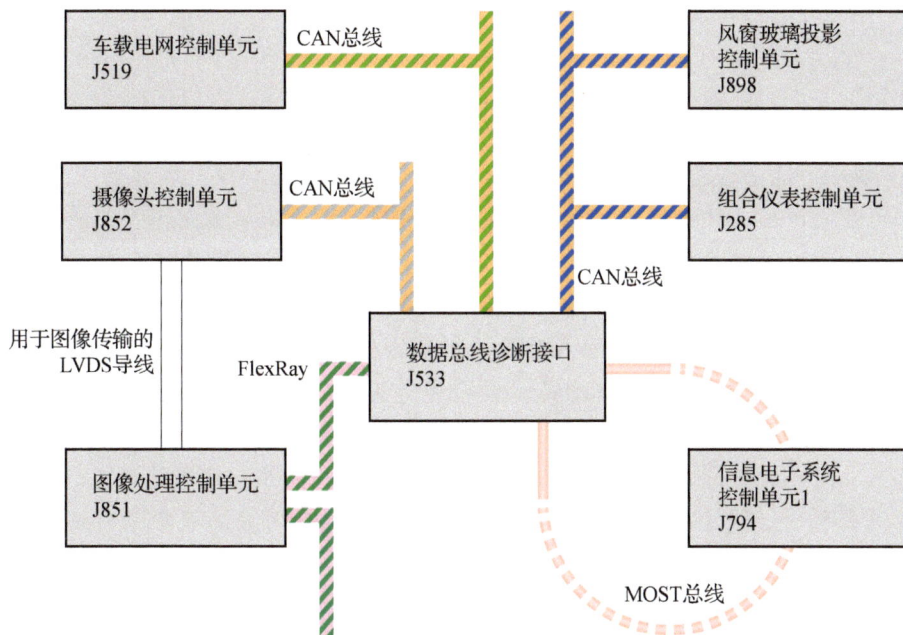

图 2-265　各个控制单元之间用于数据交换的总线系统

速规定的交通标志方面对这些图像进行分析。限速显示的整套功能软件也集成在控制单元 J851 中。此外，不同国家法律许可的最高车速也存储在控制单元 J851 中。

（3）信息电子系统控制单元 1 J794（MMI）

在信息电子系统控制单元 1 中集成了导航系统。导航系统为图像处理控制单元 J851 提供限速显示所需的预备性道路数据。此外，信息电子系统控制单元 1 中还为用户提供了多个限速显示方面的设置方式。

（4）组合仪表控制单元 J285（组合仪表）

仪表板内控制单元 J285 为限速显示提供两种可能的显示方式：完整显示或简化过的附加显示。此外，组合仪表还显示限速显示的驾驶人提示，并为图像处理控制单元 J851 提供当前时间，用于确定显示优先权。

（5）风窗玻璃投影控制单元 J898（平视显示系统）

在选装的风窗玻璃投影控制单元 J898 中出现的限速显示内容会有所减少。

（6）数据总线诊断接口 J533（网关）

数据总线诊断接口 J533 充当多个总线系统的接口，负责在各个控制单元之间进行功能相关数据的信息交换。

（7）车载电网控制单元 J519

车载电网控制单元为限速显示提供风窗玻璃刮水器是否激活的信息，图像处理控制单元 J851 需要此信息来确定显示优先权。

工匠精神

"工匠精神"对于个人,是干一行、爱一行、专一行、精一行,务实肯干、坚持不懈、精雕细琢的敬业精神;对于企业,是守专长、制精品、创技术、建标准,持之以恒、精益求精、开拓创新的企业文化;对于社会,是讲合作、守契约、重诚信、促和谐,分工合作、协作共赢、完美向上的社会风气。

"工匠精神"可以从六个维度加以界定,即:专注、标准、精准、创新、完美、人本。其中,专注是工匠精神的关键,标准是工匠精神的基石,精准是工匠精神的宗旨,创新是工匠精神的灵魂,完美是工匠精神的境界,人本是工匠精神的核心。

1. 专注。围绕某一产业、某一行业、某一产品、某一部件,做专做精、做深做透、做遍做广、做强做大、做久做远。创业之初,针对自身核心优势,不断深耕细作、精雕细琢、精益求精,即聚焦、聚焦、再聚焦,坚持、坚持、再坚持。兴业之中,针对产品痛点、难点,日之所思、梦之所萦,耐住寂寞、慢工细活,踏踏实实,一以贯之。概括而言,专注包括长期专注、终生专注、多代专注。

2. 标准。做标准是做企业的最高境界。标准包括:员工标准、现场标准、流程标准、设备标准、技术标准、安全标准、环境标准、产品标准等。以流程标准为例,把复杂问题简单化,把简单问题数量化,把数量问题程序化,把程序问题体系化。流程标准形成体系以后,自驱动性、自增长性、自优化性、自循环性,即自运行性,轮回上升。海尔集团首席执行官张瑞敏指出,把简单问题无限次重复下去就是不简单。华为技术有限公司总裁任正非谈到,有了标准,首先僵化、固化,然后再去优化。专注体现的是一以贯之,标准体现的则是一丝不苟。

3. 精准。精准包括:精准研发、精准制造、精准营销、精准物流、精准服务。不仅每一区段都要做到精准,而且整个过程都要做到精准。就每一区段而言,精准最高目标为:研发做到与用户零距离交互,制造出的产品做到没有缺陷,营销时能使库存为零,物流优化为零时间,服务实现零抱怨。就整个过程而言,第一次就做对,每一次都做对,层层做对,事事做对,时时做对,人人做对。

4. 创新。创新是"工匠精神"的灵魂。创新既包括迭代式创新,也包括颠覆式创新;既包括微创新,也包括巨创新;还有跨界创新等。"工匠精神"内涵本身也在不断发展。与工业4.0相对应,也应该有"工匠精神"4.0。手工化时代,体现的是工匠精神1.0的内涵;机械化时代,体现的是工匠精神2.0的内涵;自动化时代,体现的是工匠精神3.0的内涵;智能化时代,体现的是工匠精神4.0的内涵。在工业4.0时代,未来工厂能够自行优化,一并控制整个生产过程,还将实现包括人人互联、物物互联、人机互联在内的智能互联。

5. 完美。完美是专注、标准、精准、创新的自然产物和综合体现。完美,即把产品做得像艺术品一样精美、精致,以此实现从质量制造向"艺术制造"的转型。

6. 人本。"工匠精神"的核心在人。产品是人品的物化。过去,产品、人品是分离的;现在,产品、人品是合一的。正如海尔集团董事局主席、首席执行官张瑞敏所言,所谓企业就是"以心换心",即用员工的"良心"换取顾客的"忠心"。打磨产品的过程,就是打磨自己的内心。个人内心升华的过程,就是产品质量提升的过程。

任务评价

（一）判断题

1. 在奥迪矩阵式 LED 前照灯上，旅行灯是通过关闭前照灯内的相应的 LED，以便去掉非对称光成分。　　　　　　　　　　　　　　（　）
2. 奥迪夜视辅助系统会利用奥迪矩阵式 LED 前照灯，来单独操控远光灯 LED。　（　）
3. 供电控制单元 J519 会去计算哪些远光灯 LED 应以多大亮度去工作。　（　）
4. 奥迪矩阵式 LED 前照灯是第一种能自行识别对向车道来车或者本车前面有车的前照灯。　　　　　　　　　　　　　　（　）
5. 远光灯 LED 能单独操控并以不同亮度来工作。　（　）
6. 奥迪矩阵式 LED 前照灯是机械调节的。　（　）

（二）简答题

1. 在奥迪矩阵式 LED 前照灯上，旅行灯是如何形成的？
2. 哪个控制单元会去计算哪些远光灯 LED 应以多大亮度去工作？
3. 简述奥迪虚拟驾驶舱的功能。
4. 夜视辅助系统的图象采用什么样的传感系统？
5. 在奥迪矩阵式 LED 前照灯上，弯道灯是如何实现的？
6. 夜视辅助系统的图象采用什么样的传感系统？
7. 哪些显示内容会出现在平视显示系统中？
8. 用户可以对平视显示系统做哪些设置？
9. 哪些交通标志会出现在限速显示中？
10. 用户可以对限速显示做哪些设置？

（三）不定项选择题

1. 在奥迪矩阵式 LED 前照灯上，哪些部件在售后服务中可以单独更换？
   A. 左、右 LED 前照灯上的功率模块
   B. 远光灯上的 5 个 LED 印制电路板
   C. 风扇
   D. LED 近光灯

2. 在奥迪矩阵式 LED 前照灯上，弯道灯是如何实现的？
   A. 通过一个带有远光灯和近光灯偏转机构的电动机来实现
   B. 通过一个电动机来调节反光镜系统来实现
   C. 这种前照灯上没有弯道灯功能，因为它没有配备伺服电动机
   D. 通过移动远光灯光束（光锥）最亮点来实现

3. 关于奥迪矩阵式 LED 前照灯，下面哪些说法是正确的？
   A. 这种前照灯是第一种能自行识别对向车道来车或者本车前面有车的前照灯
   B. 远光灯 LED 能单独操控并以不同亮度来工作
   C. 这种前照灯是机械调节的
   D. 这种前照灯能执行前照灯照程无级调节式车灯的所有功能

4. 关于奥迪虚拟驾驶舱，哪些说法正确？

    A. 它为用户提供有三种不同的显示模式

    B. 奥迪虚拟驾驶舱是选装装备

    C. 它将组合仪表显示和 MMI 显示整合到一个显示屏上

    D. 用户可以将不同显示的内容和位置自由组合在一起

5. 如何在奥迪虚拟驾驶舱上调用主菜单？

    A. 通过操纵多功能转向盘上的 MENU 按键

    B. 通过操纵 MMI 操纵单元上的 MENU 按键

    C. 通过选择奥迪虚拟驾驶舱上相应的游标

    D. 通过选择相应菜单并按压多功能转向盘的左侧滚轮

6. 如何激活夜视辅助系统？

    A. 通过 MMI 的 CAR 菜单进行设置

    B. 通过远光灯拨杆来激活

    C. 通过灯开关模块上的一个按钮

    D. 夜视辅助系统都是处于已激活状态，用户只是决定是否要在组合仪表显示屏上显示出图像

7. 夜视辅助系统的图像采用什么样的传感系统？

    A. 热敏图像摄像头   B. 雷达传感器

    C. 多个超声波传感器   D. 摄像机

8. 哪种驾驶人辅助系统会利用奥迪矩阵式 LED 前照灯，来单独操控远光灯 LED？

    A. 奥迪主动式车道保持辅助系统   B. 奥迪夜视辅助系统

    C. 奥迪行驶换道辅助系统   D. 倒车摄像头

9. 在奥迪矩阵式 LED 前照灯上，弯道灯是如何实现的？

    A. 通过一个带有远光灯和近光灯偏转机构的电动机来实现

    B. 通过一个电动机来调节反光镜系统来实现

    C. 这种前照灯上没有弯道灯功能，因为它没有配备伺服电动机

    D. 通过移动远光灯光束（光锥）最亮点来实现

底盘智能技术

项目描述

随着汽车电动化与智能化技术的革命，底盘也迎来了从传统底盘、电动底盘再到智能底盘的技术变革。什么是智能底盘呢？

底盘智能化后，仍然保留了它的两大功能，一是承载，二是行驶。但是承载的对象和完成行驶的手段发生了变化。智能底盘为自动驾驶系统、座舱系统、动力系统提供承载平台，这是承载对象的变化，如图 3-1 所示。

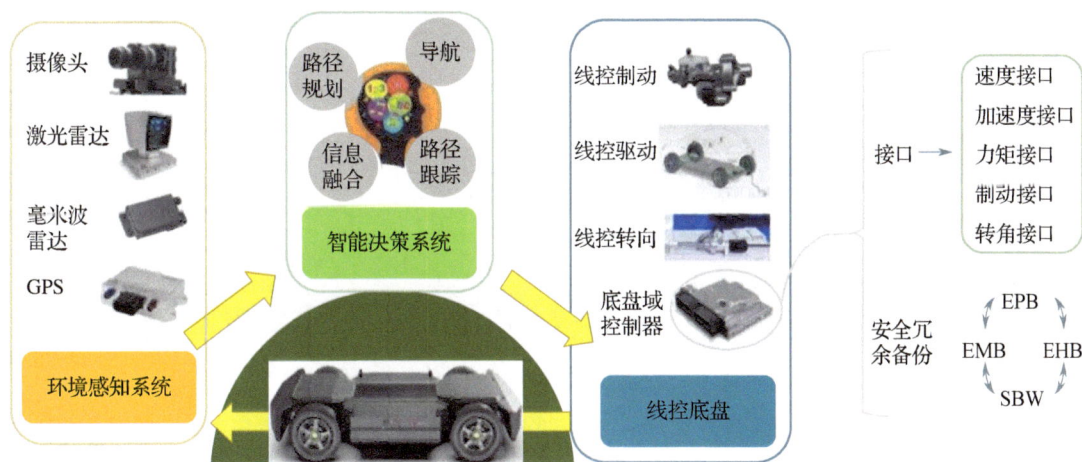

图 3-1　底盘智能化

智能化后，对底盘提出了一些新的要求，也继承了原有的要求。底盘与汽车行驶安全直接相关，因此第一个要求仍然是安全。第二个要求是体验，智能汽车对体验十分重视，而底盘是决定体验的重要环节，底盘方面的体验是一种高级的、与汽车运动相关的体验，这是第二个要求。第三个要求是低碳，底盘智能化后，引入一些耗能的装置，因此低碳也是智能底盘的一项基本要求。

在对智能底盘的安全要求上，第一方面，智能底盘应进一步提升主动安全性能，比如车辆的制动安全性、行驶稳定性等。第二方面，应扩展主动安全功能，比如通过扩展动力学控制边界，缓解 T 形避撞损失、避免追尾后二次碰撞。第三方面的要求是失效运行安全，包括失效后冗余系统的切换性能和功能安全水平。

智能底盘的体验要求方面，一是应进一步提升驾乘舒适性，促进纵横垂动力学协同控制与智能驾驶协同优化，提升驾乘舒适性。二是应提供个性化驾乘体验，收集与识别个性化驾乘数据，通过人车交互与自学习迭代，提供符合乘员心理预期的驾乘体验。三是应提供专业驾乘体验，基于专业驾驶人行为数据分析，提供专业驾驶服务，提升驾乘乐趣，如图 3-2 所示。

汽车底盘发展方向是电动化、智能化、轻量化。想要学好底盘智能技术，必须先学习下面技术：

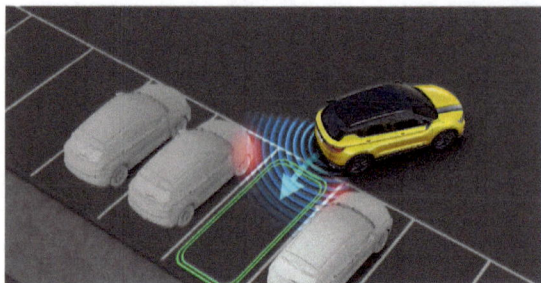

图 3-2　智能驻车

- 底盘电子智能控制技术。
- ABS/ASR/ESP 集成控制系统。
- 自动驾驶技术。
- 自适应巡航控制系统。
- 自适应巡航控制系统（ACC）。
- 泊车辅助系统（PLA）。
- 可调阻尼控制系统（ADC）。
- 车道偏离和驾驶警示系统。

学习目标

知识目标

- 能正确掌握自适应巡航控制系统工作原理。
- 能正确掌握自适应巡航控制系统（ACC）构造。
- 能掌握泊车辅助系统（PLA）工作原理。
- 能掌握车道偏离和驾驶警示系统。
- 能掌握底盘电子控制技术故障诊断的基本流程。

技能目标

- 能正确对自适应巡航控制系统分类。
- 能独立进行智能车道保持系统的分解和组装。
- 能正确区分自动泊车辅助系统的人为故障和自然故障。
- 掌握驾驶人辅助系统故障诊断的基本测量技能。
- 正确掌握汽车不同类型 ABS/ASR/ESP 集成控制系统故障诊断流程的方法和技巧。

素养目标

- 严格执行汽车底盘故障诊断规范，养成严谨科学的工作态度。
- 养成团队协作精神。
- 能够"最大化"利用有限时间。
- 阅读资料划出关键技术点归纳整理出故障诊断方法。
- 树立目标并制订实现目标的计划。

- 能够与合作伙伴良好地交流并相互理解。
- 能够养成劳动光荣、创造伟大的工作思维和创新意识。

相关知识

一、自适应巡航控制系统

自适应巡航控制系统（Adaptive Cruise Control，ACC），是一种智能化的自动控制系统，是在传统的巡航控制技术基础上发展而来的。自适应巡航控制系统与传统的车速巡航控制系统相比，在功能上有较大的扩展。

自适应巡航控制系统的基本功能为驾驶人可以选定并保持与前方车辆的车距，通过雷达能探知本车与前方车辆的车距及前方车辆的车速，如果两车距离大于希望车距，车辆就会加速到由驾驶人事先设定的希望车速，如图 3-3 所示。

图 3-3　自适应巡航控制系统作用

ACC 系统是在定速巡航装置的基础上不断发展而来的，它最先应用在 2003 款奥迪 A8 车上。如果"前面没车"，那么可以使用驾驶人设定的期望车速行车，这与定速巡航功能相当。如果前车很慢而导致本车不可能用期望车速来行驶，那么 ACC 可以使得两车保持驾驶人设定的期望车距。

"前面没车"：使用驾驶人设定的期望车速来行车，如图 3-4 所示。

前面车辆的车速比本车的期望车速低：实现期望车距，如图 3-5 所示。

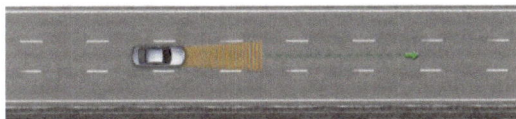

图 3-4　"前面没车"：使用驾驶人设定的期望车速

图 3-5　前面车辆的车速比本车的期望车速低

（一）自适应巡航控制系统

自适应巡航控制系统的基本功能是：保持驾驶人所选定的与前车的距离。

因此，自适应巡航控制系统是定速巡航系统的进一步发展。车上装有一个雷达，它用于测定与前车的车距和前车的车速。如果车距大于驾驶人设定的值，那么车就会加速，直至车速达到驾驶人设定的车速值。

如果车距小于驾驶人设定的值，那么车就会减速，减速可通过降低输出功率、换档或必要时施加制动来实现，如图 3-6 所示。出于舒适性考虑，制动效果只能达到制动系统最大制动减速能力的 25%。这个调节过程可以减轻驾驶人的劳累程度，因此可以间接提高行车安全性。在某些情况下，还是需要驾驶人来操纵制动器工作。

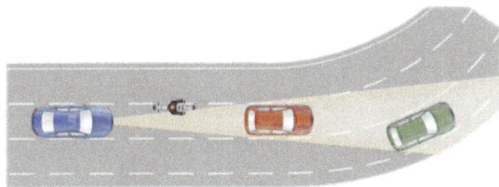

图 3-6　自适应巡航控制系统功能

1. 自适应巡航控制系统的局限性

- 自适应巡航控制系统是一个驾驶人辅助系统，绝不可以将其看成安全系统。它也不是全自动驾驶系统。
- 自适应巡航控制系统在车速为 30～200km/h 时才工作。
- 自适应巡航控制系统对固定不动的目标无法作出反应。
- 雨水、浮沫以及雪泥水会影响雷达的工作效果。
- 在转弯半径很小时，由于雷达视野受到限制，所以会影响系统功能。

2. 自适应巡航控制系统工作条件

为了能实现与相应车道上前行车辆保持与车速相关的恒定车距，ACC 调节软件必须知道下述信息。

1）与前车的车距如图 3-7 所示。

2）前车的车速如图 3-8 所示。

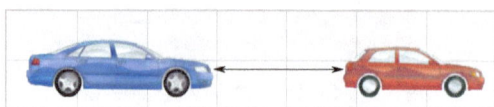

图 3-7　与前车的车距　　　　　图 3-8　前车的车速

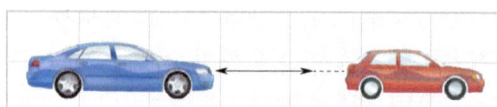

3）前车的位置如图 3-9 所示。

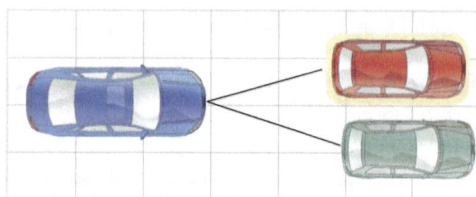

如果雷达同时侦测到多辆车，那么上述信息就被用来选择车辆，以便针对选择的车辆进行相应的调节，如图 3-10 所示。

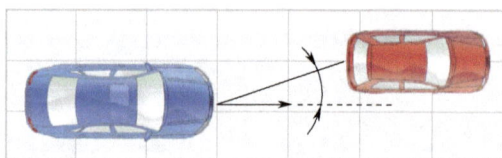

图 3-9　前车的位置　　　　　图 3-10　雷达同时侦测到多辆车

（二）雷达技术

雷达技术被用来实现 ACC 基本功能。雷达波束的波长非常短，这相对于光学系统来说就有优势了。如果有雾、雪花飞舞，雷达波束被吸收和被分散的程度明显低多了。因此，其系统可靠性比光学系统要高。

雷达是 Radio detecting and ranging（Radar）的缩写，它是一种给物体定位的电子手段。发射出去的雷达波束碰到物体表面后会被反射回来。从发射信号到接收到反射信号所需要的时间取决于物体之间的距离，将再次接收到的反射波束与发射波束进行对比并分析。

1. 距离测量

发射器/接收器与物体之间距离同信号传递时间的关系如图 3-11 所示。

示例：B 中的距离是示例 A 中的两倍，那么 B 中反射信号到达接收器所需时间就是 A 中的两倍。

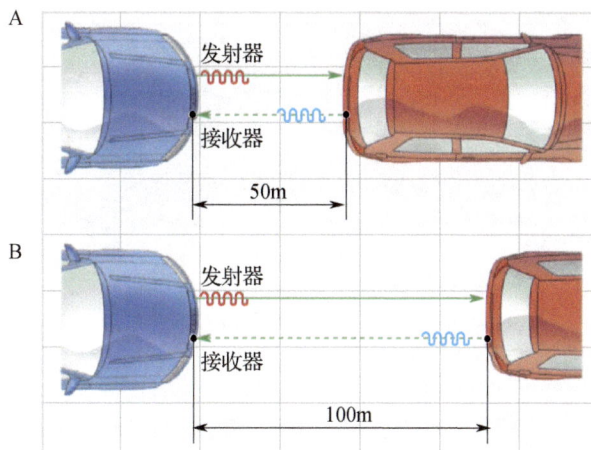

图 3-11 距离测量

直接测量这个时间是很复杂的事，因此实际采用的是一种间接测量法，称为调频连续（等幅）波（FMCW）法。这种方法是将连续发射的超高频振荡波（其频率随时间变化）作为发射信号。这种方法是将连续发射的超高频振荡波（其频率随时间变化）作为发射信号。频率变化（调频）速率为每毫秒 200MHz。

作为"运输工具"的载波信号频率在 76~77GHz 之间。通过这种方法可以避免使用很复杂的直接测量时间的方式，只需简单地比较一下发射信号和接收（反射）信号的频率差即可，图 3-12 所示表示的是 ±200MHz 的载波信号通过频率调制时的频率变化。

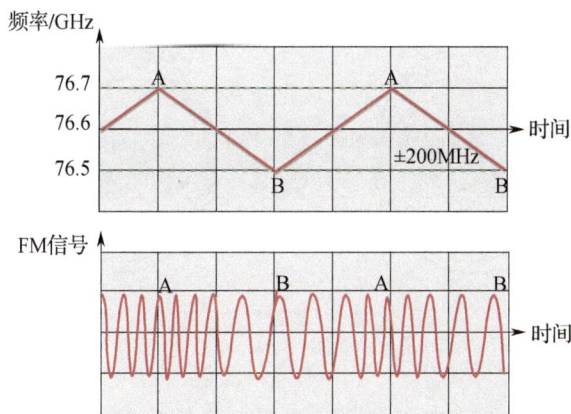

图 3-12 调频连续（等幅）波（FMCW）法

当调频信号振幅（信号强度）几乎保持恒定不变时，频率（单位时间内振动次数）却在变化。在这两个图中，标有 A 的时间点的信号频率达到最大值（单位时间内振动次数最多）；标有 B 的时间点的信号频率达到最小值（单位时间内振动次数最少）。

发射信号和接收（反射）信号的频率差直接取决于物体之间的距离。物体之间的距离越大，反射信号被接收前所"运行的时间"就越长，于是发射频率和接收频率之间的差就越大，如图 3-13 所示。

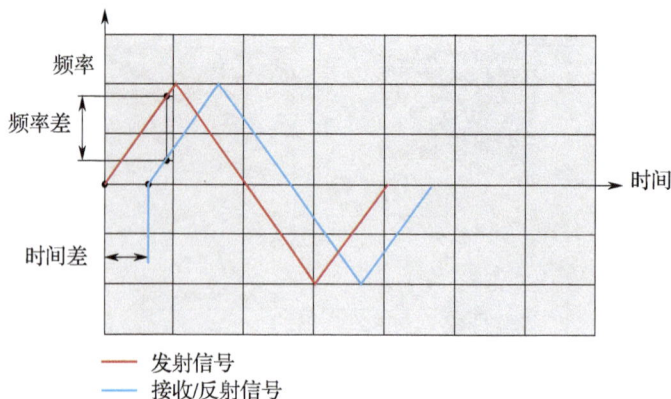

图 3-13　发射信号和接收（反射）信号频率

2. 确定前车的车速

要想确定前车的车速，需要应用一种物理效应，这种效应称为多普勒效应。

对于反射发射出来的波的物体来说，它相对于发射出波的物体是处于静止状态还是运动状态，是有本质区别的。

如果发射其与物体之间的距离减小了，那么反射波的频率就提高了；反之，若距离增大，那么这个频率就降低。电子装置会分析这个频率变化，从而得出前车的车速。

（1）多普勒效应应用示例

当救护车驶近时，其警报声听起来是一种持续的高音调（高频）。当救护车越走越远时，我们听到的音调就降低了（频率渐变——低频），如图 3-14 所示。

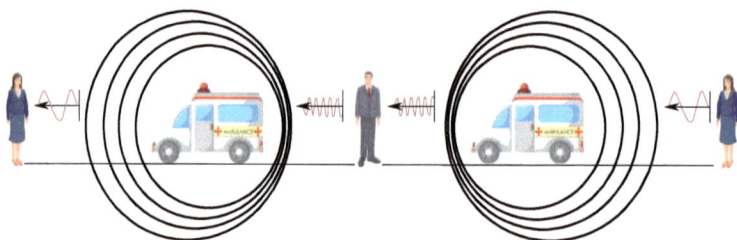

图 3-14　多普勒效应示意图

（2）确定前车车速的示例

前车越走越快，与后车的距离增大了。根据多普勒效应，接收（反射）的信号（Δf_D）的频率就降低了。

由此会导致在信号的上升沿（Δf_1）和下降沿（Δf_2）之间产生一个不同的差频，车距调节控制单元会分析这种差别，如图 3-15 所示。

3. 确定前车的位置

雷达信号呈叶片状向外扩散。信号的强度（振幅）随着与车上发射器的距离增大而在纵向（X）和横向（Y）降低，如图 3-16 所示。

要想确定车辆位置，还需要一个信息，就是本车与前车相对运动的角度。

为了获取这个信息，最新的奥迪车型上都装有发射 / 接收单元，该单元上配备有四个发射器和四个接收器。通过使用的信号强度与发射器距离的关系，再加上四个雷达射束，

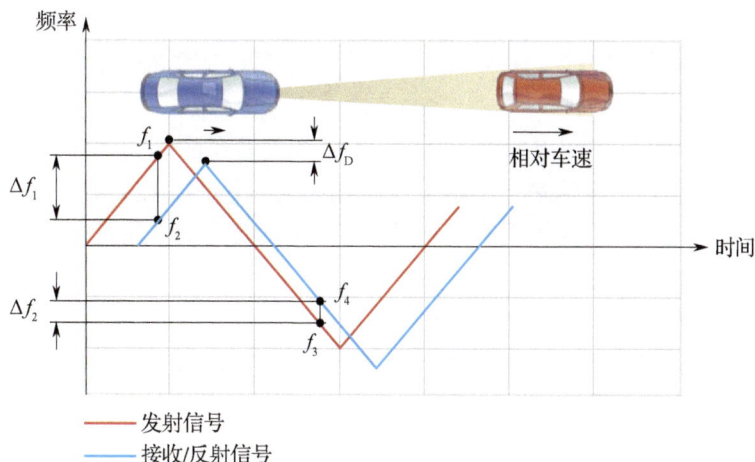

图 3-15　确定前车车速

Δf—发射信号 $f_{1/3}$ 和接收信号 $f_{2/4}$ 的频率差

就可以准确确定出前行车辆的位置了。雷达射束在其边缘区是重叠的。

在图 3-17 中，前面的车辆被雷达射束 2 和 3 同时侦测到了。在这个例子中，车辆大部分处于信号 2 的区域内，因此信号 2 的接收（反射）信号强度（振幅）就大于信号 3 的。各个雷达射束接收（反射）信号强度的关系表达了这种角度信息。

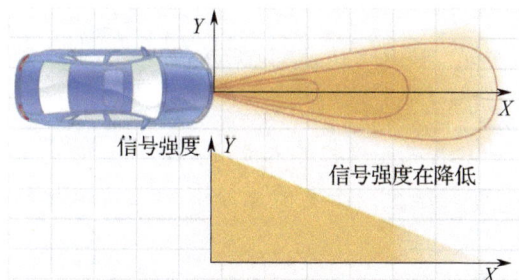

图 3-16　雷达信号

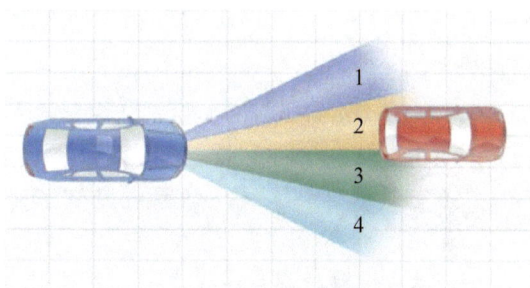

图 3-17　确定车辆位置

4. 确定针对哪辆车来进行调节

在实际行车中（例如在高速公路、多车道路面以及转弯时），在雷达的视野中一般会出现多辆车。这时就得识别：哪一辆与本车行驶在同一条车道上（或者说，本车应与哪辆车保持选定的车距）。这就需要车距调节控制单元先来确定车道。

这个过程是相当复杂的，是建立在很多传感器的测量数据基础上的。需要的信号有：转向角传感器、横摆率传感器信号、车轮转速传感器信号，对这些信号进行分析就可获得车辆在公路上转弯时的信息，如图 3-18 所示。

在有相应装备的车上，由摄像头另外来识别车道

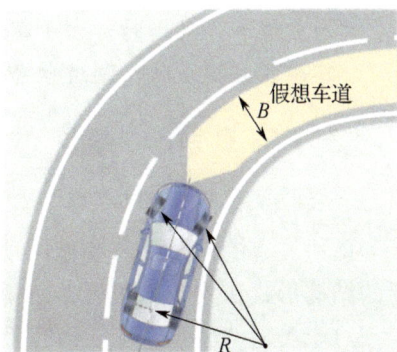

图 3-18　获得车辆在公路上转弯时的信息

B—车道平均宽度　R—转弯半径

识别线。由雷达探测到的公路护栏、道路分隔柱以及道路上其他车辆的运动方向，也能推断出车辆将要经过的道路情况。如果车辆配备有增强型导航系统的话，还会用预测的道路数据来确定道路情况。

这条"假想"车道是控制单元根据带有 ACC 系统的车的当前转弯半径 R 和确定的车道平均宽度 B 得出来的。雷达在本车道上探测到的离得最近的物体（车辆），就被认为是目标车辆（指本车就是针对这辆车来进行调节）。如果满足调节条件，那么本车就与这辆车保持所期望的车距。

由于弯路在不断变化，或在驶入弯道及驶离弯道时，可能出现这样的情况：本车短时"失去"了目标（前车），或将相邻车道上的某车当成了目标。这就可能导致这样的情况：车辆莫明地就短时加速或减速。

这就可能导致这样的情况：ACC 系统会使得车辆短时加速或减速。这种情况较少发生，其原因是没能准确查明道路情况。

示例：

蓝车用 ACC 系统跟随着同一车道上的红车在行驶着。在进入弯道时，蓝车直线驶向了相邻车道上的绿车，这就可能把这辆正在行驶的绿车当成了目标车辆（就是要针对绿车来实施调节了）。因此，就会出现短时调节过程，驾驶人会觉得这个调节不太对劲，如图 3-19 所示。这种调节特性是系统本身的原因，并不表示有故障。

图 3-19　蓝车以规定的车距跟着红车行驶

5. 自适应巡航控制（ACC）系统的局限性

- 自适应巡航控制系统是一个驾驶人辅助系统，绝不可以将其看成安全系统。它也不是全自动驾驶系统。该系统减轻了驾驶人的工作量，但不能免除驾驶人应承担的责任！
- 自适应巡航控制系统仅在一定车速范围时（具体视车型而定）才能实施调节。
- 自适应巡航控制系统对固定不动的目标无法作出反应。
- 雨水、浮沫以及雪泥水会影响雷达和其余相关传感器（摄像头、超声波传感器）的工作效果。
- 当转弯半径很小时，由于雷达视野受到限制，所以会影响系统的功能。
- 车辆驶经隧道时，隧道壁会反射雷达波束。这个反射有时会干扰正常的调节。

（三）ACC 系统参数

1. 作用距离和作用角

雷达波束的作用距离和作用角，取决于雷达发射/接收单元的结构形式和数量，如图 3-20 所示。

对于奥迪 A6、A7 和 A8 车来说，这个作用距离（指还能可靠地识别出目标时）大约为 200m；对于奥迪 A3、A4、A5、Q5 和 Q7 车来说，这个作用距离约为 180m。起始探测范围是从距车前约 0.5m 时开始的，如图 3-21 所示。

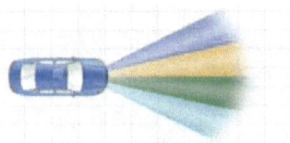

图 3-20　雷达波束

最新的 ACC 系统使用带有四个发射器 / 接收器的发射和接收单元，其波束部分重叠。

对于带有两个发射 / 接收单元的车，由于采用了双雷达结构，所以其雷达波束作用角明显增大了。车前 30m 处的探测宽度可达 16m，这比三车道的高速公路都宽了。因此

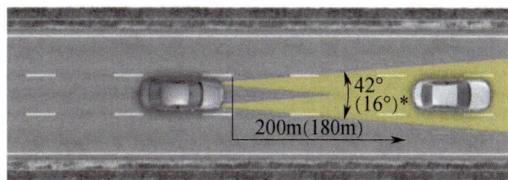

图 3-21　雷达波束作用距离和作用角

ACC 就可以提早识别出驶入本车车道的车辆了。相应地，ACC 也可以对制动过程和 / 或警告信息作出预见性反应。

2. 调节范围 / 车速范围

ACC 系统工作的允许调节车速范围（图 3-22 和图 3-23），取决于车型和国别。对于具体车型，下述内容是适用的：

1）奥迪 A4、A5、Q5：ACC 工作范围是 30~200km/h。在某些国家有限制（30~150km/h）。

2）奥迪 A3：车速范围取决于车辆装备情况。如果车辆装备有驾驶人辅助包（带有驾驶人辅助系统正面摄像头 R242），那么这个车速范围也是 30~200km/h；在装备有自动变速器的车上，调节过程在需要时可一直持续到车停住为止；如果车辆未装备驾驶人辅助包，那么车速范围是 30~150km/h。

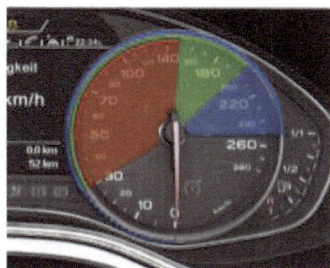

图 3-22　调节车速范围显示区

3）奥迪 Q7：ACC 工作范围也是 30~200km/h，调节过程在需要时可一直持续到车停住为止。

4）奥迪 A6、A7、A8：调节范围是 30~250km/h，调节过程在需要时也可一直持续到车停住为止。在某些国家有限制（30~150km/h）。

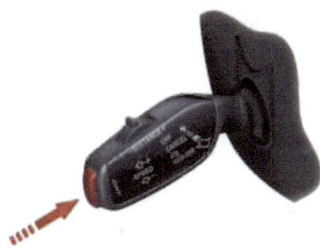

图 3-23　适应巡航系统操纵杆

3. 目标识别

对于所有奥迪车型使用的 ACC 系统来说，在使用雷达传感器来识别目标时，如图 3-24 所示，下列规则都是适用的。

1）ACC 对移动的物体或者被识别为移动的物体才会有反应。该系统虽然也能识别静止的物体，但是就其基本功能来讲，它不会对静止的车辆、人、动物、横穿或者迎面来车作出反应。当然，ACC 附加功能在调节过程中也会考虑到静止物体的。

图 3-24　使用雷达传感器来识别目标

2）这方面的一个例子就是停停走走功能，处于静止的 ACC 调节车和静止的前车之间有障碍物，该物已经被探测到了。在前车起步后，自动起步过程在这种情况下要做适当调整或者彻底被禁止。在这种情况下，是通过附加传感器来探测附近的静止障碍物的（摄像头、超声波传感器）。

（四）系统部件组成

图 3-25 所示是奥迪 A8 上与 ACC 调节有关的所有控制单元。最复杂的调节过程涉及 26 个控制单元，这些控制单元要交换大约 1600 条信息。

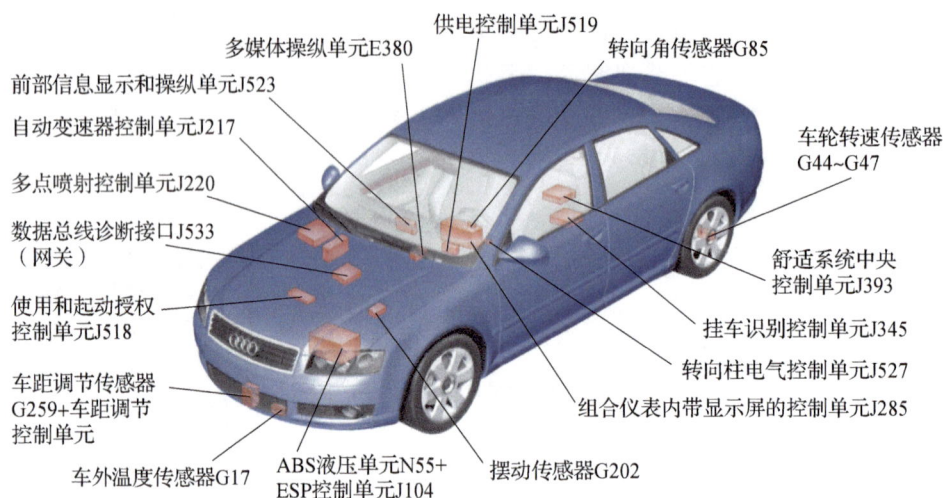

图 3-25　系统部件组成示意图

传感器（雷达发射器和接收器）与相应的控制单元是安装在同一个壳体内的（也被称为 ACC 控制单元）。这些件是不可拆开的，在售后服务中只能整体更换。该单元固定在一个支架上，可以调节，与车上的支架（保险杠）用螺栓拧在一起，如图 3-26 所示。透镜型的护盖中集成有加热丝。

四个雷达传感器不断地发射出雷达波，这些雷达波通过透镜型的护盖汇聚成束，如图 3-27 所示。接收到的雷达信号由控制单元进行分析。集成的电加热装置在大多数行驶情况下，可以防止冰雪沉积（冰雪会使得雷达波束衰减）。

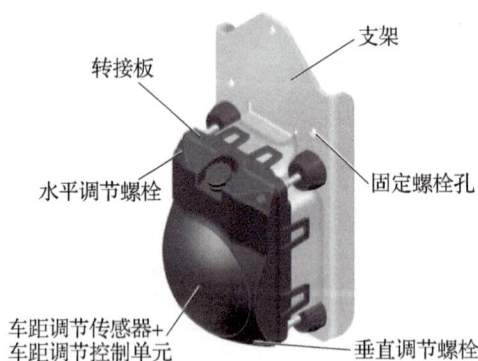

图 3-26　ACC 控制单元　　　图 3-27　雷达传感器不断地发射出雷达波

如果识别出有调节的必要，那么就会通过制动或者加速来让本车与前车保持驾驶人所选择的车距。根据需求，可以利用下述功能。

- 执行主动制动过程（由 ESC 制动单元来执行；奥迪 Q7 通过主动制动助力器来执行）。
- 根据需要降低或者提高发动机输出转矩。

● 如果是自动档车型，那么启动或者制止变速器换档过程。

车距调节控制单元与其他控制单元是通过数据总线来进行通信的。为此，ACC 控制单元通过一条专用数据总线与数据总线诊断接口（J533）连接在一起。在配有两个发射/接收单元和两个控制单元的 ACC 控制系统中，采用的是主/从结构。控制单元 J428 为主，控制单元 J850 为从，如图 3-28 所示。

操纵杆在转向柱左侧。开关的位置由车距调节控制单元来读取，并启动相应的系统反应/系统调节，如图 3-29 所示。

车距调节右传感器　　车距调节左传感器
G259 和车距调节　　　G258 和车距调节
控制单元1 J428（主）　控制单元2 J850（从）

图 3-28　控制单元 J428 和控制单元 J850　　图 3-29　自适应巡航系统操纵杆（一）

（五）系统功能

1. 联网 – 数据传送

部件作为传感器和执行元件参与奥迪 A6、S6、RS6、A7、S7、RS7、A8 和 S8 上的 ACC 控制功能。在相应的部件名称下面，简要地列出了这些部件发射或者接收的信息，如图 3-30 所示。

2. 操作和驾驶人信息

重要的操纵功能都集成在拨杆上了（车距自动调节按键 E357），使用转向盘左侧的自适应巡航系统操纵杆来进行操纵，如图 3-31 所示。

（1）接通/关闭 ACC

拨杆（操纵杆）有两个卡止位置。若正常接通，则把拨杆向驾驶人方向拉动即可（ON）；若关闭则需向反向推动拨杆（OFF）。

起动发动机后，根据这个操纵杆的位置情况，ACC 系统会处于 BEREIT 模式（操纵杆在 ON）或 AUS 模式（操纵杆在 OFF 位置）。

通过操纵杆接通后，该系统也是处于 BEREIT 模式的。只有在设定了期望车速后，ACC 才会进入 AKTIV 模式，且在需要时才会执行调节过程。在接通了 ACC 时，电子稳定控制（ESC）和电子驱动防滑调节（ASR）功能也就都被激活了（如果它们先前已被驾驶人关闭了）。这两个系统在接通了 ACC 时是无法关闭的，如图 3-32 所示。

（2）设定期望车速

按下 SET 按键即可将当前的车速作为所期望的巡航车速存储起来。一般来说，设置的期望车速应在 30km/h 以上。带有停停走走功能的车辆，在车速低于 30km/h 时也可以设定期望车速。随后车辆就会被加速至 30km/h，然后就按这个车速来调节了。如果车辆是带有两个 ACC 控制单元的且车速超过 250km/h，这种情况下按压 SET 按键，车

信息电子控制单元J794
-设置
-导航数据

图像处理控制单元J851
-正面目标识别

水平调节控制单元J197
-自动紧急制动时的减振器调整

ABS控制单元J104
-实现车辆减速

右前安全带张紧器控制单元J855
-安全带张紧

变道辅助控制单元J769
-后面目标识别

变道辅助控制单元J770

车距调节控制单元J428
-右侧雷达数据
-ACC主功能

车距调节控制单元J850
-左侧雷达数据
-ACC主功能

传感器电子控制单元J849
-车辆运动数据（横摆率、横向加速度、纵向加速度）

摄像头控制单元J852
-车道数据/车道走向

左前安全带张紧器控制单元J854
-安全带张紧

驻车辅助控制单元J791
-正面目标识别

组合仪内控制单元J285
-显示

转向柱电子控制单元J527
-操纵（按杆信号）

数据总线诊断接口J533

发动机控制单元J623
-实现加速/减速

变速杆传感器控制单元J587
-变速杆位置

变速器控制单元J217
-换挡过程

电动机械式驻车制动器J540
-停车管理

转向角传感器G85
-转向角测量值

安全气囊控制单元J234
-碰撞状态
-安全带锁状态

供电控制单元J519
-车外温度
-刮水器的操纵

舒适系统中央控制单元J393
-钥匙操纵

挂车识别控制单元J345
-挂车识别

驾驶人车门控制单元J386
-车门接触
-发动机舱盖

前排乘客车门控制单元J387

左后车门控制单元J388

右后车门控制单元J389

显示和操纵CAN总线
舒适CAN总线
MOST总线
驱动CAN总线
FlexRay总线
扩展CAN总线

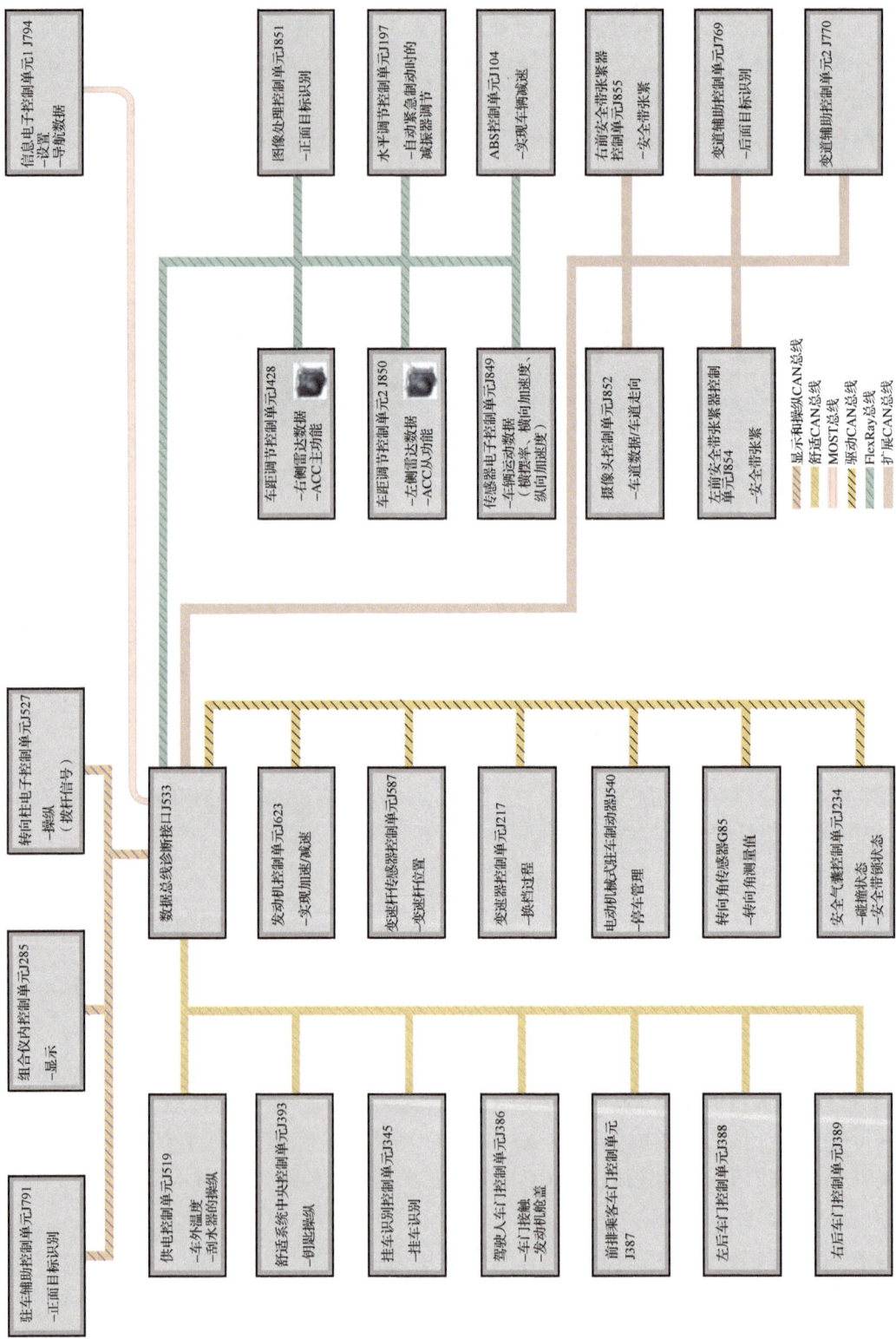

图3-30 联网－数据传送

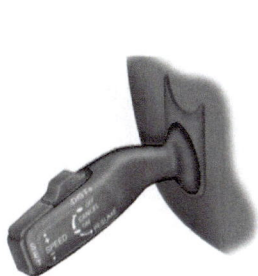

图 3-31 自适应巡航系统操纵杆（二）

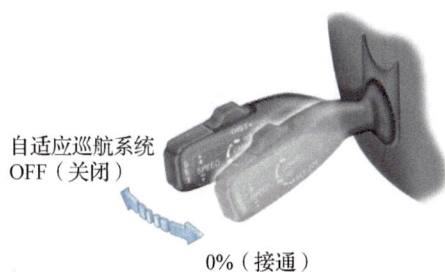

图 3-32 操纵杆位置

速就先降至 250km/h，然后就按这个车速来调节了。向上推操纵杆，可以提高期望车速；向下推操纵杆，可以降低期望车速（每次车速变化步长为 5km/h 或 10km/h），如图 3-33 所示。

当前的期望车速通过车速表上的发光二极管（LED）来指示，以及在操纵了 SET 按键后马上显示在中间显示屏的信息栏处，如图 3-34 所示。

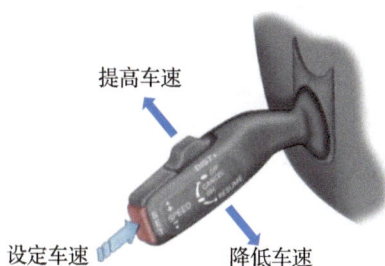

图 3-33 设定期望车速

图 3-34 发光二极管呈暗红色发光状态

（3）设定期望车距

本车与前车之间的车距可由驾驶人设定为四个级别，自适应巡航系统设定的车距取决于当时的车速。出厂时的默认设定车距是 3。

随着车速的提高，车距也增大。当车辆以恒定车速行驶时，设定的车距应遵守交通法规的要求。

操纵杆上的滑动开关就是用来设定巡航车距的，每推动一次该开关，车距就提高或降低一个档。所选定的巡航车距就确定了车辆加速时的动力性能，如图 3-35 所示。

所选定的巡航车距短时显示在仪表板中央显示屏上，第一次按下按键时，中央显示屏接通，显示出的两车之间的横条数目就表示所选定的车距级别。起动发动机后，车距级别的基本设定可按驾驶人来进行调整，如图 3-36 所示。

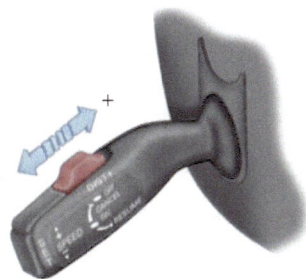

图 3-35 操纵杆上的滑动开关

3. 设定行驶程序

如果车上装备有 Audi Drive Select（奥迪驾驶模式选择）系统，那么行驶程序就在此选择；否则就在收音机 /MMI 上选择。

通过选择特定的行驶程序 / 行驶模式，如图 3-37 所示，驾驶人可以在 ACC 调节过程中对车辆加速特性和跟行特性施加如下影响。

DISTANZ 1	DISTANZ 2	DISTANZ 3	DISTANZ 4
时间间隔 1.0s	时间间隔 1.3s	时间间隔 1.8s "半速"	时间间隔 2.3s
动力学特性： 运动型	动力学特性： 标准型	动力学特性： 标准型	动力学特性： 舒适型
适用于： 车辆呈密集队列缓慢 前进和急速起步	适用于： 车辆队列自由移动 和舒适跟行	适用于： 车辆队列自由移动 和舒适跟行	适用于： 乡村道路 带挂车模式

图 3-36　所选定的巡航车距短时显示

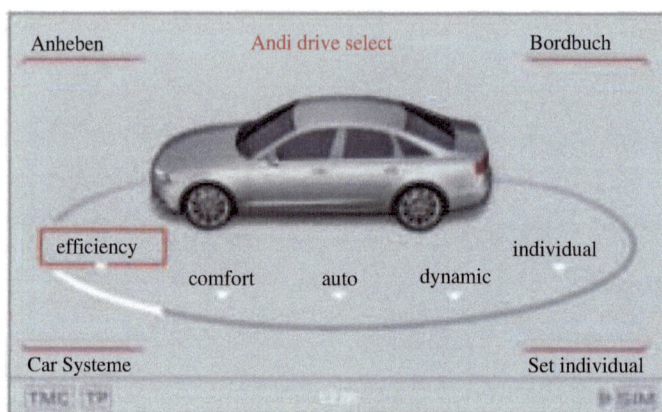

图 3-37　选择行驶模式

- efficiency（高效）。
- comfort（舒适）。
- auto（自动）。
- dynamic（运动）。
- individual（个性化）。

几种模式可供选择，另外，选择了较大的车距，那也就是自动选择了较为舒适的加速特性。最大的加速是在选择了车距1（DISTANZ 1）和行驶程序 dynamic（运动）时才能实现；最舒适的则是选择了车距4（DISTANZ 4）时才能实现；在选择了 efficiency（高效）模式时，是最节省燃油的，且加速也比较舒适；在选择了 individual（个性化）模式时，驾驶人可以自由选择期望的加速与其他系统设置（发动机、变速器、转向器）的配合。

（1）设定提示音音量

锣音信号会将各种系统状态通知驾驶人，视觉和声音信号都有。在奥迪 A3、Q3、Q5、Q7 和 A4/A5 车上，这个锣音信号的音量可以由驾驶人在收音机 /MMI 上来调节。有三种设置可供选用："低""中""高"。

如果激活设置中的 aus（关闭），那么声音信号就听不到了（无声了），即使关闭了锣音，出于功能方面的原因，也不是所有锣音信号都被关闭了。现在，奥迪 A6、A7 和 A8 车上的锣音信号的音量是自动适配的。

（2）系统状态显示

指示灯和组合仪表中间显示屏上的显示为驾驶人提供系统状态信息。当前的期望车速由车速表上的发光二极管环来显示，如图 3-38 所示。

（3）要求驾驶人接管车辆

为了让驾驶人安心且感到舒适，在使用 ACC 控制基本功能来实现期望车距的自动制动过程中，其最大制动减速被限制到最大可能制动减速的约 40%。在某些情况下，这个制动减速不足以保持规定的车距，这时就需要驾驶人来"协助"了。具体说，就是通过视觉和声音警告信息来要求驾驶人去实施制动，如图 3-39 所示。

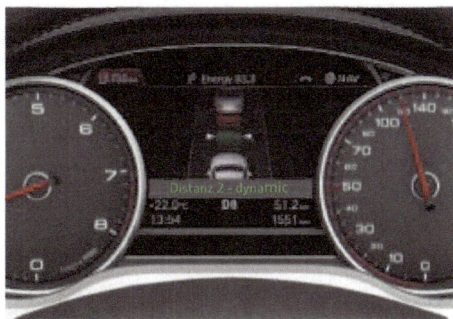

| 图 3-38　为驾驶人提供系统状态信息 | 图 3-39　要求驾驶人接管车辆 |

ACC 属于驾驶人辅助系统，用于减轻驾驶人负担。驾驶人可随时施加影响。主动式 ACC 控制调节过程，可以通过施加制动来中断。同样，可以"猛踩"加速踏板来提高 ACC 已经设定了的车速和加速度。

（六）自适应巡航控制工作原理

1. 关闭自适应巡航系统（BEREIT 模式）

向车辆的行驶方向轻触操纵杆就关闭了自适应巡航系统，这时的模式就从 AKTIV/ üBERTRETEN 切换到 BEREIT。显示巡航车速的发光二极管仍在工作，松开后拨杆又自动回到 ON 位置，如图 3-40 所示。踩下制动踏板也可关闭自适应巡航系统。

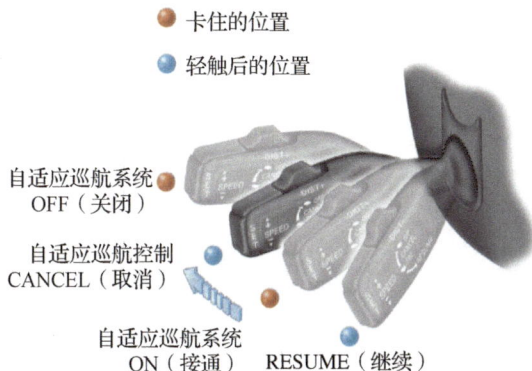

● 卡住的位置
● 轻触后的位置

自适应巡航系统
OFF（关闭）

自适应巡航控制
CANCEL（取消）

自适应巡航系统
ON（接通）　RESUME（继续）

图 3-40　关闭自适应巡航系统（BEREIT 模式）

2. 激活自适应巡航系统（RESUME）

如果自适应巡航系统已经被关闭且处于 BEREIT 模式，那么向驾驶人方向拉拨杆就可以激活自适应巡航系统，如图 3-41 所示。前提条件是：已经设定了巡航车速。

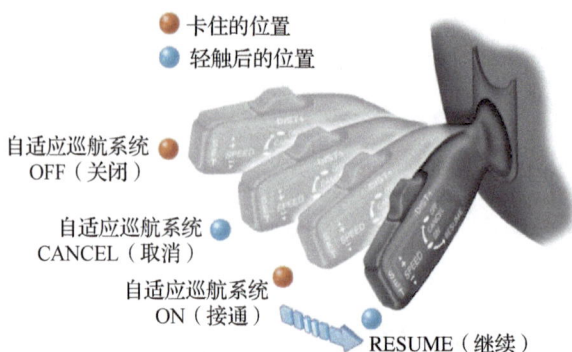

图 3-41　激活自适应巡航系统（RESUME）

3. 自适应巡航控制工作原理

蓝车驾驶人已经激活自适应巡航控制系统，并选定了巡航车速 v 和巡航车距 d_w，蓝车已经加速到了选定巡航车速，如图 3-42 所示。

蓝车识别出前面的红车与自己行驶在同一条车道上，于是蓝车通过松抬加速踏板，必要时也会施加制动来减速，直至两车之间的距离达到设定的巡航距离，如图 3-43 所示。

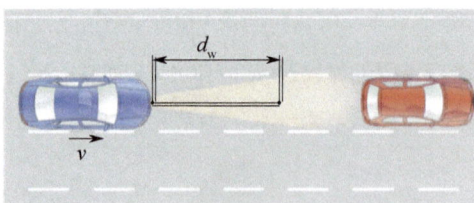

图 3-42　选定了巡航车速 v 和巡航车距 d_w

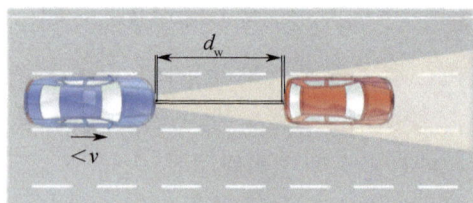

图 3-43　蓝车识别出前面的红车与自己行驶在同一条车道上

如果这时有另一辆车（摩托车）闯入蓝、红两车之间：那么自适应巡航系统施加的制动就不足以使蓝车和摩托车之间的距离达到设定的巡航车距，于是就有声、光报警信号来提醒驾驶人：应踩下制动踏板施加制动，如图 3-44 所示。

如果前车驶离车道，那么雷达传感器会侦测到这一情况，于是蓝车又开始加速，直至达到设定的巡航车速，如图 3-45 所示。

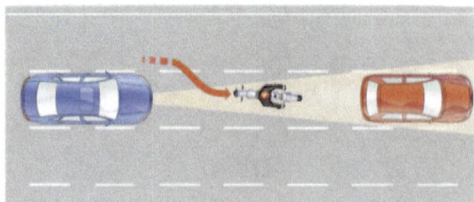

图 3-44　一辆车（摩托车）闯入蓝、红两车之间

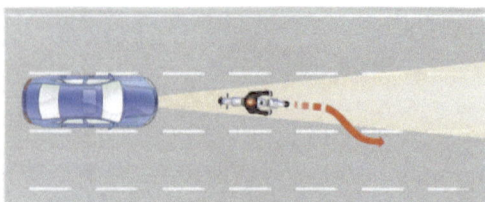

图 3-45　前车驶离车道

4. 状态图

状态图如图 3-46 所示。

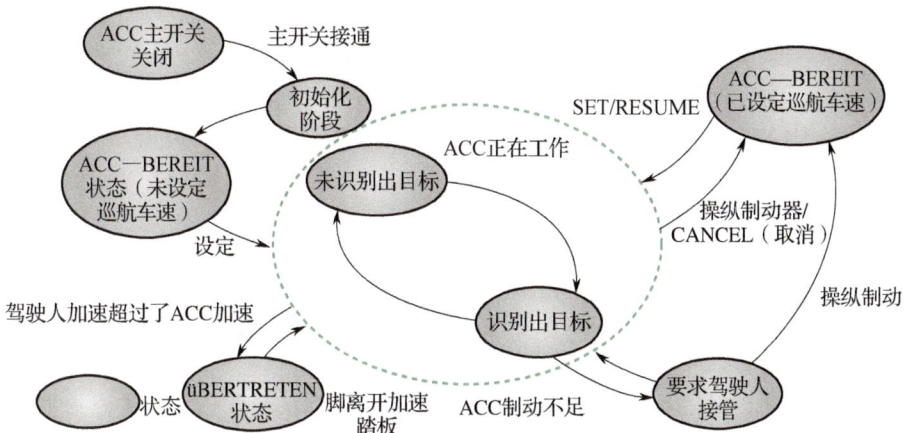

图 3-46　状态图

5. 系统一览图

系统一览图如图 3-47 所示。

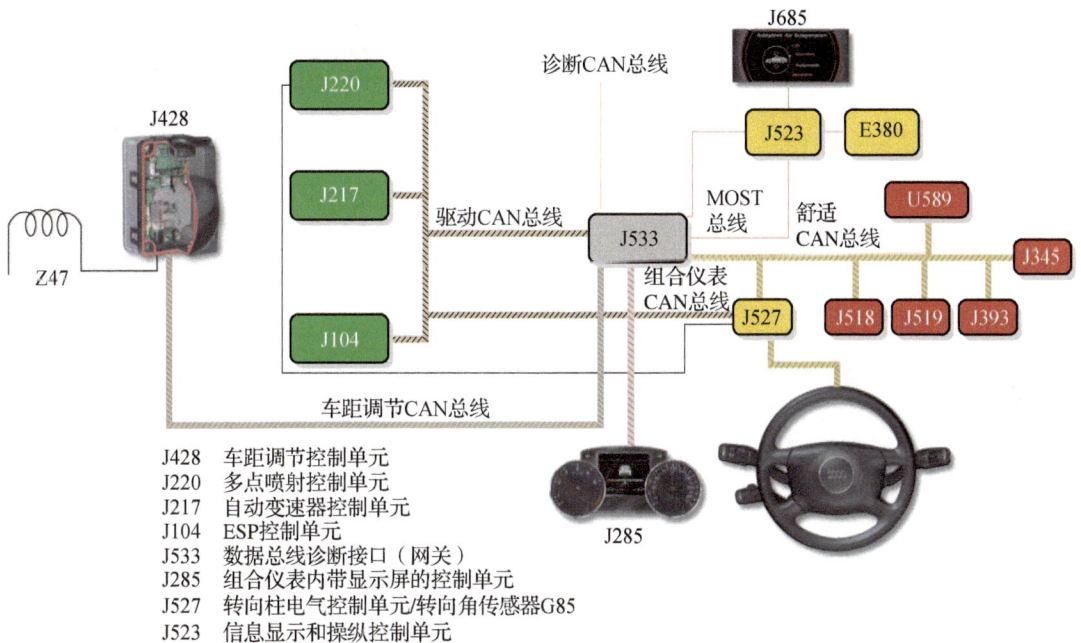

J428　车距调节控制单元
J220　多点喷射控制单元
J217　自动变速器控制单元
J104　ESP控制单元
J533　数据总线诊断接口（网关）
J285　组合仪表内带显示屏的控制单元
J527　转向柱电气控制单元/转向角传感器G85
J523　信息显示和操纵控制单元

图 3-47　系统一览图

（七）ACC 附加功能

1. 制动警告

制动警告在危险情形时会警示驾驶人。这种危险发生的典型原因，可能是前车突然实施了强力制动，或者是本车高速行驶时靠近了前面行驶非常慢的车。另外，没能与前车保持必需的车距，其危险性也是很高的。即使 ACC 没有激活或者已经关闭，制动警告也仍处于激活状态。

制动警告功能是靠雷达信号来识别危险情形的。如果车上装备有驾驶人辅助系统正面摄像头 R242，在评估危险情形时也会参考视频信息的，如图 3-48 所示。

制动警告通过分析雷达信号，识别出：在一个较长的时间段内，本车与前车的车距太小了。前车的强力制动可能导致撞车了。在这种情况下，制动警告功能会发出警告来提醒驾驶人。显示屏上会有一个指示灯被激活，呈红色在闪烁，如图 3-49 所示。

图 3-48　制动警告

图 3-49　制动警告功能会发出警告来提醒驾驶人

2. 跟车行驶警告（预警）

如果本车与前车之间的车距快速减小，这样下去只能通过避让或者不舒适的制动来避免撞车，就会触发跟车行驶警告。这就需要驾驶人立即做出反应。根据危险程度，这个警告会激活警告灯和中间显示屏上的显示以及锣音信号，如图 3-50 所示。

图 3-50　跟车行驶警告

在这种情况下，需要驾驶人主动进行制动，以便将制动能力提高到一个较高值（> 最大减速能力的 40%）。如果驾驶人不理会这个警告，车距调节控制单元会通过 ESC 控制单元，在最后还能实施制动（以避免撞车）前一刻，短时形成一个制动压力（制动力），如图 3-51 所示。

驾驶人能明显感觉到这个警告耸车过程，这不是用于给车辆减速的，而是再次提示驾驶人：你必须立即作出反应，以避免与前车碰撞。

预警　　+锣音　制动压力紧急警告　前车急减速，比如交通堵塞的队尾

图 3-51　短时形成一个制动压力（制动力）

如果驾驶人对制动压力紧急警告不予理睬，那么系统会通过自动制动干预来提供帮助。下面就讲述从警告到自动全制动过程中系统按时间顺序（阶段 1~4）的反应。在图 3-52 所示的这个例子中，一辆配备有 ACC 和 Audi Pre Sense Plus 的奥迪 A8 正以高速接近前面一辆行驶缓慢的大型货车。在本例中，奥迪 A8 其他的 Audi Pre Sense 功能（比如安全带张紧器），就取决于具体车型的使用了。

Phase 1（阶段 1）

ACC 控制单元内的制动警告已经识别出碰撞的危险现在增大了，且准备激活用于提示驾驶人的视觉和声音警告，如图 3-53 所示。如果随后无法通过舒适制动方式或者避让来避免碰撞，就会触发这个警告了。至于到底何时触发警告，这取决于驾驶人的驾驶风格。调查表明：通过驾驶风格可以判断出驾驶人注意力的集中程度。若以运动方式来驾车，需要频繁地踩踏加速踏板和变换车道，这就可推断出驾驶人注意力是很集中的。

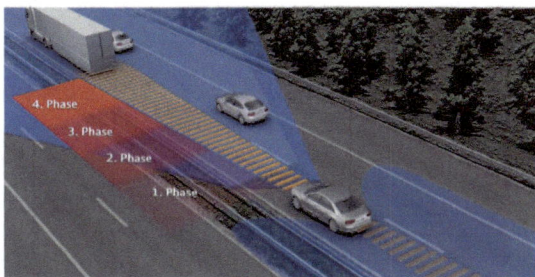

图 3-52 从警告到自动全制动过程中系统
按时间顺序（阶段 1~4）的反应

图 3-53 提示驾驶人的视觉和声音警告

于是，警告出现的就比注意力不集中的驾驶人开车时要晚些。这时，ESC 控制单元就接到一个任务，要求在制动系统内主动建立起约为 2bar 的制动压力。这个措施的目的是减少随后一旦使用制动器时的时滞。制动衬块这时就会贴到制动盘上，会对制动盘进行清洁或者使之干燥。这个功能类似于 ESC 控制单元的"制动盘刮洗"功能，该措施的目的是降低制动系统反应的延迟时间，并通过让制动衬块接触制动盘的方式来清洁 / 干燥制动盘，如图 3-54 所示。

图 3-54 在制动系统内主动建立起
约为 2bar 的制动压力

同时，液压制动辅助系统（HBA）的触发极限标准，是根据车辆周围的交通情况而改变着的。现在，由于潜在的撞车危险性很大，所以即使制动踏板的踏动速度非常得小，也会触发液压制动辅助系统的。为了准备迎接马上到来的运动式驾驶状态（比如避让或者急速制动），自适应空气悬架（AAS）会将减振器设置到最大阻尼力状态（若有这种装备），如图 3-55 所示。

图 3-55 自适应空气悬架（AAS）

- 视觉和声响警告。
- 制动系统预加压。
- 减振器设置。

Phase 2（阶段 2）

如果驾驶人不理会这个警告，车距调节控制单元就会在最后还能实施制动（以避免撞车）前一刻，短时形成一个制动压力（制动力），驾驶人能明显感觉到这个警告性制动耸车过程。这只是再次提示驾驶人：你必须立即作出反应（避让、制动）。如果随后驾驶人执行紧急制动，那么液压制动辅助系统（HBA）在必要时会提供帮助，如图 3-56 所示。

液压制动辅助系统（HBA）的灵敏度界限值在阶段 1 中已经按照潜在的危险性降低了。如果驾驶人踩下制动踏板的力非常小，以至于没能达到计算出的必需的车辆制动效果，那么 ESC 就会对此施加额外所必须的制动压力了。那么此时的制动压力建立就会是这样的（就是要按达到这样的目的来建立制动压力）：本车在前车后面一点儿停住或者尽量降低车速以至于跟行前车没危险了。如果需要，可以实现最大减速值（指相应路面物理条件许可的）：

- 制动压力。
- 部分制动（约 30%）。
- 减小安全带的松旷。
- 部分制动（约 50%）。
- 关闭车窗 / 滑动天窗。
- 转向灯紧急闪烁。

如果在出现警告耸车后驾驶人没有采取制动，那么 ACC 就通过 ESC 自动执行制动了。在开始时这个制动压力建立可产生中等程度减速（持续约 1.5s），约是最大可能减速的 30%。在开始这个自动制动时，通过 Audi Pre Sense（预防保护系统）来收紧安全带，以便有效拉住驾驶人，如图 3-57 所示。

Phase 3（阶段 3）

通过 ESC，使得制动压力升至最大减速能力的 50% 左右。通过转向灯紧急闪烁来提示后面车辆现在有危险情况。由于现在碰撞的可能性很高了，就通过 Audi Pre Sense（预防保护系统）将已经打开的车窗 / 滑动天窗尽可能关闭，这是为了提高驾驶室的稳定性，在紧急情况下保护乘员（防止异物进入），如图 3-58 所示。

- 部分制动（约 50%）。
- 关闭车窗 / 滑动天窗。
- 转向灯紧急闪烁。

Phase 4（阶段 4）

如果这时驾驶人仍是没有做出反应且以这个较高的剩余车速行驶已无法避免撞车了，那么就在马上要碰撞了的时刻点前，还会再次提高制动压力（提高到能使车辆达到最大可能的减速时的值）。Audi Pre Sense（预防保护系统）还会激活安全带张紧器，如图 3-59 所示。

这时通过驾驶人已经无法阻止碰撞了，但是通过全制动可以将车速继续降至 12km/h 以下。尽管驾驶人没有主动去避免碰撞，制动警告功能还是会将碰撞车速总计降至 40km/h 以

图 3-56　液压制动辅助系统（HBA）

图 3-57　ACC 通过 ESC 自动执行制动

图 3-58　将已打开的车窗 / 滑动天窗尽可能关闭

图 3-59　激活安全带张紧器

下。驾驶人不主动干预就不会阻止碰撞，但是通过使用制动警告功能可以大大缓解碰撞的严重程度。

- 激活安全带张紧器。
- 全制动。

与 ACC 基本功能不同之处在于：制动警告功能对静止的物体也会作出反应。在这种情况下，会出现视觉和声音警告以提醒驾驶人，必要的话还会出现警告耸车。但是当车速高于 30km/h 时不会出现自动制动过程。当车速低于 30km/h 时，会激活"低速时全减速"。

视觉 / 声响方面的车距警报 / 撞车警报，以及奥迪制动警告装置（Audi Braking Guard），可以根据需要在 MMI 上关闭。驾驶人可以将制动警告功能整个系统都关闭了，也可以只将车距警告和跟行警告关闭了。激活 ESC 运动模式或者越野模式，那么制动警告装置也就关闭了，如图 3-60 所示。

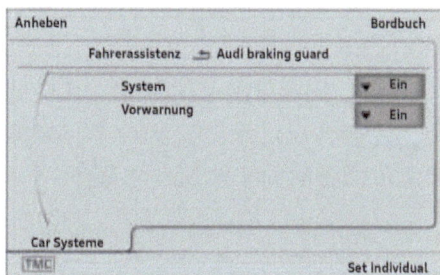

图 3-60 激活 ESC 运动模式

3. 带有行驶换道辅助系统（Side Assist）

车上装备有行驶换道辅助系统（Side Assist），那么在计算 ACC 调节过程时就要考虑到车后雷达传感器的数据了。如果识别出左侧相邻车道可以换道（没车），必要时自动制动介入会稍晚点进行。

ACC 这时就"等着"驾驶人去决定是否进行换道。这种调节策略的目的是不让驾驶人过早地"进入制动状态"，只在必须调整时才进行调整（保持驾驶舒适性），如图 3-61 所示。

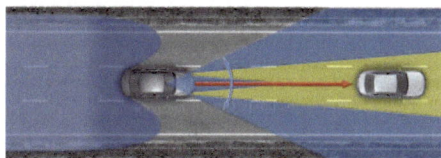

图 3-61 雷达识别车道

4. 停停走走系统

在最新的带有 ACC 的奥迪上，可以实现停停走走功能。与奥迪 Q7 车上的 ACC 一样，上述车上也可以自动实施制动，直至车停住。

但有个前提条件，目标车辆（就是前行车辆）在本车停住之前，必须处于运动中。在探测到目标的那个时刻，不会针对静止的目标（比如停住的车辆）去进行调节。

如果 ACC 侦测到的前行车辆停住了，那么 ACC 车辆也会自动制动到停止状态（不用司机来操纵做）。如此实现的减速状况取决于车速。当车速低于 50km/h 时，最大减速度可达约 4m/s²。离停住的最后 2~3m 距离，车辆是用约 2km/h 的速度"爬行"走完的，与前车的车距保持在 3.5~4m。

如果前车在短时停住后又开始前进了，那么 ACC 车（就是本车）也会自动加速。为实现本功能所需要的制动，是由 ESC 制动压力建立功能来实现的，如图 3-62 所示。

起步准备的持续时间取决于车型，可以通过操纵操纵杆（位置 RESUME）延长一个固定的时间值，如图 3-63 所示。

图 3-62 前车在短时停住后又开始前进

如果 ACC 通过主动制动过程将车辆停住，那么在下述情况下会自动拉紧电动驻车制动器并关闭 ACC，如图 3-64 所示。

- 停车时间超过了 3min。
- 打开了驾驶人车门。
- 系统故障。
- 如果在车辆停住时松开了驾驶人安全带，那么奥迪 A3 和 S3 会关闭 ACC；奥迪 A6、S6、RS6、A7、S7、RS7、A8 和 S8 不再会自动起步了。

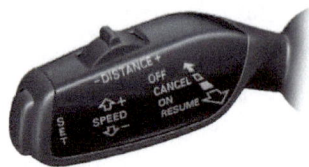

图 3-63　操纵操纵杆

ACC 的起步准备状态显示在中间显示屏上，以提示驾驶人。这个显示内容有个前提条件，驾驶人应已系上安全带了，如图 3-65 所示。在某些市场，无法通过操纵操纵杆来延长起步准备时间来实现自动起步。

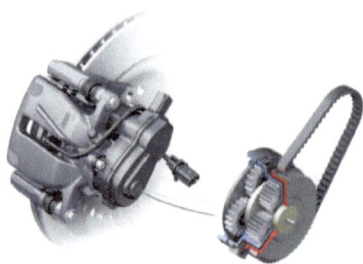

图 3-64　电动驻车制动器

图 3-65　ACC 的起步准备状态显示在中间显示屏上

5. 起步监控

在 ACC 车再次自动起步前，ACC 车与前车之间的区域一直处于"被监控状态"。如果识别出有障碍物，那么就会发出视觉和声音警告。车辆还是会起步的，但是车辆运动会非常缓慢。这就使得驾驶人有足够的时间通过制动或者避让来对障碍物做出反应。

通过三个独立系统来监控车前区域：雷达触感器、摄像头 R242、驻车辅助超声波传感器。若带有 ACC，其超声波传感器是以另一种模式来工作的，就是在大约 4m 的距离处仍能识别出物体，如图 3-66 所示。

如果没收到摄像头或者超声波传感器的信号，车仍会再次自动起步，但是加速会很慢。如果这两个信号都没收到，那么就不会允许车辆自动起步了。系统随后会自动关闭，并要求驾驶人接管车辆控制。

图 3-66　三个独立系统来监控车前区域

6. 与停停走走系统组合使用的起步辅助功能

停停走走这个功能也可以与起步辅助功能组合在一起用。起步辅助功能可以独立于 ACC，任何时间均可接通 / 关闭此功能，如图 3-67 所示。

如果接通了起步辅助功能且停停走走功能在车辆静

图 3-67　起步辅助功能

止时也激活了，那么起步辅助功能就不动声色地在后台运行着（类似于"准备状态"）。

如果在车辆静止且激活了起步辅助功能时关闭了 ACC，那么起步辅助功能会再次开始工作并将车辆保持在静止状态。

7. 车速很低时的全减速

当车速低于 30km/h 且有撞车危险时，会对车辆自动实施制动。ACC 所侦测到的测量数据就是识别撞车危险的基础。在奥迪 A6、S6、RS6、A7、S7、RS7、A8 和 S8 上，评估撞车危险时还要考虑摄像头 R242 的图像信息。这个评估是由车距调节控制单元内的一个相应软件来完成的。该控制单元通过传送一个要转换的规定减速值（约为 $8m/s^2$），来"委托" ESC 控制单元去实施制动。ESC 控制单元将会在车轮制动器上产生一个相应的制动力，如图 3-68 所示。

8. 超车辅助

该功能可以帮助驾驶人顺利完成超车。接通了的转向灯信号会被 ACC 理解成驾驶人想要超车。

本车在完全离开自己车道前以及到达"前面无车"状态前，就已经开始加速了。这种情况与驾驶人在"正常"行车时的操作是一样的。该功能会根据具体情形来激活，如图 3-69 所示。

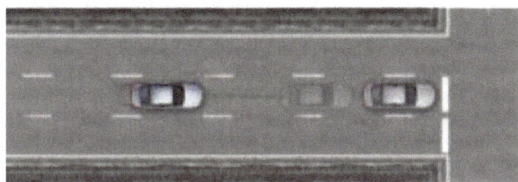

图 3-68　车速很低时的全减速	图 3-69　超车辅助

9. 弯道辅助

ACC 使用导航系统的预测道路数据来实现这个功能。如果识别出前面有弯道，ACC 就会计算车速，以便让车辆平安驶过此弯道。如果实际车速超过计算出的规定车速，弯道辅助功能就会被激活。通过降低驱动力矩可将车辆到达弯道入口时的车速最多降低 10~15km/h，如图 3-70 所示。

图 3-70　弯道辅助

10. 弯道行驶的调节特性

如果 ACC 识别出车辆的横向加速度超过计算出的规定值，那么车速就会相应降低。

如图 3-71 所示，所设定的期望车速为 120km/h 且本车行驶在前面没有慢行车的弯道上（也就不需要调节期望车距了）。在弯道行驶过程中，ACC 控制单元根据测出的横向加速度计算出固定车速为 110km/h。通过降低牵引力矩来使得车速被限制到 110km/h。在确定规定车速时，会考虑到挂车模式和所选的行驶程序的。

11. 制止右道超车

在 ACC 正在工作且前面没车时，右道超车／驶过只有在不超过特定车速时才是不受限

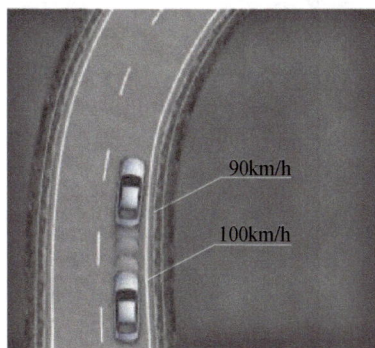

制的。在随后的 10km/h 的车速范围以内，只能以受限的相对车速驶过前车（就是超车）。

这时该功能就被激活了，不再允许在右车道驶过 / 超车了，随时都可以中止该功能，具体方法是，用操纵杆（RESUME）来手动加速、踏下加速踏板或者提高设定的期望车速，如图 3-72 所示。

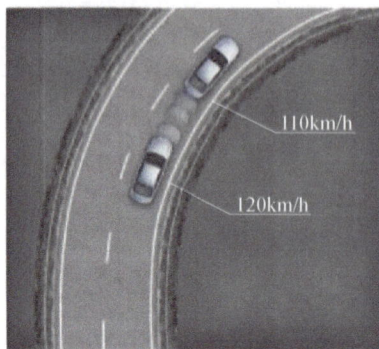

图 3-71　弯道行驶的调节特性

图 3-72　制止右道超车

12. 变道辅助

要想实现这个功能，必须装备有 Audi Side Assist（奥迪行驶换道辅助系统）和摄像头 R242。制动干预针对本车后面的交通情况和超车道占用进行适配。摄像头侦测车道标识线。下面就两种典型的行车状况来说明该功能。

行车状况 1：

ACC 车以明显的速度优势（车速比前车高很多）驶近前车，且驾驶人拨动转向灯操纵杆表示要换道了（转向指示灯亮起）。本车后部的 Audi Side Assist 雷达传感器识别出本车后方的左侧车道是空着的（没车）。

同样，ACC 在本车前方的左车道上也没发现有车。摄像头识别出断续的车道标线。ACC 从这些输入信号中推断出下面这些信息：

1）现在超车没危险了，因为本车后面的左车道上没有跟行车。

2）换道时可以不必降低车速，因为本车前面的超车道上没有其他车。

3）超车是允许的，因为有断续的车道标线，驾驶人也就能可靠地执行超车过程了。

在达到设定的期望车距时，ACC 不会将车辆制动到跟行而不超车时设定的车速。于是就可以非常顺利而舒适地完成换道了，如图 3-73 所示。

行车状况 2：

ACC 车以明显的速度优势（车速比前车高很多）驶近前车，且驾驶人拨动转向灯操纵杆表示要换道（转向指示灯亮起），本车后部的 Audi Side Assist 雷达传感器识别出本车后方的左侧车道被占用（有车），如图 3-74 所示。

图 3-73　雷达传感器识别出本车后方的左侧车道是空着的（没车）

图 3-74　雷达传感器识别出本车后方的左侧车道被占用（有车）

同样，ACC 在本车前方的左车道上也发现有车。摄像头识别出断续的车道标线。ACC 从这些输入信号中推断出下面这些信息。

1）现在超车有危险了，因为本车后面的左车道上有跟行车。

2）换道时不降低车速是不行的，因为本车前面的超车道上有其他车。

3）超车是允许的，因为有断续的车道标线，驾驶人也就能可靠地执行超车过程了。

在达到设定的期望车距时，ACC 会将车辆制动到低于上例的车速。在确定所需要的制动干预时，也会考虑到左车道上车辆的车速。

如果摄像头识别出线条式（不是断续连接那种）的车道分界线，那么就认为不能进行换道，且制动干预与不换道而保持原车道时的情形是一样的。

（八）网络连接 / CAN 数据交换

ACC 控制单元要从其他控制单元和传感器读取约 1700 个信号，图 3-75 就表示出需要与哪些控制单元进行数据交换。

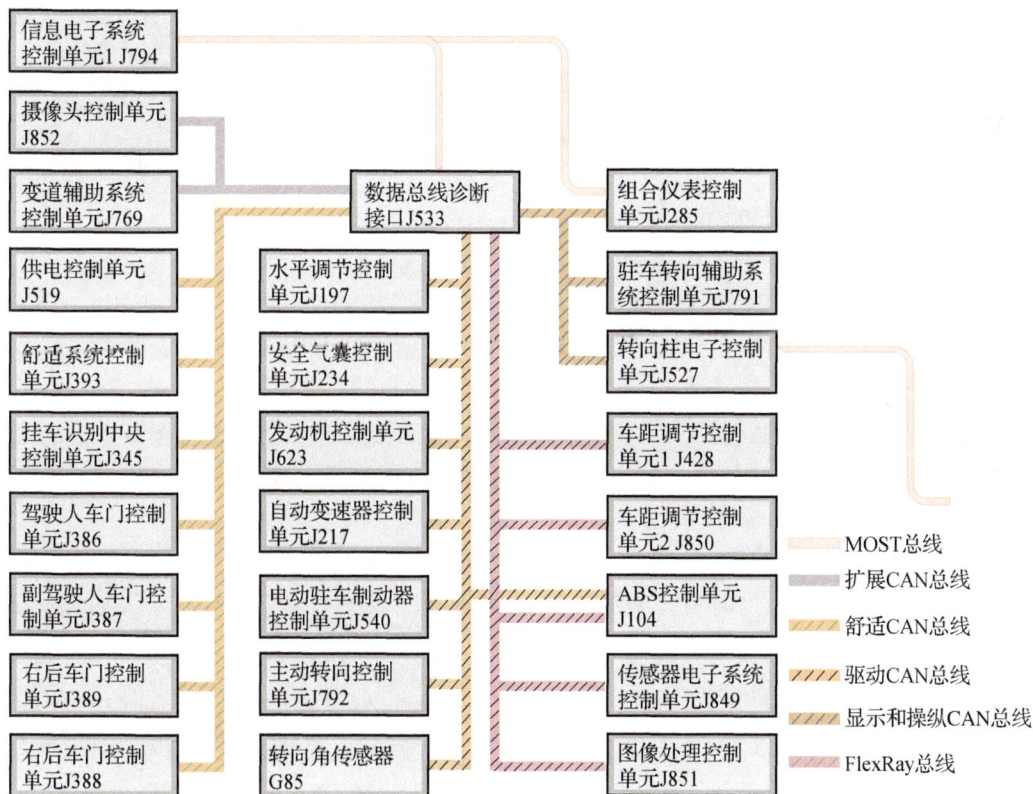

图 3-75　控制单元进行数据交换

（九）车距调节传感器的调节

ACC 控制系统（车距调节右传感器 G259 和车距调节控制单元 1 J428/ 车距调节左传感器 G258 和车距调节控制单元 2 J850），都具有完备的自诊断能力。

识别出的事件与相应的环境条件存储在车上的故障存储器内，诊断地址是 13/8B。故障存储器内的记录内容与相应的故障查寻程序联系在一起。

1. 检查传感器

尽管雷达波束的传播特性是"很强劲的",但是 ACC 也可能会因"视线"不佳而关闭了,在仪表上显示屏显示故障提示如图 3-76 所示。其原因可能有多种了:

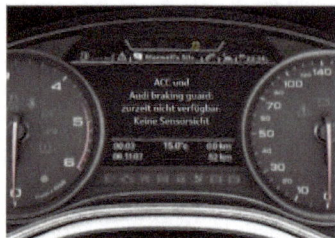

图 3-76　显示屏显示故障提示

- 天气条件大大影响了雷达波束的传播。这可能出现在水沫多、浓雾或者降雪时。这只能待天气好转时才能解决了。
- 雷达传感器透镜型表面脏污。清洁后,ACC 又可用了。清洁时,应使用商用清洁剂。
- 车辆行驶在 ACC 很少能接收到目标的地区。这种情况很少见,如行驶在靠近荒漠的地区。
- 在隧道内行驶时,有时隧道壁反射的信号会导致 ACC 关闭。

2. 车距调节传感器的更换 / 拆装

在传感器或者控制单元损坏时,只能整体更换 ACC 控制单元,不得将这两个部件分离。安装好 ACC 控制单元后,需要调整传感器,如图 3-77 所示。

图 3-77　车距调节传感器

（1）车距调节传感器的调节

要想实现精确调节,首先得精确好调整传感器。这样做了以后,才会把同车道且在前面行驶的车辆认作是相关车辆（目标车辆）。

如果传感器在水平方向上没有精确调整好,那么就可能针对相邻车道上的车去进行调节了,这就弄错了。

图 3-78 所示的奥迪 A8 车的保险杠更换过了,传感器装上后也没进行调节,由于错误地侦测到了右车道的轿车,因此 ACC 现在是针对着右车道上的轿车在调节车距,而不是针对本车道的货车在调节着车距。

在弯道行驶时更易出现这种根本不是我们想要的调节,尤其是左转弯弯道时更为明显。

在下述情况下,必须调节传感器:

- 调整 / 改变了后桥的轮距。
- 拆装过 ACC 单元（传感器和控制单元）。
- 拆装过前保险杠。
- 松开或调整过前保险杠。
- 前保险杠受过损,造成保险杠受过较大的力。
- 水平失调角超过了 ±0.8°。

图 3-78　错误地侦测到了右车道的车

如果车辆配备了两个 ACC 控制单元（车距调节右传感器 G259 和车距调节控制单元 1 J428/ 车距调节左传感器 G258 和车距调节控制单元 2 J850）,两个传感器都要调节。这时要先调节传感器 G259（它起主控作用）,如图 3-79 所示。

ACC 单元用三个双头螺栓固定在支撑板上,这个支撑板用螺栓与保险杠刚性连接在一起。这种双头螺栓的末端有球形头,球形头与塑料制的球节壳安放在支撑板上的容纳坑中。螺栓的螺纹拧入到传感器塑料件（卡夹）内。这三个螺栓中的两个（A、B）用于调节传感器，第三个（C）与传感器壳体连接在一起，是不可调的。

通过拧动螺栓（A 或 B），传感器到支撑板的距离就会发生变化，且传感器会绕着一个轴转动（这个轴是由不可调螺栓 C 和一个没有拧动的可调螺栓 B 或 A 构成的），如图 3-80 所示。

车距调节右传感器　　　　　　车距调节左传感器
G259和车距调节　　　　　　　G258和车距调节
控制单元1 J428（主）　　　　控制单元2 J850（从）

图 3-79　车辆配备了两个 ACC 控制单元

传感器在水平方向上（红色轴线的）和垂直方向上（蓝色轴线的）可以单独进行调整（彼此无联系）。调整时，应使用调整工具 VAS6190/2。

要想准确调节车距调节传感器，首先必须正确调节双头螺栓的长度，如图 3-81 所示。

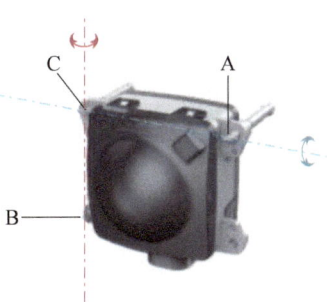

图 3-80　螺栓（A、B）用于调节传感器

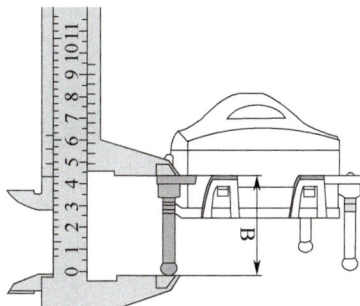

图 3-81　正确调节双头螺栓的长度

（2）调整车距调节传感器

雷达信号测出与前车之间的距离约为 130m，如果传感器在水平方向上偏离正确位置 1°，那么在 130m 处会产生 2.1m 的偏差，如图 3-82 所示。因而，在极端情况下，本车可能按照相邻车道上的一辆车来调节车距。

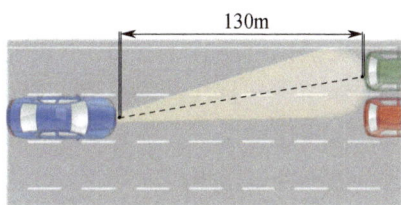

图 3-82　调整车距调节传感器

在下述情况下，必须对传感器进行机械调节：

- 后桥附近的底盘设定发生变化。
- 更换了传感器、传感器支架、保险杠横梁及前端板。
- 损坏（例如撞车）后。

机械调整需要在车轮定位仪上完成，如图 3-83 所示。

自适应巡航系统的所有元件始终都处在监控中，出现的故障会存入故障存储器。

传感器可以用专用工具来进行调节，如图 3-84

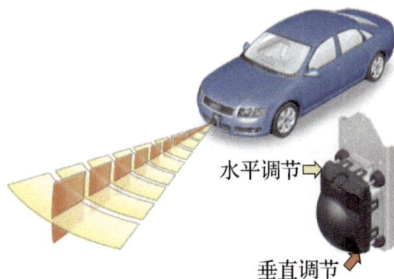

水平调节

垂直调节

图 3-83　调整雷达

所示。

调整过程的基本原理与相应的 ACC 系统和车型没有关系。

车前的反射镜与车辆行驶的几何轴线成直角。这个几何轴线表示后桥的转动方向，也就表示出车辆在直线行驶时的运动方向了。反射镜的精确定位需要使用底盘测试台并输入车辆相应的输入参数。

要想确定雷达传感器位置是否在规定范围内，并不需要执行完整的车轮定位工作。为此执行一个"快速操作"就够用了（通过测量后桥上的车轮轮距，以便实施轮辋跳动补偿）。

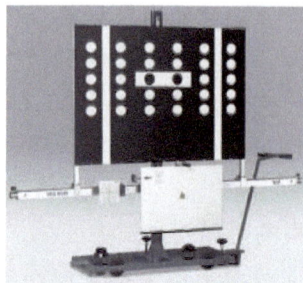

图 3-84　专用工具

随后，车距调节控制单元会启动雷达传感器，以便发送雷达波束以及接收反射镜反射的波束。

技师用车辆诊断仪来执行调整过程。如果传感器设置准确，那么反射的雷达波会准确地再次回到发射器的出发点处。控制单元会分析距离出发点的偏差量并确定出这时的偏转角度。技师通过车辆诊断仪来获知：到底应将相应的调节螺栓调节到什么程度。

准确调节的前提条件是，将当反光镜定位在与车辆行驶的几何轴线成直角的位置处。如果这一步做得有问题，即使下面的步骤没问题，传感器的角度设置也会过大。

发动机起动后，ACC 控制系统在完成了初始化后就会开始发送和接收信号了。在随后的行驶循环中（在 15 线接通时），ACC 控制系统一直在发射和接收着信号，即使驾驶人并未激活该系统。另外，如果车辆配备有智能起停系统，那么在随后的停车循环中，ACC 控制系统也是继续在发射和接收信号，如图 3-85 所示。

通过分析下述重要信息，系统会识别传感器的偏转量（调节量）。

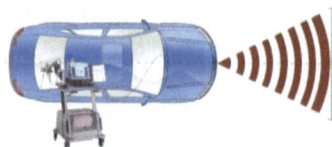

图 3-85　ACC 控制系统在完成了初始化后

1）ACC 识别出的物体（公路护栏、其他车辆）。

2）横摆率（车辆绕纵轴线的转动）。

直接作用在 ACC 控制单元边缘区域的力，有时会导致双头螺栓的球头从支架的塑料制的球节壳中被压出。比如在冬天时驻车，保险杠撞到了雪堆上，就可能出现这种情况。如果出现这种情况，那么调节角度可能会很大，以致系统关闭。随后进行调节，大多数情况下也不会起作用。因此，每次调节传感器前，必须检查它是否可靠固定。

用车辆诊断仪可以读出传感器水平偏置角（调节角）的测量值，这对于售后服务评价系统性能是非常重要的。偏差达到约 0.8°，就能明显感觉到有调节的必要了，应该去有资质的服务站执行此项工作。偏差如果达到 1.4°，那么系统就会关闭，并会在故障存储器内留下记录。

二、车道保持辅助系统

车道保持辅助系统可以帮助驾驶人将车辆保持在原车道上行驶，用一个摄像机来识别车道边界线，如图 3-86 所示。当因驾驶人疏忽或精力不集中而使车辆可能要驶离车道边界线（车辆可能要驶离车道），那么将通过转向盘振动来提醒驾驶人，如图 3-87 所示。如果在车辆越过车道边界线之前开启转向灯，则不会发出警告，因为系统认为驾驶人是有意要变道。

车道保持辅助系统是一种驾驶辅助系统，它可以对驾驶人提供帮助，但是驾驶人始终要对车道保持负责。

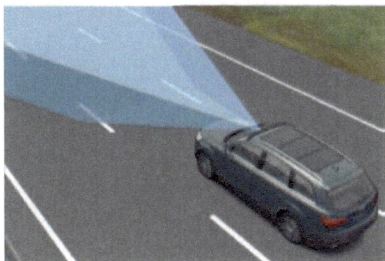

图 3-86　用一个摄像机来识别车道边界线　　图 3-87　通过转向盘振动来提醒驾驶人

（一）车道保持辅助系统功能

车道保持辅助系统可以帮助驾驶人将车辆保持在原车道上行驶。

车辆行驶时，如果车道保持辅助系统识别出车道两侧的边界线，那么该系统就处于"时刻准备工作"状态，如图 3-88 所示。

如果车辆行驶中靠近识别出的某条车道边界线（车辆可能驶离车道），那么转向盘就会发生振动，从而对驾驶人进行提醒，如图 3-89 所示。如果在车辆横过车道边界线之前开启转向灯，就不发出这种振动提醒，因为系统认为驾驶人想要变道。

图 3-88　用车道保持辅助系统来识别车道边界线　图 3-89　转向盘振动来提醒驾驶人

在接近或者横过识别出的车道边界线时，这种振动提醒只发生一次。只有在第一次振动提醒发生后，车辆已经行驶到离这条车道边界线足够远且又接近这条边界线时，这种振动提醒才会第二次出现。这样就可避免在车辆与某条车道边界线平行行驶时一直出现这种振动提醒的恼人场面。

车道保持辅助系统是为高速公路和主干线公路而设计的，在车速高于约 65km/h 时才会工作。环境条件恶劣时，比如车道脏污或者路面有雪、车道过窄、车道边界线不清晰（如高速公路施工时），那么该系统暂时不工作，系统当前的状态会显示在组合仪表上，如图 3-90 所示。

图 3-90　系统当前状态显示在组合仪表上

1. 组合仪表上的指示灯

组合仪表上的指示灯可能出现的状态如下：

	如果组合仪表上的指示灯呈绿色亮起，这表示该系统已经接通且处于随时准备工作的状态
	如果组合仪表上的指示灯呈黄色亮起，这表示该系统已经接通，但因当前情况无法工作 　在这种状态时，该系统不会提醒驾驶人。原因下面会进行说明
	如果组合仪表上的指示灯根本没亮，这表示该系统已经关闭了 　要想激活该系统，必须操纵转向拨杆上的相应按钮

　　组合仪表上的指示灯如果呈黄色亮起，其原因可能如下：
- 只有一条车道边界线或根本没有车道边界线。
- 没能识别出车道边界线（比如因雪、脏污、潮湿或者逆光）。
- 车辆正在行驶的车道上的边界线多于两条（比如道路施工时的白色和黄色边界线）。
- 车速低于约 65km/h。
- 车道宽度小于约 2.5m 或大于约 5m。
- 转弯太急（转弯半径小于约 250m）。

　　对于装备有 Highline 型组合仪表的奥迪 A4 和 A5 Coupé 来说，组合仪表上还可以显示自适应定速巡航和车道保持辅助系统的当前状态。

　　下面的图例表示的是彩色显示屏上显示示例。

　　（1）屏幕显示内容
- 自适应定速巡航系统：

已激活，系统已识别出一辆车，如图 3-91 所示。
- 车道保持辅助系统：

未安装或已关闭。

图 3-91　识别出一辆车

　　（2）屏幕显示内容
- 自适应定速巡航系统：

已关闭或备用模式。
- 车道保持辅助系统：

未安装或已关闭，如图 3-92 所示。

　　（3）屏幕显示内容
- 自适应定速巡航系统：

已激活，系统已识别出一辆车。
- 车道保持辅助系统：

已接通，但未激活（不会有振动提醒），如图 3-93 所示。

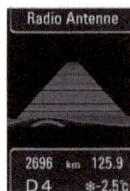

图 3-92　系统已关闭

　　（4）屏幕显示内容
- 自适应定速巡航系统：

已激活，要求驾驶人来接管。

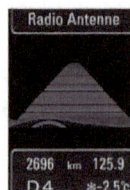

图 3-93　系统已接通但
未激活

● 车道保持辅助系统：

已接通并已激活（会有振动提醒），如图 3-94 所示。

（5）屏幕显示内容

● 自适应定速巡航系统：

已激活，当前没有识别出车辆。

● 车道保持辅助系统：

已接通，已激活（会有振动提醒）并提醒左侧，如图 3-95 所示。

（6）屏幕显示内容

● 自适应定速巡航系统：

未安装 ACC！

● 车道保持辅助系统：

已接通，已激活（会有振动提醒）并提醒右侧，如图 3-96 所示。

对于装备有 Lowline 型组合仪表的车来说，就无法选装自适应定速巡航系统（ACC）了，ACC 必须配合 Highline 型组合仪表来使用，但是如果车上装备了车道保持辅助系统，其显示情况如下。

● 自适应定速巡航系统：未安装 ACC!

● 车道保持辅助系统：已关闭，如图 3-97 所示。

● 自适应定速巡航系统：未安装 ACC!

● 车道保持辅助系统：已接通，但未激活（不会有振动提醒）如图 3-98 所示。

● 自适应定速巡航系统：未安装 ACC!

● 车道保持辅助系统：已接通，已激活（会有振动提醒），如图 3-99 所示。两车道边界线均未闪烁！当前没有警告提醒。

● 自适应定速巡航系统：未安装 ACC!

● 车道保持辅助系统：已接通，已激活（会有振动提醒），如图 3-100 所示。右侧车道边界线在闪烁，这表示车道保持辅助系统认为车辆可能要越过右侧的车道边界线了。

图 3-94　系统已接通并已激活

图 3-95　已接通已激活并提醒左侧

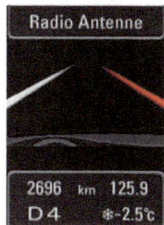

图 3-96　已接通已激活并提醒右侧

图 3-97　车道保持辅助系统已关闭

图 3-98　车道保持辅助系统已接通，但未激活

图 3-99　车道保持辅助系统已接通，已激活

图 3-100　车道保持辅助系统已接通，已激活

2. 组合仪表中央显示屏上的文字信息

"Audi Lane Assist nicht verfügbar：Zur Zeit keine Sensorsicht"（车道保持辅助系统不可用：目前传感器什么也没探测到）的原因如下，如图 3-101 所示。

1）摄像机的视窗外侧脏污或者结冰了。在这种情况下，驾驶人应清洁脏污处和清理结冰。

2）摄像机的视窗内侧结有雾汽。在这种情况下应等待，直至雾汽散尽。

3）因道路特性（比如覆盖着雪或者脏污）而导致车道边界线不易识别。

"Audi Lane Assist zur Zeit nicht verfügbar"（车道保持辅助系统目前不可用）会在发生临时故障时出现，如图 3-102 所示。

- 可稍后再试着启动该系统。
- 原因可能是控制单元内部的温度过高。

"Audi Lane Assist nicht verfügbar: Systemfehler"（车道保持辅助系统不可用：系统故障）出现时，表示需要到服务站去检修，车道保持辅助系统应在专业服务站进行检查，如图 3-103 所示。

其原因是：损坏的可能是控制单元、振动电动机或者是车道保持辅助系统按钮。如果控制单元内的状态是"系统没有校准"，也会出现这个显示内容。

图 3-101　车道保持辅助系统故障信息

图 3-102　发生临时故障时信息

图 3-103　车道保持辅助系统不可用的系统故障

3. 接通或关闭系统

车道保持辅助系统按钮集成在转向拨杆上，按压这个按钮可以接通或关闭该系统，如图 3-104 所示。

系统当前的状态由组合仪表上的指示灯来指示，如果指示灯亮，说明系统已接通；如果指示灯灭，说明系统已关闭。当前的激活状态会被存储起来，并会被分配给相应的车钥匙。

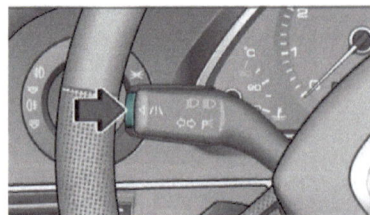

图 3-104　按钮集成在转向拨杆上

这就是说，当最后一次关闭点火开关时，如果车道保持辅助系统当时是处于接通状态，那么您下次接通点火开关时，该系统仍然是接通状态。当然这有一个前提条件：下次行车使用的是同一把钥匙（就是上次关闭点火开关时的那把钥匙）。

（1）设置警报提醒时刻

驾驶人自己可以来选定：是在无意中驶离车道前就提前进行警告提醒，还是在车辆已经接触车道边界线时才进行警告提醒。

在 MMI 上为这种设置提供了三种选择，可按下述来进入相应的子菜单：

- 按压 MMI 面板上的功能按钮"Car"。
- 选择子菜单"Systeme"（系统）。

- 选择"Audi lane assist"（奥迪车道保持辅助系统）。
- 打开"Warnzeitpunkt"（警告时刻）选项。
- 根据需要将警告时刻设置为"früh"（提前）"adaptiv"（自适应）或"spät"（滞后），如图 3-105 所示。

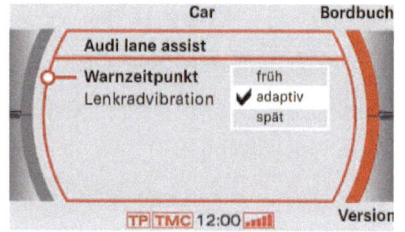

图 3-105　警告时刻设置

1）früh（提前）。如果设置成这个状态，那么当车轮还没有接触识别出的车道边界线时就发会出警告提醒。具体何时发出警告提醒取决于车辆驶近车道边界线时的角度。如果车辆以很大的角度驶近车道边界线，那么在离边界线较远处就会发出警告提醒。如果车辆以很小的锐角驶近车道边界线，那么在车轮接触了车道边界线时才会发出警告提醒。

2）adaptiv（自适应）。设置成这个状态的话，警告时刻就会与道路情况和车速相适配。在弯道时晚些发出警告提醒，在直道时早一些发出警告提醒，在窄路上比宽路上要晚一些发出警告提醒。

3）spät（滞后）。如果设置成这个状态，那么当一个车轮压过识别出的车道边界线时才会发出警告提醒。

（2）设置转向盘振动

驾驶人在 MMI 上可以设置转向盘振动强度，分为三个等级，可按下述来进入相应的子菜单：

- 按压 MMI 面板上的功能按钮"Car"。
- 选择子菜单"Systeme"（系统）。
- 选择"Audi lane assist"（奥迪车道保持辅助系统）。
- 打开"Lenkradvibration"（转向盘振动）选项。
- 根据需要将转向盘振动设置为"schwach"（弱）"mittel"（中）或"stark"（强）。

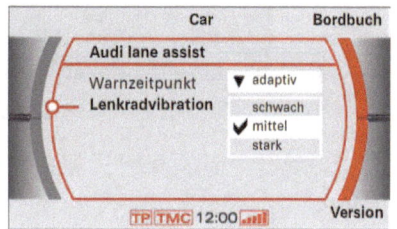

图 3-106　设置转向盘振动

转向盘振动设置完成后，转向盘会以所设置的振动强度振动一次，使驾驶人能够立即检查所设的强度，如图 3-106 所示。

在 MMI 中对车道保持辅助系统所做的设置在关闭点火开关后会被存储起来，并被分配给相应的车钥匙。在下次接通点火开关后，所用的车钥匙内的设置就会被激活。

4. 车道保持辅助系统控制单元（带有摄像头）

车道保持辅助系统控制单元与摄像头是一体的，因此只能整体更换，如图 3-107 所示。

所使用的影像摄取传感器以黑白影像模式来获取车前路面的情况，其分辨率是 640×480 像素。影像摄取传感器前面有一个 6mm 焦距的镜头。摄像头的视距最大为 60m。恶劣环境可能会降低视距。如果视距低于某个最小值，那么车道保持辅助系统会切换到"不可使用状态"。

（1）电子影像处理

影像摄取传感器所获得的黑白影像由一个影像处理软件进行分析，分析中首先要在影像上寻找车道边界线。如果识别出两侧的车道边界线，则会计算车道宽度和车道曲率。另外，该软件还要计算车辆在车道上的位置（车辆与左、右车道边界线的距离）以及车辆接近车道边界线的角度。

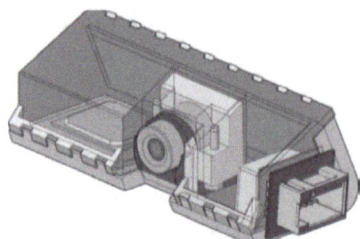

图 3-107　车道保持辅助系统控制
单元与摄像头

影像处理软件还会评估车道识别的好坏程度，根据计算值和已知的车辆尺寸就可确定警告提醒时刻。按 MMI 上警报提醒时刻的设置不同，采用不同的方法来进行计算。这些计算值也用于确定因车道的形状是否必须暂时关闭车道保持辅助系统的功能，如图 3-108 所示。

（2）安装位置

车道保持辅助系统控制单元 J759 卡在一个支架上。该支架粘在前风窗玻璃上，由于这个支架位于前风窗玻璃上方的黑边后，所以在车外看不到该支架，只能看到车道保持辅助系统摄像头的梯形视窗。摄像头视窗位于刮水器的刮水区，这样可在降雨或降雪时尽量降低视野受限的情况，如图 3-109 所示。

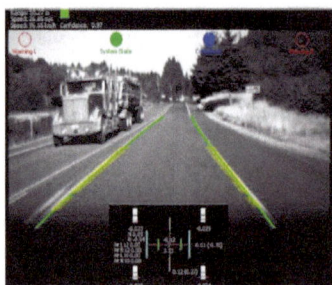

图 3-108　电子影像处理

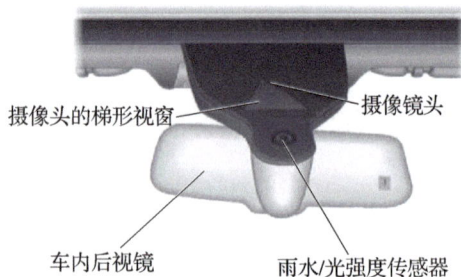

图 3-109　安装位置

因逻辑方面的原因，凡是带有车道保持辅助系统的汽车，也肯定装备有雨水 / 光强度传感器。

5. 车道保持辅助系统的前风窗玻璃加热器

为了去除摄像头视窗上的水雾和冰冻，车道保持辅助系统还装备有一个加热式的摄像头视窗，它与前风窗刮水器共同来完成这个任务。车道保持辅助系统的前风窗玻璃加热器 Z67 是一种电阻膜，该膜直接粘在前风窗玻璃上。

该膜有两个插头，一个插头用于在前风窗玻璃加热器激活时从车道保持辅助系统控制单元 J759 获得供电，另一个插头与汽车搭铁点相连。这个电阻膜上有多个并联电阻，电流流过时电阻会被加热，于是这些电阻就将风窗玻璃加热了，这样前风窗玻璃上的水雾会消失，冰雪会融化，最后刮水器将其彻底清除了。

电阻膜围绕在前风窗玻璃的一个区域周围，车道保持辅助系统摄像头就通过这个区域来探测车前环境状况，如图 3-110 所示。

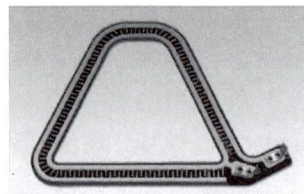

图 3-110　前风窗玻璃加热器
Z67

如果图像传感器获取的图像对比度太弱，那么前风窗玻璃加热器 Z67 会被激活进而工作。

若图像对比度太差，那么就无法准确识别车道边界线，于是车道保持辅助系统就切换到"不发出警告提醒"状态。如果车道识别图像的对比度足够，那么前风窗玻璃加热器就又关闭了。如果玻璃加热器没能清除视野障碍（如因脏污），那么组合仪表中央显示屏上会出现文字信息来提醒驾驶人。

6. 车道保持辅助系统的振动式转向盘

转向盘上装备有一个振动电动机，它可使得转向盘产生振动，如图 3-111 所示。这个振动电动机安装在转向盘右下辐条内，转向盘的振动是因电动机上的不平衡配重旋转而产生的。

该电动机无法单独更换，因此如果振动电动机损坏，必须更换整个转向盘。转向盘振动持续的时间长度取决于驾驶人的反应情况，一般在 1s 左右。配备车道保持辅助系统的

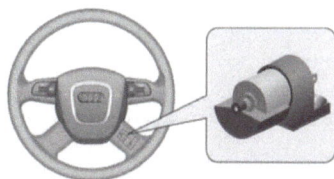

图 3-111 车道保持辅助系统的振动式转向盘

车需要使用多功能转向盘，因为需要通过多功能转向盘内的电子系统来激活振动电动机。振动电动机必须装在四辐条式转向盘中。

7. 系统一览

系统一览如图 3-112 所示。

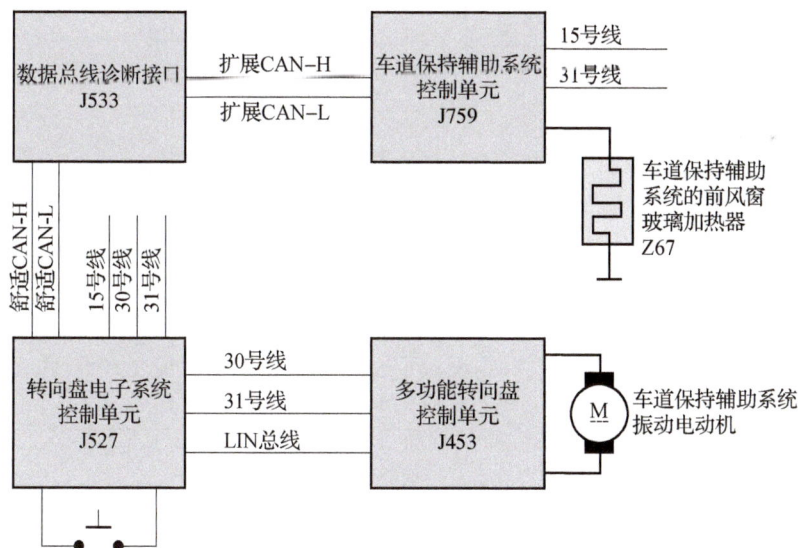

图 3-112 系统一览图

（1）车道保持辅助系统的前风窗玻璃加热器 Z67

车道保持辅助系统的前风窗玻璃加热器 Z67 直接由车道保持辅助系统控制单元来控制，这个控制只需要一个端子插头，该加热器在车内搭铁。

（2）车道保持辅助系统按钮 E517

车道保持辅助系统按钮 E517 信息由转向盘电子系统控制单元 J527 来读入，该按钮位

于转向灯拨杆上。

（3）车道保持辅助系统振动电动机

车道保持辅助系统的振动电动机由多功能转向盘控制单元 J453 来控制，该电动机安装在转向盘辐条内。

8. 通信结构

图 3-113 所示是参与车道保持辅助系统功能的控制单元一览。

这些控制单元为车道保持辅助系统控制单元 J759 提供信息，或从 J759 获得信息。

（1）使用扩展 CAN 的用户

车距调节控制单元 J428：为了避免车道保持辅助系统和停车距离缩短系统 2 同时发出警告，如果停车距离缩短系统同时激活了制动系统，车道保持辅助系统的转向盘振动功能就会被压制（暂不工作）。

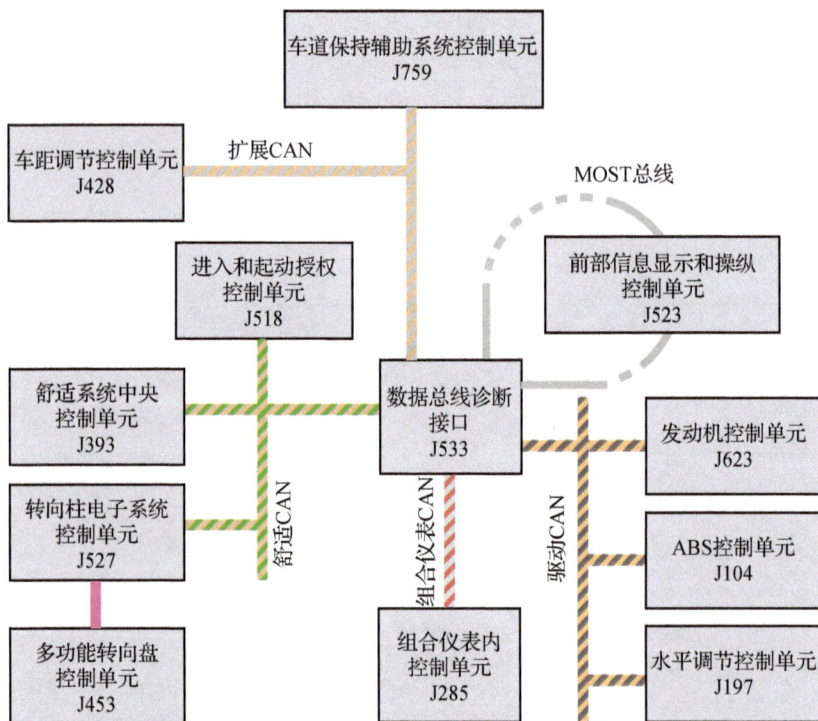

图 3-113　参与车道保持辅助系统功能的控制单元一览

（2）使用舒适 CAN 的用户

1）进入和起动授权控制单元 J518。进入和起动授权控制单元发送的信息表示的是车上识别出的是哪一把点火钥匙，车道保持辅助系统控制单元利用这个信息将存储的驾驶人设置分配给相应的点火钥匙。

2）舒适系统中央控制单元 J393。舒适系统中央控制单元发送的信息表示当前左、右转向灯是否已激活。

3）转向柱电子系统控制单元 J527。转向柱电子系统控制单元发送的信息表示车道保持辅助系统按钮是否已经按下。该控制单元从车道保持辅助系统接收这个信息：是否应激活振动电动机来提醒驾驶人。该信息随后会通过 LIN 总线传给多功能转向盘，从而激活振动电动机。

（3）使用 MOST 总线的用户

前部信息显示和操纵控制单元 J523 将关系到车道保持辅助系统的驾驶人设置方面的修改内容传给车道保持辅助系统控制单元，新的设置会被存储起来并分配给当前的车钥匙。

（4）使用驱动 CAN 的用户

1）发动机控制单元 J623：发动机控制单元发送的是当前的发动机转速。车道保持辅助系统需要使用这个转速值，因为前风窗玻璃加热的工作时间就取决于发动机当前是工作还是没工作（在"发动机关闭"时是不会加热的）。

2）水平调节控制单元 J197：水平调节控制单元不断地将减振器的高度告知车道保持辅助系统，这个信息用于对摄像头高度以及摄像头纵、横摇角进行电子校正。

3）ABS 控制单元 J104：ABS 控制单元传送车速信号（用于激活或关闭车道保持辅助系统）以及横摆角速度。

（5）使用组合仪表 CAN 的用户

组合仪表内控制单元 J285：组合仪表内控制单元接收车道保持辅助系统最新状态信息，以便接通组合仪表上的指示灯（黄色、绿色或关闭）。

该控制单元还接收这个信息：是否显示文字信息，如果是，那么应显示什么样的文字信息。

（二）新一代主动车道保持辅助系统

新一代主动车道保持辅助系统的改进如下：

- 通过电控机械式转向系实现系统的转向干预。
- 可以在 MMI 中关闭用于警告驾驶人的转向盘振动。
- 一种系统模式，通过持续的转向干预帮助驾驶人将车辆保持在车道中间。
- 一种系统模式，当接近车道边界线时帮助驾驶人不致于因疏忽而驶离原来车道。
- 不再通过转向盘中的不平衡电动机，而是通过电控机械式转向系的电动机产生转向盘振动。
- 功能主控制单元是图像处理控制单元 J851，而不再是摄像头控制单元 J852 或车道保持辅助系统控制单元 J759。

新一代主动车道保持辅助系统功能上的继续发展使其在仅识别出一条车道边界线时也能发出警告。此外，当在弯道中轻微压线时，即使压到或者短时间跨越车道边界线，也不会强行发出警告。

配备的一个高品质摄像头用于主动车道保持辅助系统。它具有更高的分辨率，能够区分黄色和白色的车道边界线，如图 3-114 所示。

图 3-114　高品质摄像头

1. 主动车道保持辅助系统的主动转向干预

可以在两种系统模式中进行选择：

- 模式转向干预"早"——它帮助驾驶人将车辆保持在车道中间。
- 模式转向干预"晚"——它帮助驾驶人不致因疏忽而驶离车道。

（1）系统模式：转向干预"早"

转向干预"早"模式帮助驾驶人将车辆保持在车道中间。在此模式下，主动车道保持辅助系统以朝向车道中间的转向力矩形式进行持续干预，如图 3-115 所示。

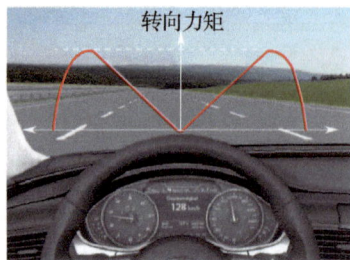
图 3-115 转向干预"早"模式

主动车道保持辅助系统所需的转向力矩在下文中称为系统转向力矩，它由助力转向电动机 V187 施加给转向系统。而电动机 V187 则由助力转向系统控制单元 J500 控制开启。由图像处理控制单元 J851 给出所需要的转向力矩，该控制单元是奥迪主动车道保持辅助系统的主控制单元。

在"早"模式中，一旦车辆不再处于车道中间时便会发生转向干预。转向干预的前提条件是：警告系统功能正常且没有操作转向信号灯。车辆离车道中心越远，系统转向力矩就越大。驾驶人觉察到作为转向建议的转向干预，而是否采纳该建议则由他自己决定。如果想把车辆换到临近车道，驾驶人的转向力矩必须大于反方向作用的系统转向力矩。

如果主动车道保持辅助系统确定驾驶人不接受转向建议并想要变换车道，则将收回系统转向力矩并终止转向干预。系统所施加的最大转向力矩确保驾驶人可以用力操控系统转向干预力矩。

提示：

在系统模式转向干预"早"中，只有当识别出两条车道边界线时才会发生转向干预。

（2）系统模式：转向干预"晚"

转向干预"晚"模式帮助驾驶人不致因疏忽而驶离车道。在该模式中，只有当车辆快要接近车道边界线时才会引发主动车道保持辅助系统的转向干预，如图 3-116 所示。

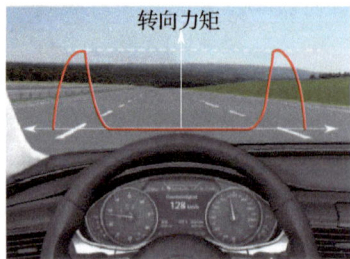
图 3-116 转向干预"晚"模式

如果驾驶人的转向力矩大于反方向作用的系统转向力矩，则车辆将继续朝相邻车道方向行驶。系统转向力矩将随之减小，直到最后数值为零。在这种情况下，系统认为驾驶人希望变换车道。转向干预"早"和转向干预"晚"中的系统转向力矩的最大值相同。

2. 主动车道保持辅助系统的显示

组合仪表中有一盏功能指示灯用于显示当前系统状态。如果车辆配有平视显示器，则在其上显示出系统状态。

有三种不同的系统状态：

- 已打开并且可发出警告。
- 已打开但不可发出警告。
- 已关闭。

（1）系统状态：已打开并且可发出警告

当系统可以发出警告时，指示灯为绿色，如图3-117所示。

当系统已识别出两条车道边界线并且未发出警告时，两条车道边界线将显示为白色。在图示的图像中右侧车道边界线显示为红色，因为此时有从右侧驶离车道的危险。

如果在MMI中将主动车道保持辅助系统的"振动警告"设置为"开"，则将同时通过振动转向盘来发出警告。此外，系统将朝车道中心的方向施加一个转向力矩，从而帮助驾驶人保持在车道内。

图3-117 系统发出警告时指示灯为绿色

（2）系统状态：已打开但不可发出警告

当系统虽已打开但不能发出警告时，指示灯为黄色，如图3-118所示。在此状态下，既不会发生转向干预，也不会通过转向盘振动发出警告。如果系统当前不能发出警告，则两条车道边界线显示为灰色。

此种系统状态的原因可能如下：

图3-118 系统虽已打开时指示灯为黄色

- 车速低于65km/h。
- 车道宽度小于约2.5m或大于约4.5m。
- 没有车道边界线。
- 弯道过急。
- 驾驶人的双手未置于转向盘上。
- 未识别出相关的车道边界线。

未识别出车道边界线的可能原因：

- 施工现场标记。
- 车道上有积雪或脏污。
- 车道潮湿引起反光。
- 低空中的太阳或对向车流引起的眩光。

3. 主动车道保持辅助系统的操作

（1）打开和关闭

通过转向灯拨杆上的按键打开或关闭主动车道保持辅助系统的功能，如图3-119所示。

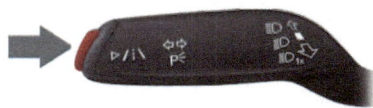

图3-119 主动车道保持辅助系统开关

（2）MMI设置：转向干预点

早：持续的转向干预帮助驾驶人将车辆保持在车道中间，系统转向力矩随着不断靠近车道边界线而增加。

晚：只有当车辆靠近车道边界线时才会发生转向干预，如图3-120所示。

（3）MMI设置：振动警告

开：除了转向干预外，在越过车道边界线前将振动转向盘。

关：关闭振动警告，主动车道保持辅助系统只做转向干预，如图3-121所示。

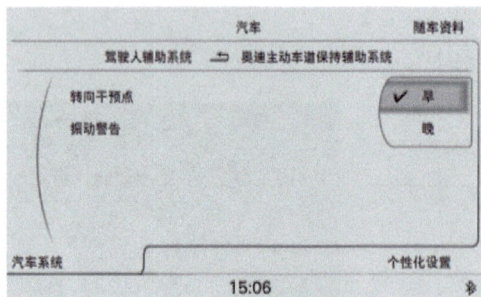

图 3-120　转向干预点

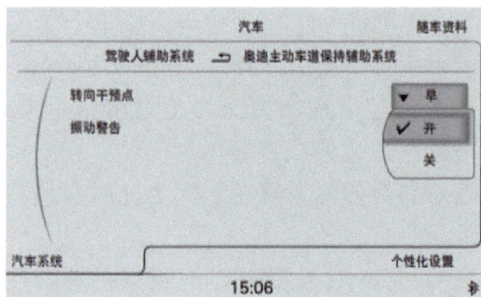

图 3-121　振动警告

4. 辅助功能

（1）在脱把行驶时关闭功能

主动车道保持辅助系统的功能是帮助驾驶人保持在原来的车道。该系统以驾驶人始终将双手置于转向盘上为前提条件。通过转向力矩传感器 G269 所测得的转向力矩来识别脱把行驶。

如果确定为脱把行驶，则系统功能将暂时关闭。主动车道保持辅助系统的功能指示灯从绿色变为黄色。当驾驶人再次握住转向盘时，功能将重新开启，如图 3-122 所示。

图 3-122　在脱把行驶时关闭功能

（2）有意变换车道而不打转向灯

如果驾驶人变换车道时打转向信号灯，则系统将不作干预，因为它认定其为有意变换车道。然而，如果满足一定的前提条件，则主动车道保持辅助系统将有些不打转向灯的车道变换也视作是有意的。

这些前提条件是：
- 识别到道路前方有车辆行驶。
- 与前车保持超车所需的典型车距。
- 与前车的车速差别足够大。

当识别出这种情况时将没有系统警告或转向干预，如图 3-123 所示。

（3）在识别出相邻车道上有障碍物时的系统行为

如果离开本车车道后会直接带来车辆损伤的危险，那么因疏忽而离开本车车道的后果将尤其严重，比如当车道边界线旁护栏或者相邻车道上有车辆时，如图 3-124 所示。

为了识别这类情况，除了评估摄像头图像外，还要利用前部与后部泊车辅助系统以及自适应巡航控制系统（ACC）这两个驾驶人辅助系统的测量值。为了使主动车道保持辅助系统具备该项辅助功能，车辆必须至少配有前部及后部泊车辅助系统。

图 3-123　有意变换车道而不打转向灯

图 3-124　在识别出相邻车道上有障碍物时的系统行为

如果车辆没有这项选配系统，那么主动车道保持辅助系统将不具有这一辅助功能。如果车辆还额外配有自适应巡航控制系统，则对障碍物的识别将更加可靠。

如果识别到这种情况，主动车道保持辅助系统的反应方式是更早地发出振动警告，并要求驾驶人使用更大的力量才能克服系统的转向干预。

5. 车道偏离警告

当车辆有脱离本车车道的危险时，车道偏离警告系统会对驾驶人予以警告。车道偏离警告工作时有个前提条件：驾驶人事前并未激活相应转向灯来有意要切换车道了。

车道偏离警告系统使用转向信号，就是要区别当前这个偏离车道是驾驶人有意为之还是无意中出现的。只有当系统判断出这个车道偏离不是驾驶人有意为之的，才会发出警告。

车辆将要越过车道分界线时，警告有三种不同的形式：

- 系统会施加一个转向力矩而使得车辆向车道中间行驶。
- 转向盘上会有振动。
- 在功能显示中将相应的车道分界线染成红色。

警告机制说明：

- 如果自适应驾驶辅助系统的保持车道中间位置功能被激活了，那么在车辆马上就要越过车道分界线时就不会再有进一步的转向介入了。让车辆向道路中间行驶的这个功能（就是保持车道中间位置功能）是一种保护机制，它通过转向介入来防止车辆无意间偏离本车车道。
- 可在 MMI 上接通和关闭转向盘振动这个功能。在关闭了点火开关时，当前的设置被作为个性化内容存储起来。

（1）接通和关闭

车道偏离警告的接通和关闭是通过触屏下部的一个虚拟按键来实现的。如果功能符号上方有一个红色的杠，就说明车道偏离警告系统已被关闭了。车道偏离警告系统的关闭仅能持续一个15 号端子循环，下次接通点火开关时，该功能就又被激活了（不论在关闭点火开关时该功能是接通着还是关闭着），如图 3-125 所示。

图 3-125　车道偏离警告的接通和关闭用的
虚拟按键位置

接通和关闭用的虚拟按键图标如图 3-126、图 3-127 所示。

图 3-126　车道偏离警告已被接通

图 3-127　车道偏离警告已被关闭

（2）显示

车道偏离警告的激活状态可通过组合仪表上相应的功能符号或者抬头显示上的显示来获知。

	说明
	车道偏离警告已关闭
	车道偏离警告接通了，但未工作。其原因可能是车速过低了或者无车道分界线
	车道偏离警告接通了并在工作。当前只识别出了左侧的车道分界线，因此也就只能对车辆靠左侧脱离车道发出警告
	车道偏离警告接通了并在工作。当前识别出了左侧和右侧的车道分界线
	车道偏离警告接通了并在工作。当前识别出了左侧和右侧的车道分界线。由于车辆有靠右脱离车道的危险，于是会发出警告

6. 通信结构

为了能够实现主动车道保持辅助系统的功能，图像处理控制单元 J851 需要从多个控制单元中获取大量的信息。图 3-128 描述主动车道保持辅助系统与哪些控制单元交换信息，以及哪些是最主要的。

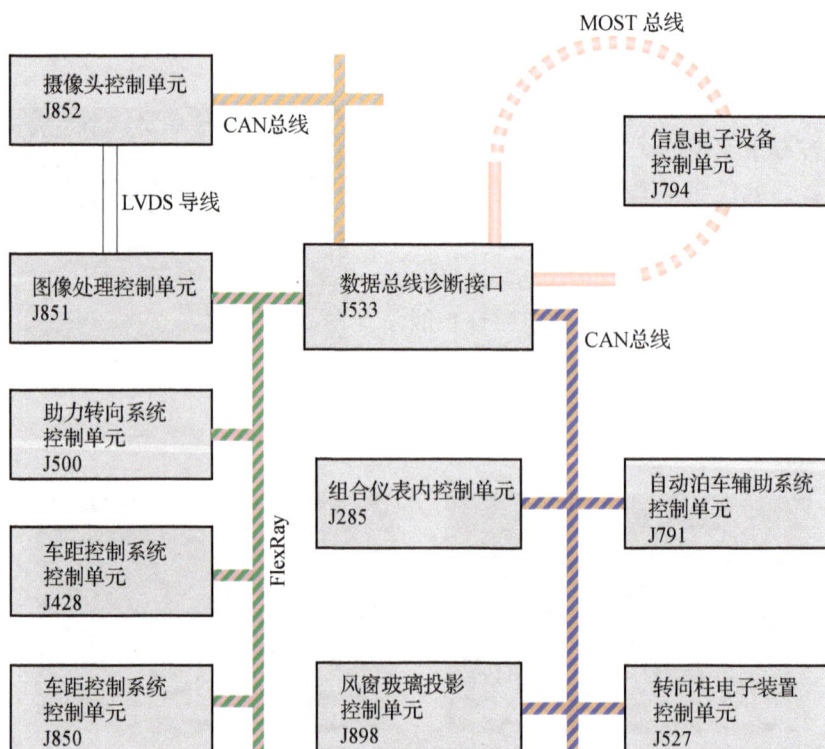

图 3-128　通信结构

主动车道保持辅助系统所需的控制单元：

（1）摄像头控制单元 J852

- 拍摄车辆前方区域，将图像传输给图像处理控制单元 J851。
- 搜索图像中的车道边界线，测定其准确位置和几何形状，并将这些信息传输给控制单元 J851。

（2）图像处理控制单元 J851

- 内部集成了主动车道保持辅助系统的功能软件。
- 将主动车道保持辅助系统所需的转向力矩信息发送给助力转向系统控制单元 J500，并在需要时发出振动警告。
- 要求组合仪表控制单元 J285 显示当前系统状态，并且根据需要显示消息和警告。
- 向前风窗玻璃投影控制单元 J898 传达当前系统状态，并在需要时要求它显示警告。
- 将通过 MMI 所作的设置保存到主动车道保持辅助系统中。存储内容将与所使用的车钥匙相匹配。

（3）助力转向系统控制单元 J500

- 根据控制单元 J851 的要求开启电控机械式转向系的电动机（产生所需的系统转向力矩并发出振动警告）。
- 读取转向力矩传感器 G269 并将转向力矩传递给控制单元 J851。

（4）数据总线诊断接口 J533

- 是多种数据总线系统的接口。

（5）转向柱电子装置控制单元 J527

- 读取用于打开和关闭主动车道保持辅助系统的按键，并将信息置于 CAN 总线上。

（6）组合仪表内控制单元 J285

- 显示主动车道保持辅助系统的当前系统状态。
- 发出主动车道保持辅助系统的消息。

（7）信息电子设备控制单元 J794

- 通过控制单元 J794 能够对主动车道保持辅助系统进行设置。

三、自动泊车辅助系统

新一代自动泊车系统不仅能辅助车辆停入更小的平行于车道的车位（平行泊车），而且现在还能将车辆停入横置于车道上的车位（垂直泊车）。这两种停车过程都是通过多次移位来实现的。与前两代自动泊车辅助系统相比，第三代系统中植入了一个主动的制动干涉，以避免在泊车过程中可能出现的车辆损坏，如图 3-129 所示。

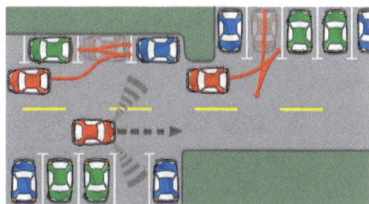

图 3-129　自动泊车辅助系统原理示意图

自动泊车辅助系统可以在泊车时为驾驶人提供帮助，它能自主进行转向运动。驾驶人仅需控制加速、制动以及换档，并且可以随时接管转向盘，停止系统作用。

自动泊车辅助系统（PLA）的功能包括：

- 泊车辅助，也称为泊车距离控制系统（PDC）。

也可单独使用泊车距离控制系统，但前提是要启动 PLA 功能（如在前进泊车时）。

- 泊车过程中自动转向功能。

自动泊车辅助系统可以帮助车辆进入更短的平行泊车位和垂直泊车功能，可使车辆部分或全部停在路沿上，在其他障碍物（树、灌木丛或摩托车）之间停车，以及在弯道停车。此外，还能帮助车辆驶出泊车位，如图 3-130 所示。

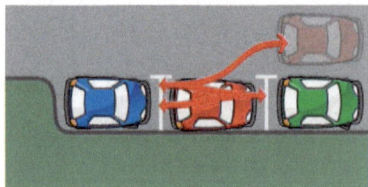

图 3-130　自动泊车辅助系统功能

（一）驻车辅助系统（第三代）

奥迪将驻车辅助系统称作停车辅助系统，该系统使用侧面超声波传感器搜索合适的停车位。驻车辅助系统替驾驶人完成驻车过程中的转向过程，但是，加速、制动和换档仍是驾驶人的任务。

在奥迪 Q7 上首先使用第三代驻车辅助系统，支持系列新的驻车场景：

- 向前驶入横向停车位（在之前没有从横向停车位旁边驶过的情况下）。
- 向前驶入横向停车位（在从横向停车位旁边驶过之后）。

（1）显示和操作

操作和显示设计：

- 在驻车期间，不再在组合仪表上显示图像，而是在 MMI 显示器上显示。
- 组合仪表上仍然显示驻车辅助系统的文本信息。
- 在 MMI 显示器上通过一个图像显示识别到的纵向停车位和横向停车位。驾驶人不需要再通过按下自动泊车辅助系统的按键来切换不同的驻车模式。驾驶人通过旋压调节器来选择他想使用的驻车场景。

（2）优化措施

优化措施不仅改进了停车过程，还改进了停车结果。具体涉及下列措施：

- 基于地图的环境监测系统。
- 经过改进的车辆位置识别系统。
- 通过驻车辅助系统使用四轮驱动转向系统。
- 将车停入纵向停车位时，将车辆对中。
- 使用限速器，以防因驻车速度过高而提前关闭辅助系统。
- 扩大横向停车入位时的公差范围，使得在这个驻车场景下只需要较少的校正操作。

1. 停车位的几何结构要求

对停车位长度和宽度的几何要求（驻车辅助系统依次判别是否合适）视型号而定，并会为每款新车重新设定。当满足下列标准时，奥迪 Q7 的驻车辅助系统判别某个停车位为"合适"。

（1）纵向停车位

纵向停车位的长度 > 车辆长度 l+0.9m，如图 3-131 所示。

（2）横向停车位

横向停车位宽度 > 车辆宽度 b+0.95m，如图 3-132 所示。

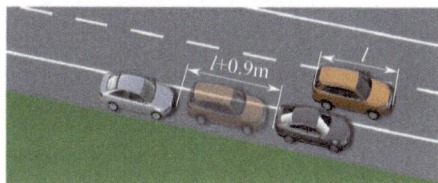

图 3-131　纵向停车位

图 3-132　横向停车位

2. 新的驻车场景

（1）在之前没有从横向停车位旁边驶过的情况下向前驶入停车位

这个驻车场景可能如下：

驾驶人将车开往超市，并想在那里停车。一般而言，超市停车场采用的是一个紧挨着一个的横向停车位。

驾驶人从横向停车位旁边驶过，并选择一个合适的横向停车位。他直接开向这个停车位，并向前驶入这个停车位。但是由于位置的关系，他无法一次性驶入这个停车位。他在这个停车位上将车制动至静止状态，如图 3-133 所示。

图 3-133　无法一次性驶入这个停车位

现在，驾驶人可以让驻车辅助系统完成剩下的驻车过程。

如果没有发生，那么驾驶人现在通过中控台上的按键激活驻车辅助系统，该系统正确识别到驻车场景"在之前没有从横向停车位旁边驶过的情况下向前驶入停车位"。通过提供相邻两辆车信息的超声波传感器进行识别。挂入倒车档即激活该驻车辅助系统。

倒车行驶时，驾驶人必须一直等到驻车辅助系统通过声音反馈已激活，否则提前关闭该辅助系统。现在，驻车辅助系统控制转向系统，驾驶人重新将车驶出该停车位。一旦达到合适的转弯点，系统通过图像和声音信号引起驾驶人注意，如图 3-134 所示。

此时，驾驶人改变行驶方向，重新驶入停车位，如图 3-135 所示。如果还需要校正一次，就会通过图像和声音信号告知驾驶人。最多可以校正四次。最迟在第四次校正时，无论停车结果如何，驻车辅助系统都会结束其辅助操作。

图 3-134　激活驻车辅助系统

图 3-135　驾驶人改变行驶方向，
重新驶入停车位

（2）在之前从横向停车位旁边驶过的情况下向前驶入停车位

在这个驻车情况下，驾驶人首先从已被占用的横向停车位旁边驶过，接着发现空闲的横向停车位。此时已经激活了驻车辅助系统,在发现之后马上在 MMI 显示器上显示空闲的停车位。驾驶人仍旧向前行驶了一段距离,直至显示要求他制动车辆,并挂入倒车档,如图 3-136 所示。

现在驾驶人可以决定是向前或向后驶入横向停车位中。两个过程都可以在驻车辅助系统的辅助下完成。他在这种情况下决定向前驶入。在换入倒车档后,驻车辅助系统控制转向系。驾驶人现在可以倒车行驶。

现在车辆移动到一个位置,驾驶人在这个位置可以向前驶入横向停车位,如图 3-137 所示。当达到这个位置时,要求驾驶人制动车辆并换入前进档。

接着驾驶人向前驶入停车位中,此时,转向操作由驻车辅助系统完成,如图 3-138 所示。如果还需要校正一次,就会通过图像和声音信号告知驾驶人,最多可以校正四次。最迟在第四次校正时,无论停车结果如何,驻车辅助系统都会结束。

图 3-136 驾驶人从已被占用的横向停车位旁边驶过

图 3-137 车辆移动到一个位置

图 3-138 驾驶人向前驶入停车位中

3. 驻车辅助系统的图像

第三代驻车辅助系统彻底更改了显示和操作方案。在第二代系统之前,在组合仪表上显示驻车辅助系统的图像。从第三代系统开始,图像显示在 MMI 显示器上,如图 3-139 所示。

MMI 屏幕提供足够大的空间,可同时显示所有相关信息。此外,显示内容也不再会偶尔被转动的转向盘遮住。

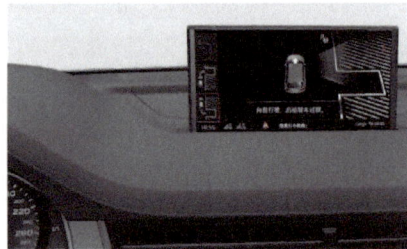

图 3-139 图像显示在 MMI 显示器上

（1）搜寻行驶

当激活的驻车辅助系统搜寻停车位时,如果没有搜寻到合适的,就会在 MMI 显示器上显示图像,如图 3-140 所示。

在采用右置转向盘的国家,标准是显示街道右侧的停车位情况。当驾驶人想要停靠在街道左侧时,可以通过设置左侧转向灯显示左侧街道。在采用左置转向盘的国家,整个性能与之完全相反。系统每次都会

图 3-140 激活的驻车辅助系统搜寻停车位

搜寻街道两侧的停车位,但是在 MMI 显示器上只显示街道一侧。在设置转向灯后,也会立即显示街道另一侧上具体的停车位情况。

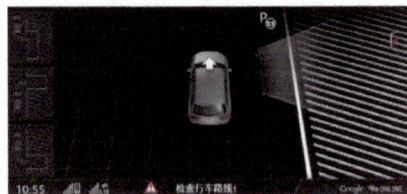

只有当没有超出搜寻行驶所允许的最高车速时,才能识别到停车位。在车速不超过

20km/h 的情况下可以识别到合适的横向停车位，在不超过 40km/h 的情况下可以识别到合适的纵向停车位。为了实现极佳的停车结果，在搜寻停车位时，车速不得超出 30km/h。在进行搜寻行驶时，与待停车车辆必须相距 0.5~2m。在相距 1m 左右时，可获得最佳停车结果。

（2）左侧屏幕边缘上的图像

在左侧屏幕边缘上显示驻车场景，驻车辅助系统原则上为其提供辅助。此时涉及下列场景，从最上面的图像开始：

1）倒车驶入一个纵向停车位。

2）向前驶入一个横向停车位。

3）倒车驶入一个横向停车位。

当驻车辅助系统识别到一个合适的纵向停车位时，就会激活显示最上面的图像，否则图像变灰。当驻车辅助系统识别到一个合适的横向停车位时，就会激活显示下面两个图像，否则图像变灰。

因此，图 3-141 所示显示的场景中，驻车辅助系统识别到一个合适的横向停车位，但是没有识别到合适的纵向停车位。当显示街道左侧的停车位情形时，会在右侧屏幕边缘显示三个驻车场景。

图 3-141　左侧屏幕边缘上的图像

（3）识别到横向停车位

驻车辅助系统在街道右侧识别到一个合适的横向停车位。因此将左侧屏幕边缘下方的两个驻车场景作为当前选项。这边涉及两个向前驶入横向停车位的驻车场景和一个倒车驶入横向停车位的驻车场景。

当识别到一个横向停车位时，原则上，驻车辅助系统建议倒车驶入一个横向停车位，因此将三个驻车场景中最下方的场景标上红框。在屏幕后侧边缘同样显示倒车驶入横向停车位的图像。这个图像与向前驶过阴影区域内横向停车位位置的图像不同。

当车辆以低于 8km/h 的速度行驶时，会在车上显示一个白色箭头，并显示信息"向前行驶，启动驻车过程"。

当速度超过 8km/h 时，立即显示制动符号和文本信息"停车，启动驻车过程"，如图 3-142 所示。

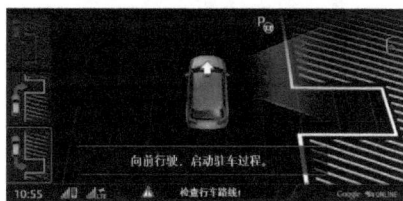

图 3-142　车上显示一个白色箭头，并显示信息"向前行驶，启动驻车过程"

（4）制动车辆

现在车辆已经到达离横向停车位足够距离的地方，因此可以开始驻车过程。这一点通过在停车位上显示灰色字母"P"表明。这个制动符号表明如果驾驶人想要使用所提供的这个横向停车位，他现在就必须将车制动至静止状态。

图像中显示文本信息"停车，启动驻车过程"，驾驶人将车制动至静止状态，如图 3-143 所示。

图 3-143　图像中显示文本信息"停车，启动驻车过程"

（5）挂入倒车档，启动驻车过程

由于驾驶人优选向前驶入这个横向停车位，因此他用旋压调节器选择中间这个相应的驻车场景。现在这个场景会标上红框。同样，右侧屏幕边缘的图像也与新驻车场景相配套，如图3-144所示。

图3-144 右侧屏幕边缘的图像也与新驻车场景相配套

（6）向前泊车入位

驾驶人挂入倒车档，并等到驻车辅助系统响起激活音。从此之后，驻车辅助系统控制转向系统。但是，加速、制动和换档仍是驾驶人的任务。现在，在MMI显示器上显示驻车辅助系统的常见显示和倒车摄像头的图像。

驻车辅助系统转动车辆，使其再次倒车从这个横向停车位旁边驶过。当位置许可时，系统会将车辆对准该停车位，使其在下一次移动时，可以向前驶入这个停车位。必要时，紧接着进行1~4次校正操作，然后驻车辅助结束。

4. 系统优化

● 基于地图的环境监测系统

驻车辅助系统获得有关当前环境的信息越多，规划和落实驻车过程就越容易。因此，它必须通过超声波传感器收集尽可能多的环境数据，并在驻车过程中使用这些数据。

在第三代驻车辅助系统上，使用全部12个超声波传感器的数据。收集到的数据输入到控制单元的一张"地图"中，它绘制出车辆周围环境。这张二维地图由驻车辅助系统自己生成，并且处于动态变化中。在关闭点火开关后，会丢失这些信息。

● 车辆位置识别系统

在驻车过程中驻车辅助系统根据这些信息可以进行校正，必要时，将车辆重新转向回到计算出来的驻车路径上。

● 四轮驱动转向系统

四轮驱动转向系统的车辆上，驻车辅助系统在规划驻车路径的时候提供更多的自由度，这是因为转弯半径可以更小。

（1）对准纵向停车位的中间

在第三代驻车辅助系统上，改进了纵向泊车入位辅助时的最终位置。

1）纵向停车位长度 < 车辆长度 l+2.4m。

驻车辅助系统将车辆定位于停入位置两旁两辆车的中间，如图3-145所示。

2）纵向停车位长度 > 车辆长度 l+2.4m。

驻车辅助系统将车辆定位在与前辆车相距1.2m的地方，如图3-146所示。

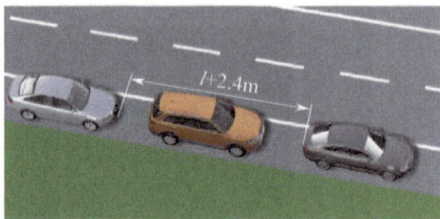

图3-145 车辆定位于停入位置两旁两辆车的中间

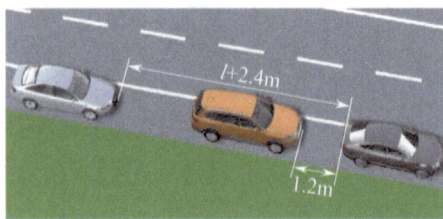

图3-146 车辆定位在与前辆车相距1.2m的地方

（2）限速器

在第二代驻车辅助系统上，当倒车行驶时的车速超出 7km/h 时，驻车辅助系统会提前结束。在第三代系统上，防止因倒车行驶速度过高而结束驻车辅助系统。由限速器防止超出所允许的最高车速。限速器是发动机控制单元内的一个软件功能，它在需要时干涉发动机转矩。

停车结果质量随着停车速度降低而升高。因此在第三代系统上，最高停车速度降低至 5km/h。当车速较高时，需要更快地进行转向，这对电控机械式转向系统而言是一项挑战。当与所计算驻车路径发生偏差时，会导致最终结果变差。当车轮轮胎较宽时，这个作用会更加强。

5. 尾部雷达

这两个雷达传感器作为尾部雷达，安装在后部保险杠上。在这之前，它们用于换道辅助系统和后部预防式安全系统，如图 3-147 所示。

这两个雷达传感器仍然拥有常见名称：

- 换道辅助系统控制单元 1 J769（主控制单元）。
- 换道辅助系统控制单元 2 J770（副控制单元）。

这两个雷达传感器与其控制单元各自构成一个结构单元，如图 3-148 所示。主控制单元一直安装在车辆右侧。这一点也适用于右置转向盘车辆。

图 3-147　雷达传感器

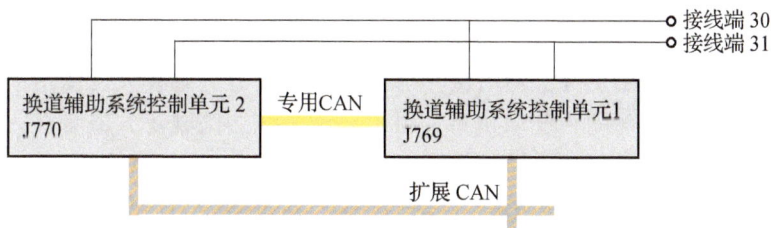

图 3-148　雷达传感器与其控制单元各自构成一个结构单元

这两个控制单元 J769 和 J770 通过专用 CAN 进行通信。此外，它们也通过扩展 CAN 相互连接，主控制单元和副控制单元之间只通过专用 CAN 通信。

（1）传感器探测范围

雷达传感器每一侧的探测范围覆盖 50m，如图 3-149 所示。

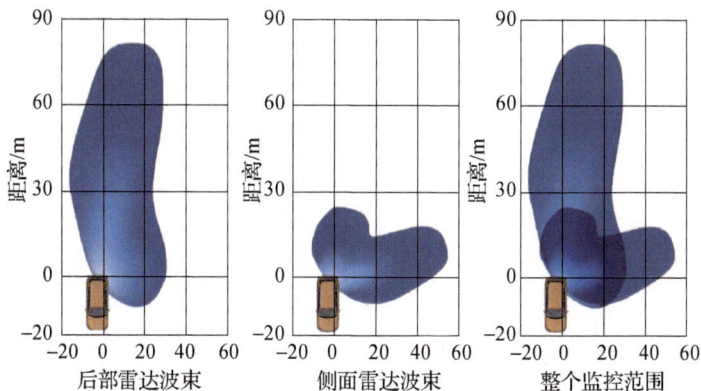

图 3-149　传感器探测范围

两个雷达传感器覆盖整个探测范围。一个雷达传感器负责左后侧的监控，另一个雷达传感器负责右后侧的监控。每个雷达传感器的探测范围覆盖的雷达波束不同。这些波束由雷达传感器的两个发送天线交替生成。每秒钟在两个雷达波束之间来回切换约15次。

（2）后部雷达传感器的安装位置

雷达传感器不再直接安装到车身上。它们固定在一个支架上，这个支架固定在保险杠罩上，如图3-150所示。

由于雷达传感器侧面探测范围得以扩展，因此它们在保险杠罩上的安装位置也向外移动了一点。此外，它们向侧面转动很大的一个角度。现在这个角度为40°，而在第二代尾部雷达上，这个角度为22°。两个雷达传感器的安装位置如图3-151所示。

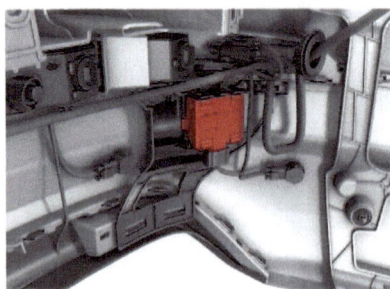

图3-150　雷达传感器固定在一个支架上

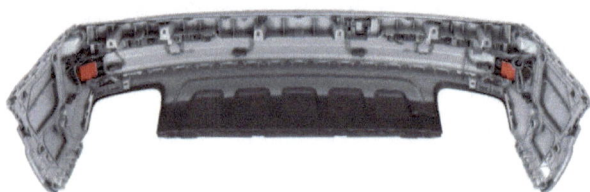

图3-151　两个雷达传感器的安装位置

（二）驻车转向辅助系统

驻车转向辅助系统可在平行于路沿倒车入位（驻车）时为驾驶人提供帮助，这时所需要的转向运动由驻车转向辅助系统来执行，可以在两个车之间驻车，或者在一辆车的后面驻车。

无论是靠右侧还是左侧路沿驻车，驻车转向辅助系统均能为驾驶人提供帮助，该系统在驻车时会在驾驶人信息系统上通过图象来引导驾驶人。

驾驶人激活该系统后，首先是寻找停车空位。如果找到合适的停车空位，那么驾驶人还必须驾车前行，直至车辆到达一个有利于驻车的位置。挂入倒档后，驻车转向辅助系统接管转向过程，驾驶人只需要操纵加速踏板、离合器踏板以及制动踏板就可以了。

在驻车过程中，如果驾驶人抓住了转向盘，那么驻车转向辅助系统就关闭了，由驾驶人来继续完成转向过程。

驻车时仍有声音警告信号来提醒驾驶人可能发生的碰撞。

在驻车转向辅助系统工作结束后，驾驶人还可以再次将车调整到空位的中间位置，从而达到满意的停车位置，如图3-152所示。

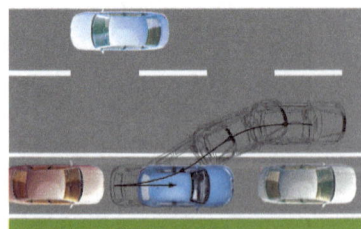

图3-152　驻车转向辅助系统接管了转向过程

1. 驻车过程的三个阶段

驻车转向辅助系统的完整驻车过程分为三个不同的阶段：

阶段1：激活驻车转向辅助系统

在每次驻车前，必须通过中央副仪表板上的一个单独的按键来接通驻车转向辅助系统。只有当车速低于30km/h时才能激活驻车转向辅助系统。驻车转向辅助系统接通后，驻车转向辅助系统按键上的发光二极管会亮起以提醒驾驶人。

阶段 2：寻找停车空位

驻车转向辅助系统在激活后首先会寻找一个合适的停车空位。驾驶人通过转向灯来确认是想靠左边路沿停车还是靠右边路沿停车。一旦找到足够大的停车空位，就会在驾驶人信息系统上给驾驶人显示出来。

如果随后车辆到达了适合于驻车的一个初始位置，那么驾驶人信息系统上的显示就会变化并要求驾驶人挂入倒档。

阶段 3：采用驻车转向辅助系统来泊车

如果在车辆停住后挂入了倒档，那么驻车转向辅助系统就会接管转向过程的操作，声控驻车辅助系统这时也激活了。加速踏板和制动器踏板仍是由驾驶人来操纵。驾驶人在驻车时也仍需要注意周围情况，因为驾驶人对驻车过程负有全责。

在倒车时，转向系统由一个电动机来操纵着，按照控制单元存储的曲线将车辆停靠到停车空位中。驻车过程结束时，驾驶人信息系统上会出现提示，告知转向辅助过程结束了。

（1）阶段 1：激活驻车转向辅助系统

在每次驻车前，必须通过驻车转向辅助系统按键 E581 来激活驻车转向辅助系统。点按驻车转向辅助系统按键后，系统的反应取决于车速，具体如下：

1）点按驻车转向辅助系统按键 E581。

● 如果车速低于 30km/h：

- 系统就被激活。

- 驻车转向辅助系统按键上的指示灯亮起。

- 驾驶人信息系统上会显示出一个系统图形。

● 如果车速在 30~45km/h 之间：

- 系统进入"运行准备状态"。

- 驻车转向辅助系统按键上的指示灯亮起。

- 驾驶人信息系统上会显示"Geschwindigkeitzuhoch"（车速过高）这个信息。

2）该系统可激活的其他边界条件。

在下面的情况下，无法激活驻车转向辅助系统：

● 挂车识别控制单元 J345 识别出车上有挂车。

● ESP 功能已被关闭。

● 在接通点火开关后，车辆还从未以超过 10km/h 的车速驶过。

在驻车转向辅助系统已激活的情况下，如果 ESP 介入，那么系统立即就会关闭。

（2）阶段 2：寻找停车空位

1）寻找停车空位。如果系统已激活，那么驻车转向辅助系统就会寻找足够大的停车空位。如果没识别出有足够大的停车空位，那么驾驶人信息系统上就一直显示，如图 3-153 所示。

2）识别出有足够大的停车空位。如果系统已识别

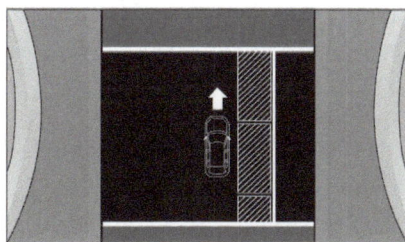

图 3-153　驻车转向辅助系统已激活，就会寻找足够大的停车空位

出有足够大的停车空位了，如图 3-154 所示，那么驾驶人信息系统上的显示就切换出停车空位。

行驶方向箭头向驾驶人表明：仍须继续开车前行，以便到达适合于倒车驻车的一个初始位置。

3）停车空位的最小长度。满足下面条件的停车空位长度才是足够大的：识别出的停车空位长度 >（车长 + 1.4m）。

如果驻车转向辅助系统控制单元内已经针对挂车接合器进行了编码，那么控制单元在考虑车长时会考虑到挂车接合器长度的。

4）车辆已到达合适的位置了。如果车辆已前行了足够的距离，现在可以开始驻车过程了，那么驾驶人信息系统上的显示车辆已经到达了适合于驻车的一个初始位置，如图 3-155 所示。

随后在车辆停住后，驾驶人必须挂入倒档，于是系统就接管了倒车驻车的转向操作过程。

图 3-154 驻车转向辅助系统已识别出有足够大的停车空位了

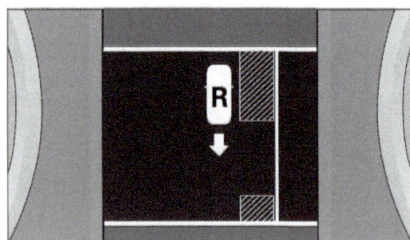

图 3-155 车辆已经到达了适合于驻车的一个初始位置

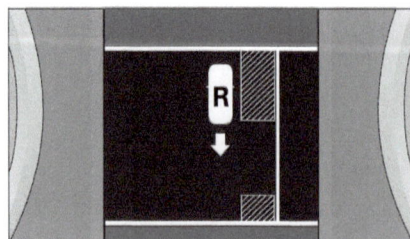

5）寻找停车空位过程的终止条件。在寻找停车空位时，只有满足了下述条件才算找到了足够大的停车空位，如图 3-156 所示。

- 车速 $v<30km/h$。
- 与已停车辆的距离 a 应在 0.5~1.5m 之间。
- 驶过角 $\Psi<20°$，如图 3-157 所示。

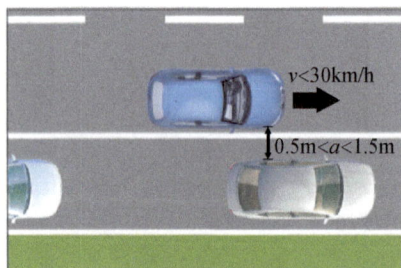

图 3-156 车速和距离方面条件的示意图

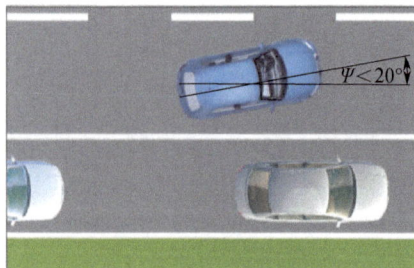

图 3-157 驶过角示意图

（3）阶段 3：采用驻车转向辅助系统来泊车

要想开始这个驻车过程，前提条件是：系统已经识别出足够大的停车空位以及适合于倒车驻车的一个初始位置了。图 3-158 所示的驾驶人信息系统上显示的这个图表示的就是这种情况。

随后必须在车辆停住后挂入倒档。如果所有条件都满足了，那么驾驶人信息系统上就会出现这个信息："Lenkassistenz aktiv-Umfeld beachten!"（转向辅助系统已激活 - 请注意周围情况），如图 3-159 所示。

挂入倒档后同时还会激活声控驻车辅助系统，但是在寻找停车空位的过程中是不能激

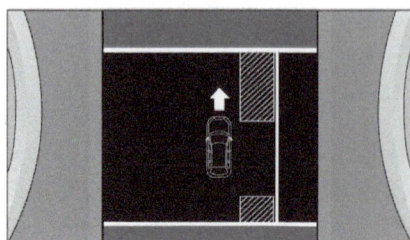

图 3-158 车辆已经到达适合于倒车驻车的一个初始位置

活声控驻车辅助系统的，因为那样会干扰寻找过程的，然后驾驶人就可以开始倒车了。

当车辆移动到标准泊位线上的某个特定位置时，电动机械式助力转向电动机 V187 会将转向盘转到一个合适的位置上。驻车转向辅助系统控制单元 J791 会根据位置来确定出转向盘转角的规定值。助力转向控制单元 J500 接收到这个转向盘转角的规定值并操纵电动机 V187 来工作。

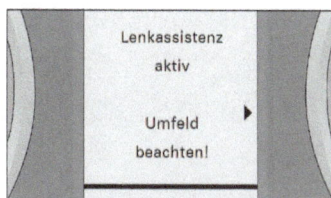

图 3-159 驾驶人信息系统上出现这个信息

2. 系统部件

（1）驻车转向辅助系统控制单元 J791

驻车转向辅助系统控制单元 J791 是在驻车辅助控制单元 J446 的基础上进一步开发的，如图 3-160 所示。

新型控制单元 J791 连接在高速 CAN 总线上，在奥迪 A3 车上就连接在驱动 CAN 总线上。

图 3-160 驻车转向辅助系统控制单元 J791

驻车转向辅助系统控制单元 J791 位于行李舱内右后侧盖板的后面，如图 3-161 所示。

（2）控制单元和连接的硬件

带有声控驻车辅助装置的驻车转向辅助系统额外还需要三个硬件，这些硬件是连接在驻车转向辅助系统控制单元 J791 上的，如图 3-162 所示。

图 3-161 驻车转向辅助系统控制单元 J791 安装位置

- 驻车转向辅助系统按键 E581（集成有功能指示灯）。
- 驻车转向辅助系统的两个超声波传感器 G568 和 G569。

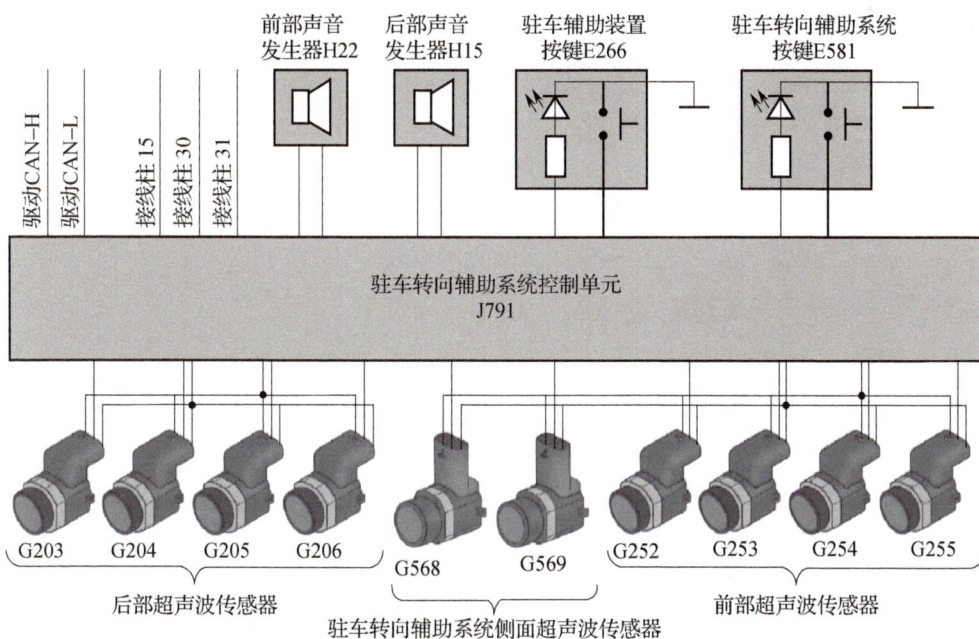

图 3-162 控制单元和连接的硬件

（3）超声波传感器

带有驻车转向辅助系统的汽车上装有 10 个超声波传感器。其中 8 个超声波传感器用于声控驻车辅助系统，它们安装在保险杠的外皮上。另外 2 个超声波传感器由驻车转向辅助系统来使用。这两个传感器位于保险杠外皮的侧面（一个在汽车左侧，一个在汽车右侧），如图 3-163 所示。

驻车辅助系统所用超声波传感器与驻车转向辅助系统所用超声波传感器的外观不同。

最引人注目的是插头的不同。驻车转向辅助系统所用超声波传感器的插头与本体成 90°；驻车辅助系统所用超声波传感器插头与本体成 0°。

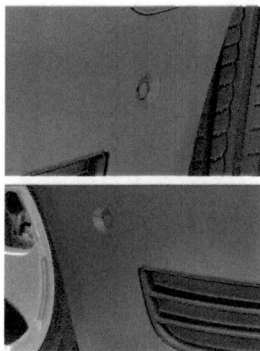

图 3-163　左侧和右侧侧面超声波传感器的安装位置

另外，驻车转向辅助系统所用超声波传感器的超声波收发器比驻车辅助系统所用超声波传感器的超声波收发器长。但是这两种传感器的基本工作原理相同，驻车辅助系统所用超声波传感器如图 3-164 所示，驻车转向辅助系统所用超声波传感器如图 3-165 所示。

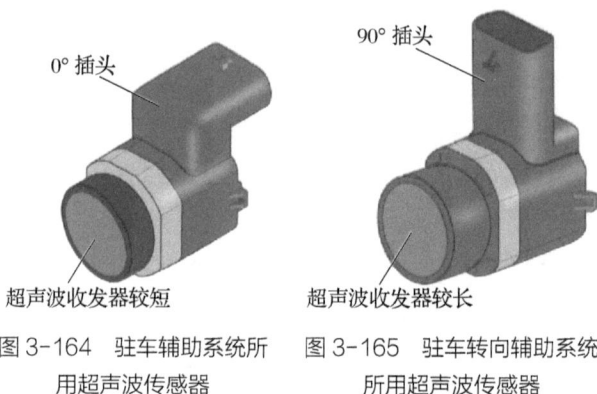

图 3-164　驻车辅助系统所用超声波传感器　　图 3-165　驻车转向辅助系统所用超声波传感器

如果驻车辅助系统某个超声波传感器出现故障，那么驻车辅助系统和驻车转向辅助系统就都无法激活了。

如果驻车转向辅助系统两个超声波传感器中的一个出现故障，那么驻车转向辅助系统就无法激活了，但是前、后声控驻车辅助系统仍可以使用。

（4）驻车转向辅助系统按键 E581 和驻车辅助系统按键 E266

这两个按键都在中央副仪表板上空调操纵元件的上方。

这两个按键上都集成有功能指示灯。如果功能指示灯常亮，则说明相应的功能已被激活；如果功能指示灯熄灭，则说明相应的功能已关闭了。如果功能指示灯在按下按键后闪烁，则说明相应系统的自诊断已经识别出故障了，该功能暂时无法使用，如图 3-166 所示。

（5）电动机械式转向器

驻车转向辅助系统应能介入并暂时接管车辆的转向操作。电动机械式转向器就能满足这个要求，因为它能通过电动机械式转向电动机 V187 来介入车辆的转向操作，如图 3-167 所示。

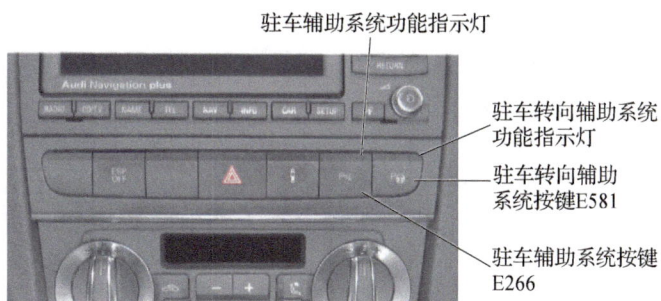

图 3-166 驻车转向辅助系统按键和驻车辅助系统按键

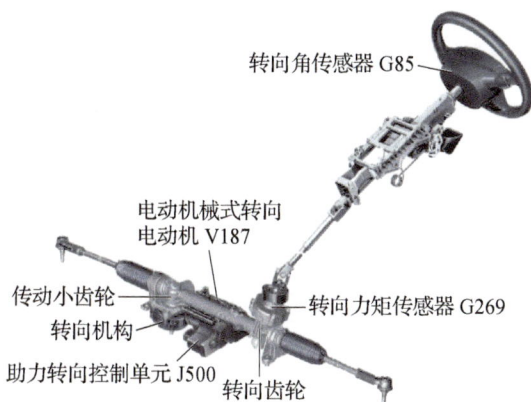

图 3-167 驻车转向辅助系统

1）机械部件。驾驶人转动转向盘，这个转动通过转向柱和转向齿轮传到转向杆系。电动机械式转向器的转向杆系是通过另一个小齿轮来驱动的。

这个小齿轮（驱动小齿轮）的作用是把电动机械式转向电动机 V187 的旋转运动传到转向杆系。电动机 V187 由助力转向控制单元 J500 来操控，在正常行驶时来对转向提供助力支持。

电动机 V187 还有另一个任务：在驻车过程中驾驶人不对转向进行人工干涉的情况下，该电动机要实施所需要的转向工作。

2）驻车过程的控制。在驻车过程中，驻车转向辅助系统控制单元 J791 将所需要的转向角规定值的最新信息发送到 CAN 总线上。发送的这个规定值由助力转向控制单元 J500 接收，然后 J500 再按该值大小来操纵电动机械式转向电动机 V187 做相应运动。

转向角传感器 G85（它是个独立的驱动 CAN 总线用户）测量出当前的转向角值并把该值发送到 CAN 总线上。驻车转向系统控制单元可以从转向角实际值与规定值的对比中确定出实际驻车路线与理想驻车路线之间的偏差。

根据这个偏差信息计算出新的转向角规定值并把该值发送到 CAN 总线上。

3）驾驶人对转向进行人工干涉。转向系统的另一个重要部件就是转向力矩传感器 G269。该传感器通过扭力杆来测量驾驶人施加在转向盘上的转向力矩。助力转向控制单元 J500 从 G269 中读出这个转向力矩值并将其发送到 CAN 总线上。

在驻车过程中，如果这个转向力矩值超过 5N·m，那么驻车转向辅助系统控制单元就认为这是驾驶人对转向进行了人工干涉，因此驻车过程就被中断了。

（6）通信结构

图 3-168 示出了参与驻车转向辅助系统功能的所有控制单元。另外也示出控制单元彼此间进行通信联系的各个总线系统。

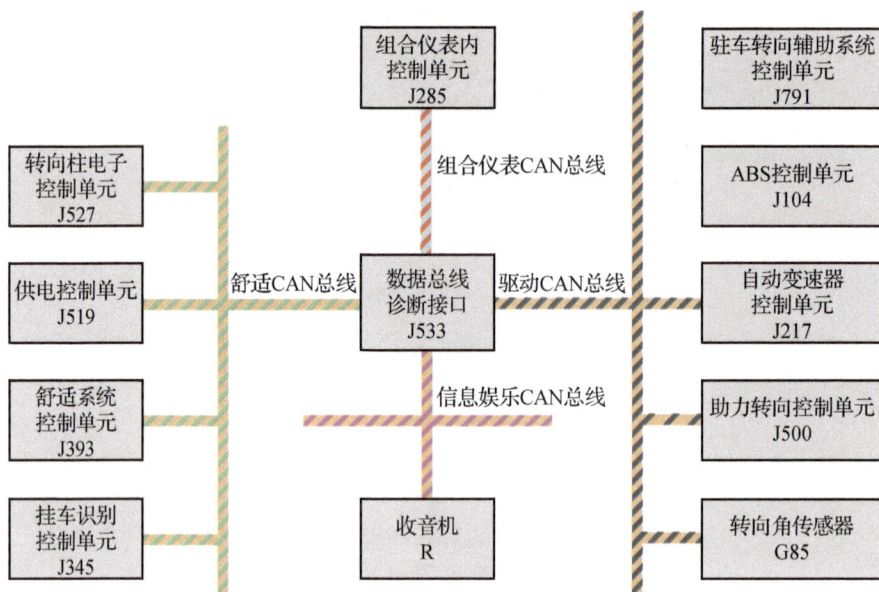

图 3-168　参与驻车转向辅助系统功能的所有控制单元

驱动 CAN 总线上的控制单元如下：

1）驻车转向辅助系统控制单元 J791。驻车转向辅助功能是集成在控制单元 J791 内的。要想准确地来执行这个功能，还需要用到其他控制单元的信息，这些信息就通过 CAN 总线来传递。

2）ABS 控制单元 J104。ABS 控制单元 J104 将当前的车速信息和 ESP 状态信息通知驻车转向辅助系统控制单元 J791。驻车转向辅助系统用这个车速信息来监控激活或关闭系统时的车速界限值。

如果 ESP 系统关闭了，就无法激活驻车转向辅助系统。在驻车转向辅助系统的驻车过程中，如果 ESP 功能介入了（工作了），那么驻车转向辅助功能立即关闭。

3）自动变速器控制单元 J217。对于配备有自动变速器的车来说，自动变速器控制单元 J217 传送的是当前是否挂入了倒档这个信息。要想实现驻车转向辅助功能，必须先挂入倒档。在驻车过程中如果脱开了倒档，那么这个驻车转向辅助过程就中断了。

4）助力转向控制单元 J500。助力转向控制单元 J500 通过助力转向电动机 V187 来干涉（介入）转向过程，以便按驻车转向辅助系统控制单元内预先规定好的那样来将车辆停到停车空位中。

J500 还传送当时的转向力矩信息。这个转向力矩信息用于判断驾驶人是否对转向进行了人工干涉（以便中断这个驻车转向辅助过程）。

5）转向角传感器 G85。转向角传感器 G85 确定出当时的转向角度并把这个信息传送到 CAN 总线上。这个信息用于检查车辆在驻车过程中实际转向角和规定转向角有多大的偏差。一旦检查出偏差，系统就必须进行相应的修正。

舒适 CAN 总线上的控制单元：

1）转向柱电子控制单元 J527。转向柱电子控制单元提供的信息是：现在激活的是左转向灯还是右转向灯。

当车速低于 30km/h 时，驻车转向辅助系统控制单元根据这个信息来决定是靠路的左侧还是右侧寻找合适的停车空位。

2）供电控制单元 J519。在装备有手动变速器的车上，供电控制单元 J519 用于通知驻车转向辅助系统控制单元 J791 是否已经挂入了倒档。

3）舒适系统控制单元 J393。如果奥迪 Cabriolet 车上安装有驻车转向辅助系统，那么舒适系统控制单元 J393 会将车篷现在是已敞开还是已合上这个信息通知驻车转向辅助系统控制单元 J791。如果车篷是已合上的，那么警告音的音量会增大。

信息娱乐 CAN 总线上的控制单元和组合仪表内控制单元 J285：

1）收音机 R。如果声控驻车辅助系统的声音发生器已激活，那么驻车转向辅助系统控制单元会通知收音机来降低其音量。

2）组合仪表 CAN 总线上的控制单元

驻车转向辅助系统控制单元 J791 通知组合仪表内控制单元 J285：是否必须要在驾驶人信息系统上显示驻车转向辅助系统的图。必要时还有文字信息来提醒驾驶人。另外，通过扩展的舒适菜单还可以调节声音发生器（蜂鸣器）的音量和频率。

四、驾驶人辅助系统

驾驶人辅助系统如图 3-169 所示。在众多欧洲市场上还标配"城市版奥迪预防式整体安全系统"。这个系统会在可能与其他车辆相撞时向驾驶人和行人发出警告，在紧急情况下会强制制动。

图 3-169　驾驶人辅助系统

（一）自适应驾驶辅助系统

自适应驾驶辅助系统将以前相互独立的三个系统即自适应定速巡航系统、奥迪主动式车道保持辅助系统（带有转向时刻"早"）和堵车辅助系统合成为一个驾驶人辅助系统，如图 3-170 所示。

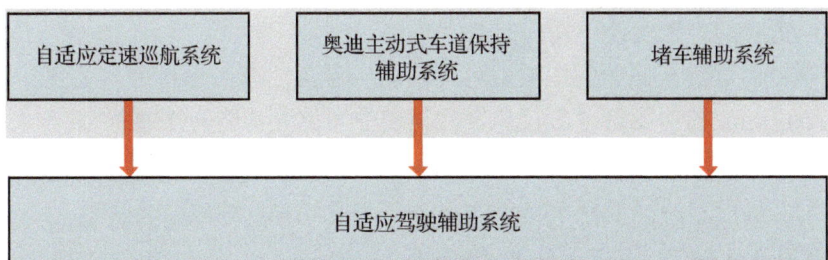

图 3-170　自适应驾驶辅助系统

使用自适应驾驶辅助系统，首次在车速 0~250km/h 之间可同时进行车辆横向控制和纵向控制。所谓纵向控制，指车辆的加速和制动；所谓横向控制，指车辆的转向。但是在横向控制时驾驶人必须一直把手放在转向盘上。

如果车速低于 60km/h，那么由堵车辅助系统来执行横向控制（如果系统识别出堵车情形）。车速高于 65km/h 时由主动式车道保持辅助系统来执行横向控制。因此这个横向控制会有中断，比如在堵车情况解除了时。但奥迪 A8（车型 4N）上的自适应驾驶辅助系统就没有这个中断，因为横向控制仅是一种辅助系统的功能，且该系统在 0~250km/h 这个车速范围内均可以实现车辆的横向控制。

驾驶人借助自适应驾驶辅助系统可进行车辆横向控制和纵向控制，但驾驶人也可以关闭横向控制而只让纵向控制处于工作状态。车辆的动态情况与以前用户使用 ACC 是一样的。

由于自适应驾驶辅助系统也是一种驾驶人辅助系统，因此与以前一样，驾驶人应对整个车辆的操纵负全责。另外，驾驶人不可让手离开转向盘。该系统是用来帮助驾驶人的，驾驶人应对驾驶车辆负责。使用自适应驾驶辅助系统可以减轻驾驶车辆的劳累程度，增强舒适性。

1. 激活和关闭自适应驾驶辅助系统

ACC 操纵拨杆以及用于激活转向辅助的按键（在转向灯拨杆的侧面），如图 3-171 和图 3-172 所示。

自适应驾驶辅助系统的激活和关闭方式与 ACC 的是一样的，就连设置车速和与前车的车距的操纵方式都没变化。让自适应驾驶辅助系统重新开始工作也可以用大家熟知的方式来进行，即：短促拉动操纵拨杆。

要想使用自适应驾驶辅助系统，必须先将 ACC 操纵拨杆拨至"接通"这个卡止位置。

图 3-171　ACC 操纵拨杆　　　图 3-172　用于激活转向辅助的按键

（1）接通和关闭保持车道中间位置功能

在自适应驾驶辅助系统工作时，驾驶人可以决定是否想使用主动式车道保持辅助系统就有的保持车道中间位置功能（转向时刻"早"）。

通过操纵转向灯拨杆侧面的按键就可以接通或者关闭车道保持中间位置功能，驾驶人可从组合仪表上相应的功能符号来获知保持车道中间位置功能的接通状态。

（2）保持车道中间位置功能的系统状态显示

自适应驾驶辅助系统的保持车道中间位置功能可以有三种不同的状态：

- 接通了且在工作。
- 接通了但未工作。
- 关闭了。

如果至少一个下述条件不满足或者不再满足，接通的保持车道中间位置功能就不会工作：

- 行驶的路面上没有车道分界线或者系统无法准确识别车道分界线，另外也没有物体或者建筑物可以被保持车道中间位置功能用来替代车道分界线。
- 车道宽度过宽或者过窄。
- 转弯处的弯道半径小于所要求的最小半径。
- 识别出驾驶人的手未放在转向盘上超过一定时间。
- 正面摄像头无法为保持车道中间位置功能提供质量足够好的图像。比如摄像头被强光照射或者前风窗玻璃脏污，就可能出现这种情况。

（3）保持车道中间位置功能的系统状态显示

可根据左、右两个三角形的颜色来获知保持车道中间位置功能的当前系统状态，这两个三角形就代表保持车道中间位置功能。系统状态显示如下：

- 在组合仪表上的驾驶人辅助显示中显示。驾驶人辅助显示是车载计算机的一个显示内容。
- 在转速表下方、组合仪表上的自适应驾驶辅助功能的符号中显示。
- 在选装的抬头显示中的自适应驾驶辅助功能的符号中显示。

驾驶辅助显示	功能符号	两个三角形的颜色	系统状态
	130km/h	绿色	接通且在工作
	130km/h	白色	接通但未工作
	130km/h	不显示两个三角形	关闭

保持车道中间位置功能的系统状态总是与纵向控制信息一起显示。由于在这里是要描述保持车道中间位置功能的各种系统状态，因此上表中纵向控制的状态就保持不变。

纵向控制的状态是：自适应驾驶辅助接通了且在工作。本车在车队里行驶着，按预定车距调节着与前车的距离，在道路畅通时驾驶人应把车速设置为 120km/h。

2. 自适应驾驶辅助系统的设置

可在 MMI 上的系统设置界面的驾驶辅助系统上进行下述设定：

（1）保存上次设定的与前车之间的时间间隔

可以通过 ACC 操纵拨杆来设定一个与前车之间的时间间隔，自适应驾驶辅助系统就按这个时间间隔来进行调节。有 5 种不同的时间间隔可供选择，具体如下：1s、1.3s、1.8s、2.4s 和 3.6s。

如果并未激活"保存上次时间间隔"这个功能，那么在每次接通点火开关后，就默认设定为 1.8s 这个调节间隔。上次设定值会存储在当前使用着的用户账号中。

（2）预测式调节（Prädiktive Regelung）

在预测式调节中，可以设定下述内容，以便针对道路来进行调节，如图 3-173 所示。

- 关闭针对道路的调节。

● 缓慢、中等或者快速地针对道路的调节。

（3）设置行驶程序（Fahrprogramm）

可为自适应驾驶辅助系统设定一种行驶程序，该行驶程序与 Audi Drive Select 上当前的设置是相互独立的。根据设定的行驶程序，自适应驾驶辅助系统的纵向控制的加速和制动特性会发生改变，如图 3-174 所示。

有下述行驶程序可供选择：

● 适度。

● 标准。

● 运动。

如果在 Audi Drive Select 上选择了行驶模式 "efficiency"（高效），那么车辆的加速特性和减速特性的匹配与当时选定的行驶程序无关，以便能实现非常高效的驾驶体验。

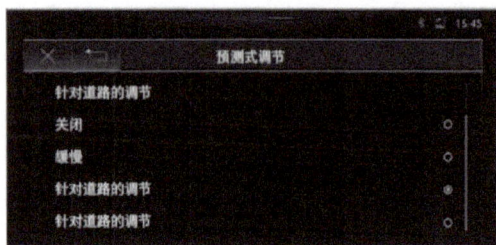

图 3-173　预测式调节

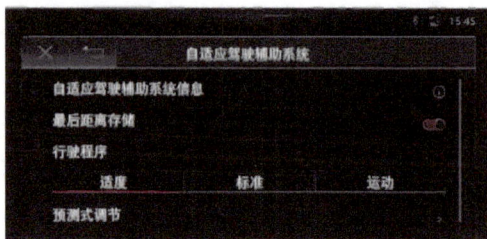

图 3-174　设置行驶程序

3. 纵向控制

自适应驾驶辅助系统的"纵向控制"，这里指所有被调节的（也就是与驾驶人无关的）纵向行驶动力学特性，比如加速、以恒定车速行驶以及减速；而横向控制则是指与驾驶人无关的转向介入来实现的。但是驾驶人必须一直把手放在转向盘上，这个是由"脱手识别"系统来监控着。

纵向控制也是由车距调节控制单元 J428 来实施的，如图 3-175 所示。

硬件方面有一个主要变化——使用了激光扫描装置，该装置用于识别本车前面区域的物体。早期车辆正面左侧的雷达单元被激光扫描装置所取代。这个激光扫描装置只是负责提供与物体相关的数据，并不负责调节工作，如图 3-176 所示。

图 3-175　车距调节控制单元 J428

（1）基本和附加功能

● 调节与前车的车距。

● 在"在道路畅通"时调节车速。

● ACC 停停走走包括起步监控。

● 车距显示 / 车距警告。

● 急加速（Boost）功能。

● 超车辅助。

● 变道辅助。

图 3-176　激光扫描装置

- 禁止右侧车道超车。
- 堵车辅助。
- 前部 Audi pre sense。
- 规避辅助。
- 转弯辅助。

（2）与高效辅助系统一起的预测式功能

- 按车速限值调节。
- 按道路调节（转弯速度）。

（3）行驶程序

可在 MMI 上激活某个行驶程序。选择 Moderat（适度）、Standard（标准）或 Sportlich（运动）这三个模式中的某一个，就规定了 ACC 工作时的车辆动态特性，车辆的加速过程、跟随前车行驶时的状态以及转弯时的动态特性都会受到影响。

若激活了 Moderat（适度）这个模式，车辆的加速过程就会以适度的方式来进行了，与 Sportlich（运动）这个模式相比，在跟车行驶时，允许与前车保持的车距有更大些的偏差，这使得驾驶感觉更为协调、舒适和放松。

如果驾驶人选择了 Sportlich（运动）这个模式，那么加速时会充分释放出发动机的加速潜能来工作。在跟车行驶时，就会与前车保持相对恒定的车距。

Standard（标准）这个模式适用于大多数驾驶情形，它所展现的调节特性是一种"折中"，是介于 Moderat（适度）和 Sportlich（运动）之间的一种状态。

（4）车距显示/车距警告

引入车距显示/车距警告在 ACC 关闭的情况下，驾驶人会获知本车与前车当前的车距，低于驾驶人设定的车距时会发出警告。可调节警告限值发生了变化，现在可以设置 3 个警告限值（时间间隔）：1s、2s、3s。

（5）堵车辅助系统

"堵车辅助"这个功能可以接管纵向调节和横向调节，从而减轻了驾驶人的负担。该功能在满足规定条件的情况下，在车速不超过 65km/h 时工作。

堵车辅助功能集成在自适应驾驶辅助系统内了，不再单独存在了，如图 3-177 所示。

图 3-177　堵车辅助功能

4. 高效辅助系统

配备有 Navigation Plus 的车上有高效辅助系统，其功能是通过提示驾驶人来实现高效的驾驶方式，如图 3-178 所示。

从名字就可得知，这个辅助系统要使用车辆导航系统预测出的道路数据来调节车辆的纵向动力学状态，从而实现高效驾驶并能减轻驾驶人的负担。根据 MMI 设置，车速限制、道路形态（弯道、十字路口等）以及地形（上坡、下坡）都集成在 ACC 调节过程中了。

在奥迪 A8（车型 4N）上，车辆前部左侧的雷达单元被激光扫描装置取代，这个激光扫描装置只负责提供与物体相关的数据，并不负责调节工作。所有纵向动力学方面的调节都由车距调节控制单元 J428 来完成。

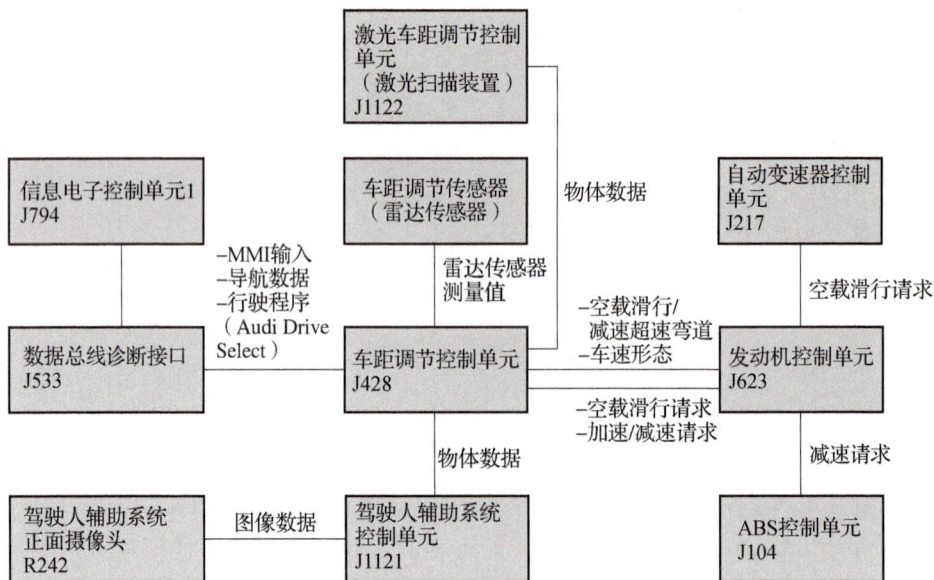

图 3-178　参与高效辅助系统工作的控制单元

这种调节涉及加速、以恒定车速行驶（包括变速器空载）和发动机关闭以及因发动机力矩减小或者 ESC 制动导致的减速。

驾驶人可在 MMI 上来选择想要使用预测式调节的内容：

- 采用车速限制。
- 针对道路进行调节。

若这两个功能中的一个被激活，预测式调节功能就被激活了。如果这两个功能都被激活，那么就可使用预测式纵向控制的全部功能了。

在第二代系统中，显示给驾驶人的信息是在到达使用范围或者相关交通标志前发送的，现在的第三代系统提前很多就提供该信息了。

该功能利用两个信息源来确定相应的车速限制：

- 车辆导航系统的预测道路数据。
- 基于摄像头的交通标志识别。

在条件良好时，ACC 控制单元在本车距离交通标志约 100m 的地方就接收到该信息了，平均来讲在距离约 50m 就可以。这就使得系统可以通过上述功能［加速、以恒定车速行驶（包括变速器空载）、减速 / 制动］来提前应对车速限制的变化（这就是所谓预测式的意思），如图 3-179 所示。

5. 针对道路进行调节

奥迪 A8（车型 4N）上的按道路来调节这个功能比奥迪 Q7（车型 4M）上的有扩展：现在可以预设想用的转弯车速［缓慢（langsam）、中等（mittel）或者快速（schnelle）］。在奥迪 Q7（车型 4M）上，其转弯动力学特性是直接通过 Audi Drive Select 的设置决定的，而在奥迪 A8（车型 4N）上驾驶人可设定独立的转弯特性。与所选定的行驶程序［Moderat（适度）、Standard（标准）、Sportlich（运动）］配合使用，就可以提供各种个性化的设置。比如：行驶程序 Moderat（适度）与道路设置"缓慢"（langsam）配合使用的

车速限制（交通标志）

车速限制（预测式道路数据）

驾驶人辅助系统正面摄像头
R242

车顶天线
R216

驾驶人辅助系统控制单元
J1121

信息电子控制单元1
J794

车距调节控制单元
J428

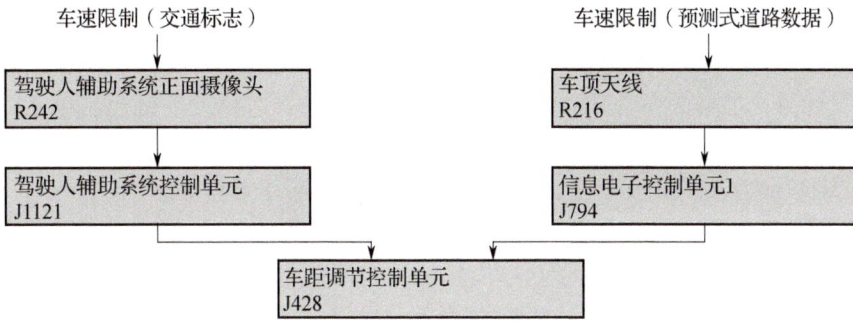

图 3-179　车速限制信息

话，那么车辆会以最舒适的方式驶过弯道。

在调节激活时，对停车指示牌也能作出反应，其位置是包含在预测的道路数据中的。车辆在到达指示牌前并未完全停住，而是被减速至约 15km/h 这样一个最低车速。这样，可提醒驾驶人注意道路先行权，将车辆舒缓地停在停车线处。驾驶人所实施的任何制动操作都会导致调节功能关闭。要想重新激活调节功能，需要把 ACC 操纵拨杆上的按键推至"RESUME"位置，如图 3-180 所示。

在道路优先权相同的十字路口或者有交通信号灯的路口，不会实施降低车速这个调节。如果您驾车在向左右分岔的主路上行驶，那么也会调节十字路口附近的转弯车速。如果在已激活路径引导功能的情况下离开了主路，那么调节过程也会相应地变化，如图 3-181 所示。

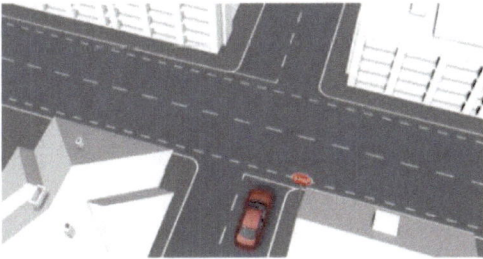

图 3-180　在调节激活时对停车指示牌作出反应　　　图 3-181　在向右分岔的主路上行驶

下面的例子通过一个可能存在着的驾驶模式来展示预测式调节的典型过程，驾驶人已在 MMI 上激活了"采用车速限制""智能空载滑行"和"针对道路进行调节"中的缓慢（langsam），如图 3-182 所示。

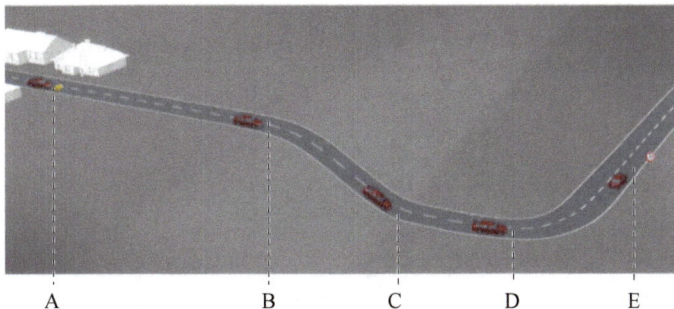

A　　B　　C　　D　　E

图 3-182　预测式调节的典型过程

A：车辆正要驶离城镇居民点。在尚未给驾驶人提示 100km/h 这个新的车速限值时，ACC 控制单元就从驾驶人辅助系统控制单元 J1121 获知马上就要驶离这个居民点了。ACC 控制单元会计算出所需要的车辆加速情况并把这个信息发送给发动机控制单元，发动机控制单元会在车辆离开居民点时通过提高发动机转矩来实现这个加速过程。

B：车辆被加速至 100km/h 并以恒速在接近水平的路面上行驶。

C：很快车辆就行驶到一个较长的下坡路段上了。ACC 控制单元是通过预测的道路数据获知的这个消息，该控制单元会计算出发动机转矩需要降低多少，以便保持车速。ACC 会把这个转矩降低请求发送给发动机控制单元去执行。计算时会考虑到路面倾斜度和行驶阻力，这样即使在空载滑行时也能保持车速恒定。ACC 随后会把空载滑行信号发送给发动机控制单元，发动机控制单元把这个任务交给变速器控制单元去执行。发动机控制单元还要决定，在空载滑行阶段，是否要关闭发动机。最常见的是在 Audi Drive Select 上选择了"efficiency"这个模式时会出现空载滑行。

D：车辆导航系统的预测道路数据指出道路前面有一段弯道。ACC 会根据转弯半径和 MMI 上设置的行驶程序和道路情况，来确定使用多大的横向加速度来驶过这个弯道。由于驾驶人在针对道路的调节（Regelung auf Straßenverlauf）这个菜单中已经选择了缓慢（langsam）这个选项，那么使用计算出的车速就能让人感觉很舒服地驶过这个弯道。由于行驶程序选择的是 Moderat（适度），那么制动和随后的加速也让人感觉很舒适。相应地，ACC 会在车辆进入弯道前让离合器提前接合，通过发动机运行阻力力矩来实施制动。如果这不足以使车辆达到所需要的转弯车速，那么会"委托"ESC 来另外进行制动。

E：车辆驶离弯道后，就又被加速到最高允许车速（100km/h）。前方约 50m 处是新的车速限制区（80km/h），因为有交通指示牌，该指示牌是由基于摄像头的交通标志识别系统侦测到的。尽管预测的道路数据允许更高的车速，但是车速会被降至 80km/h，因为交通标志优先度更高。

这种调节的主要目的在于：不管驾驶人采用哪种驾驶方式［Moderat（适度）、efficiency（高效）或 Sportlich（运动）］，都能保证车辆高效工作。于是，各种调节之间的过渡或者相互作用，使得车辆特性非常顺畅、和谐，就如同一个真正有经验的驾驶人驾车一样。

6. 车辆横向控制

自适应驾驶辅助系统的横向控制功能可在转向时帮助驾驶人，从而减轻驾驶人的负担。横向控制是奥迪主动式车道保持辅助系统保持车道中间位置功能的进一步发展，发展的重点是横向控制功能的可用性。自适应驾驶辅助系统的横向控制功能现在在一些特殊情形下仍能工作，其他奥迪车型上的奥迪主动式车道保持辅助系统在这些情形时已经停止工作了。

（1）针对静态结构和物体进行调节

如果车道分界线终结了，但识别出前面车道上的结构或物体，那么横向控制功能可以针对这些结构或者物体作出调节。识别出的结构或物体是否需要本车作出调节，这个由驾驶人辅助系统控制单元 J1121 内的软件来做决定，如图 3-183 所示。

原则上讲，对下述结构和物体，是会作出调节的：

- 公路两旁的安全护栏。

- 草皮。

- 石砌路缘。

（2）针对前行的交通参与者进行调节

如果车道分界线终结了，而恰在这个时刻有一辆或者多辆车在本车前面合适的距离处行驶着，那么横向控制功能仍可基于这些车辆继续工作。至于当前的交通状况是否符合这个情况，这个由驾驶人辅助系统控制单元 J1121 内的软件来做决定，如图 3-184 所示。

图 3-183　识别出前面车道上的结构或物体

图 3-184　有一辆或者多辆车在本车前面合适的距离处行驶

（3）在无中央分界线的道路上的保持车道中间位置功能

图 3-185 所示是路两边各有一条边界线的一条路，每个行驶方向都有一车道可供使用，但是该路中央并无车道分界线。自适应驾驶辅助系统会识别出这种情形并根据自己的计算而将道路分成两个车道；自适应驾驶辅助系统会让车辆保持在右侧车道的中间位置，虽然并没有中间分界线将右侧车道与左侧对向车道分隔开。于是就在并没有实际分界线把道路分成两条车道的情况下，也实现了保持车道中间位置这个功能。通过这样的措施，横向控制功能就可在更多情形时发挥作用了（当然是与没有采用自适应驾驶辅助系统时相比较而言）。

由于没有道路的中间分界线，因此车道偏离警告只对车辆右侧起作用。

（4）提高驶过弯道时的舒适性

如果车辆在保持车道中间位置功能工作着时驶过弯道，以前的车辆都是在车道中间行驶的。然而在自适应驾驶辅助系统的保持车道中间位置功能上不是这样，其规划的车道路线稍微靠近弯道内侧一些，因为这才接近大多数驾驶人转向时的实际情况，如图 3-186 所示。

奥迪 A8（车型 4N）上的横向控制要想发挥作用，驾驶人也必须将手放到转向盘上。驾驶人仍需对车辆达到横向控制负全责。该系统的转向介入特性类似于转向推荐，驾驶人可随时撤销这个转向介入。

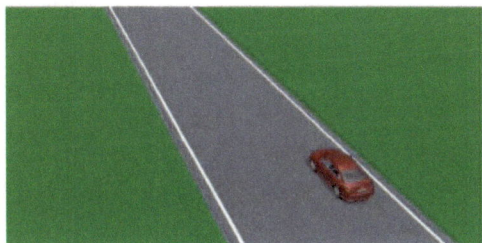

图 3-185　路两边各有一条边界线的一条路

图 3-186　车辆在保持车道中间位置功能工作着时驶过弯道

7. 功能分配和要用到的传感器

自适应驾驶辅助系统有两个控制单元对实现其功能具有重要作用，这两个控制单元如图 3-187 所示。

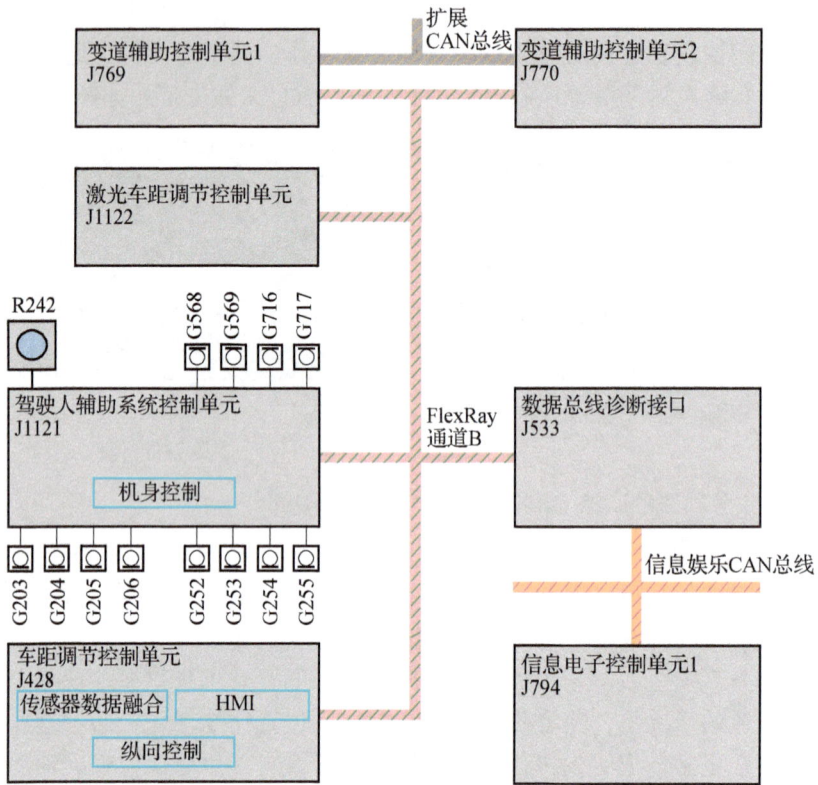

图 3-187　与自适应驾驶辅助系统有关的控制单元

HMI 是 Human Machine Interface 的缩写，是人机界面的意思，就是驾驶人和车辆系统之间的界面。这个界面包括系统显示（系统→驾驶人），也包括系统操纵选项（驾驶人→系统）。

G203~G206 后部超声波传感器 前部驻车
G252~G255 辅助传感器
G568~G569 前部智能泊车辅助系统传感器
G716~G717 后部智能泊车辅助系统传感器
R242 驾驶人辅助系统正面摄像头

- 车距调节控制单元 J428（主控制单元）。
- 驾驶人辅助系统控制单元 J1121。

（1）车距调节控制单元 J428 的作用

- 是自适应驾驶辅助系统全部功能的主控制单元。
- 是自适应驾驶辅助系统纵向控制功能的主控制单元。
- 读取正面雷达传感器的测量数据，以便用于探测车辆前部周围情况。
- 读取激光扫描装置的测量数据，以便用于探测车辆前部周围情况。
- 收集所有用于探测车辆周围情况的传感器的测量数据，所有这些数据被记录到一个内部存储卡中。
- 执行自适应驾驶辅助系统的纵向调节。

- 操控组合仪表和抬头显示屏上的系统显示。
- 储存驾驶人所做的系统设置。
- 处理系统的各种操纵元件的信号。按键操纵信号和 ACC 操纵拨杆的操纵信号由控制单元 J527 放置到车辆的数据总线上。

（2）驾驶人辅助系统控制单元 J1121 的作用
- 是自适应驾驶辅助系统横向控制功能的主控制单元。
- 读取正面摄像头 R242 的图像。
- 根据正面摄像头图像来进行车道识别。
- 根据正面摄像头图像来进行物体识别。
- 执行自适应驾驶辅助系统的横向调节。
- 读取前部四个超声波传感器数据（根据车辆的具体配置，前部这四个超声波传感器数据也可能由供电控制单元 J519 来读取，如果装备有类型 B 的驾驶人辅助系统控制单元 J1121）。

（3）自适应驾驶辅助系统用到下述这些传感器
- 驾驶人辅助系统正面摄像头 R242。
- 车距调节控制单元 J428 内的雷达传感器。
- 四个前部超声波传感器（G252~G255）。
- 激光车距调节控制单元 J1122。

（4）自适应驾驶辅助系统要用到下述这些传感器，但不是必须用，车上安装有才会使用
- 变道辅助控制单元 J769 和 J770 上的后部雷达传感器。
- 四个侧面超声波传感器（G568、G569、G716 和 G717）。

8. 自适应驾驶辅助系统用到的控制单元
系统用到的控制单元如图 3-188 所示。

（1）转向助力控制单元 J500
- 将自适应驾驶辅助系统所要求的转向力矩施加到转向系统上。

（2）发动机控制单元 J623
- 发动机控制单元内的传动系统协调程序接收到自适应驾驶辅助系统所要求的加速力矩。这个传动系统协调程序是个重要的软件模块，它会接收各种系统所要求的加速值并按重要性来将这些请求排序。
- 通过发动机制动来帮助实现所要求的制动力矩。

（3）ABS 控制单元 J104
- 将当前的车速放到 FlexRay 总线上。
- 负责车辆的制动和停住管理。制动管理系统用于对车辆进行制动；停住管理系统用于让停住的车辆保持不动。当 ESC 将车辆保持不动达到 3min 后，电动驻车制动器被激活，这是为了防止制动部件过热。

（4）自动变速器控制单元 J217
- 用于自适应驾驶辅助系统的纵向控制。控制单元 J217 根据发动机控制单元的指令

执行换档。

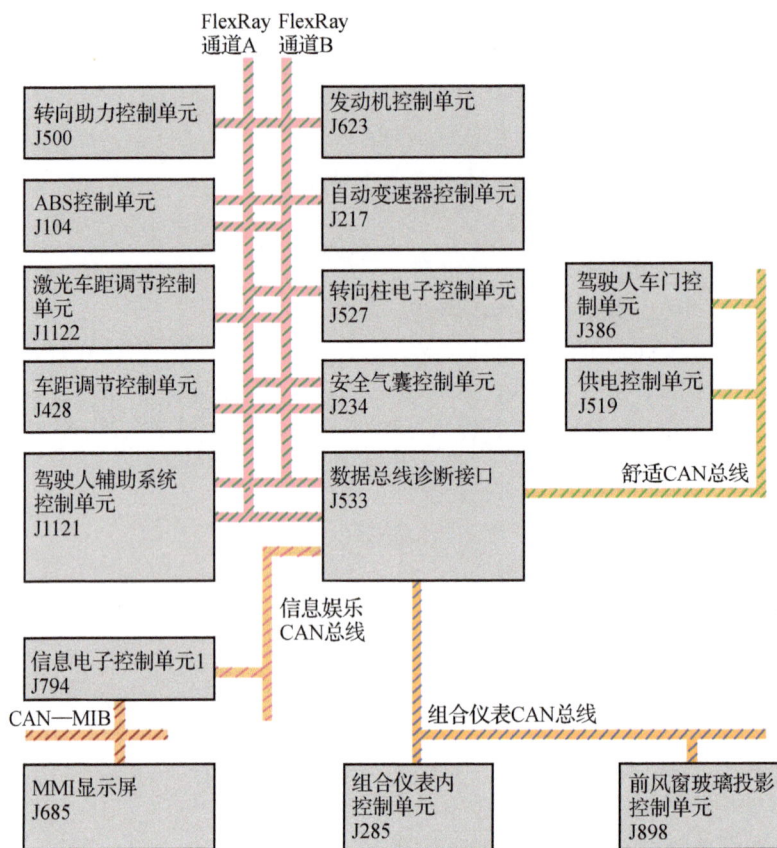

图 3-188　系统用到的控制单元

（5）转向柱电子控制单元 J527

- 用于读取 ACC 操纵拨杆以及转向灯拨杆上的车道保持辅助按键的信息，并把这些信息放置到车辆总线上。

（6）安全气囊控制单元 J234

- 将碰撞信号放置到车辆总线上，自适应驾驶辅助系统会读取这信号。如果发生了碰撞，那么就会关闭自适应驾驶辅助系统。

（7）信息电子控制单元 1 J794 和 MMI 显示屏 J685

- 用户可以通过这两个控制单元来进行自适应驾驶辅助系统的设置。这些设置通过车辆数据总线被传至驾驶人辅助系统控制单元 J1121 和车距调节控制单元 J428，控制单元 J1121 和 J428 负责具体实施。
- 将当前的用户账号放置到车辆总线系统上。自适应驾驶辅助系统在关闭点火开关时，把当前的系统设置存储到最后使用过的那个用户账号中。

（8）组合仪表内控制单元 J285

- 在组合仪表上显示自适应驾驶辅助系统的功能符号且在需要时显示文字提示。此外，用户可激活组合仪表上的驾驶人辅助系统显示，它是车载计算机显示组件。

（9）供电控制单元 J519

- 将转向灯的状态信息放置到车辆总线系统上。如果转向灯在工作，那么保持车道中间位置功能就会暂时停止工作，因为系统认为这是驾驶人有意要变换车道。

（10）驾驶人车门控制单元 J386

- 控制单元的指令执行换挡。将驾驶人车门接触开关状态放置到车辆总线上。如果在自适应驾驶辅助系统工作时打开了驾驶人车门，那么处于安全考虑就会关闭自适应驾驶辅助系统。

（11）前风窗玻璃投影控制单元 J898（抬头显示）

- 显示自适应驾驶辅助系统的功能符号。

9. 应急辅助系统（紧急情况辅助系统）

应急辅助系统是为驾驶人受伤的紧急情形而开发的，这时驾驶人自己已无法操控车辆了。

如果本车以非常高的车速接近前行的交通参与者，那么就会以很大的制动力去对本车实施制动。以此方式来避免发生碰撞或者减轻碰撞的严重程度。

在这种情形时，应急辅助系统负责接管车辆的纵向控制和横向控制，并能随后将车辆以受控方式在本车道制动至停住。在应急辅助系统工作时，车上会执行一系列措施以便保护驾驶人并尽可能降低碰撞危险。

在执行制动的过程中，会执行下述措施：

- 接通危险警告灯，以便对其他交通参与者进行警示。
- 在制动而使车辆停住的最后阶段将安全带完全张紧。
- 自动关闭车窗和全景天窗。

在车辆停住后，采取下述措施：

- 挂入"P"档。
- 发出紧急呼叫。
- 接通车内灯。
- 驾驶人车门开锁。

1）应急辅助功能工作时的时间流程。为了能更清楚地说明应急辅助功能各不同阶段的时间流程，下面按照两个特别具体的行驶情形来讲述。

示例 1：应急辅助系统已接通，车辆以 100km/h 的车速在行驶。驾驶人在手动操纵车辆。能对车辆的纵向控制和横向控制施加影响的驾驶人辅助系统当前都未激活。

阶段 0：

驾驶人在操纵着车辆，在主动地进行转向动作并操纵加速踏板和制动踏板。

阶段 1：

驾驶人将手移离转向盘，既未操纵加速踏板也未操纵制动踏板。

阶段 2：

应急辅助系统判定"驾驶人处于不活跃状态"，于是应急辅助系统就激活了。它采取的第一个措施就是激活车辆的横向控制功能，目的是防止本车离开自己的车道。为此，该系统激活了横向控制功能的"晚"这个转向时刻。在阶段 2 开始时，也会监控本车与前面交通参与者的车距。

如果下述事件中的某个发生，阶段 3 就开始了：

- 横向控制首次介入（转向时刻"晚"）。
- 确定出"驾驶人处于不活跃状态"已持续至少 30s。
- 因前车原因已实施了制动介入。

阶段 3：

组合仪表上会出现文字提示"应急辅助系统：识别出驾驶人活跃度差"。横向控制功能从"晚"模式切换为"早"模式（保持车道中间位置功能）。此外，会开始以 0.3m/s² 的减速度对车辆实施制动。如果识别出与前面的交通参与者有碰撞的危险，会增大制动力对车辆进行制动。根据车速情况，阶段 3 持续 7~10s。

阶段 4：

车辆减速度这时提高到 1.0m/s²，音频输出被切断（静音），会出现文字提示"应急辅助系统：请接管车辆控制"，还会有声音信号以及制动耸车和安全带短时张紧来提醒驾驶人去再次接管车辆。根据车速情况，阶段 4 持续 5~8s。

阶段 5：

之后若是驾驶人的这种不活跃状况仍继续存在，那么系统就会开始以 2.5m/s² 的减速度对车辆进行制动以便将车停住。如果识别出有碰撞的危险，减速度会被提高到 3.5m/s²。

通过警告音和明显的紧急制动耸车来强化提醒驾驶人去接管车辆。在制动到车停住这个过程中一直有制动耸车，并会让驾驶人安全带完全张紧。另外，危险警告灯被激活，以便提醒周围的交通参与者注意这种紧急情况。出于安全考虑，车门玻璃和天窗也会被关闭。组合仪表上会出现文字提示"应急辅助系统：正在执行自动紧急停车"。

阶段 6：

在车辆被制动到停住后，就挂入档位 P 并拉紧电动机械式驻车制动器。制动 5s 后中央门锁会开锁，车内灯会接通。在车辆停住 15s 后会发出紧急呼叫。

应急辅助系统的激活条件：

- 在"手动行车"情况下，应急辅助系统只有在车速高于 55km/h 时才能激活。在超过了 55km/h 这个车速限值后的 20s 时，应急辅助系统就会激活。
- 必须能识别出车道分界线。
- 在操纵了转向灯后，应急辅助系统最快在 15s 后才能激活。
- 如果刚好是从辅助驾驶切换为手动驾驶，那么应急辅助系统最快在切换后 20s 才能激活。
- 在应急辅助系统从状态"工作"切换为状态"不工作"时，那么应急辅助系统最快在切换后 20s 才能激活。

在辅助系统未激活的情况下行车时应急辅助功能的时间流程如图 3-189 所示。

- 没有装备自适应驾驶辅助系统或者自适应驾驶辅助系统已关闭。
- 应急辅助系统在驾驶人辅助系统的模式样板（Profile master）中是在"接通"状态。

2）示例 2：应急辅助系统已接通，车辆以 100km/h 的车速在行驶着。驾驶人已激活自适应驾驶辅助系统，该系统接管车辆的纵向控制和横向控制。

虽然横向控制功能已激活，但是驾驶人的手必须放在转向盘上，直至时刻 $t=0s$ 也是这样。

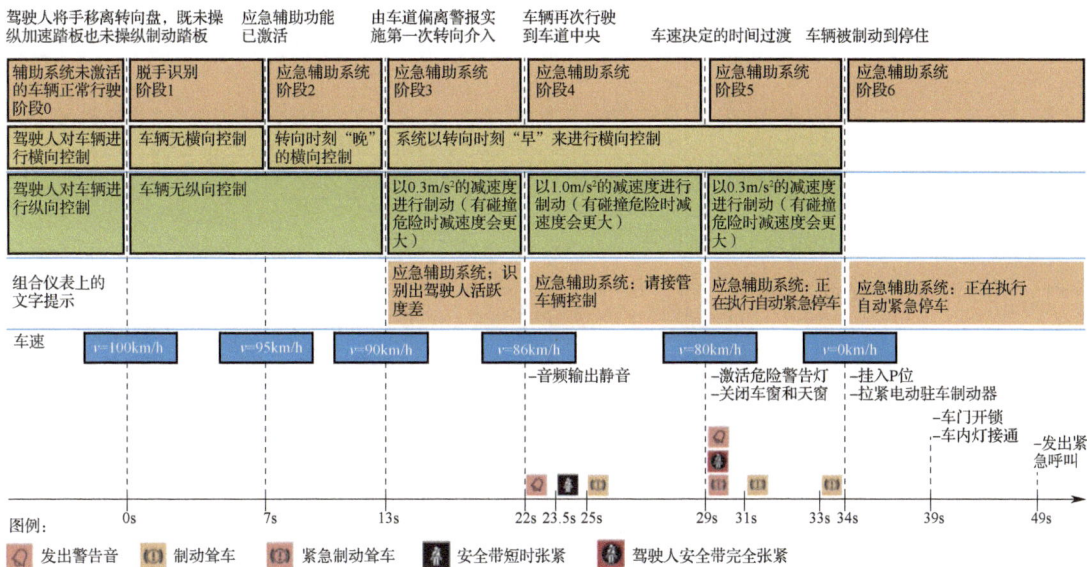

图 3-189 辅助系统未激活的情况下行车时应急辅助功能的时间流程

阶段 0：

驾驶人在自适应驾驶辅助系统已激活时开车行驶，驾驶人的手放在转向盘上。

阶段 1：

驾驶人将手移离转向盘且随后表现得比较被动（不太主动操控车辆）。

阶段 2：

自适应驾驶辅助系统识别出驾驶人的手已经不在转向盘上了，并在组合仪表上显示文字提示"自适应驾驶辅助系统：识别出驾驶人活跃度差"。在出现该文字提示的 15s 后，会发出警告音，稍后会继续发出 5 次警告音。

阶段 3：

紧急辅助系统被激活，并立即以 1.0m/s² 的减速度对车辆进行制动。与此同时，自适应驾驶辅助系统被关闭。组合仪表上会出现文字提示"应急辅助系统：请接管车辆控制"。还会有声音信号以及制动弹车和安全带短时张紧来提醒驾驶人去再次接管车辆。另外，音频输出被静音。

阶段 4：

若是驾驶人的这种不活跃状况仍继续存在，那么系统就会开始以 3.5m/s² 的减速度对车辆进行制动以便将车停住。通过警告音和明显的紧急制动弹车来强化提醒驾驶人去接管车辆。在制动到车停住这个过程中一直有制动弹车，并会让驾驶人安全带完全张紧。另外，危险警告灯被激活，以便提醒周围的交通参与者注意这种紧急情况。出于安全考虑，车门玻璃和天窗也会被关闭。组合仪表上会出现文字提示"应急辅助系统：正在执行自动紧急停车"。

阶段 5：

在车辆被制动到停住后，就挂入 P 位并拉紧电动机械式驻车制动器。制动阶段 3 开始 5s 后中央门锁会开锁，车内灯会接通。在车辆停住 15s 后会发出紧急呼叫。

使用自适应驾驶辅助系统的情况下行车时应急辅助功能的时间流程如图 3-190 所示。

- 应急辅助系统在驾驶人辅助系统的模式样板（Profile master）中是在"接通"状态。

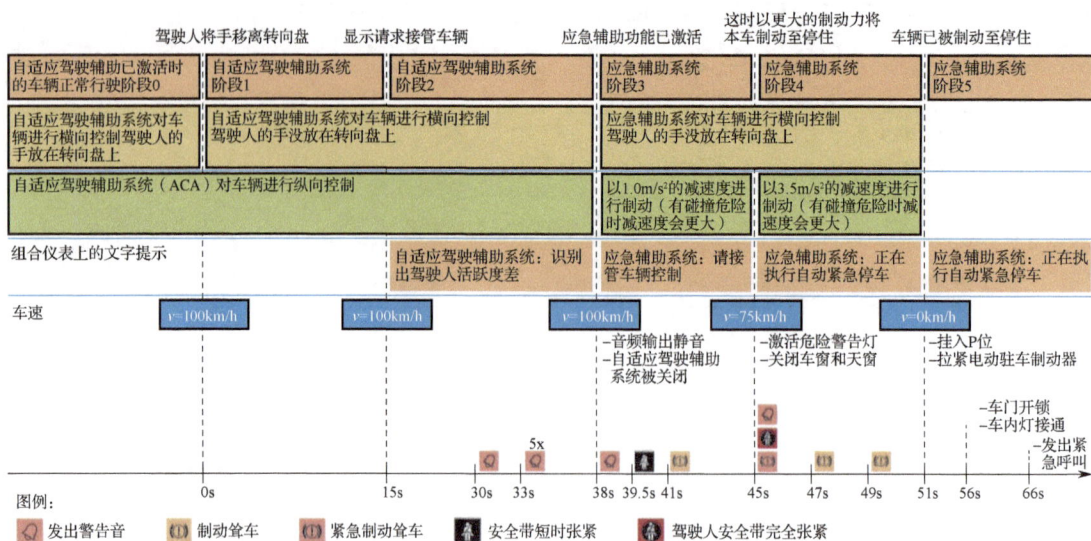

	驾驶人将手移离转向盘	显示请求接管车辆		应急辅助功能已激活	这时以更大的制动力将本车制动至停住	车辆已被制动至停住
自适应驾驶辅助已激活时的车辆正常行驶阶段0	自适应驾驶辅助系统阶段1	自适应驾驶辅助系统阶段2		应急辅助系统阶段3	应急辅助系统阶段4	应急辅助系统阶段5
自适应驾驶辅助系统对车辆进行横向控制驾驶人的手放在转向盘上	自适应驾驶辅助系统对车辆进行横向控制驾驶人的手没在转向盘上			应急辅助系统对车辆进行横向控制驾驶人的手放在转向盘上		
自适应驾驶辅助系统（ACA）对车辆进行纵向控制				以1.0m/s²的减速度进行制动（有碰撞危险时减速度会更大）	以3.5m/s²的减速度进行制动（有碰撞危险时减速度会更大）	
组合仪表上的文字提示		自适应驾驶辅助系统：识别出驾驶人活跃度差		应急辅助系统：请接管车辆控制	应急辅助系统：正在执行自动紧急停车	应急辅助系统：正在执行自动紧急停车
车速	v=100km/h	v=100km/h	v=100km/h	v=75km/h	v=0km/h	

- 音频输出静音
- 自适应驾驶辅助系统被关闭

- 激活危险警告灯
- 关闭车窗和天窗

- 挂入P位
- 拉紧电动驻车制动器

- 车门开锁
- 车内灯接通
- 发出紧急呼叫

5x

图例：
| 0s | 15s | 30s 33s | 38s 39.5s 41s | 45s | 47s 49s | 51s 56s | 66s |

发出警告音　　制动刹车　　紧急制动刹车　　安全带短时张紧　　驾驶人安全带完全张紧

图 3-190　使用自适应驾驶辅助系统的情况下行车时应急辅助功能的时间流程

（二）变道警告系统

变道警告系统的作用是：在驾驶人有意变道时，如果本车有可能会与同向相邻车道上的交通参与者发生碰撞，那么就会对驾驶人发出警告。

如果出现下述情况，那么系统就认为是驾驶人有意要变道：

- 激活了相应的转向指示灯。
- 在一定时间内本车持续接近车道分界线。

如果某个交通参与者以很快的速度从后面接近本车或者以相似车速行驶在本车的盲点处，那么该交通参与者就被定义成"很危险"。该系统对于左侧和右侧相邻车道上危险的交通参与者都能发出警告。变道警告系统在多车道的道路上最能为驾驶人提供帮助。警告是通过集成在两个车外后视镜上的警告灯来发出的。

通过相应车外后视镜上警告灯很亮地闪烁 4 次来对驾驶人发出警告，如图 3-191 所示。如果识别出相邻车道有可能会造成危险的车辆，那么会发出一个驾驶人信息；但若是驾驶人有意想变道，则不会有该指示。驾驶人信息以微弱亮起。

变道警告是通过驾驶人辅助系统模式样板（Profile Master）来接通和关闭的。在模式"Individual"中可以接通和关闭变道警告；在模式"Maximal"中变道警告总是接通；在模式"Basic"中变道警告总是关闭。

图 3-191　车外后视镜上警告灯很亮地闪烁

变道警告在车速高于 10km/h 时会被激活，在车速低于 5km/h 时会被关闭。由于使用了更好的后部雷达传感器，变道警告在本车后部的交通参与者距离本车 80m 时就能识别出来。

1. 变道警告的转弯辅助

变道警告新增了一个辅助功能：转弯辅助，这个新功能主要是在车辆转弯时避免与骑

自行车的人和骑摩托车的人相撞。如果在车辆转弯时判定骑自行车的人和骑摩托车的人"很危险",那么就会发出警告。转弯辅助警告与变道辅助警告是相同的:警告灯很亮地闪烁4次。

(1)变道辅助警告

当满足下述条件时,变道警告功能就会发出首次警告:

- 接通转向灯。
- 系统计算出的TTC(Time-To-Collision 的缩写,计算出的发生碰撞所需要经过的时间)是6s或更少。
- 变道警告功能在此刻是激活的。
- 其他交通参与者在向前运动。

详细解释如图3-192所示,红色的奥迪A8驶近一个十字路口,驾驶人想在此处右转弯。在还未到达这个十字路口前,驾驶人接通了右转向灯。在接通转向灯时,变道警告系统把车辆右侧的骑自行车的人判定为"很危险"。因此,就通过右侧车外后视镜发出了警告。

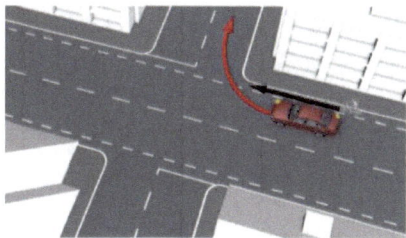

图3-192 变道警告系统把车右侧的骑自行车的人判定为"很危险"

驾驶人在转向灯接通的情况下继续行驶。在本车到达十字路口时,驾驶人开始转向,转弯过程开始。随着驾驶人的转向动作,这两个交通参与者的运动轨迹现在开始相交。由于这时系统计算出的TTC小于2s,于是右侧车外后视镜上发出了第二次警告。

(2)转弯辅助警告

当满足下述条件时,就会发出转弯辅助警告:

- 接通了转向灯。
- 系统计算出的TTC是2s或更少。
- 转弯车辆以不超过30km/h的速度向前行驶。
- 其他交通参与者也在向前运动。

转弯辅助功能不但能在右转弯时帮助驾驶人,在左转弯时也能帮助驾驶人,就像情形图3-193中那样。

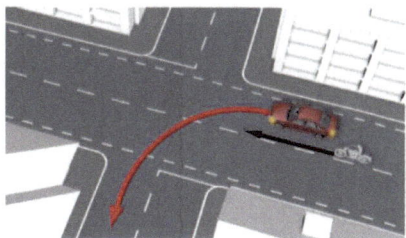

图3-193 左转弯辅助警告

(3)转弯辅助的驾驶人信息

转弯辅助也能提供驾驶人信息,这与变道辅助的驾驶人信息是一样的。如果满足下述条件,就会出现驾驶人信息。

- 接通了转向灯。
- 系统计算出的TTC是4s或更少。
- 车辆停着或者车辆以不高于10km/h的速度向前行驶。
- 其他交通参与者也在向前运动。

2. 其他交通情形时转弯辅助的使用

(1)将车辆从停车位移出的过程

转弯辅助功能在将车辆从停车位移出时也可为驾驶人提供帮助。在开始将车辆从停车位移出前，驾驶人可以接通转向灯，这样就可显示出系统是否识别出有能使得这个移出过程"很危险"的交通参与者。驾驶人信息在这个移出过程开始后只要车速不高于10km/h仍可用。另外，如果满足条件，那么当车速超过30km/h前，转弯辅助会发出驾驶人警告，如图3-194所示。

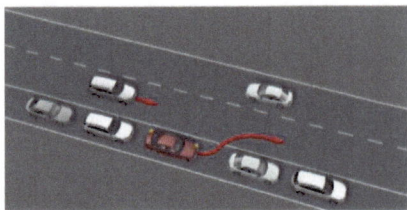

图3-194　将车辆从停车位移出的过程

（2）并道过程

当两条车道合并成一条车道时，转弯辅助功能也可为驾驶人提供帮助。如果接通了转向灯，那么只要满足相应条件，驾驶人就会收到驾驶人信息或者警告，如图3-195所示。

图3-195　并道过程

（三）横向交通辅助系统

横向交通辅助系统的作用是在驾驶人倒车行驶时警告本车后方有横向驶来的车辆。这个系统在看不到全貌的情况下提供宝贵的帮助。比如这样的情形就属于视野受挡了：将车辆从横向停车位驶出，或者倒车穿行窄出口。

这个驾驶人警告开始时是视觉警告，就是在驻车辅助系统、倒车摄像头或者周围环境摄像头的显示屏上出现红色的箭头。如果碰撞危险继续增大，那么随后会响起一声警告音；如果碰撞危险继续增大，还会有制动介入，如图3-196所示。

图3-196　后部横向交通辅助系统

横向辅助（也可称交叉路口辅助或十字路口辅助）系统可帮助驾驶人避免与本车前部的横向通过的车辆相撞。横向辅助系统在本车前部横向通过的车辆因视野受限而稍晚才能被驾驶人看到时为驾驶人提供帮助。

这样的视野受限的情形比如有：十字路口以及穿行窄出口时。另外，在复杂交通情形时，比如驾驶人因注意看其他交通参与者而忽略了横穿的交通参与者时，该系统也能为驾驶人提供帮助。

横向交通参与者可以是乘用车、公交车或者货车，但也可以是骑自行车者或骑摩托车者，如图3-197所示。

如果系统识别出骑自行车者或者骑摩托车者，那么系统的反应与识别出车辆是一样的，如图3-198所示。

车速在 $0 \leqslant v \leqslant 30$km/h 时，横向辅助系统才会工作，如图3-199所示。

图3-197　横向交通参与者可以是普通车辆、骑自行车者或骑摩托车者

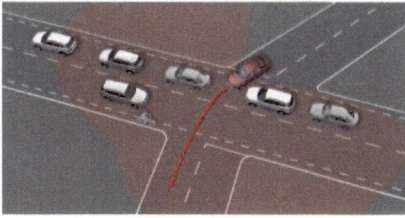

图 3-198　系统识别出骑自行车者反应与
识别出车辆是一样的

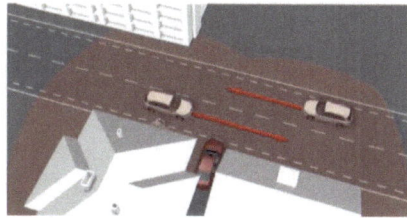

图 3-199　车速在 $0 \leqslant v \leqslant 30\mathrm{km/h}$ 时横
向辅助系统才会工作

1. 系统警告

当尾部雷达传感器识别到横向行驶的车辆时，后部横向交通辅助系统计算碰撞的可能性，根据碰撞可能性的计算结果发出不同的警告。

各种警告输出的主要控制变量是横向辅助系统计算出的距发生可能的碰撞需要的时间。这个时间被称作 TTC。从计算结果就可获知，两辆车可以按系统侦测的情况继续前行。

此时区分下列碰撞可能性：

碰撞可能性	警告	潜在碰撞发生之前的时间	边缘条件
非常低	无	—	—
低	视觉	约 4s	车辆静止，向前行驶速度 <7km/h 或倒车行驶速度 ≤ 15km/h
中等	声音	约 3s	仅限倒车行驶
高	触觉	约 1s	仅限倒车行驶

（1）视觉警告

发出视觉警告时，会在车辆尾部后面显示一个带黑色方向箭头的红色界面。箭头指向接近的横穿行驶车辆的运动方向。如果横穿行驶车辆从右边过来，则车辆尾部后方右侧会标上红色界面；如果车辆从左边过来，则红色界面显示在车辆尾部后方左侧。

如果横穿行驶车辆从两边过来，则车辆尾部后方的左侧和右侧都显示红色界面，如图 3-200 所示。

当后部横向交通辅助系统发出视觉警告时，至少需要升级版驻车辅助系统的图像。

如果车上安装了倒车摄像头或者选装装备"环境摄像头"，则也会在那些正好出现在显示界面的图片上显示警告。出现警告时，在摄像头拍摄的图片上会显示两个红色方向箭头。这些箭头也同样指向接近的横穿行驶车辆的运动方向，如图 3-201 所示。

图 3-200　车辆尾部后方的左侧
和右侧都显示红色界面

图 3-201　在摄像头拍摄的图片上
会显示两个红色方向箭头

视觉警告与声音警告是同时发出的，也就是最早在距可能发生碰撞所需时间约为 3s 前发出。这种视觉警告是以弹出信息的方式出现在抬头显示上，如图 3-202 所示。

图 3-202　抬头显示视觉警告

（2）声音警告

声音警告使用驻车辅助系统的后部发声器。由于升级版驻车辅助系统是后部横向交通辅助系统的前提条件，所以车上一直存在后部发声器。警告音由组合仪表产生，只有当车辆前行的车速不超过 30km/h 时，才会发出声音和视觉警告。

（3）触觉警告

当后部横向交通辅助系统识别到高碰撞可能性时，该系统会以制动耸车的形式给出触觉警告。由换道辅助系统控制单元 J769 向 ABS 控制单元 J104 发出制动耸车要求。另外，驾驶人信息的红色箭头会开始闪烁，更清楚地提醒驾驶人：驾驶人需要采取相应行动。

（4）制动介入

如果驾驶人对于驾驶人信息和声音/视觉警告都没反应，且本车仍继续处于危险情形中，那么在距可能发生碰撞所需时间约为 1s 前会有制动介入。

启动制动介入有个前提条件：车辆前行速度不超过 10km/h。

2. 系统联网

图 3-203 展示了参与横向辅助功能的最重要的控制单元，还展示了各个控制单元彼此通信的总线系统。

（1）横向辅助系统必须要用到的控制单元

1）驾驶人辅助系统控制单元 J1121。

- 根据两个雷达传感器 J1088 和 J1089 的雷达信号来确定本车与前部侧面横向车辆发生碰撞的危险程度。
- 按照这个危险程度来启动驾驶人警报。
- 如果碰撞的危险很高，ABS 控制单元会启动制动耸车。
- 确定驻车辅助系统和横向辅助系统当前的激活状态。
- 持续检查是否满足横向辅助系统激活条件。

2）左前和右前物体识别雷达传感器控制单元 J1088 和 J1089。

- 侦测车辆周围左前侧面和右前侧面的物体。
- 执行雷达传感器自诊断。识别出的故障会存储到故障存储器内并通知横向辅助系统。

3）ABS 控制单元 J104。

- 根据横向辅助系统的请求启动制动介入。
- 提供车速信息以供使用。

4）安全气囊控制单元 J234。

- 根据横向辅助系统的信息来执行碰撞前的安全功能。
- 在发生事故时激活一个或者多个安全气囊。

5）信息电子控制单元 1 J794。

- 是用户接口，用户可以通过 MMI 上的驾驶人辅助功能菜单来接通或者关闭横向辅

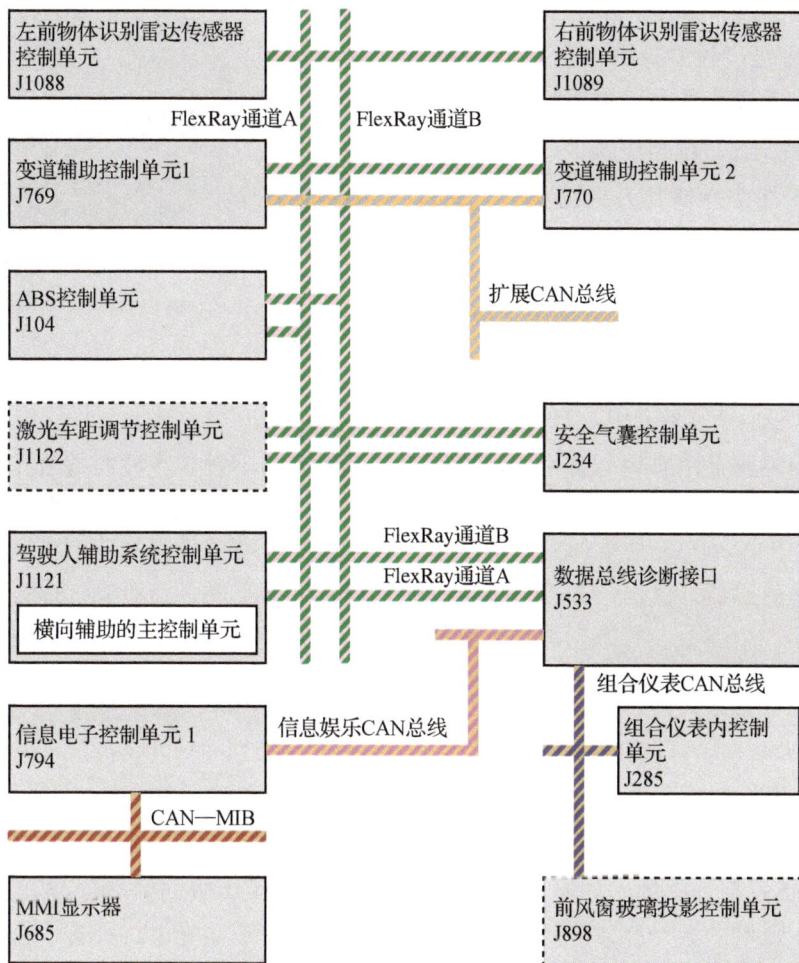

图 3-203　参与横向辅助功能的最重要的控制单元

助系统。

6）组合仪表内控制单元 J285。

- 在驾驶人辅助功能视图中显示识别出的本车前部横向车辆的箭头符号。
- 通过显示内容和声音信号来提请用户注意本车有与横向车辆碰撞的危险。

7）MMI 显示器 J685。

- 用于显示驻车辅助系统的图表以及周围环境摄像头的图像，还可用于显示横向辅助系统的箭头符号，该符号用于提请驾驶人注意本车前部的横向车辆情况。

（2）横向辅助系统非必须要用到的控制单元

1）激光车距调节控制单元 J1122。

- 如果车上有控制单元 J1122，也会使用到激光扫描装置的测量数据来评估危险程度，通过这个附加信息即可改善物体识别的能力。

2）变道辅助控制单元 J769 和 J770。

- 也会用到这两个变道辅助控制单元的测量数据来评估危险程度，通过这个附加信息也可改善物体识别的能力。由于后部雷达传感器有较大的张角，因此这些传感器还可以提供本车前面的横向车辆信息。

3）前风窗玻璃投影控制单元 J898。

- 在抬头显示上显示横向辅助系统警告。

3. 激光车距调节控制单元

为了实现复杂的驾驶人辅助功能，车辆使用一个激光扫描装置，该装置是"旅行辅助包"的一个组件，安装在保险杠中间、牌照支架下方。

它在功能方面与远距离雷达传感器相同，都用于探测车辆前方的物体，如图 3-204 所示。

图 3-204　激光扫描装置

（1）激光扫描装置结构和功能

激光扫描装置工作原理与雷达传感器类似，但发出的不是雷达波而是激光束，光束照射到其他物体表面后会反射回来。通过测量激光射束从发射到接收所需要花费的时间长度，即可确定出本车与相应物体之间的距离。它与雷达传感器的根本区别在于：辐射的传播特性。雷达传感器发射出的是锥形雷达波来覆盖较大的空间，而激光扫描装置是将单个激光束集中到一个点上。要想探测较大空间，就必须向多个水平面水平发射很多"单束激光"。所使用的激光脉冲（脉冲宽度约为 4ns）的波长约为 905nm。这种电磁辐射是人眼所不能看到的（红外线），且因强度很低，也就不会造成伤害（激光等级 1），如图 3-205 所示。

激光扫描装置有一个可回转的反射镜（700r/min），该反射镜会把激光束以扇形散发出去。发射单元发出的激光碰到镜面会被散发出去。该反射镜由一个电动机来驱动。比如：100m 远的物体反射回来的红外线激光脉冲，在发射后不到 0.7μs 就会到达激光扫描装置的接收二极管。反射的激光脉冲碰到反光镜的下部并从这里到达光电二极管，光电二极管会把这个光学信息转换成电信号，如图 3-206 所示。

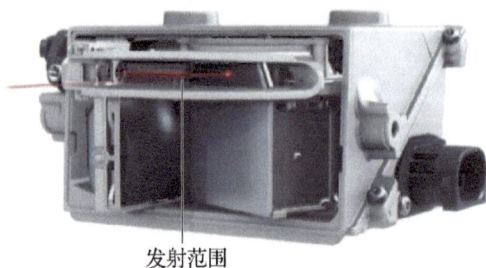

发射范围

图 3-205　激光扫描装置工作原理

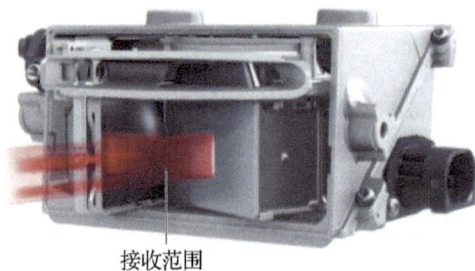

接收范围

图 3-206　激光扫描装置有一个可回转的反射镜

水平探测范围覆盖了约 145° 的角度，作用距离平均约为 80m。车距为 10cm 时仍能对识别物体。扇形的激光束在垂直方向分布在四个平面内，每个平面的辐射角为 0.8°。垂直方向总角约为 3.2°，水平分辨率为 0.25°，比雷达技术精准多了。

因此，激光扫描装置是远距离雷达的理想补充。雷达系统的作用距离长达 250m，明显高于激光扫描装置，但是其探测角约为 35°，这比激光扫描装置要小多了。接收到的被反射回来的激光束是这样来分析的：约 145° 这个总探测角度细分成 10 个同等大小的扇形区。内部的软件运算规则可以识别出反射镜上的脏污或者损坏以及作用距离和调整不当这些情况。

与雷达射束一样，激光技术也有不依靠周围环境照明情况的这个优点。激光技术还有个优点：测量精度与距离无关。接收到的反射信号由很多的点组成，也就是所谓的点云。因此物体的轮廓就比雷达技术的要清晰得多，也就能更好地分辨出物体的类型了，比如乘用车、货车、摩托车等。另外，激光技术还可以识别出人、安全护栏和用于标记车道的物体等。

除了作用距离这个信息外，FlexRay 总线信息中还包括识别出的物体信息、其坐标连同相应的标准差、物体的速度以及相应物体可被识别并分类的概率。

激光扫描装置还配有清洗系统，以便清洁镜头。伸缩式清洗喷嘴安装在该装置的两侧，相应的电动泵直接安装在清洗液罐上，该泵为激光扫描装置的清洗喷嘴和后部摄像头的清洗喷嘴供液，根据泵电动机的转动方向来清洗激光扫描装置或者后部摄像头。如果激光扫描装置控制单元识别出镜头脏污，那么一个信息就会被送至供电控制单元 J519，J519 随后给前风窗玻璃清洗泵控制单元 J1100 下命令去执行这个清洗工作，如图 3-207 所示。

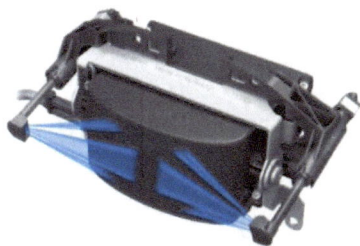

图 3-207　激光扫描装置还配有清洗系统

（2）维护

可通过车辆诊断仪用"车距调节 CD 激光"这个诊断地址来调用该系统，通信通过 FlexRay 总线的通道 B 来完成。

由于激光扫描装置的安装位置存在偏差，因此需要进行调整，一般是垂直方向的调整，如图 3-208 所示。

调整方法与 ACC 系统的调整方式一样。调节样板 VAS 6430 是相同的，样板与车辆几何轴对齐的方式也是相同的。

图 3-208　通过改变调节螺栓的转动方向和转动角度来实施调节

为此，需要使用车轮定位装置。调节激光扫描装置使用一种新的光靶（校准装置）。在诊断仪引导下（功能"校准激光扫描装置"），会让激光扫描装置发出激光脉冲。激光束射到光靶上并被反射回来，通过分析接收到的反射信号确定激光扫描装置是否已对齐了车桥。如果需要进行调整，那么可通过改变调节螺栓的转动方向和转动角度来调节激光，如图 3-209 所示。

激光扫描装置只能整体更换，不可自行拆解。虽然该传感器单元发出的光束无害，但是该单元内部有高能量辐射！

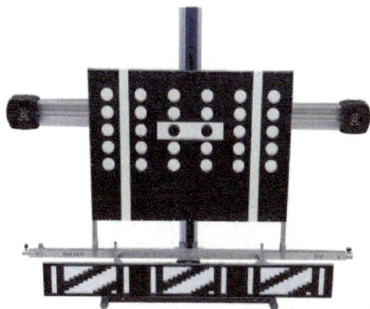

图 3-209　光靶（校准装置）

在下述情况下需要调整激光扫描装置：

- 在拆装以及更换了激光扫描装置后。
- 车轮定位（尤其是后轮前束）发生改变。

- 在松开并再次固定了前保险杠后。
- 在完成自适应空气悬架基本设定（车辆高度自适应）后。

（四）换道辅助系统（SWA）

换道辅助系统利用雷达传感器监控车辆后方和两侧的环境，并在驾驶人变换行车道时提供帮助。被监控的区域也包括所谓的"视野盲区"。系统同时还对驾驶人侧和副驾驶人侧进行监控，每侧都配有一个雷达传感器。

当换道辅助系统识别到变换行车道可能会造成事故风险时，系统将提示或警告驾驶人。此时相应车外后视镜内的警告灯可能亮起或快速闪烁，以提示或警告驾驶人潜在的风险，如图 3-210 所示。

图 3-210　换道辅助系统作用

1. 雷达传感器和控制单元

换道辅助系统有两个控制单元：换道辅助系统控制单元 1 J769（主控制单元）和换道辅助系统控制单元 2 J770（从控制单元）。主控制单元与右侧雷达传感器组成一个单元，如图 3-211 所示，从控制单元与左侧雷达传感器组成一个单元。

主控制单元和从控制单元在结构上完全相同。其基本结构是由一块电子线路板和一个数字信号处理器组成的中央计算单元。此外，它还被用来探测和跟踪雷达传感器识别到的物体。

图 3-211　主控制单元

天线电路板与发射和接收天线通过插接板与电路板相连。发射天线由 40 个方形铜片组成，3 组接收天线则由 8 或 16 个方形铜片组成，如图 3-212 所示。

数字信号处理器负责分析接收天线接收到的反射波的物理特性，据此可以计算出反射对象的大小、位置和速度。

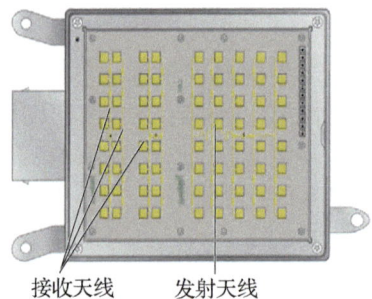

接收天线　　　发射天线

图 3-212　天线电路板

2. 安装位置

在奥迪 Q7 上，两个控制单元模块均安装在后保险杠处的端板上。端板则被夹在保险杠罩板上，并用螺栓固定在车身上。保险杠罩板遮住了这两个控制单元，因此，它们与驻车辅助传感器不同，是无法从车外看到的。由于保险杠罩板由塑料制成，所以不会阻碍雷达射线的传输，如图 3-213 所示。

单元与车身横轴成 22° 安装，这样可以更好地探测侧面环境。此外，它们还向上倾斜 3° 左右。控制单元固定在车辆上之后，需要利用诊断测试仪和专用的校准工具进行精确校准。

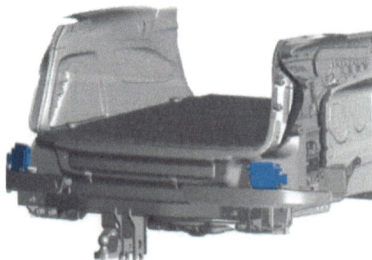

图 3-213　安装位置

3. 雷达传感器的监控区域

车辆每一侧的监控区域都由一个后部区域和一个侧面区域组成。后部监控区域从车辆后边缘开始向后延伸约 50m，这相当于线段 A 和 B 之间的灰色区域。侧面区域从车辆后边缘开始延伸到 B 柱为止，这正好是线段 B 和 C 之间的灰色区域。

灰色区域的宽度测得约为 3.6m，如图 3-214 所示。

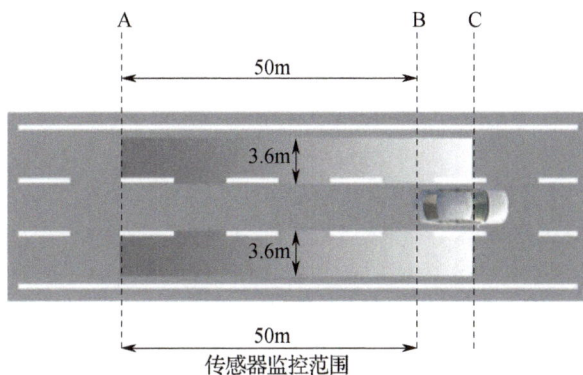

图 3-214　雷达传感器的监控区域

此传感器监控区域示意图是针对一条直线行驶道路而言的。当车辆行驶在弯曲的道路上时，换道辅助系统的使用条件为道路的曲率半径必须大于约 170m。当道路的曲率半径低于 170m 这一限值后，换道辅助系统将自动切换到关闭状态，因为此时发出的雷达射线已经无法继续探测整个 50m 的后部监控区域。这一关闭限值具有 30m 的滞后。这意味着换道辅助系统因道路的曲率半径过小而关闭以后，只有当道路的曲率半径增加到 200m 以上时，系统才会重新被激活。

换道辅助系统控制单元根据 ABS 控制单元 J104 的偏航角速率和各个车轮转速计算行驶道路的曲率。转弯时，系统利用软件将弯道监控区域模拟为直线行驶道路。这样，无论在直线道路还是转弯行驶中，是否向驾驶人发出警告的运算法则判断基础将会保持一致。

4. 车外后视镜内的警告灯

换道辅助系统利用集成在两个车外后视镜内的警告灯警告或提示驾驶人变换行车道时潜在的危险。

此警告灯的备件名称与标识为：驾驶人侧车外后视镜内的换道辅助系统警告灯 K233 和副驾驶人侧车外后视镜内的换道辅助系统警告灯 K234。

两个警告灯 K233 和 K234 可以单独更换，无需拆下后视镜护罩。其操作方法在维修手册中有说明。警告灯直接由换道辅助系统的从控制单元 J770 控制。它们由四个黄色发光二极管组成，如图 3-215 所示。

图 3-215　车外后视镜内的警告灯

如果换道辅助系统识别到左右两条行车道的某一条上有潜在危险，并且在本车没有即将变换行车道的迹象时，相应车外后视镜内的警告灯将会亮起，以通知驾驶人这一情况。如果驾驶人通过操纵转向信号灯提示有变换行车道的意图，而此时相邻行车道驶有其他车辆，那么警告灯将闪烁四次，以警告驾驶人。

用户可以在 MMI（多媒体界面）中调节警告灯的亮度，共有 5 个不同的等级。雨量与光线识别传感器 G397 测得的当前环境亮度也被用于确定警告灯亮度。

5. 道路交通中的两种特定情况

下面将列举道路交通中导致换道辅助系统发出警告的两种典型紧急情况：

（1）情景一

配备了换道辅助系统（SWA）的汽车行驶在三车道高速公路的中间一条行车道上，并且正在超越右侧的一辆汽车。

配备了换道辅助系统的汽车与被超车的汽车之间的速度差小于 15km/h。由于速度差较小，超车过程需要一定的时间，被超越的汽车在一定的时间内消失在"视野盲区"内。在这种情况下，右侧车外后视镜内的警告灯必须通知驾驶人右侧行车道被占用。如果带有换道辅助系统车辆的驾驶人现在接通右侧转向信号灯，那么右侧车外后视镜内的警告灯将闪烁四次，以警告驾驶人，如图 3-216 所示。

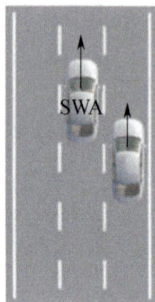

图 3-216　正在超越右侧汽车

（2）情景二

装备了换道辅助系统（SWA）的汽车中速行驶在三车道高速公路的右侧车道上。中间车道上有一辆汽车以明显较高的速度从后方接近本方车辆。换道辅助系统探测到这辆不断靠近的汽车并点亮左侧车外后视镜内的警告灯。如果此时操纵左侧的转向信号灯，那么警告灯将会闪烁，以警告驾驶人如果变换行车道将有发生碰撞的危险，如图 3-217 所示。

导致警告灯被激活的两车间最大距离（可能引发碰撞风险警告的最大距离）取决于两车之间的速度差。速度差越大，此距离范围越大。但是发出警告的最大距离限值为 50m，因为 50m 是雷达传感器的探测范围上限。

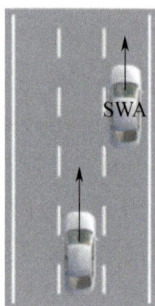

图 3-217　汽车以明显较高的速度从后方接近本方车辆

6. 系统操纵

换道辅助系统按钮 E530 位于驾驶人侧车门内部，中央门锁开关的右边。利用该按钮可以接通或关闭换道辅助系统。按钮内的红色发光二极管显示了当前的状态。如果发光二极管亮起，则说明换道辅助系统已接通。如果指示灯不亮，则说明系统已关闭或损坏。每次重新启动后，系统均会调用上一次的有效系统设置，如图 3-218 所示。

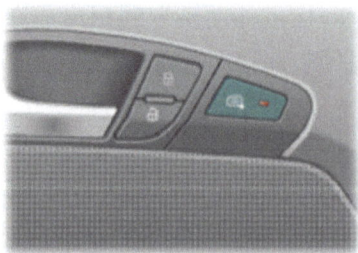

图 3-218　换道辅助系统按钮 E530

换道辅助系统接通时有两种状态——激活或停用。激活系统需要满足两个条件：车速 ≥60km/h 且当前道路的曲率半径 ≥170m。一旦不再满足这两个条件中的任何一个，辅助系统就切换到停用状态。

7. 系统电路图

主控制单元和从控制单元通过一个专用的高速 CAN 总线交换数据。主控制单元是扩展 CAN 上的用户，这样可以通过数据总线诊断接口 J533 与其他总线用户交换数据。主控制单元也负责读取换道辅助系统按钮 E530 的数据。从控制单元控制车外后视镜内的两个警告灯 K233 和 K234，如图 3-219 所示。

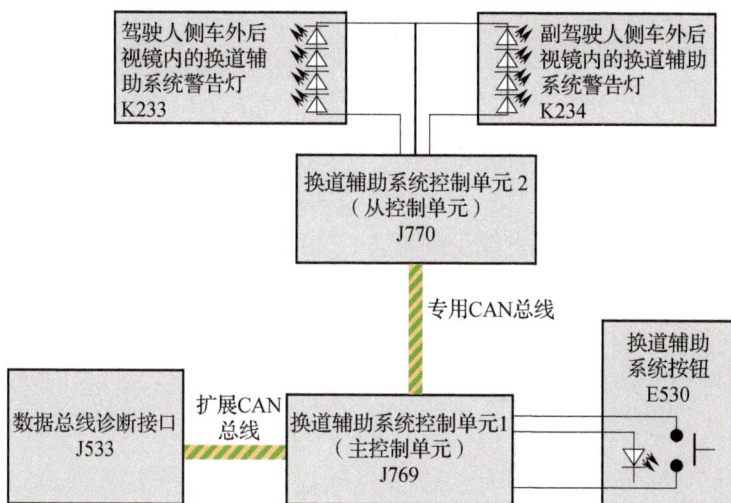

图 3-219　系统电路图

8. 换道辅助系统的通信结构

换道辅助系统需要各个控制单元提供的大量信息，这些控制单元分别与各种不同的总线系统相连。下面将说明换道辅助系统通过总线系统与哪些控制单元交换数据，以及交换了哪些信息或参数，如图 3-220 所示。

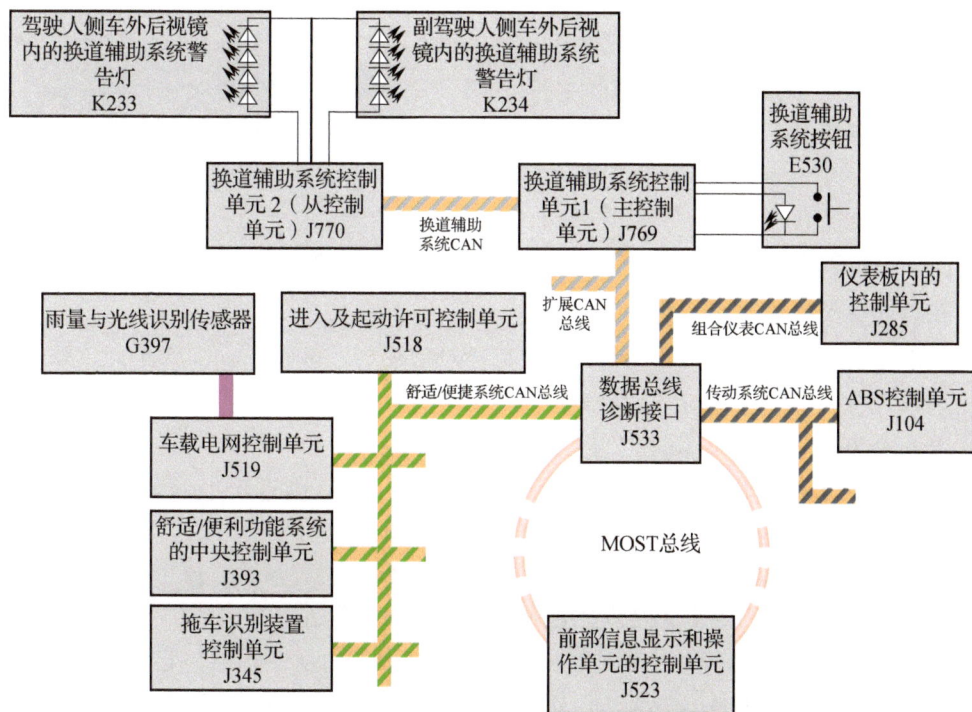

图 3-220　换道辅助系统的通信结构

（1）雨量与光线识别传感器 G397　通过 LIN 主控制单元向换道辅助系统和车载电网控制单元 J519 提供当前测得的环境亮度。这样可以将警告灯的亮度根据环境条件调节到最佳。

（2）仪表板内的控制单元 J285　以故障文本的方式通知驾驶人换道辅助系统上出现的故障，另外还发出一个声音信号。

（3）ABS 控制单元 J104　向换道辅助系统提供偏航角速率和当前的车轮转速。根据这些参数等计算当前的车速和目前行驶道路的曲率半径。

（4）拖车识别装置控制单元 J345　通知换道辅助系统车辆上是否挂有拖车。如果挂有拖车，则由于传感器的监控区域可能受到影响，功能会被关闭。此时，驾驶人还会在组合仪表上收到相应的信息提示。

（5）舒适/便利功能系统的中央控制单元 J393　发送是否操纵了右侧或左侧转向信号灯的信息。换道辅助系统由此推测出驾驶人是否即将变换车道。舒适/便捷控制单元还通知换道辅助系统此时倒车灯是否亮起。倒车时，换道辅助系统将处于停用状态。

（6）进入及起动许可控制单元 J518　发送当前使用的汽车钥匙的密码。这样可以在"接通点火开关"后采用警告灯的个人化亮度设置。

（7）前部信息显示和操作单元的控制单元 J523　用户可以借此设置所需的警告灯亮度。此设置与当前所用钥匙相对应，并存储在换道辅助系统控制单元 J769 中。

（五）效率预测辅助系统和堵车辅助系统

奥迪 Q7 首次使用第四代 ACC，它通过改动结构和扩展功能大大提升舒适性，同时提高了系统可用性。

该系统实现了带两个雷达装置的主控制单元/从控制单元，使用一个自身的控制单元，该控制单元与雷达装置构成一个结构单元，通过 FlexRay 进行数据交换，如图 3-221 所示。

1. 车身系统组件和基础功能

两个雷达的物理结构是一样的，区别在于控制单元软件功能。新设计主要在于使用 6 个水平方向上的雷达发送/接收单

右侧自动车距控制传感器
G259 和自动车距控制单元1
J428（主控制单元）

左侧自动车距控制传感器
G258 和自动车距控制单元2
J850（从控制单元）

图 3-221　雷达装置

元以及一个垂直方向上的附加发送/接收单元。因此可以在附近得出一个雷达视野范围：水平方向上为 ±22°，垂直方向上为 ±3°。探测范围可以扩大至约 250m。通过安装在车上的传感器也可以扩大视野范围，例如可以更容易"瞄到"前行车队，还可以在系统限值范围内识别到相邻车道上相距更大距离的车辆，如图 3-222 所示。

ACC 主控制单元和 ACC 从控制单元是独立的控制单元/传感器，它们在相应的雷达视野范围内相互独立地探测雷达反射，如图 3-223 所示。

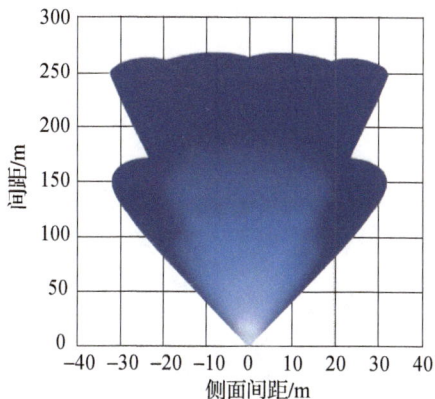

图 3-222 雷达射线的扩展特性

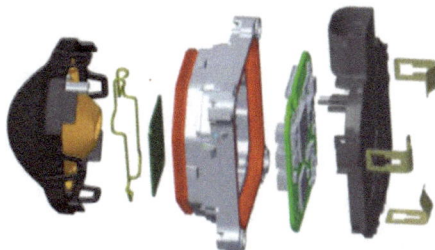

图 3-223 雷达

此时，从控制单元向主控制单元提供测量值，在主控制单元中汇总两个传感器的信息，向驾驶人提供 ACC、堵车辅助系统、预防式整体安全系统（Audi PreSense）等功能，显示驾驶人信息只由主控制单元实现，通过 FlexRay 交换信息如图 3-224 所示。为了帮助理解探测和调节过程的复杂度，下列数据也许有用。

ACC 系统在实现其功能时，需要与其他 22 个控制单元交换数据。此时，ACC 主控制单元接收和处理约 1000 个信号或 1000 条信息，本身发送约 500 个信号或 500 条信息。而 ACC 从控制单元可以同时最多探测 32 个对象。

2.ACC 基础功能

传感器前的目标反射雷达信号，接着分析反射的信号组成部分的振幅和频率，根据多普勒效应确定相对速度和距离，如图 3-225 所示。

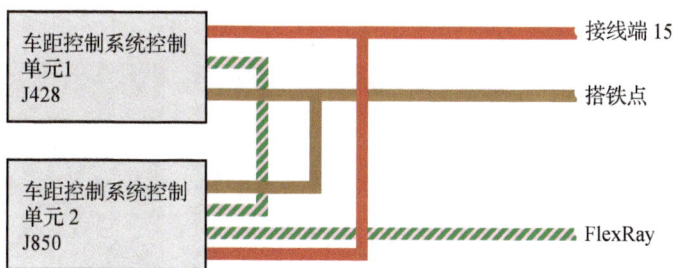

图 3-224 通过 FlexRay 交换信息

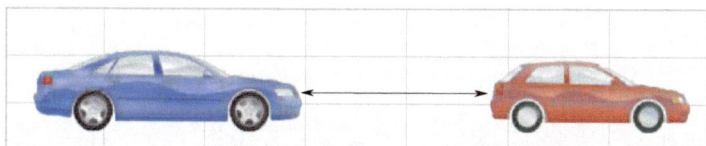

图 3-225 多普勒效应确定相对速度和距离

用操作杆通过熟悉的方式操作 ACC，实现 5 种间距设置，用于识别前行车辆。在 ACC 操纵杆上设置了 LIM 按键。因此，可以在 ACC 运行模式和限速模式之间切换，如图 3-226 所示。

如果车辆使用驾驶模式选择系统，则可以启动 ACC 行驶程序与相应的设置，如图 3-227 所示。

备选方法：通过"个性化"设置可以独立配置 ACC。如果没有装备奥迪驾驶模式选择系统，则可以通过自身的菜单选择 ACC 行驶程序。

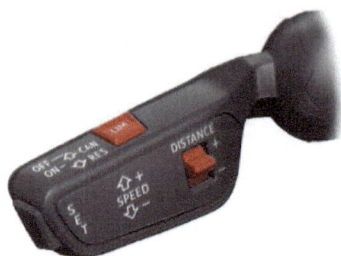

图 3-226　ACC 操作杆

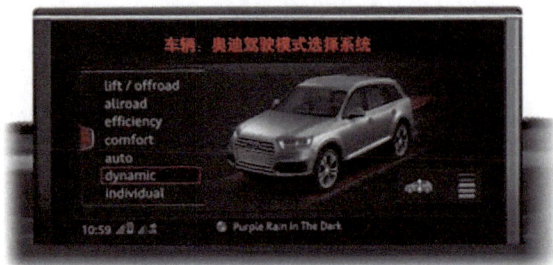

图 3-227　驾驶模式选择系统

3. 效率预测辅助系统

（1）畅通无阻

车距显示 / 车距警告功能告知驾驶人与前行车辆的当前距离，并在低于驾驶人设定的间距时发出警告，如图 3-228 所示。

（2）跟车行驶，车距显示

ACC 分析雷达传感器的测量值。一旦车速超出 60km/h，组合仪表显示器会以图画形式显示与前行车辆之间的距离，如图 3-229 所示。

（3）警告（车距警告）

驾驶人可以在 MMI 上对车距警告阈值进行设定，设定范围介于 0.6~3.0s。当 ACC 识别到低于设定的车距时，在组合仪表显示屏上会显示警告，如图 3-230 所示。

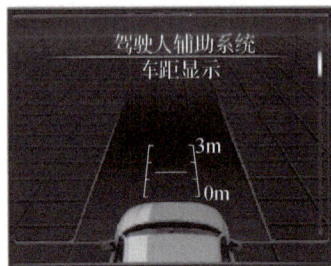

图 3-228　未识别到前行车辆时的车距显示

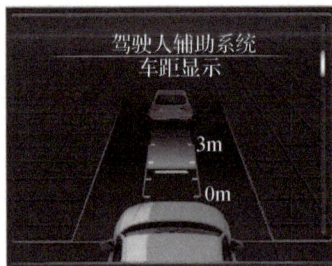

图 3-229　跟车行驶时的车距显示

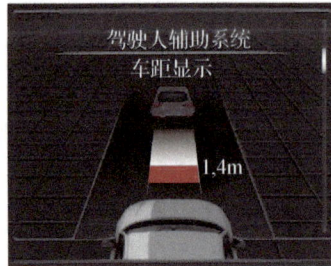

图 3-230　低于驾驶人设定的车距时发出车距警告

4. 避让辅助系统

该系统支持驾驶人完成避让过程。ACC 控制单元根据 ACC 测量值以及前部摄像头的数据计算出合适的避让车道。此时会考虑到相对速度、与前行车辆的距离、车辆宽度和横向偏移量。

避让辅助系统在车速处于 30~150km/h 范围内时进行警告避让前车，如图 3-231 所示，无论是否打开了 ACC。

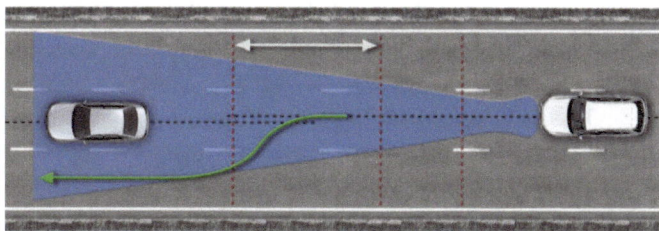

图 3-231　车速处于 30~150km/h 范围内时进行警告避让前车

5. 转弯辅助系统

向左转弯存在风险，因为必须横穿对向车道。根据事故统计，与对向车辆碰撞是交通事故主要原因。转弯辅助系统是专门为此研发的，用于提升向左转弯的安全性。这项功能使用雷达信号和前部摄像头数据，用于探测车流量、车道标记和对向车辆。

通过操作行驶方向操纵杆开启"监控"对向交通情况。此时在 ACC 控制单元中分析这些数据，即使关闭了 ACC。该功能在 2~10km/h 的车速范围内处于激活状态。

当识别到碰撞危险时，ACC 控制单元向 ESC 控制单元发出建立制动压力的请求。接着，会在自身车道上制动车辆，直至停住。如果车辆已经离开自身车道，则会关闭转弯辅助系统，如图 3-232 所示。

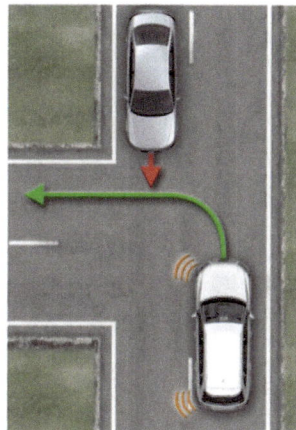

图 3-232　向左转弯

6. 系统限值

当出现下列情况时，则无法执行上述功能。

- 在特定时间内探测不到转向盘上有平衡力矩（驾驶人双手离开转向盘）。
- 车道转弯半径 <150m。
- 可供使用的车道宽度不足。
- 探测到的前行车道长度不足。
- 车辆与车道边缘之间的距离过小。

当达到或低于系统限值时，会向驾驶人发出声音和视觉接管请求。当驾驶人没有对这个请求作出反应时，即没有准备好接管转向操作，ACC 会启动舒适制动过程（减速度约为 2m/s²），直至车辆被 ESC 停下来。当达到静止状态时，亮起警告闪烁灯，如图 3-233 所示。

图 3-233　启动舒适制动过程

7. 堵车辅助系统

图 3-234 所示为信号传输路径。

ACC 控制单元处理雷达传感器、超声波传感器（用于探测起步就绪状态）的测量值，以及驾驶人辅助系统前部摄像头 R242 的测量值。ACC 控制单元根据这些信息计算出自身车辆前方的车流量（车距、车速和相对速度），以及车道长度和宽度。为了在计算得出的车道上精确领航驾驶车辆，ACC 测定转向系统、驱动电动机和 ESC 所需的调节要求。

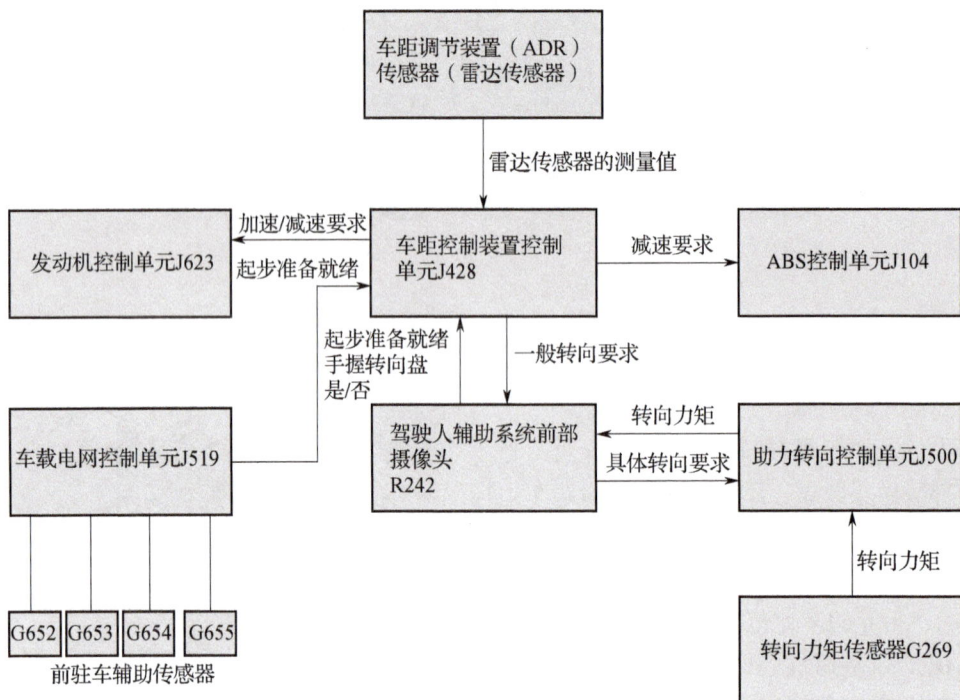

图 3-234　信号传输路径

此时，ACC 控制单元将转向系的一般调节要求发送给驾驶人辅助系统前部摄像头 R242。该摄像头计算具体的数据（转弯方向、转向角），并将其发送给助力转向控制单元 J500 使用。

如果通过分析超声波传感器信号以及摄像头测量值识别到已经起步就绪，可以继续行驶，那么 ACC 会将具体的加速要求发送至发动机控制单元。当 ACC 发出必要的加速和减速要求时，发动机控制单元内的一个专用软件作出决定，即通过更改发动机力矩来落实这些要求。

助力转向控制单元 J500 读取转向力矩传感器 G269 的测量值，并将其发送给驾驶人辅助系统前部摄像头 R242。它根据测量值分析得出是否存在反向转向记录，以及驾驶人是否手握转向盘。ACC 控制单元时刻从摄像头获知该信息。如果驾驶人在定义的时间间隔内没有手握转向盘，那么在发出声音和视觉警告信息后，必要时向 ESC 发送制动要求（见系统限值）。

激活堵车辅助系统的前提条件是打开和关闭 MMI 中的功能，如图 3-235 所示。

如果打开并激活了 ACC，则通过操作转向操作杆上的按键打开堵车辅助系统，如图 3-236 所示。

如果识别到堵车情况，则这个系统会向驾驶人显示准备就绪信息，如图 3-237 所示。识别堵车情况的操作

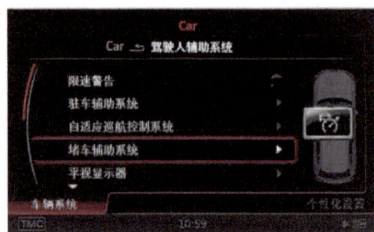

图 3-235　操作驾驶人辅助系统

图 3-236　操作转向操作杆上的按键打开堵车辅助系统

指的是探测前行车辆，既通过 ACC 探测，也通过驾驶人辅助系统的前部摄像头探测。

当激活了堵车辅助系统时，驾驶人会在组合仪表显示器上获得一个视觉显示。额外激活 MMI 显示器上的"Car"—"驾驶人辅助系统"时，此时还会生产一张对应的图片。两侧绿线表明车辆主动式横向移动，如图 3-238 所示。

如果需要驾驶人操作，则会在组合仪表显示器上生成声音和视觉显示。额外激活 MMI 显示器上的"Car"—"驾驶人辅助系统"时，此时还会显示一个相应的要求，如图 3-239 所示。

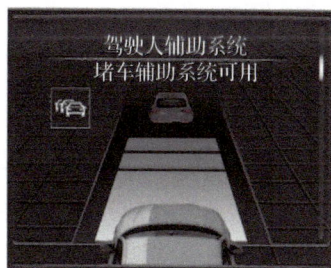

图 3-237　系统向驾驶人显示准备就绪信息

图 3-238　激活了堵车辅助系统

图 3-239　需要驾驶人操作显示

8. 信号传输路径

信号传输路径如图 3-240 所示。

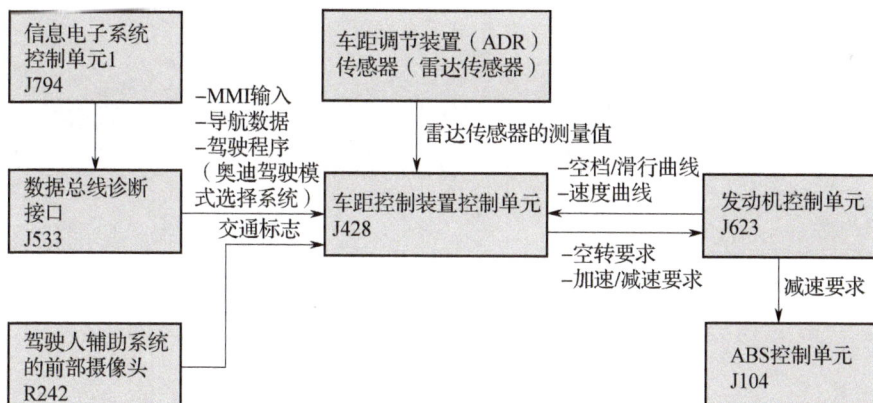

图 3-240　信号传输路径

（1）带 ACC 的效率预测辅助系统

该系统与升级版导航系统、平视显示器结合使用，首次作为选装装备在德国市场上供应，正在不断扩展国家型号。该系统主要扩展了现有 ACC 调节系统。通过使用效率预测辅助系统可以在 ACC 调节过程中考虑到限速、路段走向（弯道、十字路口、环形道路等）以及地形拓扑结构（上坡、下坡路段）。

除了减轻驾驶人的负担，这个辅助系统还能预测驾驶方式，它协调加速、匀速行驶 / 空档模式和减速 / 制动运行状态，以实现车辆高效运行方式。此时，驾驶人可以跟之前一样，通过在驾驶模式选择系统中选择特定调节特性（包括舒适性、动态性）来满足个人期望。

（2）ACC 控制单元主要与下列系统进行通信，以实现额外的功能内容

1）驾驶人辅助系统前部摄像头 R242。该摄像头提供交通标志识别数据。

2）发动机控制单元。发动机控制单元在考虑到行驶阻力的前提下计算空档和滑行曲线，接着发送给 ACC 控制单元。在考虑到周围环境（限速、弯道）的前提下，ACC 控制单元计算出加速度额定值或空档要求，并发送至发动机控制单元。

发动机控制单元通过实现相应的发动机转矩来落实这个要求，并继续将这个空档要求发送给变速器控制单元。

（3）驾驶模式选择系统

驾驶人通过选择驾驶风格来确定调节参数。

1）MMI。驾驶人在菜单中确定是否按照限速规定或路段走向（尤其是弯道行驶）进行调节。为了能够使用空档模式，必须在效率辅助系统菜单中激活"智能空转"。

2）ESC。如果通过单独降低发动机转矩无法实现所需的减速操作，则会"授权"给ESC。

使用带 ACC 的效率预测辅助系统时，必须打开 ACC，如图 3-241 所示。

如果激活了菜单项"按照路段走向调节"，ACC 就会调节弯道速度。此时，根据选择的驾驶程序在弯道行驶期间实现定义的横向加速度。如果设定的期望速度过高，ACC 就会降低弯道行驶时的速度。需要时，可以与弯道行驶的调节特性相反，大大降低车速（例如从 100km/h 降至 50km/h），如图 3-242 所示。

图 3-241　打开 ACC

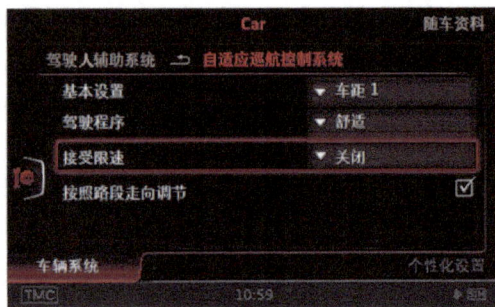

图 3-242　激活了菜单项"按照路段走向调节"

在关闭并打开接线端 15 后，驾驶人执行的效率辅助系统设置 / 智能空转、接受限速和按照路段走向调节操作仍然有效。

当驾驶人打开 ACC 时，组合仪表中央显示器的状态显示栏上会短时（约 5s）显示在上一个行驶循环中执行的激活操作，即激活带 ACC 的效率预测辅助系统，如图 3-243 所示。

图 3-243　组合仪表中央显示器的状态显示栏

（六）电子减振系统

奥迪电子减振系统如图 3-244 所示。该系统通过驾驶模式选择系统进行操作，可以选择包括运动和舒适在内的三种不同的底盘调校。

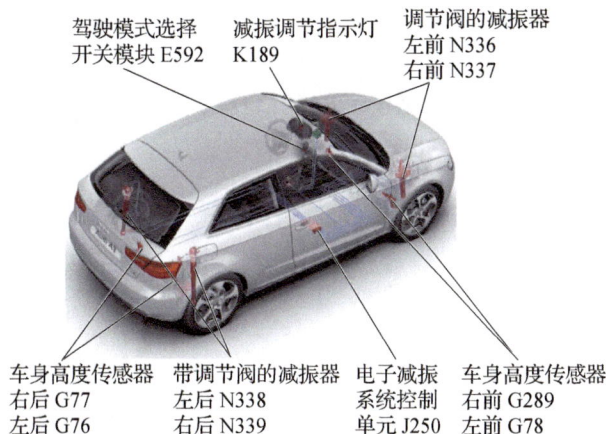

图 3-244　电子减振系统

1. 带减振调节阀的减振器

减振器活塞有两个独立的励磁线圈。磁通量相同的情况下，这种结构所需的磁铁截面积较小，因此产生的涡流损耗也较小。这样能够改善电磁特性，因而有助于迅速生成减振力，由此优化了系统响应性能，也改善了舒适性。

以前车型减振器采用单线技术，通过一条导线向活塞内的励磁线圈输送电流，再由活塞和活塞杆构成回线（搭铁线）。而现在选择采用了双线技术，这里的搭铁线是一根单独的导线，这样就无需进行复杂的电气绝缘布置，还可以简化系统诊断工作，如图 3-245 所示。

在后减振器上，与前款车型相比，活塞直径从 46mm 减小到了 36mm，从而实现了减重效果。

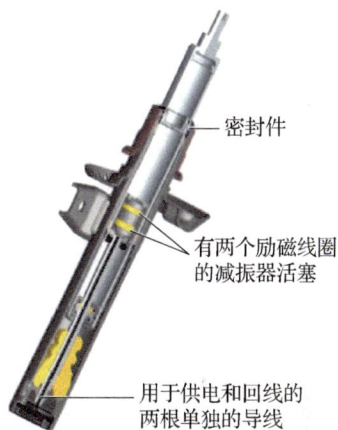

图 3-245　减振器

2. 电子减振系统控制单元

控制单元通过采用全新的处理器，提高了控制单元的计算效率（计算速度）。用于启用减振器的脉宽调制信号频率增加到 31kHz。这样可以减小磁力及减振力的波动，从而改善声学性能。车辆静止时将不启用减振器。控制单元安装在右前座椅下方，如图 3-246 所示。

图 3-246　电子减振系统
控制单元

3. 车身高度传感器

采用了 4 个车身高度传感器，如图 3-247 所示。

4. 操作和驾驶人信息

按下开关控制条上相应的按钮，驾驶人就可以在奥迪驾驶模式选择系统中对系统进行设置。按第一下，将在驾驶人信息系统（FIS）中显示当前设置的模式，显示将维持 6s。如果在此期间再次按下按钮，则将按下列顺序选择下一个模式：高效—舒适—自动—动态—个性化—高效，如图 3-248 所示。

图 3-247　车身高度传感器

在配备 MMI 导航系统的车辆上，还可以通过旋钮功能开关在 CAR 菜单中进行操作。此外，对于配备多功能转向盘的车辆，还能将可进行个性化设定的按钮作为奥迪驾驶模式选择系统的操作元件，如图 3-249 所示。

图 3-248　开关控制

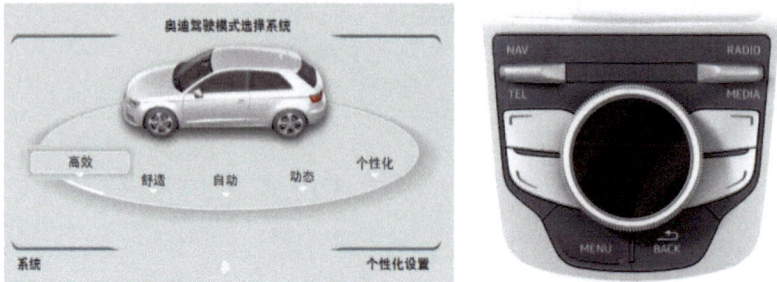

图 3-249　通过旋钮功能开关在 CAR 菜单中进行操作

（七）自适应空气悬架

自适应空气悬架基于之前用在其他奥迪车型上的 ASS 系统，主要创新在于使用底盘控制单元 J775。该控制单元包含用于空气悬架和减振器的调节软键，将来也会包含针对其他底盘调节系统的相应调节算法。这种高度集成的平台实现将多种型号的底盘集成到可扩展的控制单元结构中，从而减少车上的硬件型号。但是可能在不同型号的底盘上使用同一个硬件以及所需的安全方案，如图 3-250 所示。

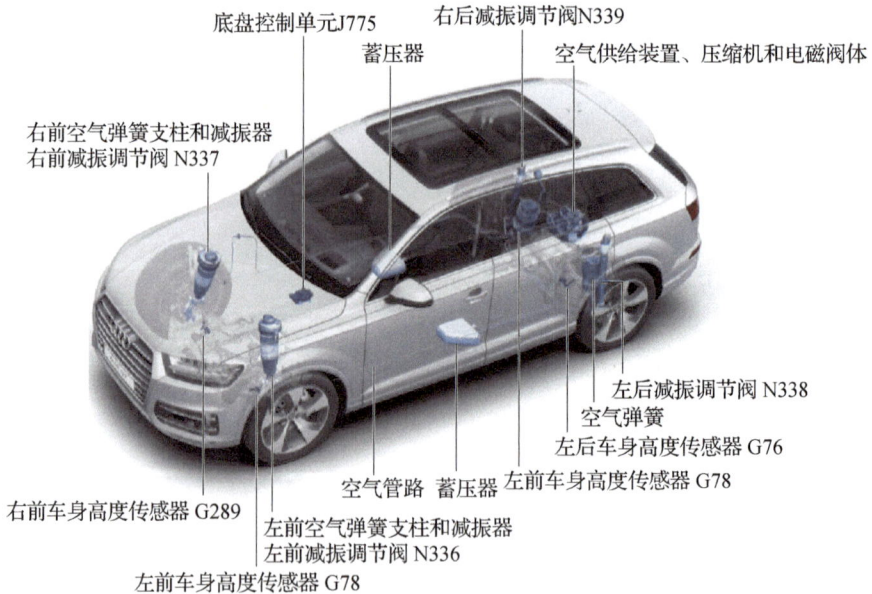

图 3-250　自适应空气悬架

1. 底盘控制单元

底盘控制单元包含奥迪为悬架和减振器调节系统研发的调节软件。此外，这些用于记录车辆高度（z）方向上的加速度值、记录车辆纵轴（x 方向，摇晃运动）和车辆横轴（y 方向，俯仰运动）偏转率的传感器集成在该控制单元中。

该控制单元安装在车辆前部，位于中控台下方的空调下面，通过 FlexRay 进行通信，如图 3-251 所示。

图 3-251　底盘控制单元 J775

2. 空气供给单元

压缩机 / 电动机作为驱动装置和电磁阀体是一个紧凑的整体，安装在同一个支架上。这整个单元固定在车身尾部右侧区域内的车辆外侧上。压缩机 / 电动机单元额外通过弹簧元件安装在支架上。从振动技术角度考虑，支架通过橡胶轴承固定在轴承上，与车身分离。整个单元配有特制饰板，可防石击和其他损伤，如图 3-252 所示。

（1）压缩机和电动机

为了生成所需的空气压力，使用两级式 "Twin" 压缩机。该压缩机的驱动是通过电动机完成的，一般是通过周期性脉宽调制信号控制电动机。这种控制系统可平稳地启动和关闭电动机，以降低车载电网的峰值负荷。底盘控制单元和该控制装置之间的数据传输通过独立的 CAN 总线（专用 CAN）实现。

压缩机通过 2 个活塞压缩空气，压缩第一级活塞（小直径）与其连杆直接连在驱动轴的偏心盘上，压缩第二级活塞（大直径）安装在压缩第一级的连杆上。因此，两个活塞共同朝着一个方向移动。在压缩第一级活塞密封期间，压缩第二级活塞吸气。压缩第一级产生 4~6bar 的压力，压缩第二级提供约 18bar 的系统压力。最长接通时长约为 4min，控制电子装置使用额外的安全功能，这项功能在最坏情况下最长在 6min 后关闭压缩机，如图 3-253 所示。

图 3-252　空气供给单元

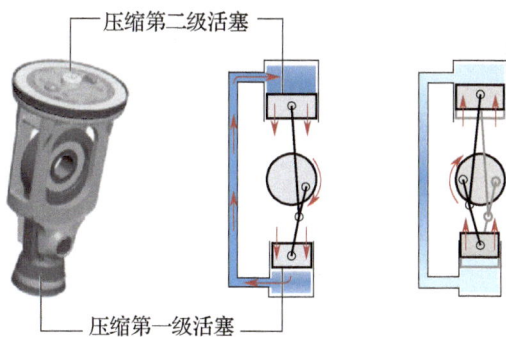

图 3-353　压缩机工作原理

（2）电磁阀体

电磁阀体由 5 个电磁阀组成，它们连接空气供给单元、空气弹簧和蓄压器，以及连接空气弹簧和蓄压器。电磁阀体内集成了一个压力传感器，如图 3-254 所示。

电磁阀体内的 2/2 通阀门（1~5）打开或锁止通向蓄压器和空气弹簧的通路。如图 3-255 所示，阀门处于中间位置，即未受电子控制的状态。这些阀门在不通电的情况下处于关闭状态。当识别到调节需求时，会控制相应的电磁阀，以便给匹配的空气弹簧

图 3-254　电磁阀体

加注或排出空气。

在布置蓄压器时，它会在接通相应电磁阀时测量蓄压器内的压力和空气弹簧内的压力。

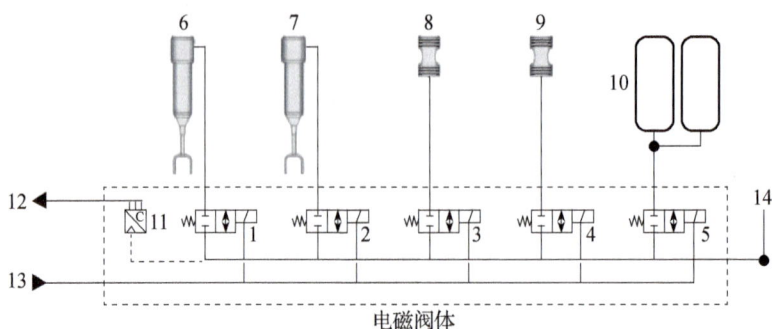

图 3-255　阀门处于中间位置未受电子控制的状态

1~5—电磁阀　6、7—前桥空气弹簧　8、9—后桥空气弹簧　10—蓄压器　11—压力传感器
12—压力测量值　13—电磁阀的电子控制装置　14—压缩机接口

3. 蓄压器

奥迪 Q7 使用 2 个独立的蓄压器，每个容量为 5L。

蓄压器模块安装在车辆右侧和左侧的后部脚部空间内，并通过一根管路相互连通，通常由铝制成，如图 3-256 所示。

这些蓄压器优先在车辆静止以及低速行驶期间的调节过程中使用，以改进车辆声学系统。当车速高于约 30km/h 时，会加注蓄压器，并优先通过用压缩机生成压力来完成调节过程。一般而言，当蓄压器的压力至少比待调节空气弹簧中的压力高出约 3bar 时，才会用蓄压器完成调节过程。

图 3-256　蓄压器

4. 前桥空气弹簧支柱

空气弹簧气囊由天然橡胶和聚酰胺材质的坚固支架组成。用夹紧卡箍将它的下部固定在减振管上，将它的上部固定在减振器支座上。由此形成的封闭空间构成气囊。当弹簧伸缩时，空气弹簧气囊在旋转塞上"滚动"。

旋转塞的几何结构确定了弹簧特性，通过空气接口上的特制阀门（剩余压力保持阀）将气囊内的空气压力限制在 3bar 左右。这样处理首先防止滚动波纹管区域内的空气弹簧气囊因气囊中无空气而出现机械损伤，如图 3-257 所示。

5. 后桥空气弹簧

空气弹簧气囊由天然橡胶和聚酰胺材质的坚固支架构成。它通过夹紧卡箍固定在旋转塞和空气弹簧的底板上。通过底板和空气弹簧上部件的几何形状确定车上的安装位置，并实现防扭转保护，如图 3-258 所示。

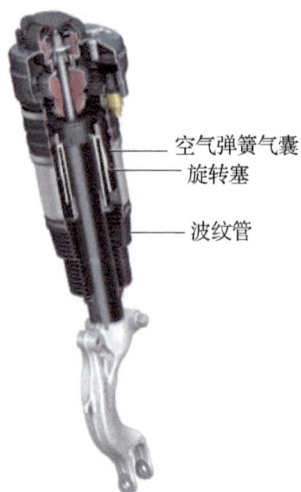

空气弹簧气囊
旋转塞
波纹管

图 3-257　前桥空气弹簧支柱

6. 进 / 排气装置

为了满足声学要求，使用一个进 / 排气装置，通过该进 / 排气装置吸入空气以及再次通过这个进 / 排气装置排出空气。该进 / 排气装置安装在车辆后部，在右侧车辆的轮罩前，如图 3-259 所示。

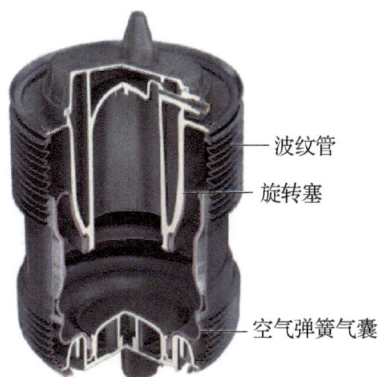

图 3-258　后桥空气弹簧

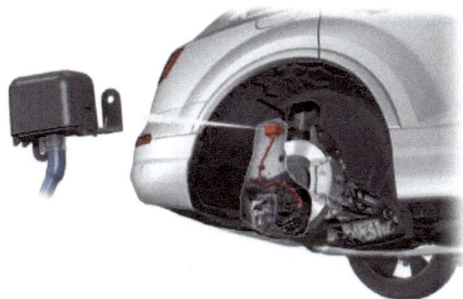

图 3-259　进 / 排气装置

7. 系统功能

（1）加注蓄压器

当车速高于约 30km/h 时，加注蓄压器。将控制电磁阀 1 工作，接通压缩机和蓄压器，向蓄压器供气，如图 3-260 所示。

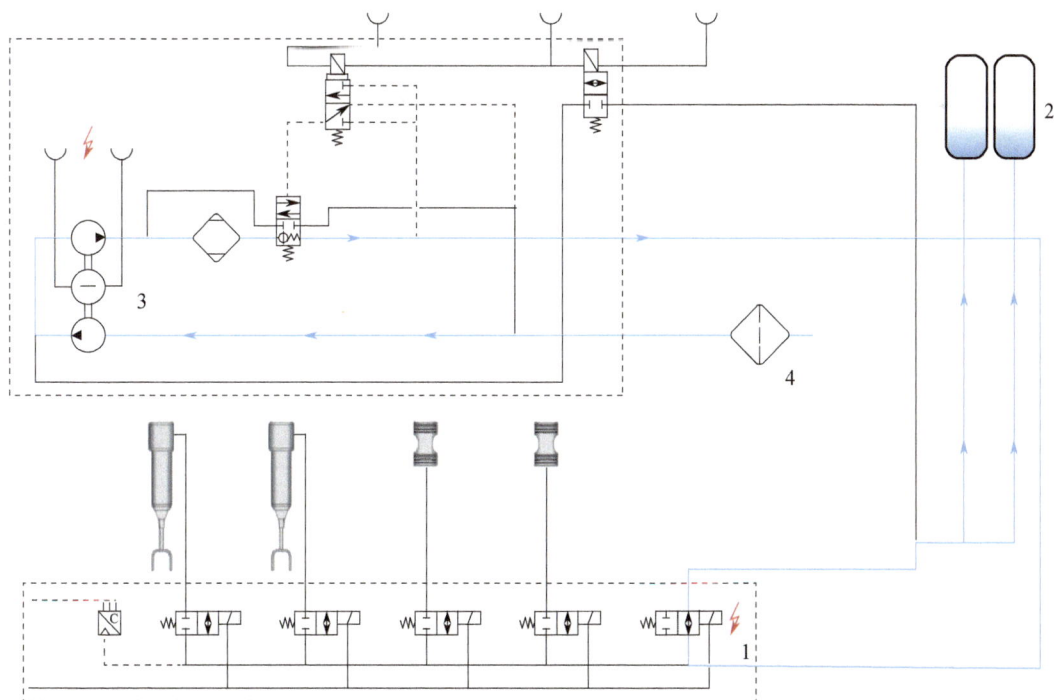

图 3-260　加注蓄压器

1—电磁阀　2—蓄压器　3—压缩机　4—进气口

（2）通过蓄压器提高平衡位置（以前桥为例）

这些蓄压器优先在车辆静止以及低速行驶期间的调节过程中使用，以改进车辆声学系统。一般而言，当蓄压器的压力至少比待调节空气弹簧中的压力高出约 3bar 时，才会用蓄压器完成调节过程。

如图 3-261 所示，以前桥上提高平衡位置为例，展示了阀门接通情况。控制电磁阀体内的电磁阀 1 和 2，压缩机不运行（处于关闭状态）。空气从蓄压器 10 流经打开的电磁阀 1 和 2，流入空气弹簧 6 和 7。

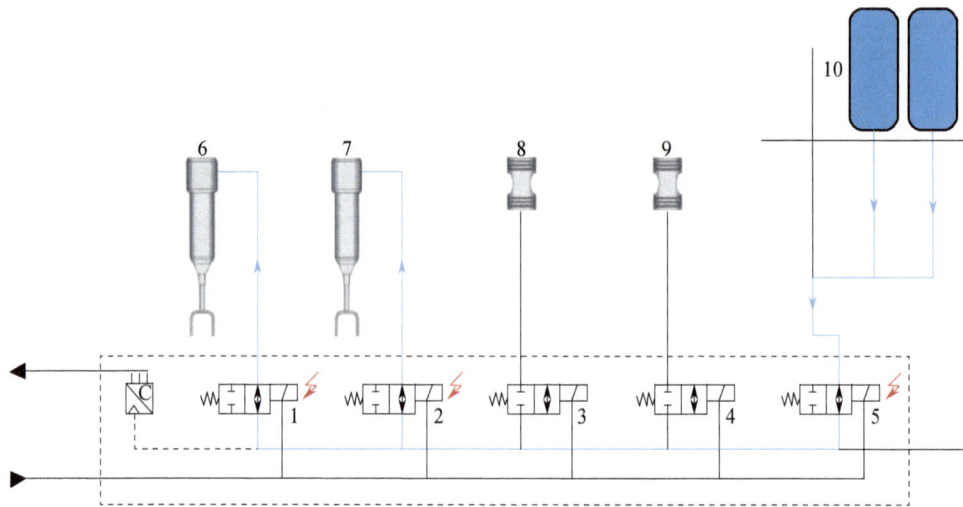

图 3-261　在前桥上提高平衡位置
1~5—电磁阀　6、7—前桥空气弹簧　8、9—后桥空气弹簧　10—蓄压器

（3）通过压缩机提高平衡位置（以前桥为例）

当车速高于约 30km/h 时，优先通过压缩机产生压力来完成调节过程。为此控制电磁阀体内相应的电磁阀，并打开压缩机与空气弹簧的管路。如图 3-262 所示，通过压缩机的增压功能产生压力，从而提高前桥上的平衡位置。

这项功能使用蓄压器压力。蓄压器内的压缩空气会被导入压缩机压缩第二级的进气装置中。因此，需再次提高压缩第一级 11 中存在的压力。

当蓄压器中的压力不足以完成调节操作时（压力高于 5bar），就会激活这个增压功能。当蓄压器内的压力在调节过程期间低于 5bar 时，并不会中断调节过程，而是直接结束。

通过这个增压功能提高压缩机的效率。没有这个功能时，需要更大规格的压缩机（因此也更重）。启动电磁阀 13 时，蓄压器内压缩的空气可能额外进入压缩机压缩第二级的进气区域内。压缩的空气在离开压缩机区域之前流经空气除湿器 14，它用于抽出空气中的湿气。

（4）平衡位置降低（以后桥为例）

通过控制电磁阀体内的电磁阀 1~4 打开连接压缩机和空气弹簧的管路。为了排出空气弹簧中的压缩空气，必须打开气动转换阀。这一步通过启动电磁阀 12 实现。该电磁阀打开，接着压力猛冲作用到气动转换阀的控制接口上。因此转换阀被切换到打开位置上。空气流经该阀门，并通过进 / 排气口溢出。此时，干燥的空气流经除湿器并带走那边存储的湿气，如图 3-263 所示。

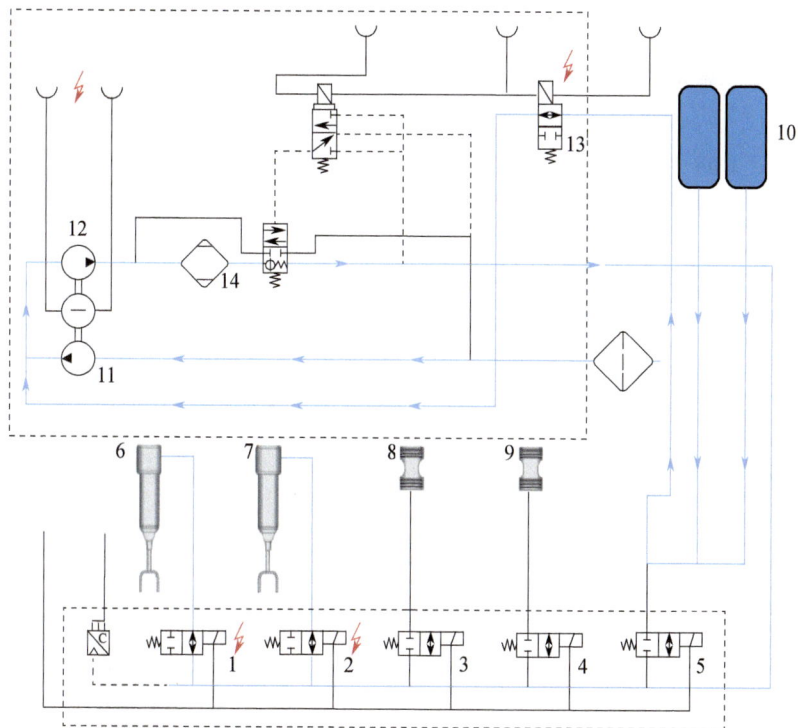

图 3-262 通过压缩机提高平衡位置

1~5—电磁阀 6、7—前桥空气弹簧 8、9—后桥空气弹簧 10—蓄压器 11—压缩第一级
12—压缩第二级 13—增压功能电磁阀 14—空气除湿器

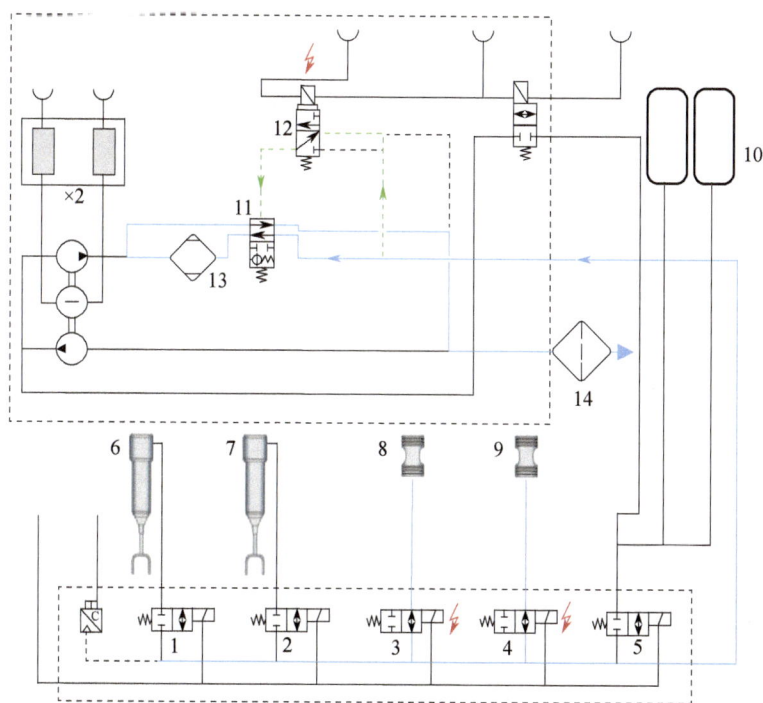

图 3-263 平衡位置降低

1~5—电磁阀 6、7—前桥空气弹簧 8、9—后桥空气弹簧 10—蓄压器 11—气动转换阀
12—电磁阀 13—空气除湿器 14—进气和排气口

8. 调节策略

（1）无挂车运行模式的底盘 1BK

一般而言，调节算法根据底盘型号加以区分。额外区别在于带挂车运行模式和无挂车运行模式，如图 3-264 所示。在挂车运行模式下，一般而言，不会降低车身高度，以防作用到挂车连接器上的支撑负荷发生波动。

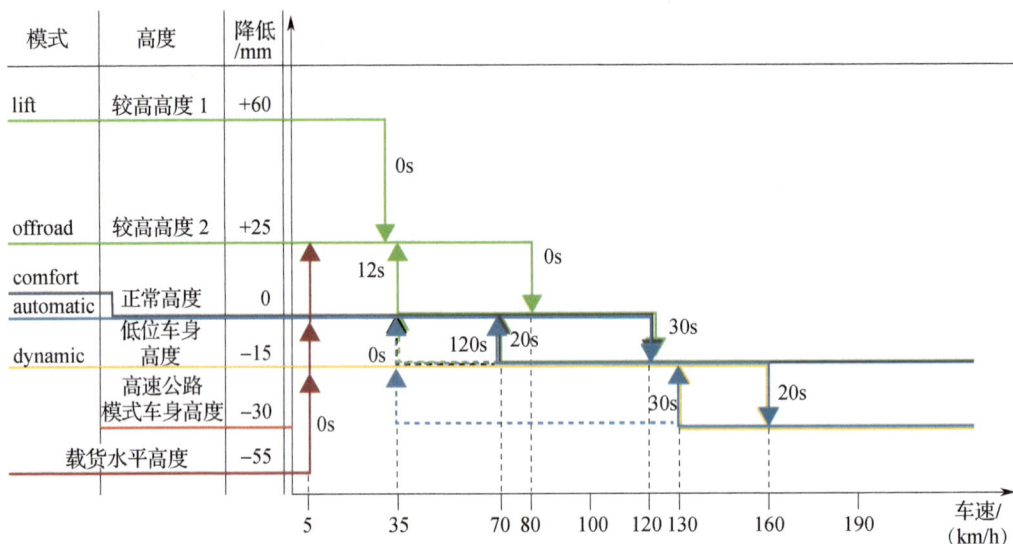

图 3-264　无挂车运行模式的底盘 1BK

原则上，调节系统实现 6 种不同车身高度。在处于基础车身高度的情况下，切换到"offroad"（越野）模式时，抬起车身 25mm。一旦车速达到 80km/h，就会自动关闭该模式。接着当车速降低且数值达到 35km/h 时，就会重新自动用"offroad"模式下的车身高度行驶。最高平衡位置（+60mm）在激活"lift"模式时达到。当车速达到 30km/h 时，自动关闭该模式，接着激活"offroad"模式。

由两种模式使用基础车身高度，即"comfort"模式和"auto"模式。在"comfort"模式下调节悬架和减振器时，力求实现极高的行驶舒适度。

当车速达到 120km/h，不论是在"auto"模式下，还是在"comfort"模式下，都会在 30s 后降低平衡位置 15mm（"dynamic"模式的平衡位置）。

当车速再次降至 70km/h 时，在"comfort"模式下，20s 后重新以基础车身高度行驶；在"auto"模式下，120s 后重新以基础车身高度行驶。当因车速达到 160km/h 而降低到"dynamic"模式下的车身高度时，在"auto"模式以及"dynamic"模式下会再次降低车身 5mm（高速公路行驶车身高度）。紧接着，当车速降低到 130km/h 时，会在 30s 中重新回到"dynamic"模式下的车身高度。奥迪 Q7 还简化了车辆载物操作。车辆尾部比基础车身高度降低 55mm。当驾驶人没有重新关闭载物车身高度时，一旦车速达到 2km/h，就会自动关闭。此时会以最后一次设定的平衡位置行驶。

（2）底盘 2MA（运动型底盘）的调节策略

基础车身高度的平衡位置比底 1BK 的低 15mm。"dynamic"模式下的平衡位置比 1BK 同样低 15mm，然而"comfort"模式下的平衡位置没有再降低，如图 3-265 所示。

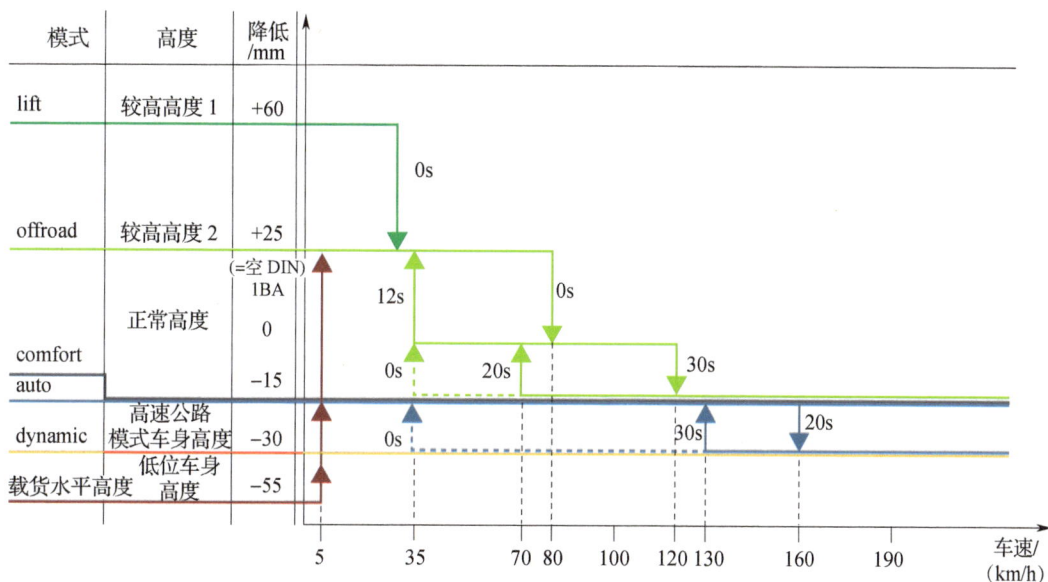

图 3-265 运动型底盘的调节策略

9. 操作和驾驶人信息

奥迪 Q7 可实现不同模式的悬架和减振调节，但只能通过在奥迪驾驶模式系统中选择相应模式来进行操作。驾驶人可以根据期望在舒适（comfort）、运动（dynamic）和自动（auto）减振模式之间做选择。在越野条件下行驶时，也可以选择相同名字的模式"offroad"；如果行驶路段要求更高，则可以打开"lift"模式。为了简化车辆装卸货物操作，可以降低车辆尾部。

在选择"efficiency"时，实现"auto"模式。在进行个性化设定时，结合不同汽车系统的常见不同设置，如图 3-266 所示。

降低车辆后尾部是为了简化车辆装货操作。当处于"auto"模式下的平衡位置时，会将尾部降低约 55mm。

用于激活尾部降低的条件：

- 已关闭所有车门。
- 接线端 15 接通。
- 蓄压器已加满足够的气。

图 3-266 奥迪驾驶模式系统中选择相应模式

通过按下行李舱内的按键完成操作，如图 3-267 所示，当满足下列情况时，会重新将尾部提升到初始位置：

- 按下按键。
- 在奥迪驾驶模式选择系统中选择另一个模式。
- 车速超出 2km/h 时。

通过按键中的指示灯向驾驶人显示相应的系统状态，指示灯会在降下期间以及处于降低状态时亮起。当蓄压器内的压力过低时，指示灯短时闪烁 3 次。

出现系统故障时，会向驾驶人显示常见的黄色或红色警告符号，并配有文本信息，如图 3-268 所示。

图 3-267　通过按下行李舱内
的按键完成操作

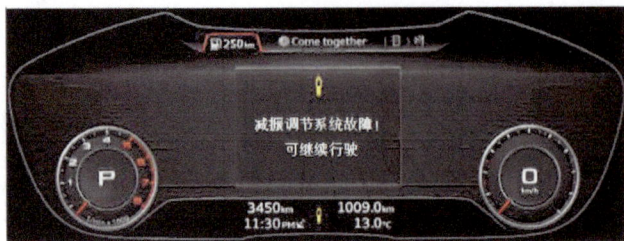

图 3-268　出现系统故障时显示黄色或红色警告符号

（八）四轮驱动转向系统

四轮驱动转向系统根据当前车速和行驶状况动态调节前束，旨在改进行驶运动性和行驶舒适性，如图 3-269 所示。

调节过程包含两个不同的转向过程，即先朝着前轮转向的反方向转动，再朝着相同的转动方向转动。

1. 反方向转动

反方向转动前轮和后轮的主要目标是改进低速操作，并缩小行驶车道。对于驾驶人而言，这个操作就降低了同等弯道半径和相同车速下的转向需求。因此主观上更易操纵车辆，并更加敏捷。为了全面利用这些优点，只在低速范围（最高约为 60km/h）内激活反向转向功能。

如图 3-270 所示，以最小弯道为例，显示了四轮驱动转向系的优点。半径 R_2 是使用四轮驱动转向系时达到的，明显比使用传统转向系时可能出现的半径（R_1）小。

2. 同向转动（一同转动）

（1）前转车辆的第一个转向过程

如图 3-271 所示，驾驶人用转向盘进行弯道行驶，并改变行驶方向，前桥车轮被转入。前轮通过转入车轮时导致轮胎与地面接触面发生的（强制）变形来传递侧向力。

为了能够绕着车辆竖轴做侧滑运动，必须对后桥车轮上施加相应的侧向力助力。

图 3-269　四轮驱动转向系统

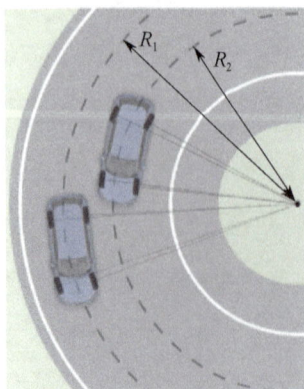

图 3-270　反方向转动

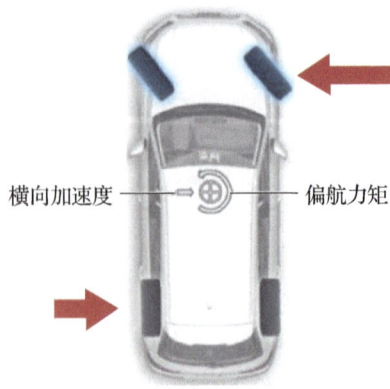

横向加速度　　偏航力矩

图 3-271　用转向盘进行弯道行驶并改
变行驶方向

如图 3-272 所示，只有当侧向力因车辆重量偏向弯道外侧而改变方向时，才能形成横向加速度。

通过只改变前桥的行驶方向生成相对大的偏航力矩（绕着车辆竖轴的力矩），直至将车辆调成固定不变的状态。结果可能是降低舒适性，直至出现不稳定的行驶状态。例如，当驾驶人为了避开某个障碍物而大力转向时，绕着车辆竖轴意外出现的振动过程会对行驶稳定性产生负面影响。

（2）对车辆后桥进行转向时的第二个转向过程

如图 3-273 所示，驾驶人用转向盘进行弯道行驶，并改变行驶方向，前桥车轮被转入。系统对施加的转向过程作出反应，即随着后桥车轮同向转向。因所有四个车轮的轮胎与地面接触面发生（强制性）变形，除了与前桥车轮平行，相同方向上的后桥车轮施加的侧向力也会激活。得出的偏航力矩明显比只使用前桥车轮的车辆更低。通过在两个车桥上实时形成侧向力大大减弱了纯前转车辆上常见的效应——即从施加的转向运动过渡到固定不变的状态，更加协调、更加舒适地改变方向，降低了偏转振动风险。

已经达到固定不变的状态，驾驶人将车辆行驶到规定的弯道上，如图 3-274 所示。

图 3-272　当侧向力因车辆重量偏向弯道外侧而改变方向

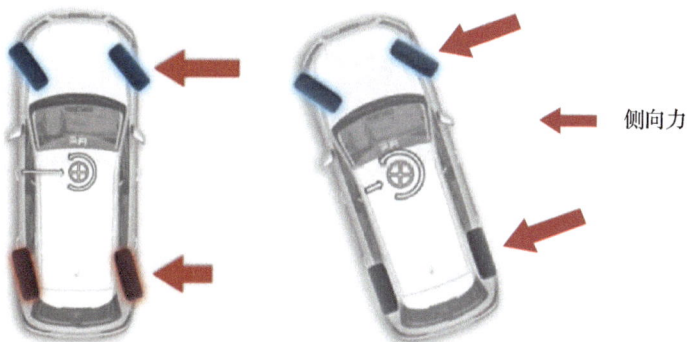

图 3-273　后桥车轮同向转向　　图 3-274　已经达到固定不变的状态

在低车速范围内使用反向转向后桥车轮功能时，在其他更高转速范围内同向一同转动。除了已经上述优点，系统还限制了突然避让时的偏转率。在突然避让的情况下，过度转动后桥车轮可以提高行驶稳定性，如图 3-275 所示。

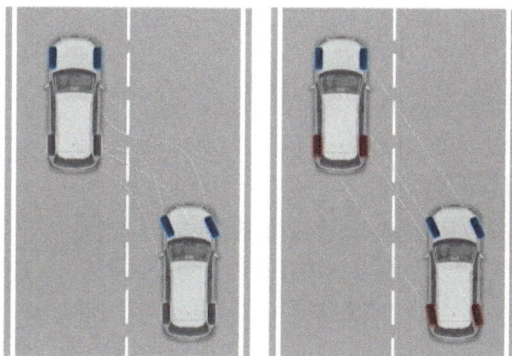

图 3-275　传统转向系车辆与四轮驱动转向系车辆的避让过程／车道变换对比

3. 技术实现

一般通过主动式调节元件更改后桥车轮的前束。车轮支架上的转向横拉杆与传统后桥一样，安装在橡胶金属轴承上。与传统车桥不同的是，转向横拉杆不是直接固定在副车架上，而是在此与橡胶金属轴承两侧固定在调节元件上。

调节元件、驱动装置和电子调节系统构成的整个单元固定在副车架上，同时转动车轮相同的转向角。由于前束角度最多更改约5°，因此不像前桥一样需要使用摆动轴承。通过摆臂与车轮支架之间轴承元件的弹性实现改动角度，如图3-276所示。

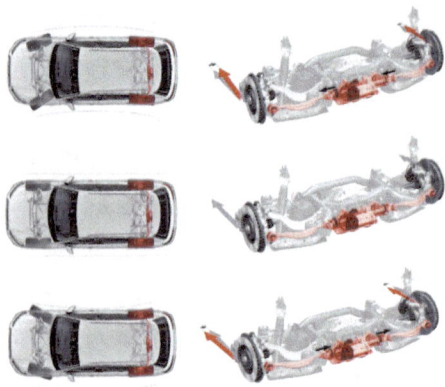

图 3-276　技术实现后桥转向

4. 主轴传动机构

主轴传动机构由电子控制单元和功率输出级、带转子位置传感器的三相同步电机、基准传感器、主轴传动机构、带传动装置组成，如图3-277所示。

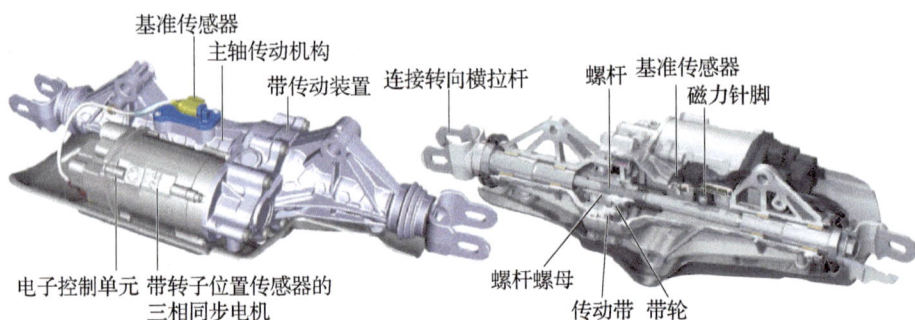

图 3-277　主轴传动机构组成

电机通过传动带驱动螺杆螺母。螺杆螺母的转动转换成螺杆的直线运动。相连的转向横拉杆将这种直线运动传递到车轮支架上，车轮一同向右或向左转动（取决于电机的转动方向）。该系统通过螺杆和螺杆螺母的传动比和使用的梯形螺纹实现自锁。只能在调节过程中激活该电机，其余时间保持关闭状态。只能通过螺纹驱动自锁力生成保持力，螺杆最大调节行程（从中间位置算起）约为9mm，它相当于约5°的最大车轮转角。

5. 基准传感器

基准传感器测定零位位置即螺杆驱动装置的"中间位置"：不在转向位置或是处于不偏不倚的状态。该传感器按照霍尔原理工作。为此，螺杆配有一个轴颈，它固定在永久磁铁上。在零位位置区域内以小幅角度范围识别螺杆位置。在真正霍尔式传感器的"上游"，传感器电路板上有两个额外的霍尔开关。这些开关用于识别螺杆运动方向，如图3-278所示。

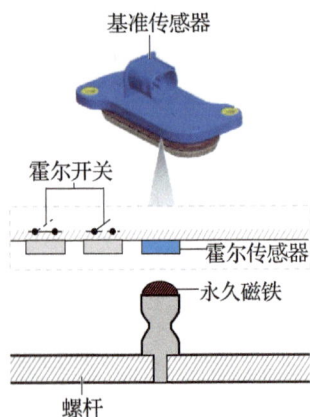

图 3-278　基准传感器

6. 电机

驱动装置使用的是一个三相交流无刷同步电机。通过 AC/DC 转换器在控制单元中生成三相电流，电机中内置一个转子位置传感器。该传感器能精确记录转子的位置，如图 3-279 所示。

7. 后桥转向系统控制单元

如图 3-280 所示，控制单元和触发单元构成一个复杂的密封单元，通过螺栓与电机连接在一起。该控制单元作为小电阻终端共享单元连接在 FlexRay 上，根据定义的输入端信息计算电机所需的触发电流。AC/DC 转换器负责提供用于触发电机的交变电压。

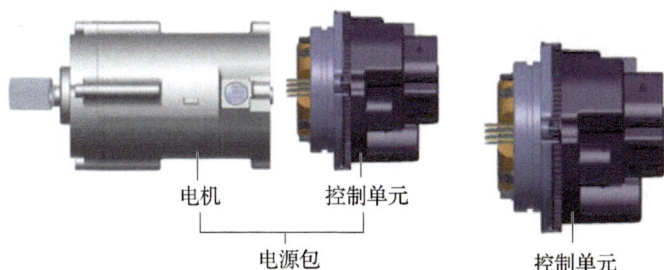

图 3-279　电机　　　　图 3-280　后桥转向
系统控制单元

8. 总线系统的功能

后桥转向系统的功能需要下列测量值 / 信息，如图 3-281 所示。

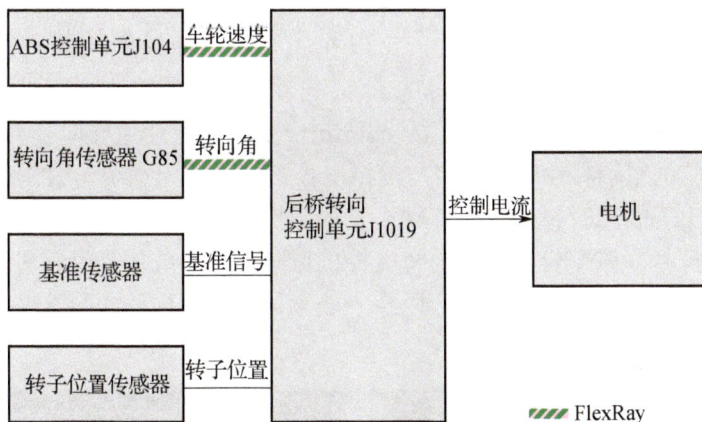

图 3-281　总线系统

- 车轮速度。

ABS 控制单元 J104 将车轮速度以信息形式发送到 FlexRay 上。后桥转向系统控制单元 J1019 由此确定车辆参考速度，这个速度作为冗余与由 ESC 确定的车辆参考速度进行比较。

- 转向角。

转向角传感器 G85 记录转向角，同时以信息形式发送到 FlexRay 上。控制单元根据车速和前桥车轮转向角这两个"指导性信息"测定后桥上所需的转向角。

（1）接线端 15 接通时的特性

打开点火开关时（通过 FlexRay 传输接线端 15 的信息），控制单元检测是否存在运行后桥转向系统的下列条件：

- 前桥上的电控机械式转向系统产生的助力比最高转向助力高出 20 %。
- 已经连接车辆蓄电池（接线端 30）且功能正常。
- 没有对换控制单元 / 转向单元（比较存储的 VIN 与通过 FlexRay 接收到的当前车辆的 VIN）。
- 已正确匹配 / 编码后桥转向系统。

（2）驾驶人进行转向运动时的特性

通过编码控制单元在控制单元中存储特性曲线，这些特性曲线根据车速和前桥转向角确定后桥转向角。这些特性曲线根据所追求的转向 / 行驶性能（驾驶人期望）加以区别。根据驾驶人选择的驾驶模式选择系统设置，有多种特性曲线可供使用，它们支持以舒适性为导向的行驶性能至运动型行驶性能。

当驾驶人在低速（最高约为 60km/h）行驶期间进行转向操作时，朝着与前车轮相反的转动方向转动后车轮，最大不超过 5°（因车型不同，可能有变化）。

此时，额外考虑到车速，后车轮的转向角与前车轮的转向角（驾驶人转动的转向角）会增加。当车速更高时（自大约 70km/h 起），用明显更小的转向角同向转动后车轮。

9. 操作和驾驶人信息

驾驶人也可以通过在奥迪驾驶模式选择系统中选择车辆特性以改变后桥转向系统的功能，系统支持运动、协调或舒适的转向特性。

在选择"个性化"模式时，驾驶人可以在 3 个特性曲线中任意选择一个，在选择"efficiency"和"allroad"时，会激活"auto"（自动）模式的特性曲线。

在选择"offroad/lift"时，会使用"comfort"（以舒适性为导向）模式的特性曲线。在分配模式与相应的车辆特性时，后者与前桥电控机械式转向系统（EPS）的一致。

只有在系统出现故障时，才会向驾驶人显示后桥转向系统的信息。根据故障程度显示黄色或红色警告符号。该警告符号与前桥电控机械式转向系统的常见符号相一致。新设计在于附注"调整驾驶方式，弯道变大"以及"停车，注意侧面间距"这些文本只在后桥出现故障时激活显示，如图 3-282 所示。

图 3-282 显示黄色或红色警告符号

10. 安装和拆卸 / 更换转向系模块

在售后服务中，只能以整个模块形式提供后桥转向系统，没有规定单个组件的拆卸 / 更换方法。

安装该模块时，必须注意精确定位，使用专用工具。

如果没有精确定位该模块，则可能导致转向横拉杆在车辆左右两侧 Z 方向上的连接点位置不同。这会导致在车辆在进行弹簧伸缩调节时，右侧和左侧后车轮的前束不同。使用这个模块后在线编码全新的控制单元。此时从车辆数据库中下载车辆特定数据组。之后调整后桥前束时，需要四轮定位电脑。在四轮定位前，用车辆诊断测试仪通过基本设置"主动转向至齿条中间位置"调整转向系统的精确中间位置。此时应精准确定齿条中间位置，这是因为公差范围比"正常运行模式"下的小得多。

接着故障存储器中生成一条记录，并激活黄色警告符号。在设定前束后，关闭并打开接线端 15 一次，接着关闭基本设置，删除故障存储器记录，最后关闭警告符号。

早在系统供应商处就已经确定 / 校准了初始位置。为此在售后服务期间无须对系统进行操作。至于与相应的汽车相匹配只能通过调整后桥车轮的前束实现。调整方法：与未配备后桥转向系统的车辆一样，用相同的方法转动规定的偏心螺栓，如图 3-283 所示。

图 3-283 后桥转向机构

对换模块后，必须执行基本设置"复位 / 匹配 VIN"，接着必须在线编码控制单元。

拓展阅读

什么是新时代的"工匠精神"

新时代的"工匠精神"的基本内涵，主要包括爱岗敬业的职业精神、精益求精的品质精神、协作共进的团队精神、追求卓越的创新精神这四个方面的内容。其中，爱岗敬业的职业精神是根本，精益求精的品质精神是核心，协作共进的团队精神是要义，追求卓越的创新精神是灵魂。

爱岗敬业的职业精神。爱岗敬业，是爱岗和敬业的合称，二者互为表里，相辅相成。爱岗是敬业的基础，而敬业是爱岗的升华。具体来说，所谓"爱岗"，就是要干一行，爱一行，热爱本职工作，不能见异思迁，站在这山望那山高。所谓"敬业"，就是要钻一行，精一行，对待自己的工作，要勤勤恳恳，兢兢业业，一丝不苟，认真负责。凡是获得"工匠"和"劳模"荣誉称号的工人，都是爱岗敬业的典范，很多人都在本职岗位上工作了二三十年之久，干出了一番事业。所以，"工匠精神"最根本的内涵，就是"爱岗敬业的职业精神"。

精益求精的品质精神。顾名思义，精益求精，是指一件产品或一种工作，本来做得很好了，很不错了，但还不满足，还要做得更好，达到极致。"精益求精的品质精神"是"工匠精神"的核心，一个人之所以能够成为"工匠"，就在于他对自己产品品质的追求，只有进行时，没有完成时，永远在路上；他不惜花费大量的时间和精力，反复改进产品，努力把产品的品质从 99%，提升到 99.9%、再提升到 99.99%。对于"工匠"来说，产品的品质只有更好，没有最好。追求极致、精益求精，是获得各类"工匠"荣誉称号的工人的共同特点，这也是他们能身怀绝技、在国际、全国或省的各种技能大赛中夺金戴银的重要原因。

协作共进的团队精神。如果说"爱岗敬业的职业精神"、"精益求精的品质精神"是传统的"工匠精神"中具有的内涵，那么"协作共进的团队精神"主要体现在新时代的"工匠精神"之中。因为和传统工匠不同，新时代工匠尤其是产业工人的生产方式已不再是手工作坊，而是大机器生产，他所承担的工作，只是众多工序中的一小部分。比如"复兴号"列车，一列车厢就有37000多道工序，这37000多道工序，一个人是不可能完成的，必须由车间或班组亦即团队协作来完成。团队需要的是"协作共进"，而不是各自为战。因此，"协作共进的团队精神"是现代"工匠精神"的要义。所谓"协作"，就是团队成员的分工合作；所谓"共进"，就是团队成员的共同努力、共同进步。

追求卓越的创新精神。和"协作共进的团队精神"一样，"追求卓越的创新精神"也是新时代"工匠精神"的内涵之一，甚至是新时代"工匠精神"的灵魂。传统的"工匠精神"强调的是继承，祖传父、父传子、子传孙，是传统工匠传承的一种主要方式，而新时代的"工匠精神"强调的则是在继承基础上的创新。因为只有在继承基础上的创新，才能跟上时代前进的步伐，推动产品的升级换代，以满足社会发展和人们日益增长的对美好生活的需要。有无"追求卓越的创新精神"，是判断一个工人能否称之为新时代"工匠"的一个重要标准。

当前，我国正处在从工业大国向工业强国迈进的关键时期，培育和弘扬严谨认真、精益求精、追求完美的工匠精神，对于建设制造强国具有重要意义。而只有对新时代"工匠精神"的基本内涵形成共识，才能树匠心、育匠人，为推进中国制造的"品质革命"提供源源不断的动力。

任务评价

（一）判断题

1. 车道保持辅助系统控制单元J759是该功能的主控制单元。　　　　　　（　　）
2. 配备奥迪主动车道保持辅助系统的车辆在转向盘辐条内不再有倾斜电动机。（　　）
3. 自动泊车功能全自动接管整个泊车入位过程。　　　　　　　　　　　（　　）
4. 车速超过40km/h时，自动泊车辅助系统会中断测量平行泊车位并进入待机状态。
　　　　　　　　　　　　　　　　　　　　　　　　　　　　　　　（　　）

（二）简答题

1. 第三代驻车辅助系统引入了哪些优化措施？
2. 驻车转向辅助系统是做什么用的？
3. 哪些熟知的驾驶人辅助系统是自适应驾驶辅助系统的组件？
4. 哪个控制单元是智能泊车辅助系统的主控制单元？
5. 简述一下自适应驾驶辅助系统的纵向控制和横向控制？

（三）不定项选择题

1. 关于主动车道保持辅助系统的说法，哪些是正确的？

    A. 车道保持辅助系统控制单元 J759 是该功能的主控制单元

    B. 配备奥迪主动车道保持辅助系统的车辆在转向盘辐条内不再有倾斜电动机

    C. 系统具有振动警告功能，可在 MMI 中关闭这个功能

    D. 奥迪主动车道保持辅助系统干预车辆的转向

    E. 系统监控驾驶人是否将双手置于转向盘上，并对此作出反应

    F. 奥迪主动车道保持辅助系统需要车辆具有液压转向系统

    G. 该系统要求在车辆中装有摄像头控制单元 J852

    H. 如果车辆中装有车距控制系统控制单元 J428 和 J850 以及智能泊车辅助系统控制单元
       J791，则奥迪主动车道保持辅助系统将利用它们的信息

2. 哪些功能可以通过自动泊车辅助系统执行？

    A. 泊车距离控制（泊车辅助系统）

    B. 同时测量和显示道路两侧的泊车位

    C. 在未启动自动泊车辅助系统的情况下测量泊车位

    D. 在启动自动泊车辅助系统时测量泊车位

    E. 前进泊入平行或垂直泊车位的转向操控

    F. 倒车泊入平行或垂直泊车位的转向操控

    G. 从平行泊车位中驶出的转向操控

3. 车速超过多少时，自动泊车辅助系统会中断测量平行泊车位并进入待机状态？

    A. 50km/h　　　　　　B. 20km/h　　　　　　C. 40km/h　　　　D. 10km/h

4. 车辆在点火后，进行了一段距离的倒车。现在，通过多次按下自动泊车辅助系统按键可
   以选择哪些功能？

    A. 启动测量泊车位功能，启动泊车辅助功能，关闭系统

    B. 启动泊车辅助功能，启动驶出泊车位功能，启动自动介入制动功能

    C. 启动平行泊车功能，启动垂直泊车功能，关闭系统

    D. 启动驻车功能

5. 如何激活驻车转向辅助系统？

    A. 通过驻车辅助系统按键　　　　　　　　B. 通过挂上倒档

    C. 通过一个单独的驻车转向辅助系统按键　D. 车速低于 25km/h 时自动激活

6. 驻车转向辅助系统是做什么用的？

    A. 用于识别合适的停车空位

    B. 用于在车辆到达合适位置时使车辆自动挂上倒档

    C. 用于在倒车进入停车空位时使车辆自动转向，驾驶人负责加速和制动操作

    D. 用于在车辆停好后自动关闭发动机

7. 哪种情况会终止驻车转向辅助系统的驻车过程？

    A. 在天黑时关闭了近光灯　　　　　　　　B. 关闭了 ESP

    C. 驾驶人手动介入（干涉）转向　　　　　D. 车速超过 7/h

8. 第三代驻车辅助系统支持哪些新的驻车场景？

   A. 独立自主地进行驻车操作，期间驾驶人可以离开车辆。但是他必须按下车钥匙上的一个按键，接着车辆独立泊车入位

   B. 向前驶入横向停车位

   C. 倒车驶出一个横向停车位

   D. 根据导航数据驶入纵向停车位和横向停车位

模块四

汽车空调智能技术

项目描述

随着汽车的普及，其舒适性功能也更加多样化。现在大部分汽车配有智能空调，不但可以调节车内温度，而且可以改善车内空气，除湿、净化效果都非常好等。

（1）功能多样化

空调不仅要有制冷效果，毕竟一年夏天只有几个月，如果只能制冷，其他时间空调不成了摆设了吗？还要关注除湿、制热、净化空气、加湿等，智能空调如图 4-1 所示。

（2）自动调节功能

智能空调系统是具有自动调节功能、可自动开关机的中央空调。汽车智能空调系统能根据外界气候条件，按照预先设定的指标对安装在车内的温度、湿度、空气清洁度传感器所传来的信号进行分析、判断，及时自动打开制冷、加热、去湿及空气净化等功能，如图 4-2 所示。

（3）可连接远程控制

汽车智能空调还可以通过计算机、手机等远程控制，甚至可以联网，如图 4-3 所示。

（4）智能识别，唤醒功能

汽车智能空调系统还与其他系统（如驾驶人打瞌睡警告系统）相结合，当发现驾驶人精神不集中、有打瞌睡迹象时，中央空调能自动散发出使人清醒的香气。

汽车智能空调发展方向是电动化、智能化、轻量化。

图 4-1　智能空调功能多样化

图 4-2　自动调节功能

图 4-3　手机连接远程控制

智能空调系统由制冷系统、取暖系统、通风（配气）系统、自动控制系统、空气净化系统五部分组成。

1）制冷系统。制冷系统由冷凝器、膨胀阀等元件组成。制冷方式采用蒸气压缩式，利用制冷剂蒸发时吸收的热量来降低车内的温度。作为冷源的蒸发器，其温度低于空气

227

的露点温度（空气中的水蒸气变为露珠时的温度），因此制冷系统还具有除湿和空气净化作用。

2）取暖系统。取暖系统一般采用冷却液加热式，将发动机出水口的冷却液送入暖风，将散热器周围的热空气吹入车厢内。暖风还可以对前风窗玻璃进行除霜和除雾。

3）通风系统。通风系统是能吸入新鲜空气，将冷风、暖风、新鲜空气进行混合，并把混合气分配到车厢内不同位置的装置，主要有送风道、风门等部件。目前采用最多的通风系统是全空调方式，即把车外空气和车内空气经风门调节后，通过蒸发器冷却除湿，部分进入加热器，出来的冷、暖风再混合，然后按照要求送入车厢内。

4）自动控制系统。自动控制系统一方面对制冷和加热的温度进行控制，另一方面，对车厢内空气的温度、风量和流向进行控制，由传感器、控制中枢、执行器三部分组成。其中，传感器包括温度选择器、日照强度传感器、风门位置传感器等。控制中枢包括电子放大器、电桥比较计算器、ECU。电磁阀、真空转换器、真空驱动器、伺服电动机等属于执行器。

5）空气净化系统。空气净化系统一般由空气过滤器、电子集尘器、阴离子发生器等组成，对流入车内的空气过滤、净化，不断排出车内的污浊气体。在普通轿车中，空气净化的任务由蒸发器完成。

目前智能空调的控制逐渐趋于成熟化，但关键的信号处理仍存在很大的提升空间，需要进一步提高控制效率，第一时间感知环境，以更快的速度去调节车内空间温度，来进一步改善汽车的舒适性。

学习目标

知识目标

- 能掌握智能空调系统结构的分类。
- 能掌握智能空调系统构造。
- 能掌握智能空调系统工作原理。
- 能掌握智能空调故障诊断的基本方法。

技能目标

- 能对智能空调系统进行分类。
- 能独立进行智能空调系统的分解和组装。
- 能区分智能空调系统的人为故障和自然故障。
- 掌握智能空调系统故障诊断的基本测量技能。

素养目标

- 严格执行汽车故障诊断规范，养成严谨科学的工作态度。
- 尊重他人的劳动，不窃取他人成果。
- 养成总结故障诊断任务结果的习惯，为下次汽车故障诊断任务积累经验。
- 养成团队协作精神。

- 能够养成劳动光荣、创造伟大的思维和创新意识。
- 养成主动思考、自主学习的习惯。
- 提升发现问题、分析问题、解决问题的能力。
- 培养知识总结、综合运用、语言表达的能力。

相关知识

汽车空调可以为乘客创造一个舒适的环境，从而提高了汽车整体舒适性。汽车空调系统具有对汽车内部的温度、湿度、气流速度进行调节和净化空气的功能。除此之外，汽车空调还能去除风窗玻璃上的雾、霜、冰、雪，给驾驶人提供一个清晰的视野，确保行车安全，如图 4-4 示。

图 4-4　汽车空调作用

一、汽车空调系统空气分配

汽车空调制冷系统多种多样，但其基本结构相差不大。空调系统一般由压缩机、冷凝器、储液过滤器、膨胀阀、蒸发器、鼓风机等组成，如图 4-5 所示。

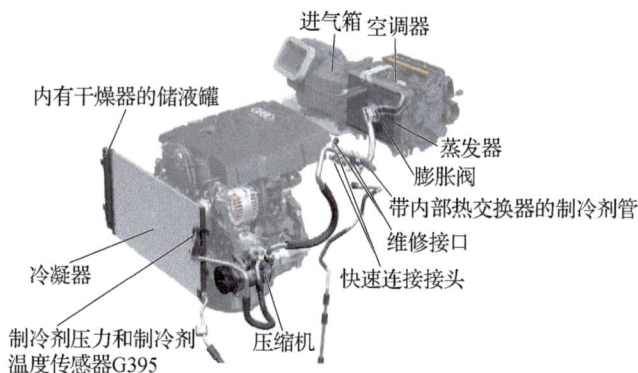

图 4-5　空调制冷系统的结构

压缩机是空调制冷系统的心脏，它是使制冷剂 R134a 在系统内循环的动力源。它的作用是使 R134a 由低温低压气体压缩为高温高压气体。没有它，系统不仅不制冷而且还失去了运行的动力。压缩机的动力大部分来自于发动机。

冷凝器的作用是将压缩机排出的高温高压制冷剂蒸气进行冷却，并使其凝结为液体，凝结时所放出的热量被排至大气中。

蒸发器的作用与冷凝器正好相反。车内湿热空气通过蒸发器时，蒸发器内液态雾状制冷剂吸收流经蒸发器的湿热空气热量蒸发而使空气冷却，湿气凝结成露水沿导流管排出车外，冷干空气经鼓风机作用循环于车内。

（一）空调制冷系统部件

空调制冷系统部件主要有压缩机、冷凝器、液体膨胀装置和蒸发器等，如图 4-6 所

229

示。各部件之间采用的铜管和高压橡胶管连接成一个密闭系统。工作时，制冷剂以不同的状态在这个密闭的系统内循环流动。

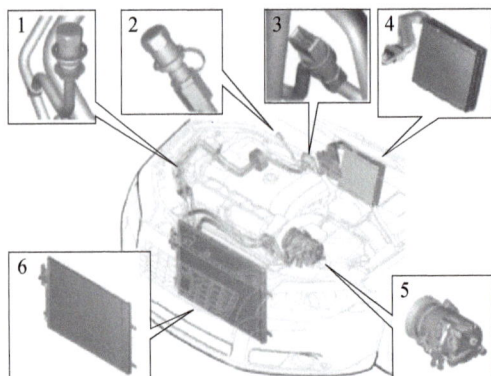

图4-6　空调制冷系统部件

1—高压维修阀口　2—低压维修阀口　3—A/C空调开关　4—膨胀阀和蒸发器
5—空调压缩机　6—冷凝器（含储液干燥器）

1. 暖风与空调系统功能组

暖风与空调系统可以分成几个功能组，如图4-7所示。

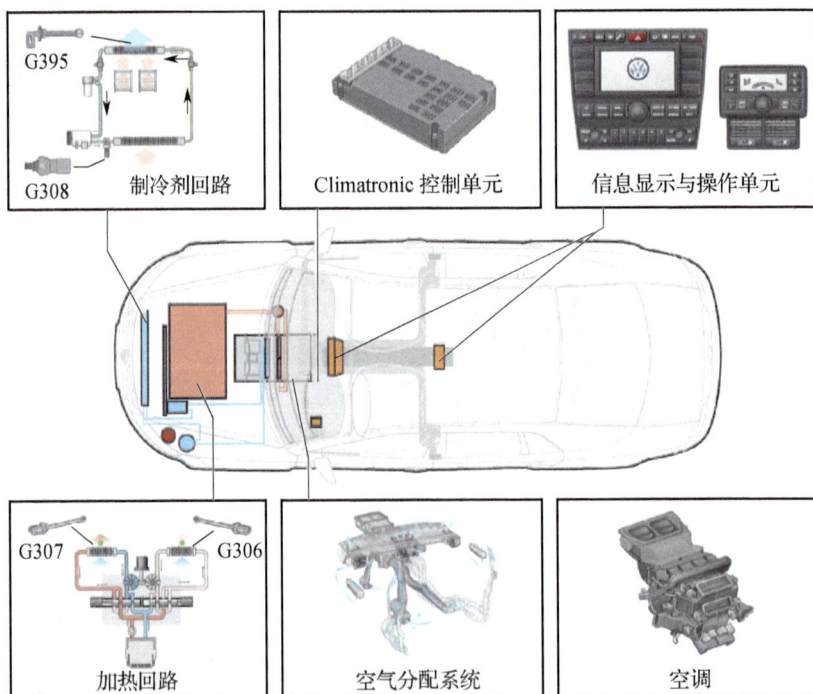

图4-7　暖风与空调系统功能组

- 制冷剂回路。

带有制冷剂压力/温度传感器 G395 与蒸发器温度传感器 G308。

- 加热回路。

带有泵阀单元、两个独立的水阀加热系统以及两个热交换器温度传感器 G306（左）

与 G307（右）。

- 空气分配总成。

带有可实现四气候区域的空调。

- 信息显示与操作单元。
- Climatronic 控制单元。

2. 制冷剂回路

制冷剂回路包括膨胀阀、外部调节式压缩机、冷凝器、蒸发器和储液干燥罐等。

蒸发器下游通风口温度由蒸发器温度传感器 G308 检测。它确保在 0℃时关闭制冷功能，并与外部调节式压缩机一起，使蒸发器下游通风口温度在 0~12℃之间进行自适应控制，如图 4-8 所示。

这样，为了将从蒸发器出来的空气加热到所需温度，在热交换器中所需要的热量输出很少，从而节省了能耗与燃油。

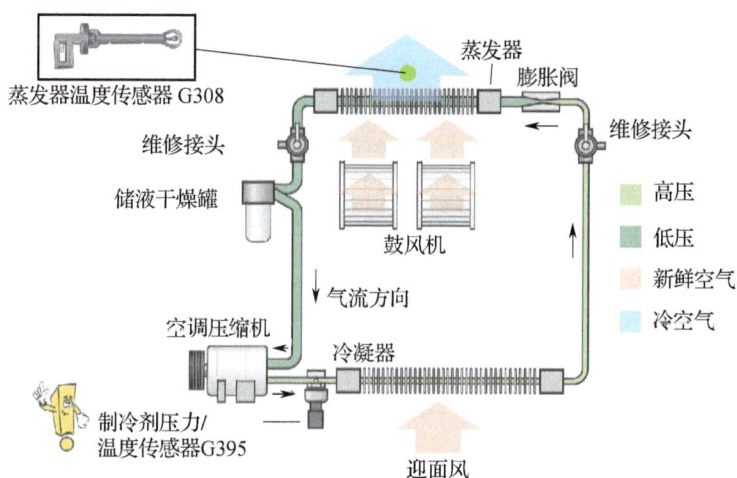

图 4-8　制冷剂回路

3. 两个空调器制冷循环回路

受两个空调器所限，4C-Climatronic 空调的制冷循环回路有两个蒸发器，它们在管线中以并联方式连接，两个蒸发器由一个外部调节的压缩机驱动，如图 4-9 所示。

高度压缩的制冷剂在蒸发器前通过一个膨胀阀卸压。冷凝器装备了一个干燥筒。制冷循环回路通过专用闭锁接口连接。

为调节及识别制冷剂缓慢损耗，循环回路配有一个制冷剂温度传感器和一个与此分开的高压传感器。例如，V10 TDI 发动机上就安装了可同时测量制冷剂温度和压力的组合传感器。

（二）通风方式

为了确保座舱内的舒适性，通风设计有四个基本功能。

- 间接通风。
- 直接通风。
- 带车窗起雾检测的除霜功能。

● 自动与手动空气再循环功能。

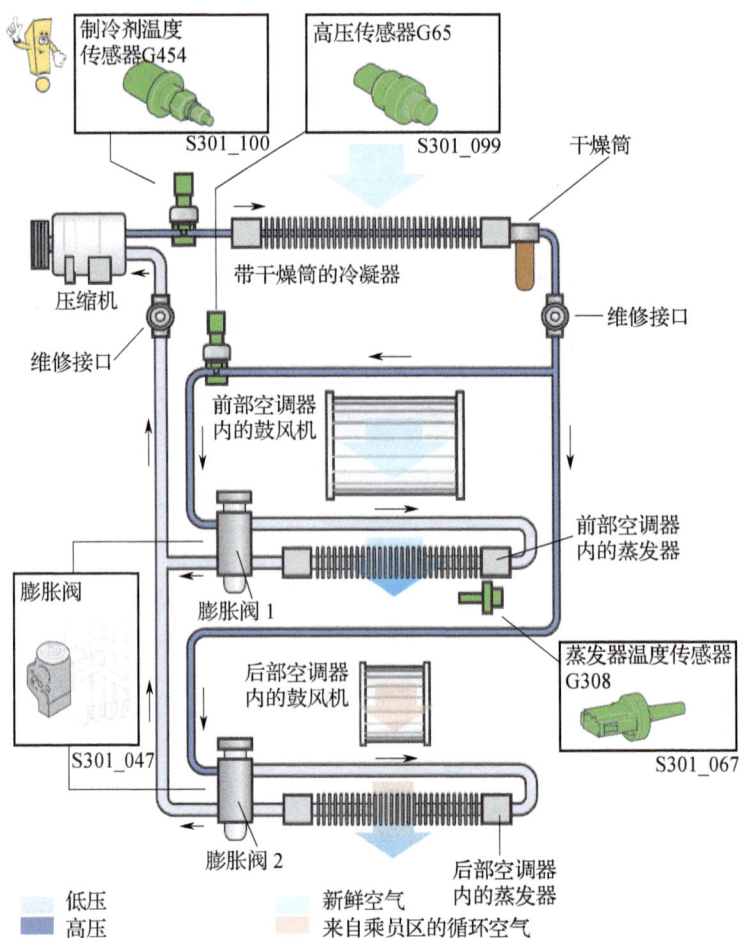

图 4-9　两个空调器制冷循环回路

　　通过这些设计，各个座椅的通风与温度可以独立调节。在长途旅程中，由于温度或日照等环境状况会发生较大的变化，有可能在空调模式运行时，间接通风、直接通风与除霜等基本功能可能合并或同时运行，如图 4-10 所示。

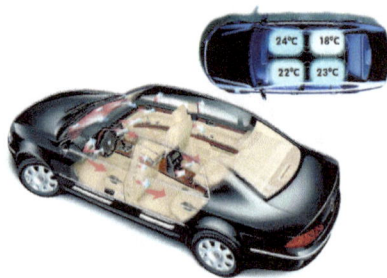

图 4-10　空调模式运行

1. 间接通风

　　直接气流通常被认为是不舒适的或者感觉局部受风，因此通常采用漫射送风。间接通风通过仪表板上侧与 B 柱中尺寸宽大的通风口来送风。

　　当启用自动气候控制时，Climatronic 控制单元确定所需的内部气候是否可以用间接通风的方式就可以获得。当由于某个环境条件变化必须打开其他通风口时，控制单元会将它们打开，如图 4-11 所示。

　　除了自动气候控制之外，间接通风的通风口也可以通过空调主菜单上的两个上部功能键打开或关闭。

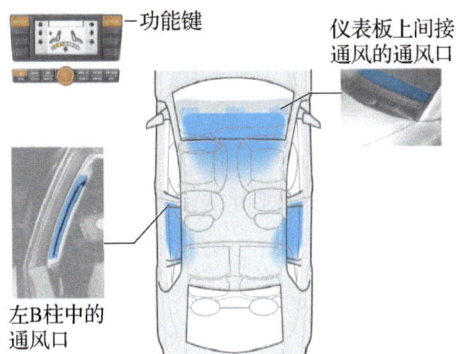

图 4-11 间接通风模式

2. 直接通风

信息娱乐系统上的功能键可以用来选择各种通风气流的流出方向，直接通风的通风口包括隐藏在仪表板后结构盖板中的胸部通风口、后信息显示与操作单元上的通风口以及 B 柱上的通风口。在按下相关功能键或者处于自动空调模式中的某些条件下，结构盖板会打开。同时，胸部通风口的风门电动机也被驱动。

当结构盖板打开后，在鼓风机设置不变的情况下可以使用通风口上的按钮来减小气流，这不会关闭结构盖板，而是改变风门开度。按钮上的 LED 会显示风门开度。通过旋压按钮可以对鼓风机进行设置，从而对所有通风口进行无级调节，如图 4-12 所示。

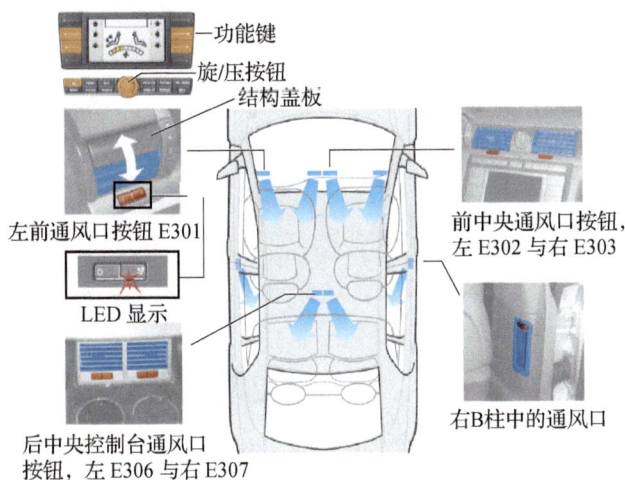

图 4-12 直接通风模式

3. 除霜功能

暖风与空调系统不仅有手动除霜功能，而且有自动除霜功能。此功能能够防止车窗起雾，从而提高驾驶安全性。

（1）带车窗起雾检测的自动除霜功能

气候控制通过测量风窗玻璃温度、空气湿度以及测量湿度位置的相关内部温度来检测风窗玻璃是否起雾。这三个信号由后视镜基座中的空气湿度传感器提供。

如果车内空气中的水蒸气有可能冷凝在车窗上，空调压缩机的输出功率与鼓风机转速都会自动增加，而且除霜风门会进一步打开。随后，干燥的空气经过蒸发器与热交换器从打开的除霜通风口送到风窗玻璃与前侧车窗。

在前排座椅下面的分配器壳体中有一个辅助加热元件,用以加热后部侧车窗的除霜通风口气流,如图 4-13 所示。

（2）手动除霜功能

车窗可能会迅速起雾,尤其是在环境温度低或车内空气湿度高的情况下。在这种天气与温度条件下,只使用自动除霜功能可能还不够,这时就必须用气候控制按钮组中的除霜按钮来手动选择除霜功能。

当按下除霜按钮后,除了除霜通风口,其他通风口全部关闭,压缩机与鼓风机全部运行在高功率输出状态下,如图 4-14 所示。

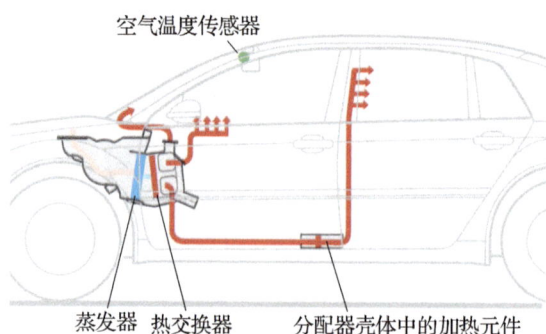

图 4-13 带车窗起雾检测的自动除霜功能

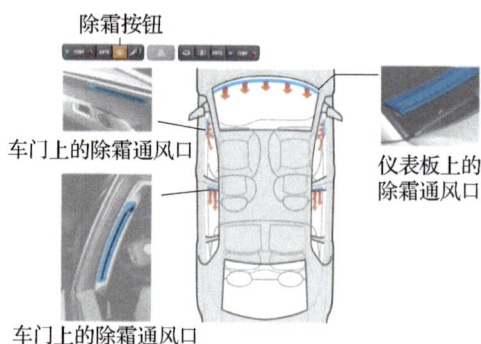

图 4-14 手动除霜功能

4. 空气再循环功能

很多汽车不但具有手动空气再循环功能,而且具有自动空气再循环功能,其手动功能可以用气候控制按钮组中的空气再循环按钮来控制。

（1）手动空气再循环功能

按下气候控制按钮组中的空气再循环按钮,即可将气候控制切换到空气再循环模式。进气风门关闭,同时空气再循环风门打开,这样可以阻止外界异味进入汽车内部。再次按下此按钮即可停止空气再循环模式。

气候控制按钮组如图 4-15 所示。

手动空气再循环模式不会自动关闭。由于新鲜空气不会进入车内,所以不宜长时间使用此功能。

图 4-15 气候控制按钮组

（2）自动空气再循环功能

通风室内的空气质量传感器会一直检查空气中的污染物浓度,在倒车或使用刮水/清洗功能时,如果检测到空气中污染物含量增加,气候控制自动切换到空气再循环模式,阻止汽车自己的废气等污染物进入车内。一旦污染物不再增加,空气再循环模式将立即自动中止。

在正常情况下,自动空气再循环功能是关闭的。用气候子菜单 "Other"（其他）中的 "Auto recirculation"（自动再循环）功能键可以打开此功能,如图 4-16 所示。

5. 4C-Climatronic（自动空调）

这是大众途锐上最高级的暖风和空调,可以满足对空调最苛刻的要求。

（1）空气调节区

通过 4C-Climatronic 可以将车内空间分为四个空气调节区，如图 4-17 所示，在这些空气调节区内能彼此独立地自动或手动调节以下参数：

- 温度。
- 气流分布。
- 风量。

图 4-16　自动空气再循环功能

（2）气流分布

其特征是有两个独立的空调器用于前部和后部座位的空气调节，前部空调器安装在仪表板下，其结构与其他型号相同。后部空调器位于行李舱内左侧侧饰板后。

因为使用了两个空调器，所以用于前后空气调节区的气流分布部件是彼此分开的，如图 4-18 所示。

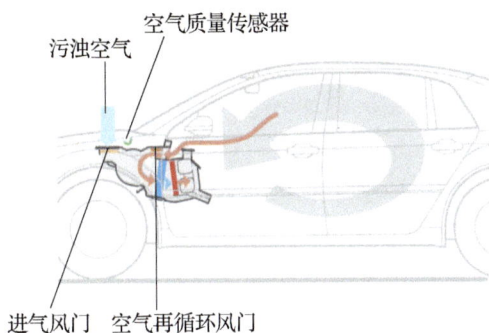

图 4-17　四个空气调节区　　　　　图 4-18　前后空气调节区

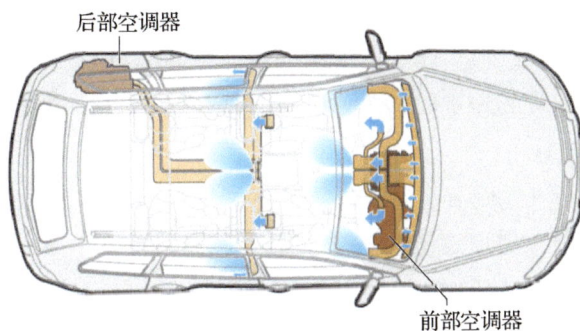

其操作通过仪表板内和后部中控台内两个独立的操作单元进行，如图 4-19 所示。

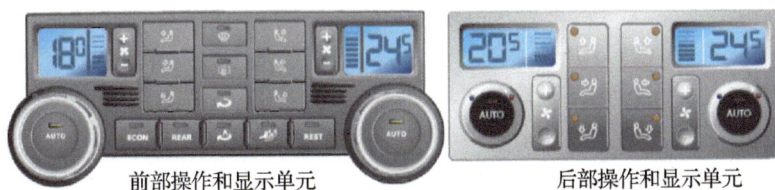

前部操作和显示单元　　　　　　后部操作和显示单元

图 4-19　操作单元

在前部操作单元上可执行以下功能：

- 调节所有四个座位的温度。
- 调节气流分布。
- 调节前后鼓风机转速。
- 手动和自动循环空气功能。
- 自动进行空气调节。
- 与驾驶人的空气调节区同步。
- 后部按钮，用于温度调节、鼓风机转速调节和气流分布调节（两个后部空气调节区）。

- 除霜。
- Econ（经济）模式。
- 余热利用功能。
- 后风窗玻璃加热装置。
- 风窗玻璃电气加热装置。

后部操作单元的功能：

- 调节两个后部座位的温度。
- 调节气流分布。
- 调节后部鼓风机转速。
- 自动进行空气调节。

6. 2C-Climatronic（自动空调）

这是大众途锐上中等舒适级别的空调。

（1）空气调节区

通过 2C-Climatronic 可以将车内空间分为两个空气调节区，在自动运行模式下可以独立调节左右两侧车内空间的温度，但鼓风机转速和整个乘员区的气流分布需统一调节，如图 4-20 所示。

图 4-20　车内空间分为两个空气调节区

（2）气流分布

为使两个空气调节区彼此保持独立，将空调器安装在仪表板下。对四个座位进行空气调节的气流分布通道连接在这个空调器上，用于 B 柱出风口的空气通过前车门引入，如图 4-21 所示。

（3）显示和操作单元

2C-Climatronic 的显示和操作单元位于仪表板上，如图 4-22 所示。

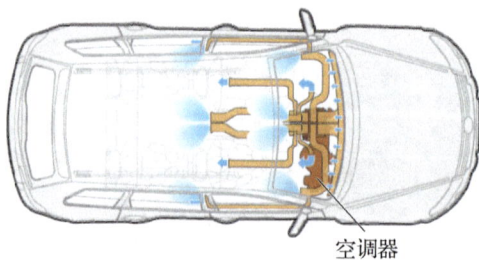

图 4-21　空气调节气流分布通道

空调器

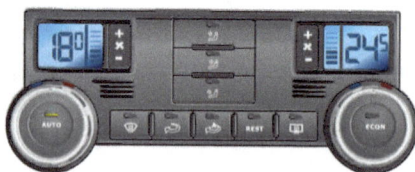

图 4-22　显示和操作单元

可以使用以下功能：

- 调节左侧和右侧温度。
- 调节气流分布。
- 调节鼓风机转速。
- 手动和自动循环空气功能。
- 自动进行空气调节。
- 除霜。
- Econ（经济）模式。

- 余热利用功能。
- 后窗玻璃加热装置。
- 风窗玻璃电气加热装置。

（三）暖风/空调空气分配

空气的导向和分配取决于暖风/空调的具体结构以及所要求的行驶舒适性，如图 4-23 所示。

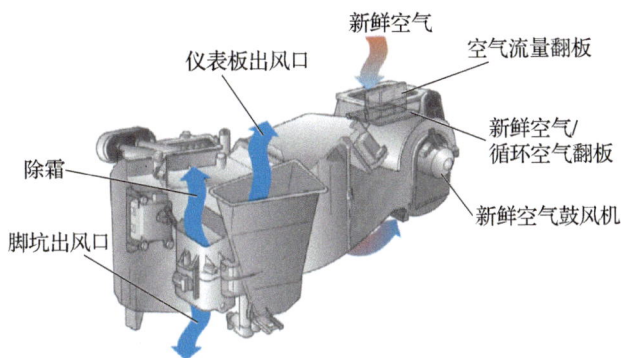

图 4-23　空气的导向和分配

暖风/空调空气分配如图 4-24 所示。

两者之间根本的区别在于：

- 流入车内的气流是未分开式的。
- 进入车内左、右侧的气流是分开式的较新的结构，需要更多的传感器、执行元件和翻板。

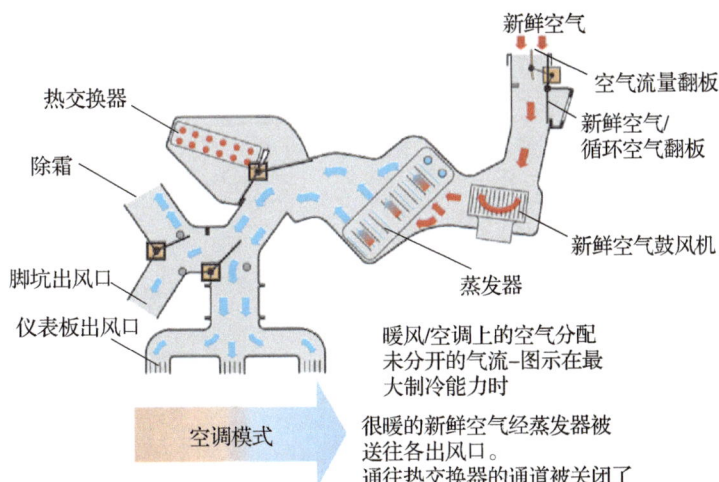

图 4-24　暖风/空调空气分配

很凉的新鲜空气流经蒸发器，蒸发器不工作，空调关闭，新鲜空气完全流经热交换器并被加热，如图 4-25 所示。所有的暖风/空调基本结构如下：

- 外部空气入口。
- 循环空气入口（如果有）。

- 新鲜空气鼓风机。
- 蒸发器（用于给空气制冷）。
- 热交换器（用于给空气加热）。
- 翻板和通道（用于输送空气，例如脚坑、除霜、仪表板出风口）。

暖的新鲜空气流经蒸发器以便冷却下来。这个新鲜空气太凉了，因此一部分新鲜空气被送入热交换器，以便达到出风口各自所需的温度，如图4-26所示。

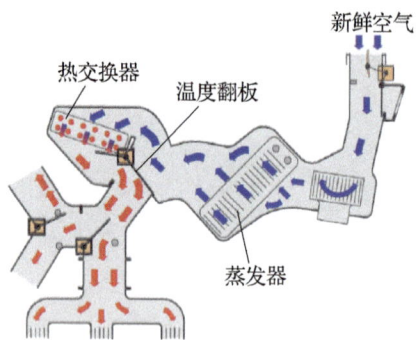

图4-25 新鲜空气完全流经热交换器并被加热

图4-26 达到出风口各自所需的温度

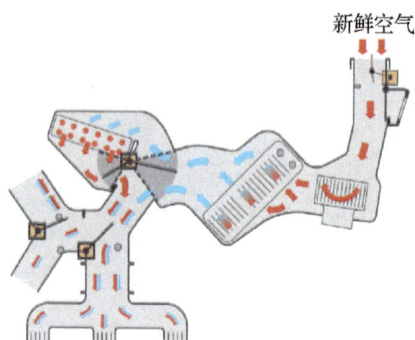

车外温度不同

车内温度保持恒定

实现途径

翻板自动调节

接通和关闭空调

1. 空气分配——自动空调中分成两路

此处的空气分配是通过空调器空气侧的翻板来进行调节的，根据翻板的控制情况，气流被引向各个出风口。所有翻板均由伺服电动机来操纵运动，翻板调节或者按程序自动进行，或者在操纵和显示单元上通过手动来进行，如图4-27所示。

车内左、右侧的温度是可以单独调整的，在空气分配器壳体中，气流分成冷、暖以及左、右气流。根据所需要的温度情况，温度翻板会为车内分配好冷、暖气流所占的比例，如图4-28所示。

温度翻板由：

- 车内左侧伺服电动机。
- 车内右侧伺服电动机来操纵运动。

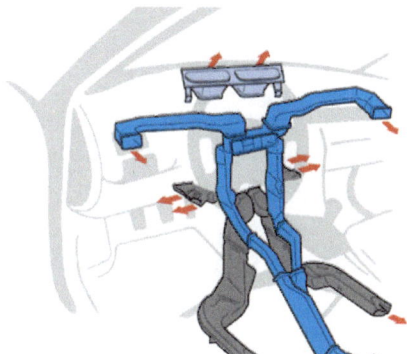

图4-27　空气分配

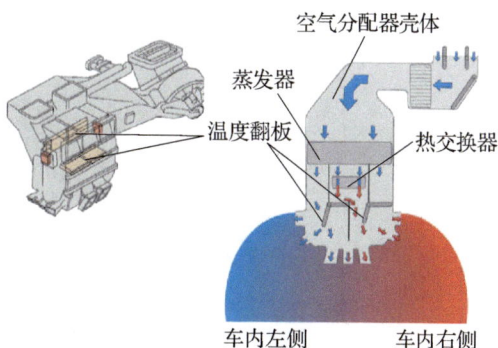

图4-28　温度翻板

2. 电子调节式空调系统一览（车内左、右分离式空气侧温度调节）

左、右温度可设置成不同的值，其范围为18~29℃，左、右温度分配用的温度翻板在空气分配器壳体内，如图4-29所示。

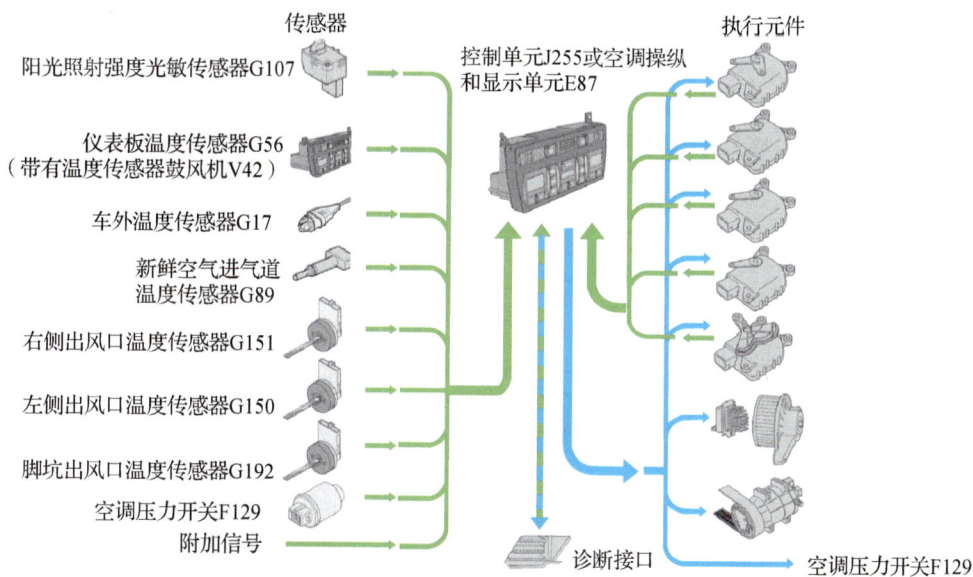

图4-29　电子调节式空调系统一览

二、典型豪华轿车空调系统空气分配

作为一款豪华轿车，辉腾将四区域座舱气候作为标准配置。

由于使用4C（4角）-Climatronic，驾驶人和乘客可以单独设定自己的气候而不管其他座位的情况。

Climatronic 控制单元自动控制各个独立的气候区域，同时驱动许多通风口与温度风门的控制电动机，如图 4-30 所示。

（一）空气分配总成

成形塑料件将各个独立部件相连接并作为空气管道，它将全部气流从入口经由灰尘与花粉滤清器送到各个独立通风口，如图 4-31 所示。

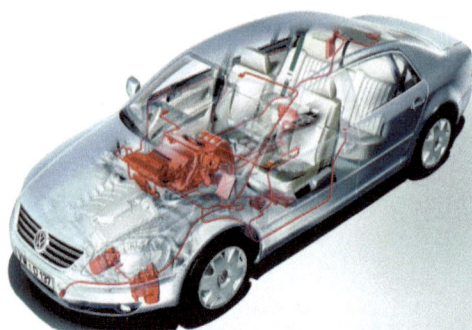

图 4-30　空调系统

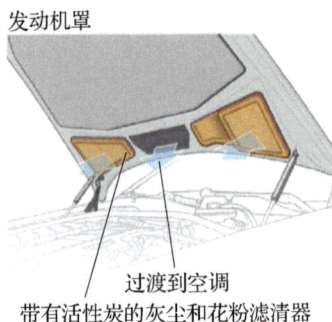

发动机罩

过渡到空调

带有活性炭的灰尘和花粉滤清器

图 4-31　空气管道

仪表板中的胸部通风口位于电动机驱动的结构盖板后面，如图 4-32 所示。

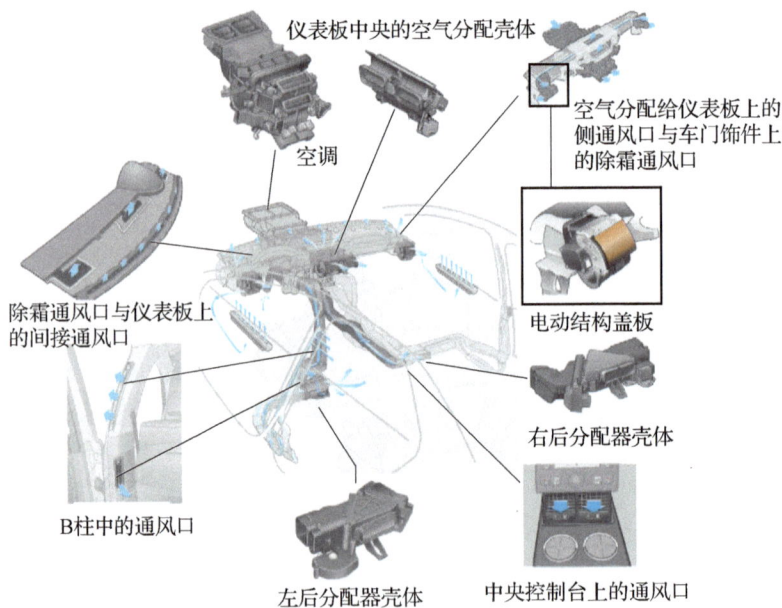

仪表板中央的空气分配壳体

空调

空气分配给仪表板上的侧通风口与车门饰件上的除霜通风口

除霜通风口与仪表板上的间接通风口

电动结构盖板

右后分配器壳体

B柱中的通风口

左后分配器壳体

中央控制台上的通风口

图 4-32　通风口

1. 车内的空气分配

空气鼓风机引导新鲜空气流经灰尘与花粉滤清器后送至蒸发器。气流流出蒸发器后在空调中首次被分流：较大的气流流经热交换器，较小的气流越过热交换器送给空调中的冷风门。两个并排的热交换器设计可以产生左右两股气流给车内通风。用于车内左右两部分的两股气流温度主要由前排座椅处的温度设置确定。

气流流出热交换器后，空调和仪表板上的电动机驱动风门进一步向各个独立通风口分配气流。在此过程中，B 柱通风口和后部脚部空间通风口出来的空气可以用辅助加热元件加热，如图 4-33 所示。

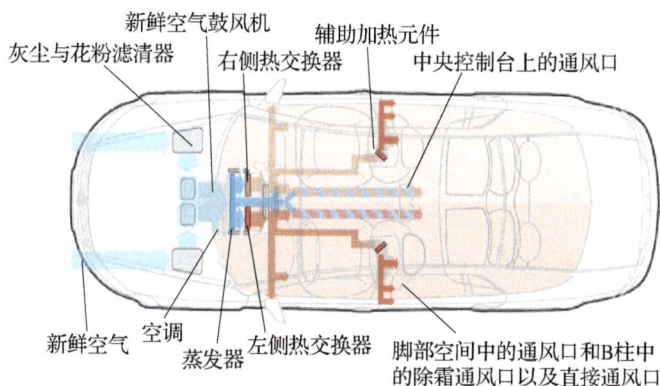

图 4-33　车内的空气分配

2. 空调空气分配总成

空调空气分配总成位于仪表板中间下部，主要用于空气分配和温度控制，如图 4-34 所示。

空调空气分配总成组成如图 4-35 所示。

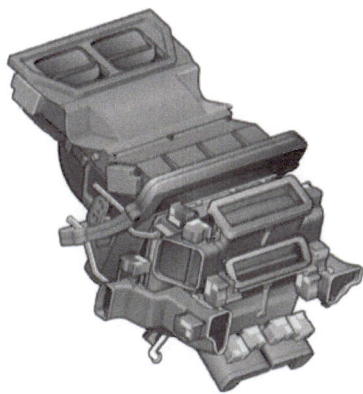

图 4-34　空调空气分配总成

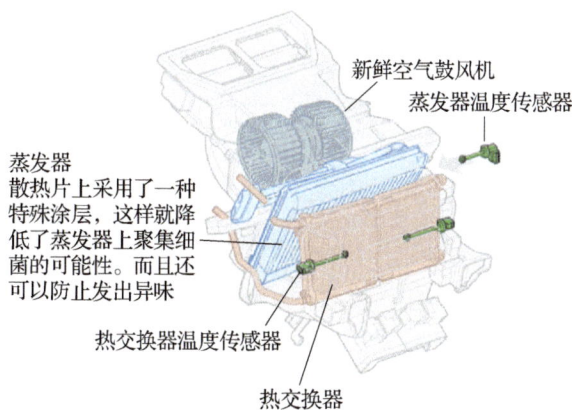

图 4-35　空调空气分配总成组成

- 新鲜空气鼓风机和控制单元。
- 蒸发器。
- 左右两个热交换器。
- 15 个驱动各种风门的控制电动机。
- 2 个位于热交换器后面的温度传感器。
- 1 个蒸发器下游的温度传感器。

（1）空调上的风门

空气通过空调上的风门送到空气管道与通风口。每个风门的位置与开度决定了流出的空气量以及温度混合比，如图 4-36 所示。

空调的所有风门如图 4-37 所示。

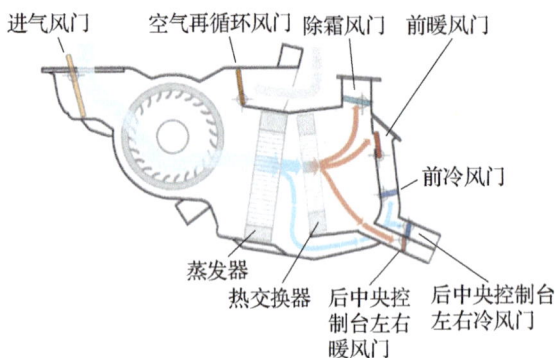

图 4-36　空气通过空调上的风门送到空气管道与通风口

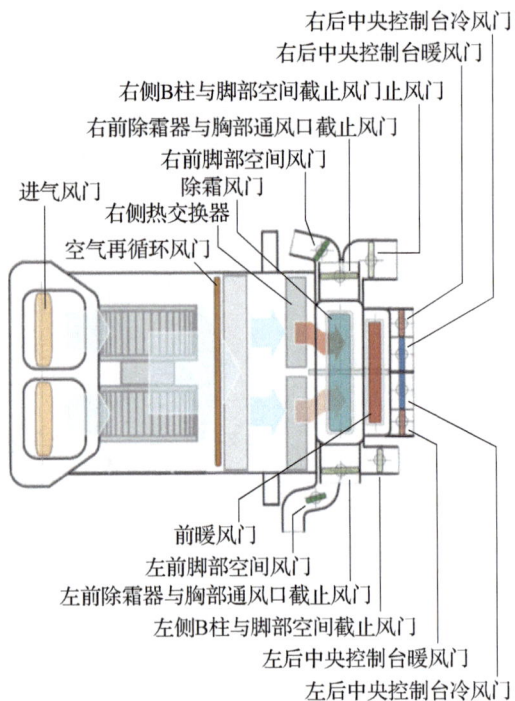

图 4-37　空调的所有风门

（2）空调上的控制电动机

空调风门由电动机驱动，控制电动机上的电位计向 Climatronic 控制单元报告电动机的位置，也就是相应风门的位置。由于受到空间限制以及转矩要求的不同，所以采用了两款不同尺寸的控制电动机，如图 4-38 所示。

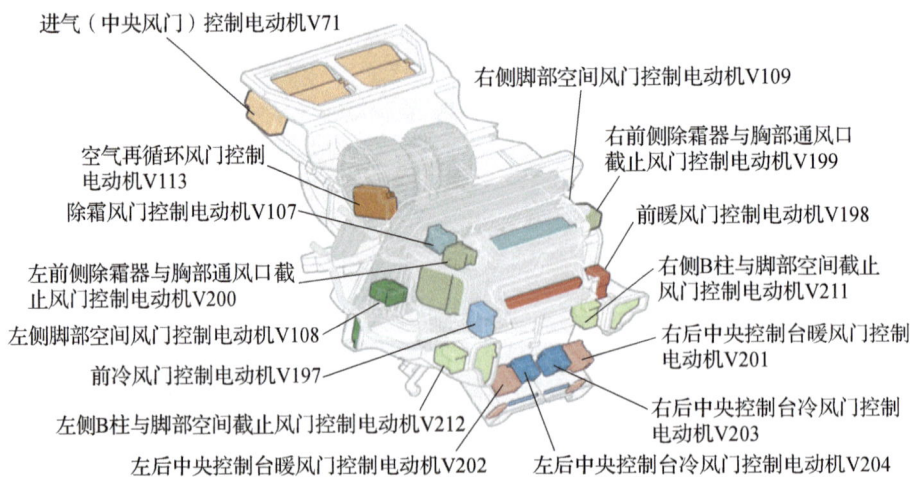

图 4-38　空调上的控制电动机

（3）仪表板中央的空气分配壳体

它直接安装在空调的暖风门之后并固定在仪表板上，来自空调的空气在空气分配壳体中混合，如图 4-39 所示。

242

根据风门位置，空气随后到达直接通风的两个中央通风口以及仪表板上侧的间接通风口。风门和通风口位置如图 4-40 所示。

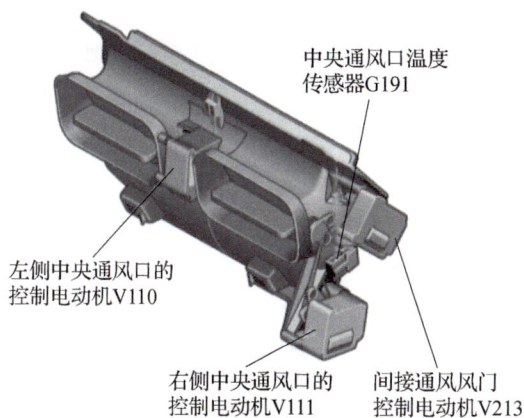

图 4-39　仪表板中央的空气分配壳体

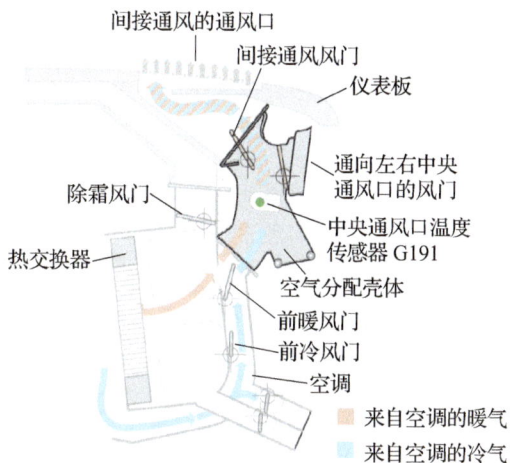

图 4-40　风门和通风口位置

3. 后脚部空间中的分配器壳体

它们位于前排座椅下面。在分配器壳体中，来自空调的空气通过两个风门送至后脚部空间的通风口、后侧车窗的除霜通风口和 B 柱上进行后部的直接通风。这两个风门由电动机控制一个带有导轨的门来驱动。

分配器壳体中的加热元件可以对空气进行辅助加热。加热元件之后的气流温度由温度传感器检测并用以控制后部脚部空间的温度，如图 4-41 所示。图 4-42 所示为右后脚部空间的分配器壳体。

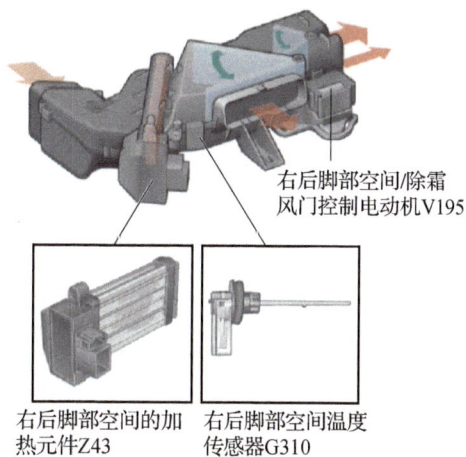

图 4-41　后脚部空间中的分配器壳体

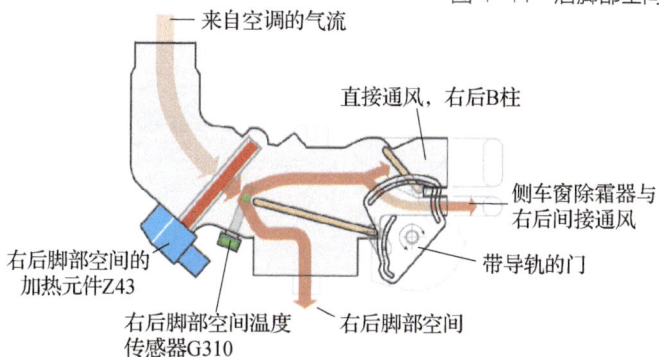

图 4-42　右后脚部空间的分配器壳体

4. 信息显示与操作单元

信息显示与操作单元进行设置操作时都会在显示屏上显示，如图 4-43 所示，操作元件大体上分为以下几个操作区：

- 气候控制按钮组。
- 功能键及显示屏。
- 主菜单按钮组。

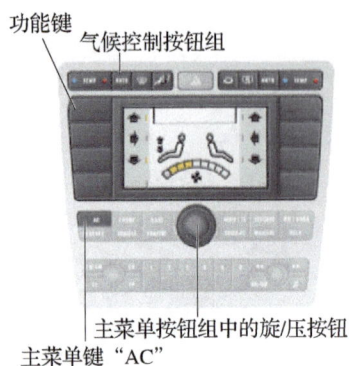

功能键
气候控制按钮组

主菜单按钮组中的旋/压按钮
主菜单键 "AC"

图 4-43　信息显示与操作单元

5. 区域气候控制工作过程

Climatronic 气候控制的温度调节范围在 18~28℃之间。但是，是否可以调节各个座椅区域的气候必须看周围条件，因为气候区域不是物理上分开的。

假设车外温度为 12℃且为阴天。四位对空气温度与分配要求不同的乘客坐在 4 个气候区域中设定如图 4-44 所示。

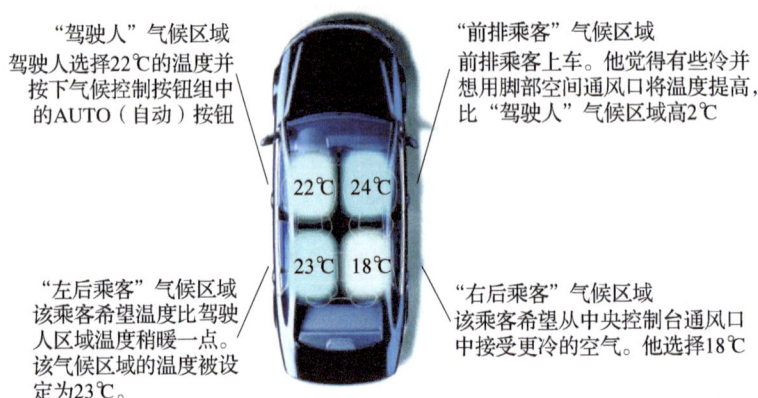

"驾驶人"气候区域
驾驶人选择22℃的温度并按下气候控制按钮组中的AUTO（自动）按钮

"前排乘客"气候区域
前排乘客上车。他觉得有些冷并想用脚部空间通风口将温度提高，比"驾驶人"气候区域高2℃

"左后乘客"气候区域
该乘客希望温度比驾驶人区域温度稍暖一点。该气候区域的温度被设定为23℃。

"右后乘客"气候区域
该乘客希望从中央控制台通风口中接受更冷的空气。他选择18℃

图 4-44　4 个气候区域设定

（1）"驾驶人"气候区域

选择自动功能后，Climatronic 用传感器系统判断保持本气候区域为 22℃时加热空气所需要的强度。

此时，Climatronic 控制单元决定流经热交换器的发动机冷却液流量。Climatronic 决定供给驾驶人脚部空间通风以及仪表板间接通风的通风口的暖气量，如图 4-45 所示。

图 4-45　选择自动功能

操作自动空调选择了自动功能：

功能顺序如图 4-46 所示。

（2）"前排乘客"气候区域

为了将该气候区域尤其是脚部空间中的温度提高 2℃，前排乘客首先按下温度设置按钮。以 0.5℃的幅度，该将气候区域的温度从 22℃提高到 24℃。然后用功能键选择右侧脚部空间通风口。此时，屏幕上出现手动符号"MAN"。此时，前排乘客侧的胸部通风口关闭，如图 4-47 所示。

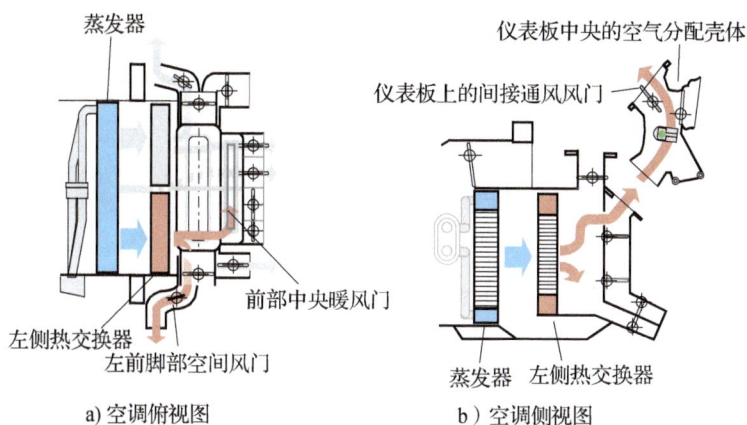

图 4-46 功能顺序

蒸发器
仪表板中央的空气分配壳体
仪表板上的间接通风风门
前部中央暖风门
左侧热交换器
左前脚部空间风门
a) 空调俯视图
b) 空调侧视图
蒸发器 左侧热交换器

图 4-47 操作按下温度设置按钮功能

热的冷却液流经右侧热交换器以提供所需的温度。暖气从右侧脚部空间的通风口中送出，空调俯视图如图 4-48 所示。

（3）"左后乘客"气候区域

为了增加该气候区域的温度，必须首先按下功能键"Other"（其他）。显示屏上出现一个新菜单。通过按"TEMP"（温度）功能键，可以将温度增加到 23℃。空气流经左后分配器壳体中的加热元件进入脚部空间与 B 柱的通风口，进行增温。

Climatronic 启动加热元件，直至温度传感器报告已经达到所需温度。也可以用后部中央控制台的胸部通风口对后部气候区域进行通风。但是，由于增加的是冷气，所以只能通过这些通风口进行降温而不能增温。

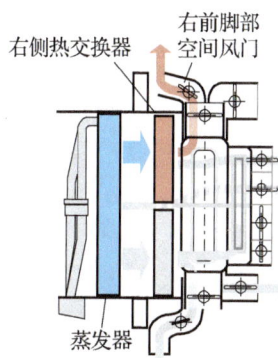

右侧热交换器
右前脚部空间风门
蒸发器

图 4-48 空调俯视图

按下功能键"Other"和"TEMP"功能键进行设置，如图 4-49 所示。

图 4-49 按下功能键"Other"和"TEMP"功能键进行设置（一）

空调功能顺序如图 4-50 所示。

（4）"右后乘客"气候区域

该气候区域中的乘客需要更冷的空气通风。此时，必须首先按下"Other"（其他）按钮，出现新的显示。用"TEMP"（温度）功能键将温度设定为 18℃。

Climatronic 让气流经过空调的暖风与冷风门送到后部中央控制台的通风口。在此处，增加更冷的空气直至温度传感器报告已经达到所需温度。

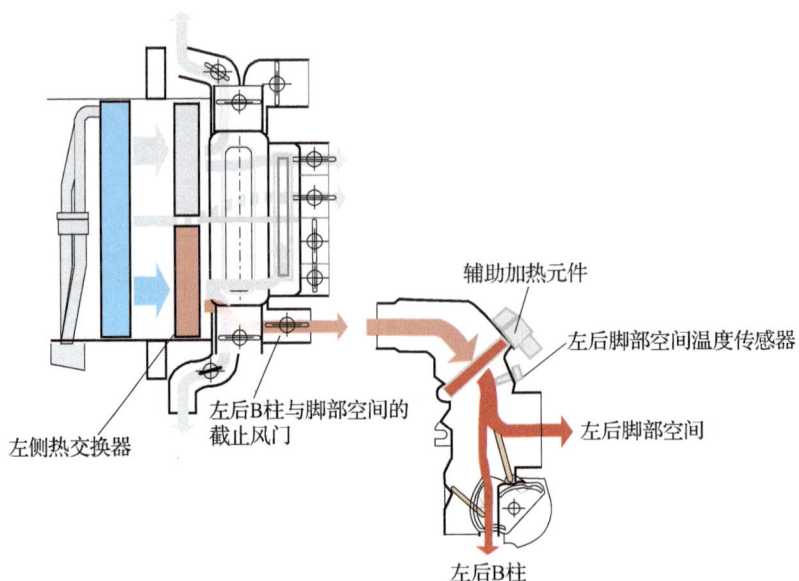

图4-50 空调功能顺序（一）

按下功能键"Other"和"TEMP"功能键进行设置，如图4-51所示。

图4-51 按下功能键"Other"和"TEMP"功能键进行设置（二）

功能顺序如图4-52所示。

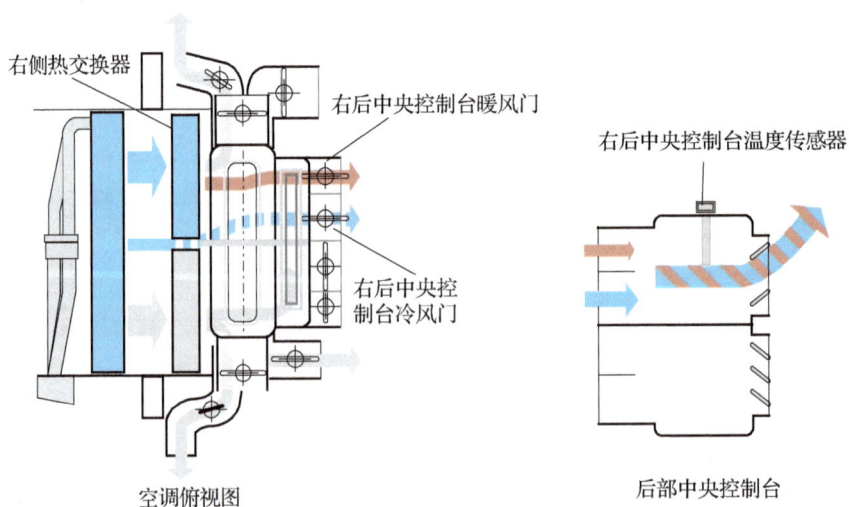

图4-52 空调功能顺序（二）

6. 系统概览

系统概览如图4-53所示。

空气湿度传感器 → 天窗电子装置控制单元　诊断插头

空气分配的温度传感器

日照传感器

仪表板温度传感器

信息娱乐系统CAN总线　动力传动系统CAN总线

J533数据总线的诊断接口

车外温度传感器

新鲜空气进气道温度传感器

CAN高

CAN低　舒适/便利功能CAN总线

空气质量传感器

制冷剂压力/温度传感器

控制电动机中的电位计

Climatronic控制单元

空气分配控制电动机

左后脚部空间的加热元件

右后脚部空间的加热元件

冷却液循环泵
左侧加热调节阀
右侧加热调节阀

压缩机调节阀（空调系统）

新鲜空气鼓风机控制单元
新鲜空气鼓风机

带内部温度传感器的鼓风机

按钮上的LED

通风口上的翘板开关

风窗玻璃加热器，DC/DC变换器

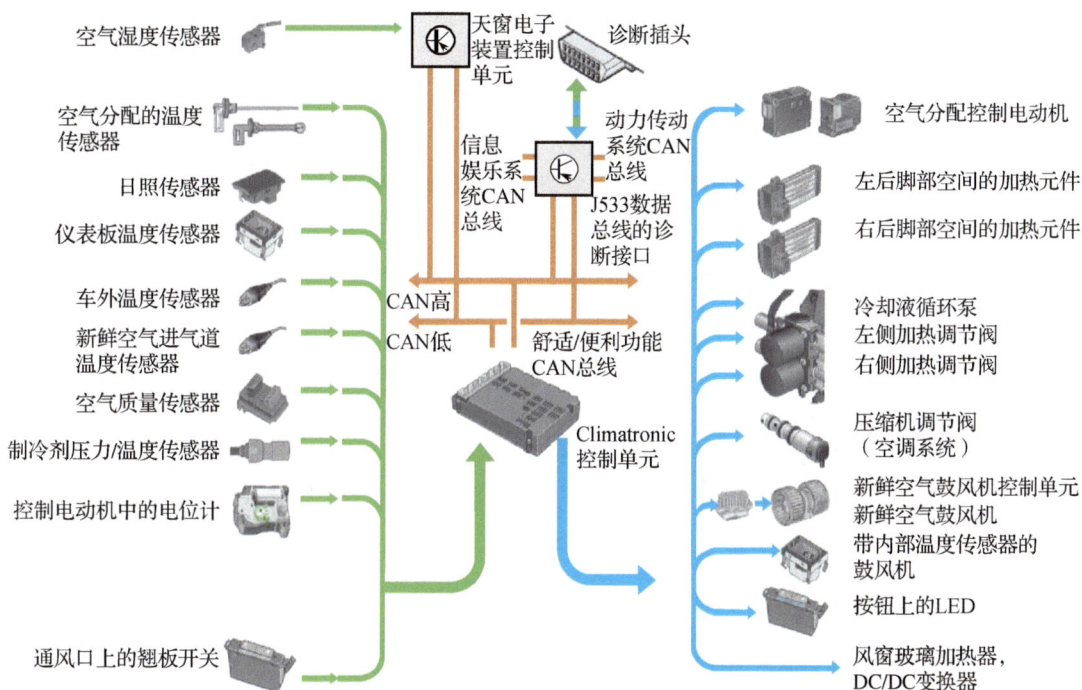

图 4-53　系统概览

7. CAN 总线

舒适 / 便利功能 CAN 总线与动力传动系统 CAN 总线之间的信息交换如图 4-54 所示。

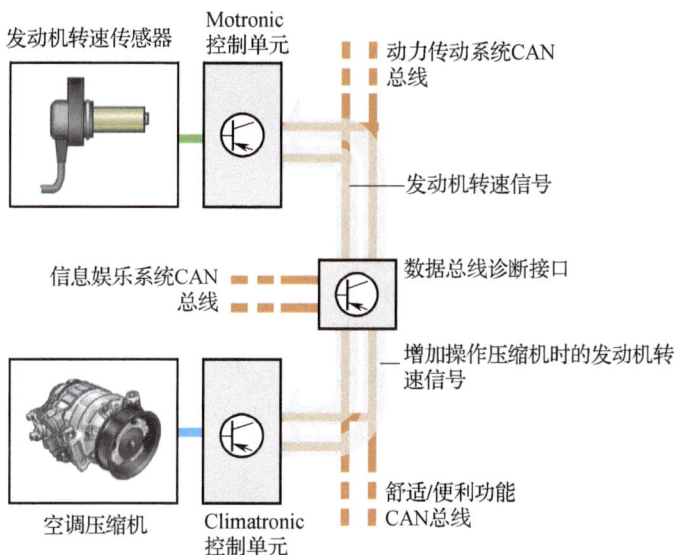

发动机转速传感器　Motronic控制单元

动力传动系统CAN总线

发动机转速信号

信息娱乐系统CAN总线

数据总线诊断接口

增加操作压缩机时的发动机转速信号

空调压缩机　Climatronic控制单元

舒适/便利功能CAN总线

图 4-54　舒适 / 便利功能 CAN 总线与动力传动系统 CAN 总线之间的信息交换

（二）传感器和执行机构

1. 车外温度传感器 G17 与新鲜空气进气道温度传感器 G89

温度传感器 G17 安装在保险杠上，而温度传感器 G89 紧位于通风室中空气质量传感器的旁边，两个 NTC 传感器信号都用于温度测量，如图 4-55 所示。在任何情况下，Climatronic 控制单元都将较低的温度值作为外部温度。

故障的应对策略如下：

- 若一个传感器失效，控制单元采用完好传感器的信号。
- 若两个传感器都失效，则关闭制冷功能并采用一个固定的值 10℃代替外界温度。

2. 空气湿度传感器

在外界温度很低的情况下，风窗玻璃上部的三分之一会变得非常冷因而容易起雾。为了能测量到该区域，空气湿度传感器 G355 安装在内后视镜的根部，如图 4-56 所示。

来自除霜器通风口的小量连续气流确保传感器探测区域的空气可以良好地混合，这样就可以认为风窗玻璃上所测位置的空气湿度接近于风窗玻璃的其他位置，如图 4-57 所示。

空气通过传感器壳体上的一个空气缝隙到达传感器表面。若空气缝隙中有脏物，则会导致传感器出现故障。

为了能够进行自动除霜功能的自适应控制，该传感器检测三个测量值：空气湿度、传感器处的相关温度以及风窗玻璃温度。

故障应对策略：

- 若没有这些传感器的信号，控制单元则无法计算车窗上形成雾气的点，自动除霜功能会失效。

图 4-55　新鲜空气进气道温度传感器 G89

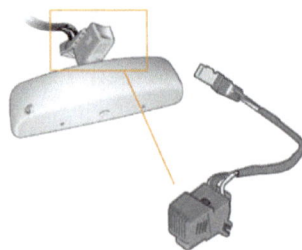

图 4-56　空气湿度传感器 G355 安装位置

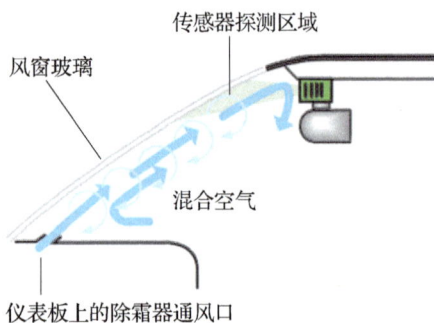

图 4-57　传感器探测区域

3. 测量空气湿度

（1）基本物理原理

测量空气湿度是为了确定座舱内气态水（水蒸气）所占的比例。空气吸收水蒸气的能力取决于空气温度。这就是为什么在测量湿度等级时必须确定相关的空气温度。空气越热，吸收的水蒸气就越多。若富含水蒸气的空气冷却，水分就会冷凝，形成细小水滴并附着在风窗玻璃上。

（2）功能

湿度是通过薄层电容传感器测量的。该传感器的工作模式等同于平行极板电容器。

电容器的电容即存储电能的容量，取决于电容极板的表面积、间隔以及两极板之间填充材料的特性。此材料叫作电介，如图 4-58 所示。这种特殊的电容器可以吸收水蒸气。吸收的水分改变了电介质的电气特性，从而改变了电容器的电容量。所以测得的电容就表示了空气湿度。传感器电子装置将所测的电容转换成电压信号，如图 4-59 所示。

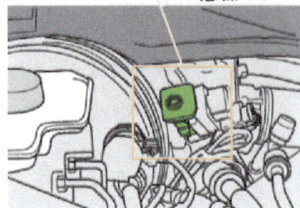

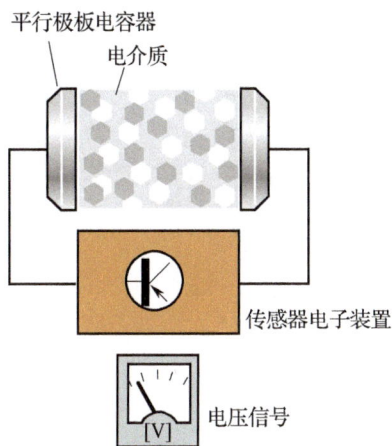

图 4-58　没有水蒸气　　　　图 4-59　有水蒸气

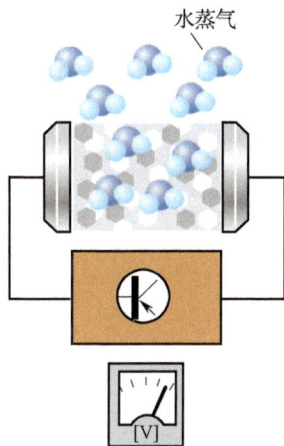

4. 测量风窗玻璃温度

（1）基本物理原理

每个物体都会以电磁辐射的方式与周围环境交换热量。此电磁辐射可能含有红外线范围、可见光或者还有紫外线范围的热辐射。但是，这三种范围的辐射只是整个电磁光谱的一小部分。

例如，一块铁受热后会发亮，发射可见光范围内的电磁辐射以及红外线辐射。根据物体自身温度的不同，所发射的辐射成分可能会有变化。例如，若物体的温度变化，发出的辐射中红外部分也会变化。这样通过测量辐射出来的红外线，就可以无接触地测量物体温度，如图 4-60 所示。

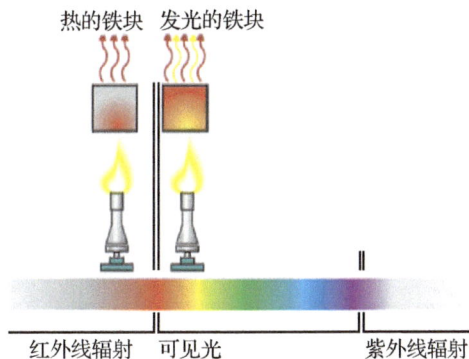

图 4-60　测量辐射出来的红外线

（2）功能

测量一个物体（这里是风窗玻璃）的红外线辐射，是用一个高灵敏度的红外线辐射传感器进行的。

若风窗玻璃温度发生变化，在发出的热辐射中，其红外部分也会变化。该传感器检测这种变化，传感器电子装置将其转换成电压信号，如图 4-61 和图 4-62 所示。

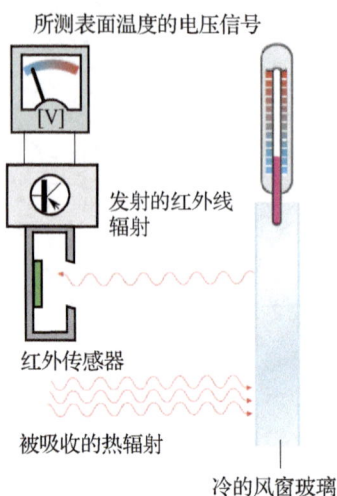

图 4-61　冷的风窗玻璃的测量　　图 4-62　热的风窗玻璃的测量

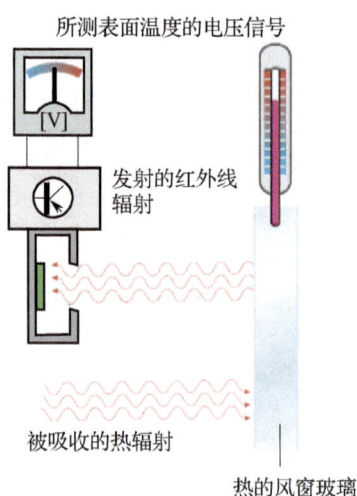

5. 空气质量传感器

该传感器 G238 连同新鲜空气进气道温度传感器 G89 一起安装在通风室的新鲜空气进气区域，如图 4-63 所示。

它的任务是检测外界空气中的污染物。空气中的污染物是以可氧化或可还原气体形式存在的。

Climatronic 控制单元需要该传感器信号来执行自动空气再循环功能。若此功能开启，在该传感器检测到新鲜空气中有污染物时，进气风门被自动关闭，空气再循环风门打开。

（1）功能

对污染物浓度的检测是基于电阻测量原理。若所测的电阻偏离了默认值，空调控制单元断定外界空气污浊并启动自动空气再循环功能。

（2）故障应对策略

若该传感器失效，则自动空气再循环功能不可用。

（3）空气质量传感器的工作原理

空气质量传感器 G238

图 4-63　空气质量传感器

- 若传感器的混合氧化物接触到可氧化气体，该气体从混合氧化物上吸收氧，从而改变了该混合氧化物的电特性，其阻抗下降。
- 另一方面，若该传感器接触到可还原气体，该混合氧化物从气体中吸收氧，从而改变了该传感器的电特性，其阻抗上升。由于混合氧化物的化学与物理特性，它可以当可氧化与可还原气体同时出现时检测其中的污染物。

污染物检测：

- 若传感器阻抗上升，一定含有可氧化气体，如图 4-64 所示。
- 若传感器阻抗下降，一定含有可还原气体，如图 4-65 所示。

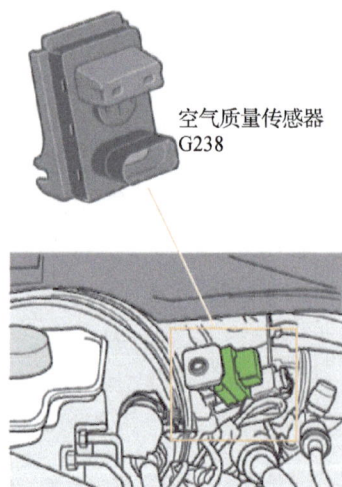

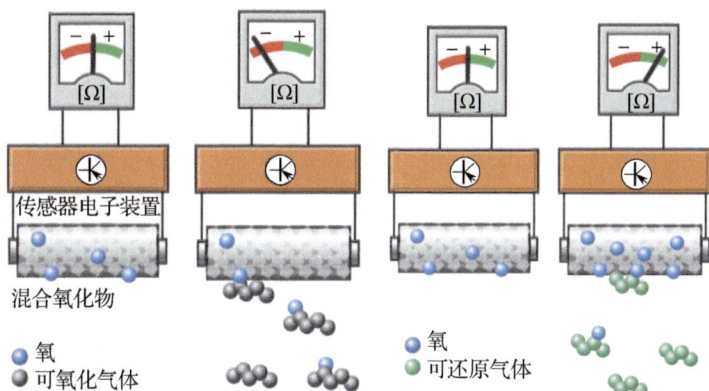

图 4-64　含有可氧化气体　　　　图 4-65　含有可还原气体

6. 仪表板温度传感器 G56 和内部温度传感器的鼓风机 V210

它安装在中央控制台两个烟灰缸之间隔栅的后面，用于检测车内中央区域的空气温度，如图 4-66 所示。

（1）功能

该传感器壳体内有一个 NTC 温度传感器，它通过鼓风机从车内吸取空气。该传感器测量气流的温度。它可以防止温度传感器处的升温，否则会对测量结果造成负面影响。鼓风机与传感器元件安装在一个共用的壳体内，如图 4-67 所示。

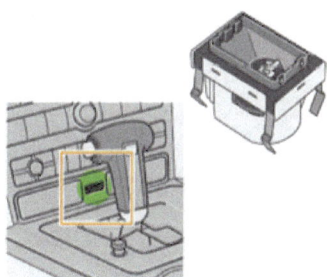

图 4-66　仪表板温度传感器
G56

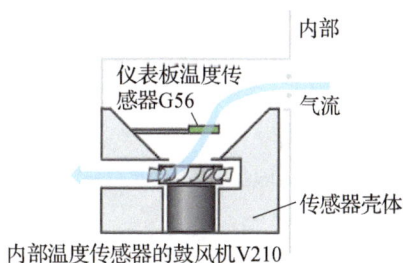

图 4-67　鼓风机与传感器元件安装
在一个共用的壳体内

（2）故障应对策略

若该传感器发生故障，则内部温度使用一个固定的替代温度 25℃。

7. 日照传感器

它安装在仪表板除霜通风口之间的一个黑色塑料滤光器下面，阳光透过滤光器照射下来。该传感器检测日照的强度与方向，如图 4-68 所示。

（1）功能

日照传感器壳体中含有两个光电二极管与一个光学元件。该光学元件分为两个腔室，每个各含一个光电二极管。

图 4-68　日照传感器
G134

例如，如果阳光从左侧照射到传感器上，光学元件本身的特性会将射线集中到左侧光电二极管上，如图 4-69 所示。从而，这个光电二极管上产生的电流会明显地大于另一个

光电二极管。若阳光从右侧照射，如图 4-70 所示，那么该侧的光电二极管就具有更高的电流，这样，Climatronic 控制单元就可以判定车内的哪一侧受太阳影响而升温。

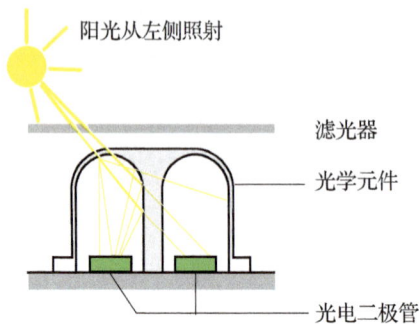

图 4-69　阳光从左侧照射　　　　图 4-70　阳光从右侧照射

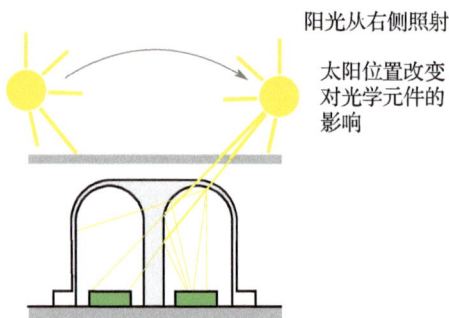

（2）故障应对策略

如果一个光电二极管失效，则使用另一个光电二极管，若两个光电二极管都失效，则使用固定的替代值。

8. 制冷剂压力 / 温度传感器

它位于发动机舱内压缩机与冷凝器之间的高压管路上，如图 4-71 所示，它将制冷剂温度与制冷剂压力信号送到 Climatronic 控制单元，这两个信号用于：

图 4-71　制冷剂压力 / 温度传感器 G395

- 控制散热器风扇。
- 控制压缩机。
- 检测制冷剂的损耗。

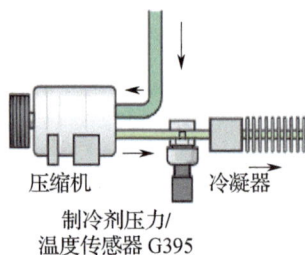

（1）如何检测制冷剂损耗

在制冷剂发生大的泄漏而逸出时，压力会急剧下降。此时，压力传感器的信号足以让控制单元检测到故障。如果冷却液逐渐损耗，那么此信号就不会足够强，因为少量制冷剂的损耗不会使压力变化达到系统可测量的程度。但是，由于制冷剂的量与蒸发器的量精确相关，所以缺少制冷剂会导致蒸发器中膨胀的冷却液气体热到可测量的程度，从而使压缩后的制冷剂温度上升。

由于较少的制冷剂吸收了等量的热量来将空气冷却到默认值，因此造成这种温升。该传感器检测这种温升并发送电压信号给 Climatronic 控制单元。

（2）故障应对策略

若温度或压力信号失败，制冷功能关闭。

（3）功能

压力测量传感器元件按照电容原理进行工作，制冷剂回路中的压力变化改变了传感器中电容极板之间的间距，由于电容极板之间的间距发生改变，电容量也就发生改变，即电容器存储电能的能力发生改变。若间距减小，则电容量下降，如图 4-72 所示；若间距增大，则电容量上升，如图 4-73 所示。传感器电子装置会检测这种变化，并按比例将压力转换成电压信号。

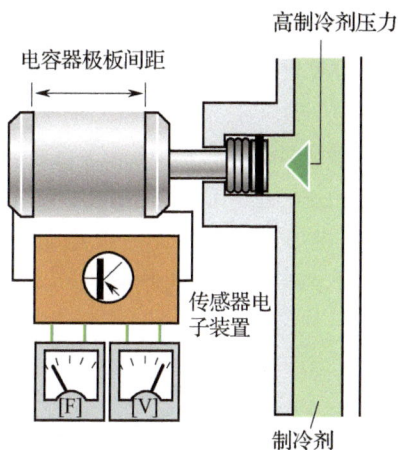

图 4-72 制冷剂回路完好时的压力信号　　图 4-73 制冷剂完全损耗时的压力信号

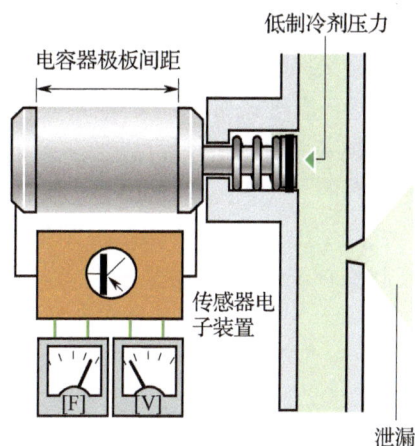

9. 加热调节阀（左）N175 与加热调节阀（右）N176

每个阀负责调节从发动机冷却循环系统进入相应热交换器的冷却液量，如图 4-74 所示。

（1）功能

两个阀都是顺序阀，顺序阀的意思是它由控制单元的一个脉冲宽度调制电压信号控制打开或关闭。通过这种控制，流到热交换器的冷却液可以与所需的热量输出确切匹配。断电后，两个阀都打开。

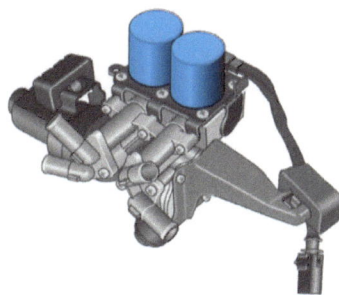

图 4-74 加热调节阀

（2）故障应对策略

若一个阀发生故障，相关的热交换器会使用全部冷却液供应，即此交换器的热量输出达到最大。

10. 冷却液循环泵

它是泵阀单元的一部分，其作用是阻止热交换器内的热量分层现象，如图 4-75 所示。为了防止此现象的发生，冷却液在热交换器内连续循环。此外，当启用余热功能时，Climatronic 控制单元会打开此泵。当发动机关闭后车内需要加热时，就会启用余热功能。

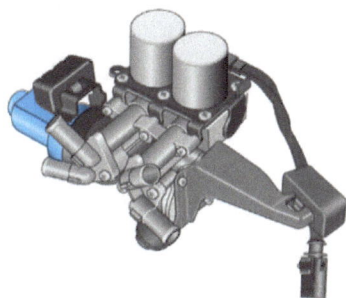

图 4-75 冷却液循环泵 V50

（1）故障应对策略

若此泵失效，热交换器可能出现热量分层现象，这样加热控制就不能正确工作。

（2）工作模式

两个泵轮由一个电动机驱动，使冷却液在两个热交换器中循环。该泵安装在热交换器的回流管上。

11. 左后脚部空间的加热元件 Z42 与右后脚部空间的加热元件 Z43

在后脚部空间的每个分配器壳体中各有一个加热元件，这些加热元件加热流经分配器壳体的气流，如图 4-76 所示。

（1）功能

加热元件是 PTC 电阻，所以也叫作 PTC 元件，PTC 的全称是 "Positive Temperature Coefficient"，即正温度系数。PTC 电阻具有自我调节的特性。当接入该加热元件后，电流流经陶瓷制的 PTC 电阻，电阻可以加热到 160℃，如图 4-77 所示。

当温度上升时，电阻也增加，从而减小电流并防止过热。热量输出的控制为脉冲宽度调制式。也就是说，Climatronic 控制单元给集成在加热元件中的一个继电器发送脉冲，该继电器控制加热元件电流的通断。其持续时间以及电流脉冲的频率由所需的热量输出决定。

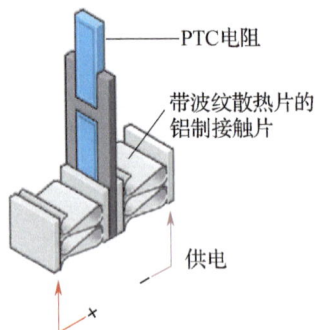

图 4-76　加热元件

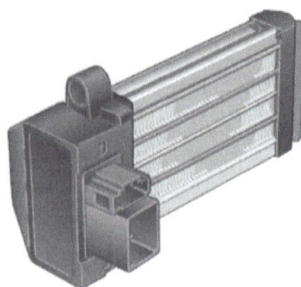

图 4-77　电流流经陶瓷制的 PTC 电阻

（2）故障应对策略

若该 PTC 元件失效，后部气候区域的空气量就不能像前部那样增加。

12. 压缩机调节阀

该阀安装在压缩机中并用一个弹簧锁止垫圈固定，如图 4-78 所示。它形成压缩机内低压、高压与曲轴箱压力之间的接口，并且是免离合操作的先决条件。这几种压力对斜盘进行调节。

（1）功能

如果需要一个较高的冷却容量时，Climatronic 控制单元将启用该调节阀。脉冲宽度调制电压信号驱动该调节阀中的一个挺杆，电压作用的持续时间决定了调整量。该调整改变了高压与压缩机曲轴箱压力之间的横断面开度，曲轴箱压力上升，活塞的位移会使斜盘的倾斜度更大，如图 4-79 所示。

图 4-78　压缩机调节阀

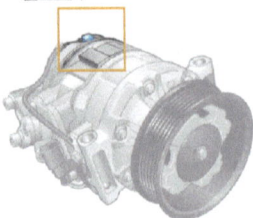

（2）故障应对策略

若该阀失效，斜盘移动到压缩机纵向轴线的正交位置，使制冷功能关闭。

图 4-79　压缩机调节阀安装位置

三、典型 SUV 空调系统空气分配

除了运输功能外，人们越来越重视汽车带给人的乐趣和休闲功能。暖风和空调装备可以快捷舒适地对乘员区进行供暖、制冷

和通风。

（一）4C-Climatronic（自动空调）

1. 带有活性炭的灰尘及花粉滤清器

所有三种型号的空调都组合安装了一个滤清器。该滤清器紧靠蒸发器前，这样即使启用了循环空气功能，鼓风机也能使车内空气通过该滤清器过滤。

该滤清器从下侧推入空调器内，在检查和保养时，即使空调器处于工作状态也能更换，如图4-80所示。

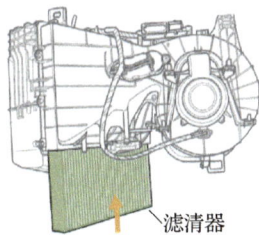
滤清器

图 4-80　灰尘及花粉滤清器

2. 前部乘员区的气流分布

新鲜空气从车辆右侧的排水槽处进入空调器的入口。空气流经空调器后，通过空气通道（与仪表板壳体为一体）引至以下出风口，如图4-81所示。

- 指向风窗玻璃的除霜出风口。
- 仪表板上部用于间接通风的一个出风口。
- 仪表板中部指向左右乘员的出风口。
- 位于仪表板左右外侧的两个侧出风口。
- 左右前部的两个脚舱出风口。

3. 前部空调器

如图4-82所示，除了蒸发器之外，空调器鼓风机可能包括以下部件：

- 带驱动机构的新鲜空气／循环空气风门。
- 鼓风机。
- 鼓风机调节传感器。
- 灰尘及花粉滤清器。
- 热交换器。

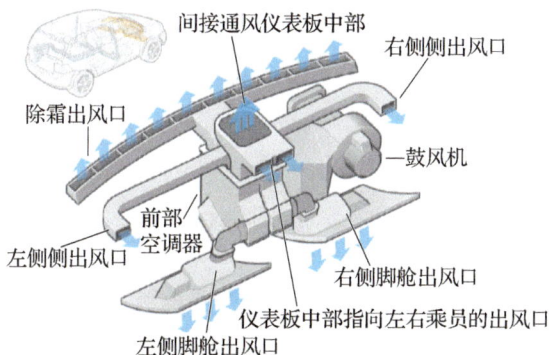

间接通风仪表板中部
右侧侧出风口
除霜出风口
鼓风机
前部空调器
左侧侧出风口
右侧脚舱出风口
仪表板中部指向左右乘员的出风口
左侧脚舱出风口

图 4-81　前部乘员区的气流分布

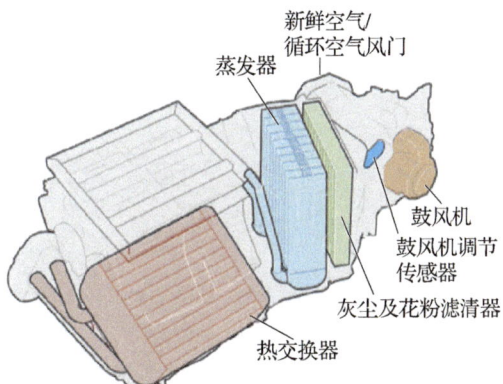

新鲜空气／循环空气风门
蒸发器
鼓风机
鼓风机调节传感器
灰尘及花粉滤清器
热交换器

图 4-82　前部空调器

（1）新鲜空气／循环空气风门

该风门由一个伺服电动机驱动，启用或关闭循环空气功能后可将车内空气或车外空气引入空调器内。

（2）鼓风机

空气经过新鲜空气风门进入空调器后到达鼓风机。鼓风机由电子调节器驱动，该调节器从外部插入空调器壳体内。

（3）前部空调器上的风门、伺服电动机和温度传感器

空调器所有的风门由直流伺服电动机驱动。集成在电动机内的电位器用于测量电动机的当前位置和与其相连的风门位置。4C-Climatronic 型空调器使用了 10 个伺服电动机。

空调器俯视图如图 4-83 所示。

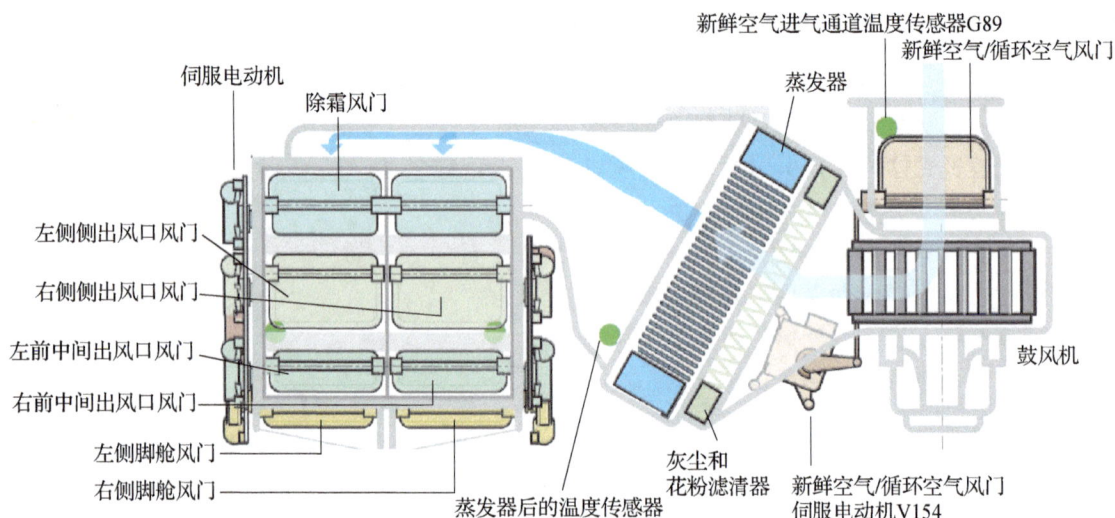

图 4-83　空调器俯视图

左视图如图 4-84 所示，右视图如图 4-85 所示。

为了实现两个前部空气调节区温度独立调节，可以使用彼此独立的左右温度风门。温度风门的位置决定了来自蒸发器的冷空气与来自热交换器的热空气之间的风量比例（用于空气调节区），这样即可达到所需要的出风温度，如图 4-86 所示。

右侧温度风门在"冷"位置如图 4-87 所示，右侧温度风门在"热"位置如图 4-88 所示。

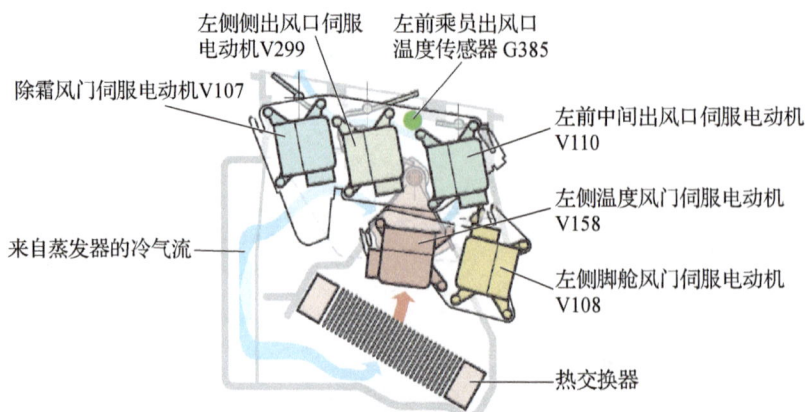

图 4-84　左视图

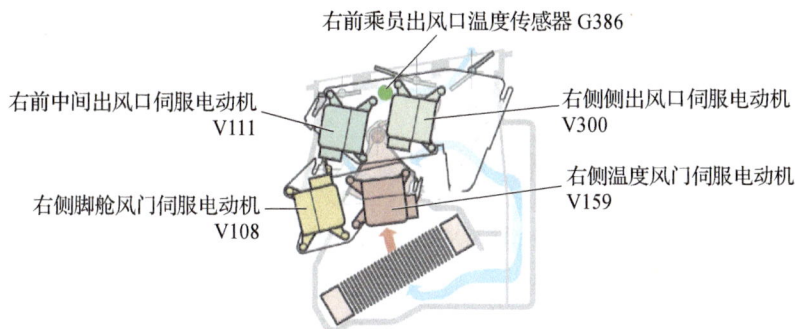

右前乘员出风口温度传感器 G386

右前中间出风口伺服电动机
V111

右侧侧出风口伺服电动机
V300

右侧脚舱风门伺服电动机
V108

右侧温度风门伺服电动机
V159

图 4-85　右视图

除霜风门

左侧侧出风口风门

左前中间
出风口风门

左侧
温度风门

左侧脚舱风门

来自蒸发器
的冷气流

热交换器

左侧温度风门 右侧温度风门

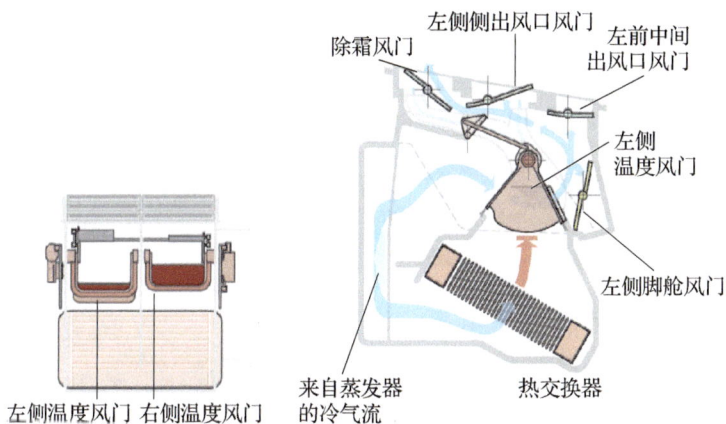

图 4-86　温度风门功能

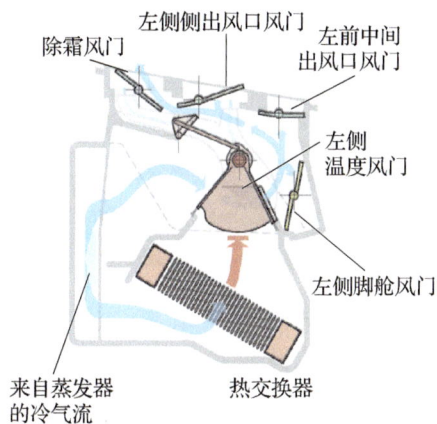

图 4-87　右侧温度风门在"冷"位置

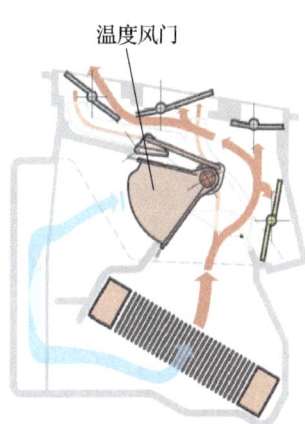

温度风门

图 4-88　右侧温度风门在
"热"位置

（4）伺服电动机的固定板

为了维修时便于拆装伺服电动机，电动机按需要的安装位置预先安装在固定板上。拆卸伺服电动机前必须用车辆诊断系统 VAS 5051 执行维修功能。这样所有电动机都将移动到预先规定的便于组装的位置。

维修功能在驾驶人侧的操作和显示单元的显示屏上通过字母"SF"显示，如图 4-89 所示。

如果风门不再与伺服电动机连在一起，回位弹簧同样会将空调器内的风门拉到安装位置，以便组装时可以很方便地将固定板与伺服电动机推到风门的驱动滑槽上，如图 4-90 所示。

4. 后部乘员区的气流分布

后座区域的气流分布包括后部空调器、左右各一个分配器壳体和各种空气通道（至左右乘员的中部出风口、B 柱内的出风口和后部脚舱出风口）。

温度传感器用于测量两个后部空气调节区的出风温度，这些传感器位于将空气引至左右分配器壳体以

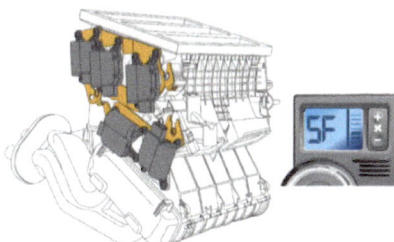

图 4-89　伺服电动机的固定板

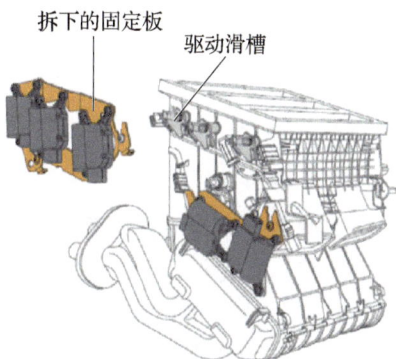

拆下的固定板

驱动滑槽

图 4-90　将固定板与伺服电动机推到风门的驱动滑槽上

及左右中间出风口的通道内，如图 4-91 所示。

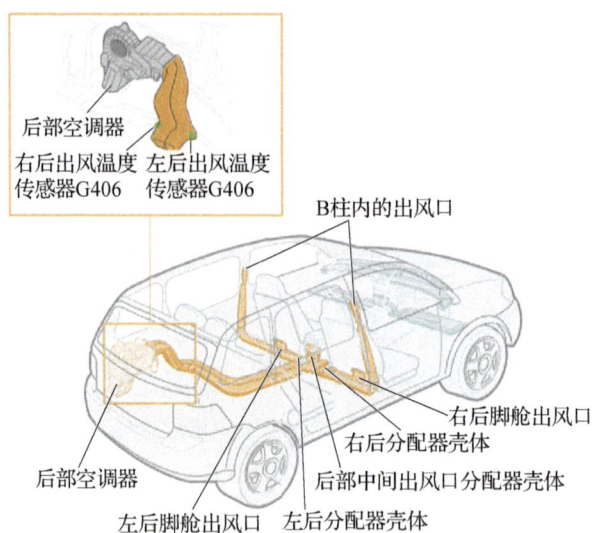

图 4-91　后部乘员区的气流分布

5. 后部空调器

后部空调器是两个后部座位空气调节的中心部件，位于行李舱内左侧侧饰板后。后部空调器吸入乘员区内的空气。其鼓风机的送风功率为前部空调器鼓风机的 2/3，如图 4-92 所示。

对暖风和制冷功能来说，重要的后部空调器部件是：鼓风机、鼓风机调节传感器、蒸发器、热交换器。

后部空调器有两个温度风门和两个风量风门，其中一个温度风门和一个风量风门用于一个后部空气调节区，气流由风量风门限定。用于气流分布的其他风门位于后部中间出风口的分配器壳体内和两个左右后部分配器壳体内。

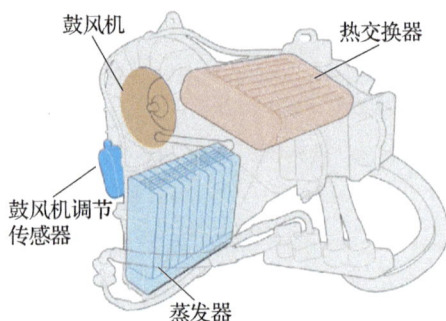

图 4-92　后部空调器

（1）伺服电动机

后部空调器有四个伺服电动机，这些电动机与前部空调器的电动机一样配备了内部电位器。用于空气分布的其他四个伺服电动机中有两个位于中控台内后部中间出风口的分配器壳体上。左右后部分配器壳体上各有一个电动机。八个伺服电动机用于后部气流分布，图 4-93 为后部空调器右视图，图 4-94 为后部空调器左视图。

（2）温度风门

与前部空调器一样，后部空调器也有两个温度风门，可对两个后部空气调节区单独调节温度。来自蒸发器的冷空气与来自热交换器的热空气混合后可产生所需要的空气温度。

如果只让来自热交换器的热空气流向出风口，温度风门的调节方式会使来自蒸发器的全部气流流向热交换器。

图 4-95 所示为右后温度风门在"热"位置，图 4-96 所示为右后温度风门在"冷"位置。

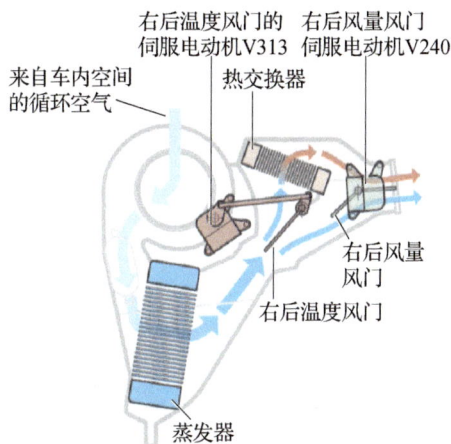

右后温度风门的伺服电动机V313　右后风量风门伺服电动机V240

来自车内空间的循环空气

热交换器

右后风量风门

右后温度风门

蒸发器

图 4-93　后部空调器右视图

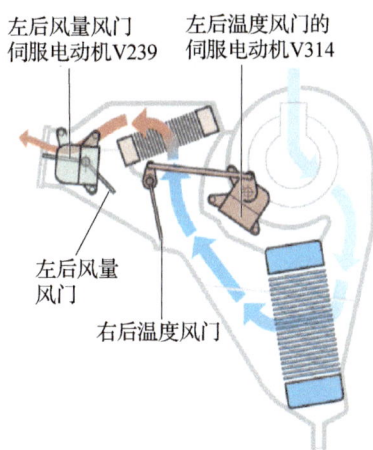

左后风量风门伺服电动机V239　左后温度风门的伺服电动机V314

左后风量风门

右后温度风门

图 4-94　后部空调器左视图

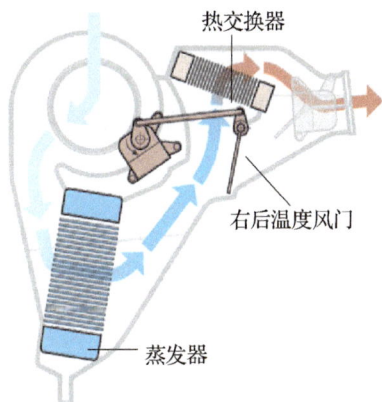

热交换器

右后温度风门

蒸发器

图 4-95　右后温度风门在"热"位置

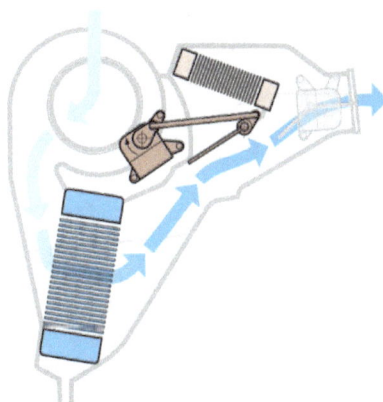

图 4-96　右后温度风门在"冷"位置

（3）热交换器

后部空调器也有一个可在进风侧调节温度的热交换器。此热交换器位于空调器上部区域，损坏时不必拆下整个空调器，将其从制冷循环回路上拆下即可进行更换，如图 4-97 所示。

（4）后部空调器的封闭式接口

这些接口位于左后车轮罩处的一个公用接口支架上，用于连接到制冷循环回路。冷却液软管同样通过接口支架来支撑，如图 4-98 所示。

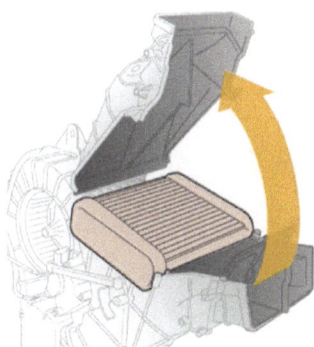

图 4-97　热交换器

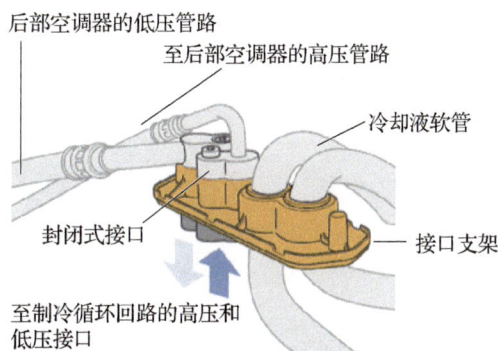

后部空调器的低压管路

至后部空调器的高压管路

冷却液软管

封闭式接口

接口支架

至制冷循环回路的高压和低压接口

图 4-98　后部空调器的封闭式接口

（5）后部中间出风口

用于引导或封闭气流（至中控台内的后部中间出风口）的两个风门分别由一个伺服电动机驱动。左右后部乘员出风口的伺服电动机 V315 和 V316 位于一个公用壳体上，该壳体从下侧连接到中间出风口壳体上，如图 4-99 所示。

（6）分配器壳体

分配器壳体位于中间通道左右两侧的地板上，每个壳体内气流再次进入一个带分支的通道，该通道可将气流引至 B 柱内的出风口和脚舱出风口。这两个部位的气流分布通过 B 柱和脚舱截止风门实现（风门由伺服电动机驱动），如图 4-100 所示。

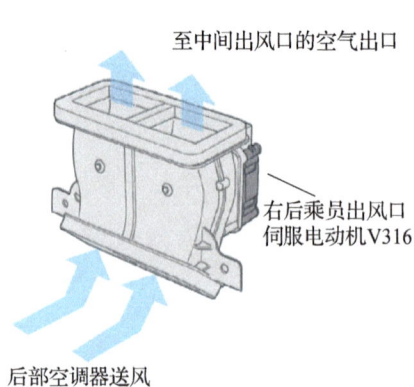

如图 4-99　后部中间出风口

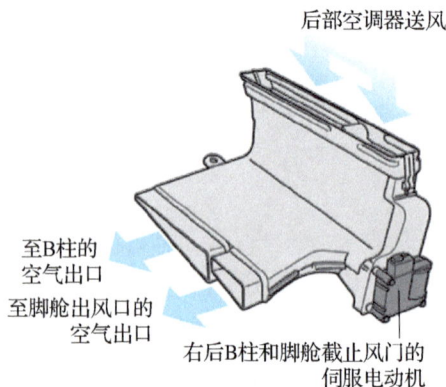

图 4-100　分配器壳体

截止风门有两个风门元件，使用一根公用轴驱动。选择两个风门元件之间的角度时，应保证风门移到端部位置后或者打开至 B 柱出风口的空气出口，或者打开至脚舱出风口的空气出口。

如果让空气流向脚舱出风口，宽风门元件会将至 B 柱的空气出口堵住，窄风门元件会将至脚舱出风口的空气出口打开，如图 4-101 所示，如果让空气流向 B 柱的出风口，宽风门元件会打开至 B 柱的空气出口，同时窄风门元件会关闭至脚舱的空气出口，如图 4-102 所示。

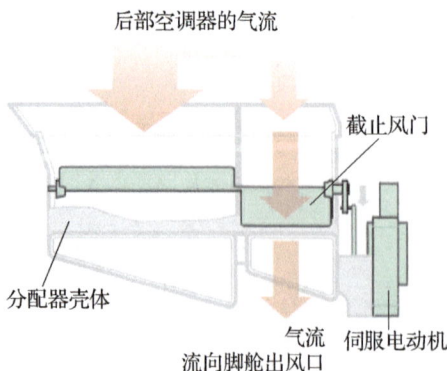

图 4-101　处于"脚舱出风口"位置的截止风门

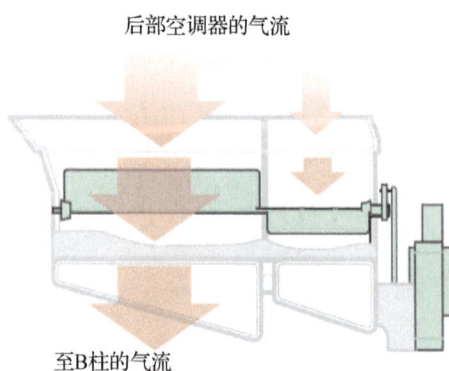

图 4-102　处于"B 柱"位置的截止风门

6. 操作和显示单元

4C-Climatronic 在仪表板内有一个操作和显示单元，在后部中控台内中间乘员出风口下还有一个操作和显示单元，如图 4-103 所示。

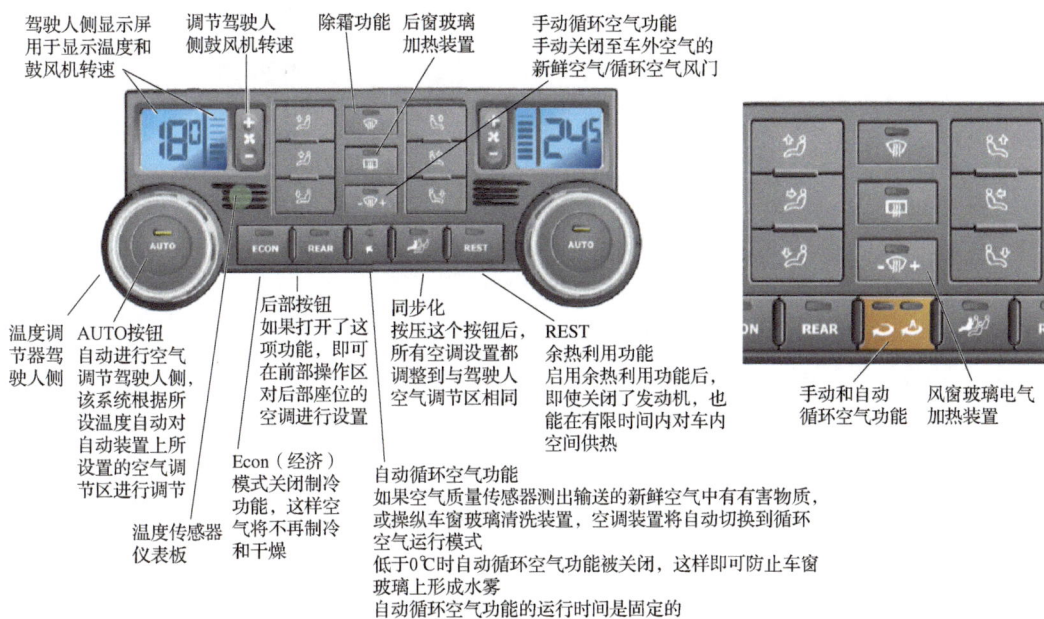

图 4-103　操作和显示单元

两个操作单元通过舒适系统 CAN 数据总线彼此交换信息。与后座区域内的操作单元相比，仪表板内的操作单元拥有优先权。这意味着仪表板内的设备是主控设备，后座区域内的设备是从属设备。没有主控设备时，后部操作单元无法执行相应功能。

后部的 Climatronic 操作和显示单元 E265 位于中控台的乘员出风口下，可用于调节两个后部空气调节区。与前部操作单元相比，只有部分功能可供使用。前部空气调节区的设置无法在后部操作和显示单元处更改，如图 4-104 所示。

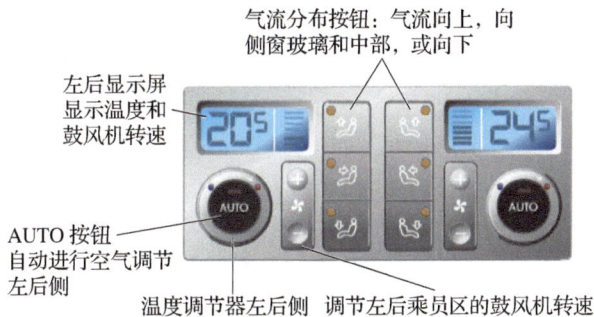

图 4-104　后部的 Climatronic 操作和显示单元

7. 途锐的 4 区域空气调节工作过程

4C-Climatronic 空调的整个温度范围为 16~29.5℃。必须考虑针对每个座位单独进行空气调节的可行性，因为乘员区内的空气调节区并没有用实体彼此隔开。假定日光充足，温度约为 24℃。4 个空气调节区内分别坐有一个人，且按自己的需要调节了温度和气流分布，如图 4-105 所示。

261

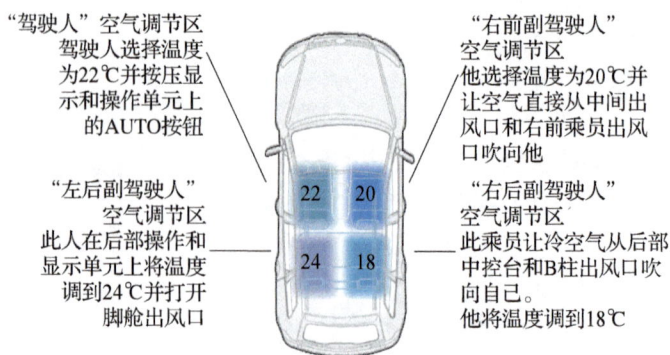

图 4-105　按自己的需要调节了温度和气流分布

（1）"驾驶人"空气调节区

1）操作。通过按压 AUTO 按钮，驾驶人可为自己的空气调节区启用自动空气调节功能。Climatronic 控制单元自己决定如何使所调温度保持在最舒适的温度。选择气流分布和鼓风机转速时也应顾及日光照射的影响，如图 4-106 所示。

2）功能。该控制单元通过伺服电动机打开左侧温度风门以挡住来自热交换器的部分热空气，这样即可将该空气调节区内的温度调到约 22℃。通过驾驶人侧中间出风口和侧出风口的风门以及脚舱出风口风门，经过调节的气流被引向驾驶人。哪些风门打开，开启角度多大，均由控制单元根据环境条件来决定，如图 4-107 所示。

图 4-106　"驾驶人"空气调节区

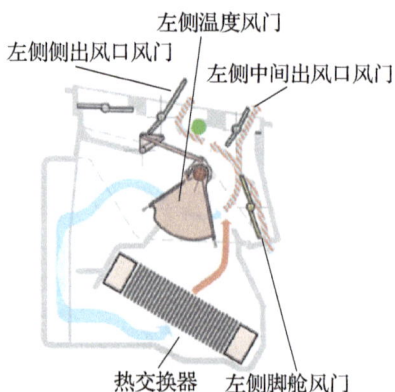

图 4-107　通过伺服电动机打开左侧温度风门

（2）"右前副驾驶人"空气调节区

1）操作。副驾驶人将温度调到 20℃并提高鼓风机转速。通过按压按钮"中间气流分布"取消以前的运行状态并指示 Climatronic 控制单元打开乘员出风口风门，如图 4-108 所示。

2）功能。为确保进行这项设置后提供足够的热气流，右侧温度风门将进一步关闭以挡住热空气。根据所调数值鼓风机转速将提高。因为驾驶人和副驾驶人侧由一个鼓风机送风，所以控制单元必须再次调整驾驶人侧自动运行模式的设置，以便驾驶人侧的气流量不高于原设置值，如图 4-109 所示。

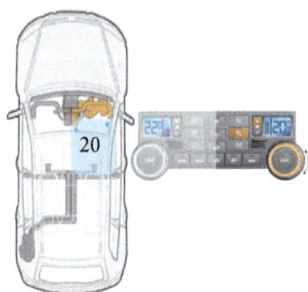

图 4-108　"右前副驾驶人"
空气调节区

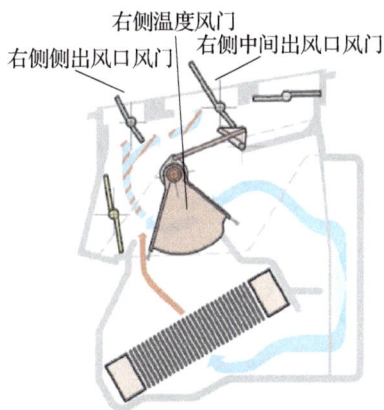

图 4-109　通过伺服电动机打开
右侧温度风门

（3）"左后副驾驶人"空气调节区

1）操作。位于驾驶人后的该乘员按压脚舱气流分布按钮，并通过 4C 空调后部操作和显示单元的旋钮调到所需要的温度，如图 4-110 所示。

2）功能。与前部空调器一样，热空气与冷空气的混合比也是由 Climatronic 控制单元通过一个温度风门来确定的。后部空调器将热气流引向左侧分配器壳体，如图 4-111 所示。控制单元通过操纵 B 柱和左侧脚舱的截止风门使热空气能从脚舱出风口吹出。

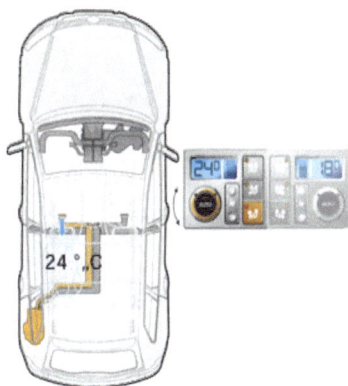

图 4-110　乘员按压脚舱气流分布
按钮

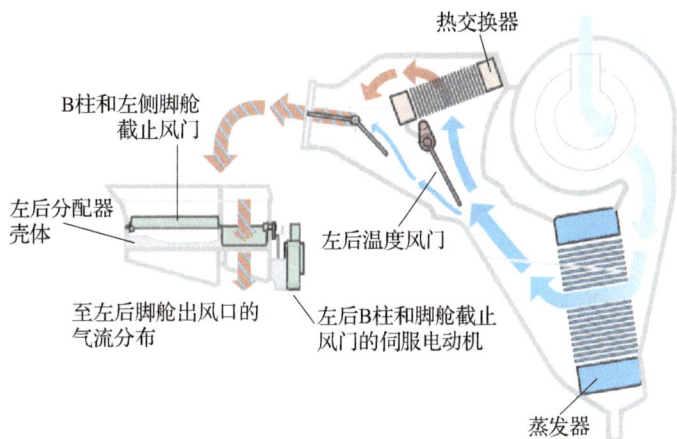

图 4-111　控制单元控制左后温度风门

（4）"右后副驾驶人"空气调节区

1）操作。位于副驾驶人后的该乘员通过旋钮将温度调至 18℃，然后在后部操作和显示单元上按压侧窗玻璃和中间气流分布的按钮，如图 4-112 所示。

2）功能。Climatronic 控制单元进一步打开右侧温度风门以提高来自蒸发器的冷空气量，这样即可使该空气调节区内的温度达到 18℃。为了将空气引向中间出风口，控制单元将操纵右后乘员出风口风门，如图 4-113 所示。

因为 B 柱内的出风口也直接送风，所以控制单元也会操纵 B 柱和右侧脚舱的截止风门，以便空气能流入 B 柱内。

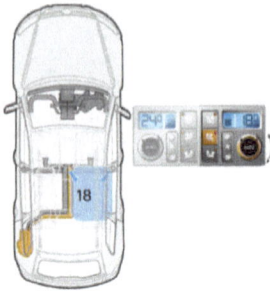

图 4-112　副驾驶人后的该乘员通过旋钮将温度调到 18℃

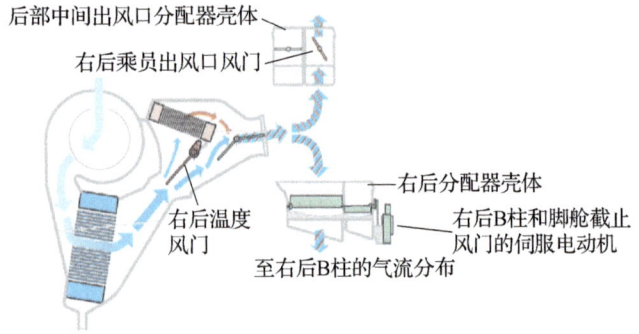

图 4-113　控制单元操纵右后乘员出风口风门

（二）2C-Climatronic（自动空调）

2C-Climatronic 的结构只有几处与 4C-Climatronic 不同。

1. 制冷循环回路

2C-Climatronic 制冷循环回路的基本结构与 4C-Climatronic 相同，其主要区别是，这个制冷循环回路有一个鼓风机和一个带膨胀阀的蒸发器，如图 4-114 所示。

2. 乘员区的气流分布

2C-Climatronic 的两个空气调节区由一个空调器调节，在此空气被分别引至车辆左半部分和右半部分的以下出风口，如图 4-115 所示。

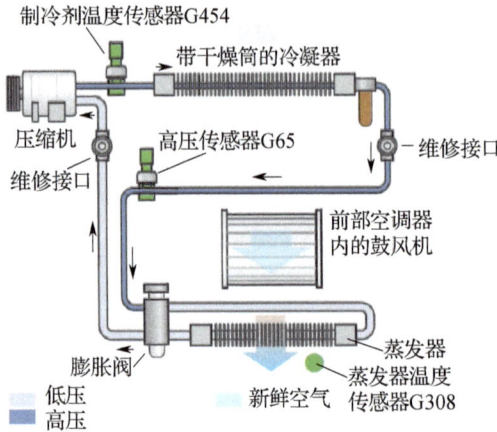

图 4-114　制冷循环回路

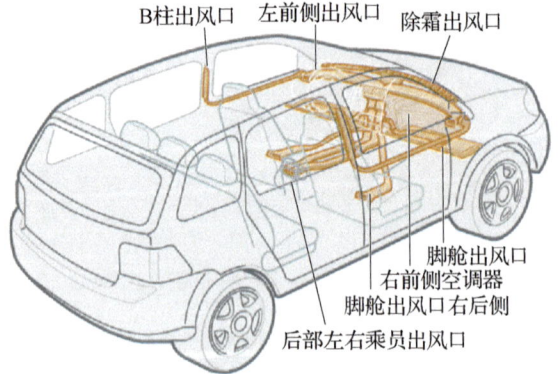

图 4-115　乘员区的气流分布

- 仪表板内侧出风口和中间出风口。
- 前部脚舱出风口。
- 后部中控台内的中间出风口。
- B 柱内的出风口和后部脚舱出风口。
- 至 B 柱出风口的空气通过前车门引入。

3. 空调器

因为 2C-Climatronic 中左右两侧出风口、中间出风口和脚舱出风口的风门是以机械方式彼此相连的，所以此空调器共有 7 个伺服电动机。空调器上的风门和伺服电动机如图 4-116 所示。

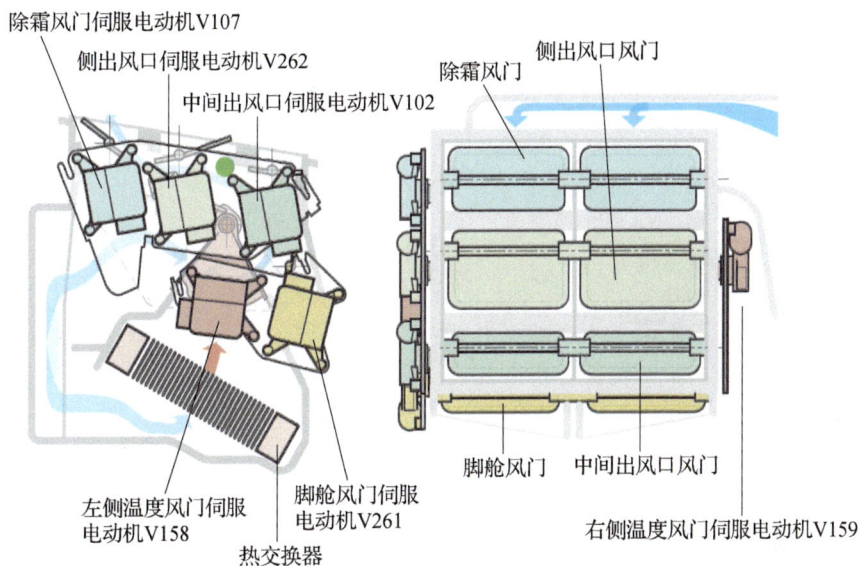

图 4-116　空调器上的风门和伺服电动机

4. 前部气流分布通道

在 2C-Climatronic 中与手动空调一样，至 B 柱出风口的空气从仪表板经过空气通道进入前车门内，最后到达 B 柱。仪表板与前车门之间各有一个出风格栅和一个进风格栅，前车门与 B 柱之间也各有一个出风格栅和一个进风格栅，如图 4-117 所示。

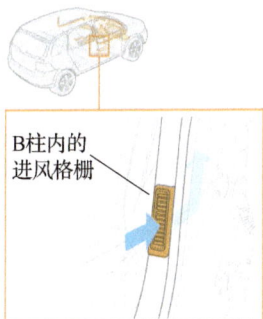

B柱内的进风格栅

图 4-117　前部气流分布通道

（三）传感器

1. 空气质量传感器

该传感器安装在左侧的排水槽内，用于检查至空调器的新鲜空气中的有害物质含量，如图 4-118 所示。

（1）功能

该传感器用于测量可氧化和可还原的气体，如一氧化碳和氮氧化物。该传感器不是气味传感器，因此只能测量可氧化和可还原气体引起的不舒适气味。

（2）信号的使用

此信号用于自动循环空气功能。

（3）失灵时的影响

当空气质量传感器失灵时，自动循环空气功能会受到较大的限制。

2. 用于日光照射的光电传感器

该传感器位于仪表板中部除霜出风口前的一个盖板下，如图 4-119 所示。

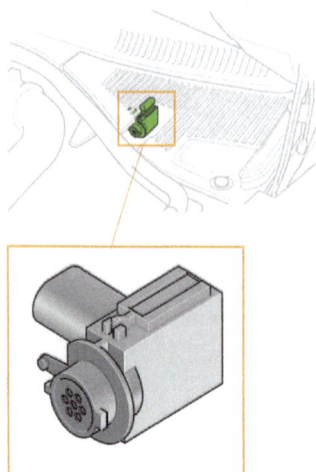

图 4-118　空气质量传感器　　　图 4-119　光电传感器

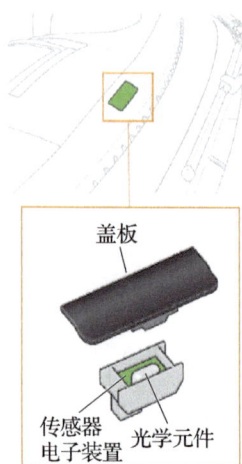

（1）功能

它是一个主动式传感器。该传感器由 Climatronic 控制单元提供 5V 电压。该光电传感器位于一个光学元件内，有两个光电二极管。通过两个光电二极管的信号，空调管理系统可在车内空间进行空气调节时考虑日光照射的影响。这样即可抵消因日光直接照射对空气调节区的加热作用。

（2）失灵时的影响

某个二极管损坏后，系统参考正常二极管的信号使用一个固定的替代值。两个光电二极管都失灵时，系统处理两个固定的替代值。

（3）信号的使用

该信号由 Climatronic 使用，例如用于调节温度风门和鼓风机转速。

3. 制冷剂温度传感器

该传感器的使用取决于发动机型号。它安装在压缩机旁制冷循环回路的高压管路内，如图 4-120 所示。

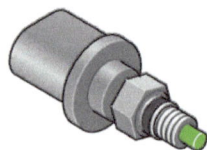

（1）功能

传感器 G454 有一个 NTC 传感器，用于测量制冷剂温度，其测量范围为 -20~150℃，正常工作范围为 40~130℃。

图 4-120　制冷剂温度传感器

（2）信号的使用

借助温度信号和高压传感器 G65 的压力信号，Climatronic 控制单元可以确定制冷剂是否缓慢损耗，例如因密封件损坏而引起的损耗。为保护压缩机，在这种情况下会关闭制冷功能。

（3）失灵时的影响

如果没有制冷剂温度信号，就会在故障存储器内存储一条记录。其中一个传感器损坏时，系统无法确定制冷剂缓慢损耗。因此，制冷循环回路泄漏时可能导致空调压缩机因润滑不足而损坏。

4. 前部鼓风机调节传感器

使用 4C-Climatronic 和 2C-Climatronic 时，该传感器紧靠鼓风机旁插在空调器壳体内，用两个螺钉固定。使用手动空调时，在调节器位置安装了一个串联电阻，如图 4-121 所示。

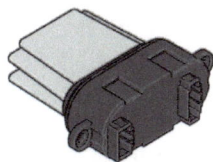

图 4-121　前部鼓风机调节传感器

（1）功能

鼓风机调节传感器由 Climatronic 控制单元通过脉冲宽度调制（PWM）信号控制。调节器由 Climatronic 控制单元 J255 供电。该传感器根据控制单元指令调节空调器内的鼓风机电动机，如图 4-122 所示。

（2）失灵时的影响

鼓风机损坏时，空调的整个暖风和制冷功能失灵。鼓风机调节器和鼓风机故障只能通过诊断间接确定。鼓风机调节器内有一个与鼓风机电动机负极接口连接的电阻用于诊断。

借此控制单元获得一条"反馈信息"，从此信息可以知道是传感器有故障、鼓风机有故障或两个部件都有故障。该信息不能直接指明是调节器故障或鼓风机故障。鼓风机调节器内电阻的电压信号不是鼓风机电动机的实际电压信号，而是 Climatronic 控制单元"观察"鼓风机调节传感器状态的信号。

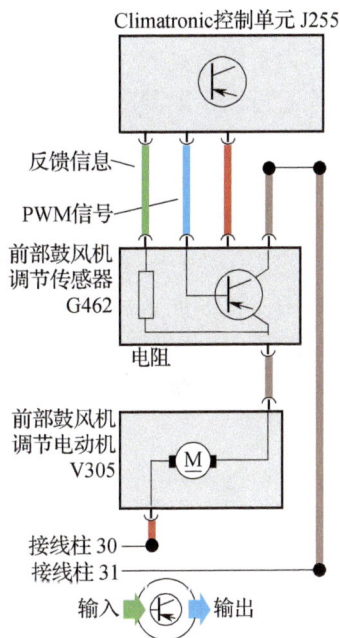

图 4-122　鼓风机调节传感器电路

四、二氧化碳制冷剂 R744

在奥迪 A8（型号 4N）上首次将二氧化碳作为辅助制冷剂。它的物理特性与所使用的其他制冷剂不同，它不可燃、无色、无味。

另外，制冷剂循环回路的工作压力明显更高。对制冷剂循环回路的组件（例如：压缩机和气体冷却器）的功能也进行调整。奥迪 A8（型号 4N）还提供了车内空气质量方面的创新。因此除了空气质量改善系统以外，还采用了一个可选香型的香氛系统。

（1）新制冷剂 R744

除了以往采用的制冷剂 R12（二氯二氟甲烷）、R134a（四氟乙烷）以及 R1234yf（2，3，3，3- 四氟丙烯）以外，在奥迪 A8（型号 4N）中还使用了一种新制冷剂——二氧化碳。

它的化学式是 CO_2，在引进时才使用了 R774 这个名字。它既不含氟也不含氯，一系列的自然反应都会产生二氧化碳，而且对地球的臭氧层也没有影响。二氧化碳是一种无色、不可燃的气体且不容易与其他元素结合，比空气重，是一种在自然界中存在的物质，因此获取的成本低廉。

二氧化碳能以固态、液态、气态和超临界的状态出现，而在汽车空调中只能以气态、液态或超临界的状态出现。采用二氧化碳的空调，其工作压力比使用普通制冷剂的空调压力高约 10 倍。

冷却系统必须设计得更加密封,因为二氧化碳分子比以往所使用的制冷剂的分子更小。

（2）R744的特性

在R744的制冷剂循环回路中,还可能出现超临界情况。临界点是物质的一种热力学状态,它的特点是液相和气相密度的均衡。此时,两种聚集状态差别将消失。在超临界的情况中,气体冷却器中的制冷剂不会从气体转化为液态聚集状态,而是仅仅冷却,因此得名气体冷却器。

因为二氧化碳的内能更高,所以在提供相同的制冷功率下需要的质量流量更少。这种优势除了可以增加制冷功率以外,还可以用于减少聚集或减小液流横断面面积。

（一）R744的空调结构

采用R744的空调与以往的空调的最大区别在于系统中的工作压力很高,高压侧的压力最高约为140bar,低压侧最高约为93bar。因此将二氧化碳作为制冷剂需要的压力比较大,如图4-123所示。

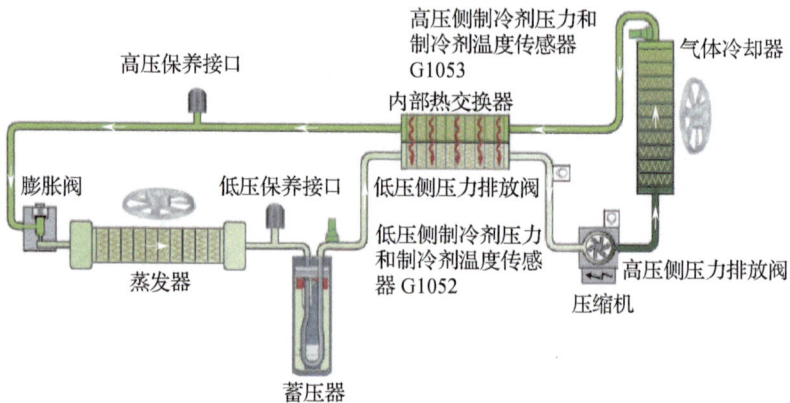

图4-123 R744的空调结构

部件名称	制冷剂循环回路中的流程
压缩机	将气态二氧化碳压缩至更高的压力水平
气体冷却器	在气体冷却液中冷却制冷剂
内部热交换器	在内部热交换器中释放热量。热量从高压侧转移到低压侧
膨胀阀	当制冷剂膨胀时,在膨胀阀中通过节流产生减压
蒸发器	制冷剂在蒸发器中从流过的空气中吸收能量
蓄压器	在蓄压器中烘干并保存制冷剂,保护制冷剂/机油混合物
内部热交换器	在内部热交换器中吸收热量。热量从高压侧转移到低压侧

1. 空调压缩机

空调压缩机将气态制冷剂压缩,以便之后在蒸发器中重新减压。通过制冷剂的减压出现一定的温度下降,因此可以抽走车内的热量。

空调压缩机采用轴向活塞泵或轴向活塞压缩机,在圆周上均匀分布的固定活塞可以在工作缸中移动。这些工作缸被安置在一个旋转的摆动盘上。由于摆动盘的倾斜定位实现各个活塞在工作缸中的线性运动，通过这种线性运动抽吸制冷剂，在活塞室内进行压缩并运输到制冷剂循环回路中。摆动盘的倾斜度是可变的，因此所输送的质量流量也是可变的。根据所要求的质量流量，自动调节摆动盘的定位角，如图 4-124 所示。

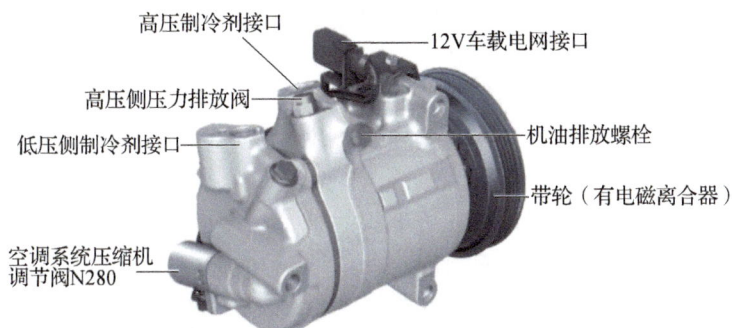

图 4-124　空调压缩机

2. 气体冷却器

气体冷却器替代了之前的蒸发器。它负责冷却制冷剂。气体冷却器用于从高压侧将过程热量散发到周围环境中。它不但在超临界模式（气体冷却器）下工作，还在相变模式（冷凝器）下工作。相变在这里意味着聚集状态从气态变为液态。

气体散热器由扁管组成。在这些扁管中分别包含了一个与扁管并排的小管。扁管依次排成一排。制冷剂首先流经气体冷却器的上半部分，然后反向流经下半部分。高压侧制冷剂压力和制冷剂温度传感器 G1053 位于气体冷却器上，如图 4-125 所示。

3. 内部热交换器

内部热交换器由一根被低压管围绕的内部高压管组成。在低压管中，加热流经的制冷剂。在高压管中，反向流经的制冷剂释放热量，因此在高压和低压之间实现能量交换。

内部热交换器的主要作用是提高制冷剂循环回路的效率。通过延长循环过程实现这个要求并因此在蒸发器中出现更大的焓差。为了实现这个要求，采用制冷剂 R744 的内部热交换器需要约 1m 的长度，如图 4-126 所示。

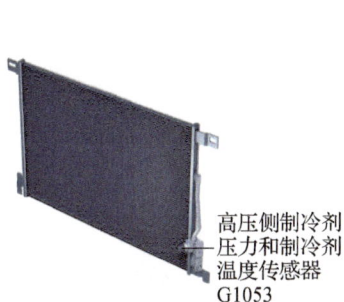

图 4-125　气体冷却器　　图 4-126　内部热交换器

4. 低压侧和高压侧的压力排放阀

当制冷剂循环回路中存在超压时，在阀门中钢球被压向弹簧。因此这个钢球将正常压力下关闭的孔横截面打开，制冷剂则通过这个开口溢出。两种压力排放阀都是可逆阀门。压力排放阀保护制冷剂循环回路，防止其受到过高压力的影响。

如果空调已关闭，而在制冷剂循环回路中存在一个过高的压力，则低压侧的压力排放阀打开。如果在温暖的环境下制冷剂升温并且系统压力因此升高时，可能出现这种情况。当压力约为 120bar 时，压力排放阀打开。

当存在过高的系统压力时，高压侧的压力排放阀打开。如果在调节系统中存在一个故障或当高压侧的一条管路损坏或堵塞时，可能出现这种情况。

在这种情况下，当压力约为 160bar 时，压力排放阀打开。为了防止混淆阀门，这些阀门配备了不同的螺纹直径。且两种阀门都配备了左旋螺纹。在高压侧使用了螺纹为 M12×1mm 的阀门。在低压侧使用了螺纹为 M14×1mm 的阀门。拧紧力矩应参见维修手册。低压侧的压力排放阀位于内部热交换器的整体接口上，高压侧的压力排放阀直接位于空调压缩机上，如图 4-127 所示。

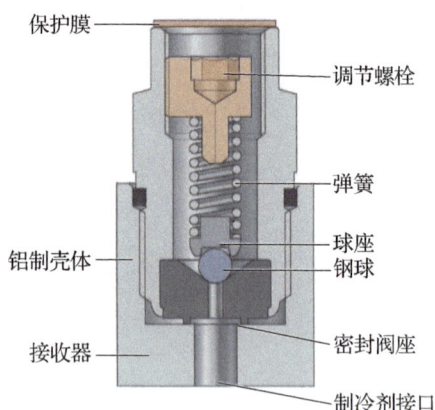

图 4-127　低压侧和高压侧的压力排放阀

5. 膨胀阀

膨胀阀是高压侧和低压侧之间的接口，其作用是将带有高压的制冷剂膨胀和冷却到一个较低的压力水平。它是蒸发器中通过高压控制的膨胀机构，通过 0.55mm 的特定钻孔直径实现中低负荷下的膨胀。在高负荷时，释放一个额外的旁路流量。通过弹簧调节这个旁路流量，如图 4-128 所示。

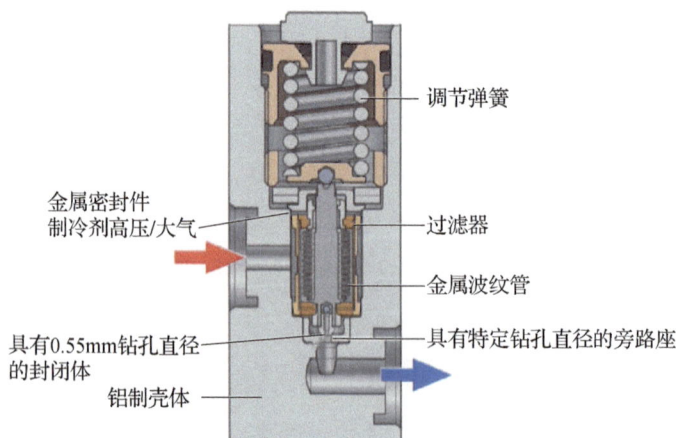

图 4-128　膨胀阀

6. 蒸发器

蒸发器安装在空调中，其作用是吸收乘客车厢中的热，从而冷却车内。

蒸发器由扁管组成。在这些扁管中分别包含了与扁管并排的小管。这些扁管在蒸发器中被布置在 2 个依次排列的垂直列中并且一再有制冷剂流经。此时，制冷剂质量流量均匀地分布在所有扁管上，如图 4-129 所示。

图 4-129　蒸发器

7. 蓄压器

蓄压器位于制冷剂循环回路蒸发器和内部热交换器之间的低压侧。它的直径约为75mm，安装在 A 柱下面的驾驶人侧轮罩中。

蓄压器需要完成以下任务：

1）未循环的制冷剂的收集装置 / 储存器。

2）冷冻机油的临时储存器。

3）干燥待循环的制冷剂或从中抽出水分。

通过蓄压器为内部热净化器调节最佳的制冷剂质量，在此处能调节出最佳的蒸汽含量。

当制冷剂进入到蓄压器后，制冷剂冲击折流板，因此将液相与气相分离。多余的制冷剂在收集装置中经过滤后被储存起来并通过颗粒进行干燥。冷冻机油同样要被过滤并通过抽吸管中一个钻孔以精确的计量重新与从蓄压器中溢出的制冷剂回到空调压缩机的制冷剂循环回路中，如图 4-130 所示。

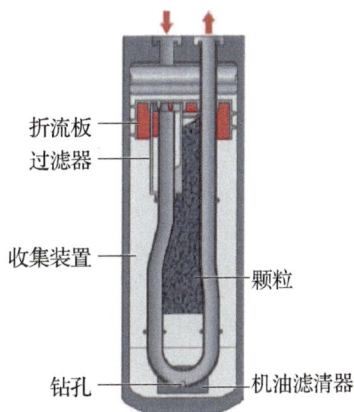

折流板
过滤器
收集装置
颗粒
钻孔
机油滤清器

图 4-130　蓄压器

8. 制冷剂管路

（1）高温气体侧的制冷剂管路

高温气体侧的制冷剂管路是从压缩机到气体冷却器的软管和管路连接，如图 4-131 所示。

基于已压缩制冷剂的高温，必须通过金属波纹管输送这种介质，即通过钢纤维强化软管保持形状。

（2）高压侧和低压侧制冷剂管路

高压侧和低压侧的制冷剂管路是不含波纹管加强件的软管和管路连接，如图 4-132 所示。

图 4-131　高温气体侧的制冷剂管路　　图 4-132　高压侧和低压侧制冷剂管路

制冷剂管路中的工作压力最高约 140bar，耐热温度范围为 -40~180℃。

提示：如果需要维修，必须检查整个制冷剂系统。维修时，系统中不得存在压力。

维修后的连接质量取决于插接的执行过程，必须注意保持格外干净。在拧紧之前，必须完美插接。不得弯曲制冷剂管路，也不得弯折制冷剂软管。

9. 连接技术

制冷剂管路通过特殊的密封件接受制冷剂循环回路中的高压并将其与周围环境隔绝。真正的金属密封件位于锁止装置中（黄色支架）。通过一个销钉将制冷剂管路和锁止装置形状配合地相互连接，如图 4-133 所示。

10. 制冷剂压力和制冷剂温度传感器

制冷剂压力和制冷剂温度传感器 G1052 和 G1053 具有不同的作用和安装位置。

低压侧制冷剂压力和制冷剂温度传感器叫作 G1052。它的作用是提供低压调节和制冷剂缺少识别的信号，并位于低压管路上的蓄压器出口侧。

高压侧制冷剂压力和制冷剂温度传感器叫作 G1053。它的作用是提供用于保护压缩机部件的高压和高温气体温度调节信号，并在高压管路上被直接安装在气体冷却器的进口侧。

制冷剂压力和制冷剂温度传感器 G1052 和 G1053 仅安装在空调采用二氧化碳工作的车辆上，原因是在二氧化碳空调所需的高压力。如果在维修中更换了一个或两个此种传感器，则必须完全排空整个制冷剂循环回路。当系统处于激活状态且带有高压时，不得拧出两个传感器，因为它们是直接结合到制冷剂循环回路中的。两个制冷剂压力和制冷剂温度传感器 G1052 和 G1053 没有熔丝，也没有压力排放阀，如图 4-134 所示。

图 4-133 连接技术

11. 车内二氧化碳含量传感器

车内二氧化碳含量传感器位于车内杂物箱下面。传感器的工作原理基于测量二氧化碳（CO_2）与波长有关的辐射特性，如图 4-135 所示。

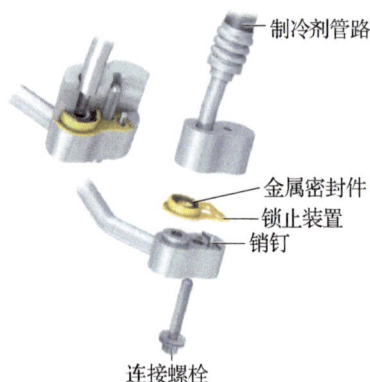

图 4-134 制冷剂压力和制冷剂温度传感器 G1052/G1053

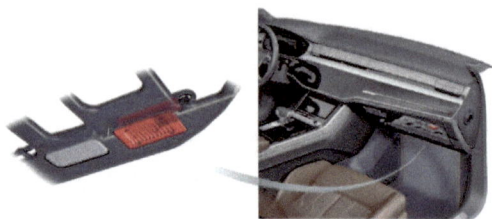

图 4-135 车内二氧化碳含量传感器 G929

（1）车内二氧化碳含量传感器的作用

- 在行驶过程中和泊车时测量车内的二氧化碳浓度。

（2）二氧化碳数值过高时的措施

- 通过车外空气 / 循环空气翻板，增加车外空气的输入，以便降低二氧化碳浓度。如果二氧化碳浓度继续增加，则将车内风扇的促动提高到最大强度。
- 如果浓度继续增加，在组合仪表的驾驶人信息系统中将出现一条警告信息。这条警告信息是："空调：CO_2 浓度增加。为车辆通风。"
- 如果在停驶的车辆中发现二氧化碳数值升高，则通过唤醒车载电网控制单元 J519

促动并激活风扇。

12. R744 制冷剂循环回路组件概览

R744 制冷剂循环回路组件概览如图 4-136 所示。

低压侧保养接口
连接带有蒸发器的空调
气体冷却器
高压侧制冷剂压力和制冷温度传感器G1053
空调压缩机

高压侧保养接口
膨胀阀
低压侧制冷剂压力和制冷剂温度传感器G1052
蓄压器
内部热交换器
低压侧压力排放阀

系统压力：
· 低压侧最高约933bar
· 高压侧最高约140bar

图 4-136　R744 制冷剂循环回路组件概览

13. 拓扑图

拓扑图如图 4-137 所示。

14. 香氛系统

奥迪 A8（型号 4N）提供了两种不同的香氛，可以在夏季和冬季香氛之间进行选择。在行驶过程中可以通过 MMI 显示屏、前部信息显示和操作系统控制单元的显示单元 J685 设置香氛选择以及香氛强度，同时显示了相应香氛的当前液位。

香气由香氛系统功能单元 GX43 中的 2 个圆柱形小玻璃瓶提供。这个功能单元位于转向盘左侧、仪表板下面，通过一个小鼓风机将小玻璃瓶中溢出的香气输送到外侧前部的出风口中。此外可以选择不同的香味强度，如图 4-138 所示。

在香氛系统功能单元 GX43 所使用的小玻璃瓶上粘贴了带有相应香氛的标签。

提示：由客户服务部门更换小玻璃瓶。更换后，必须通过车辆诊断测试仪将改变的液位告知香氛系统控制单元 J1101。为了避免小玻璃瓶的混淆，应依次进行更换。注意旋转方向，小玻璃瓶采用左旋螺纹。

15. 空气质量改善系统

在奥迪 A8（型号 4N）中采用了用于改善空气质量的离子发生器。

通过离子发生器改善空气质量的工作原理是利用空气颗粒中有限的负电荷通过前部外侧的出风口进入车内之前这个时机。空气中的负离子有助于提高乘员的健康和注意力。

通过电离可以减少空气中的有害颗粒和病菌并因此改善车内的空气质量。两个离子发生器，即驾驶人侧离子发生器 J1105 和副驾驶人侧离子发生器 J1106，可单独更换。电极可单独更换且不得损坏。在安装新电极时，必须注意电缆的颜色代码，如图 4-139 所示。

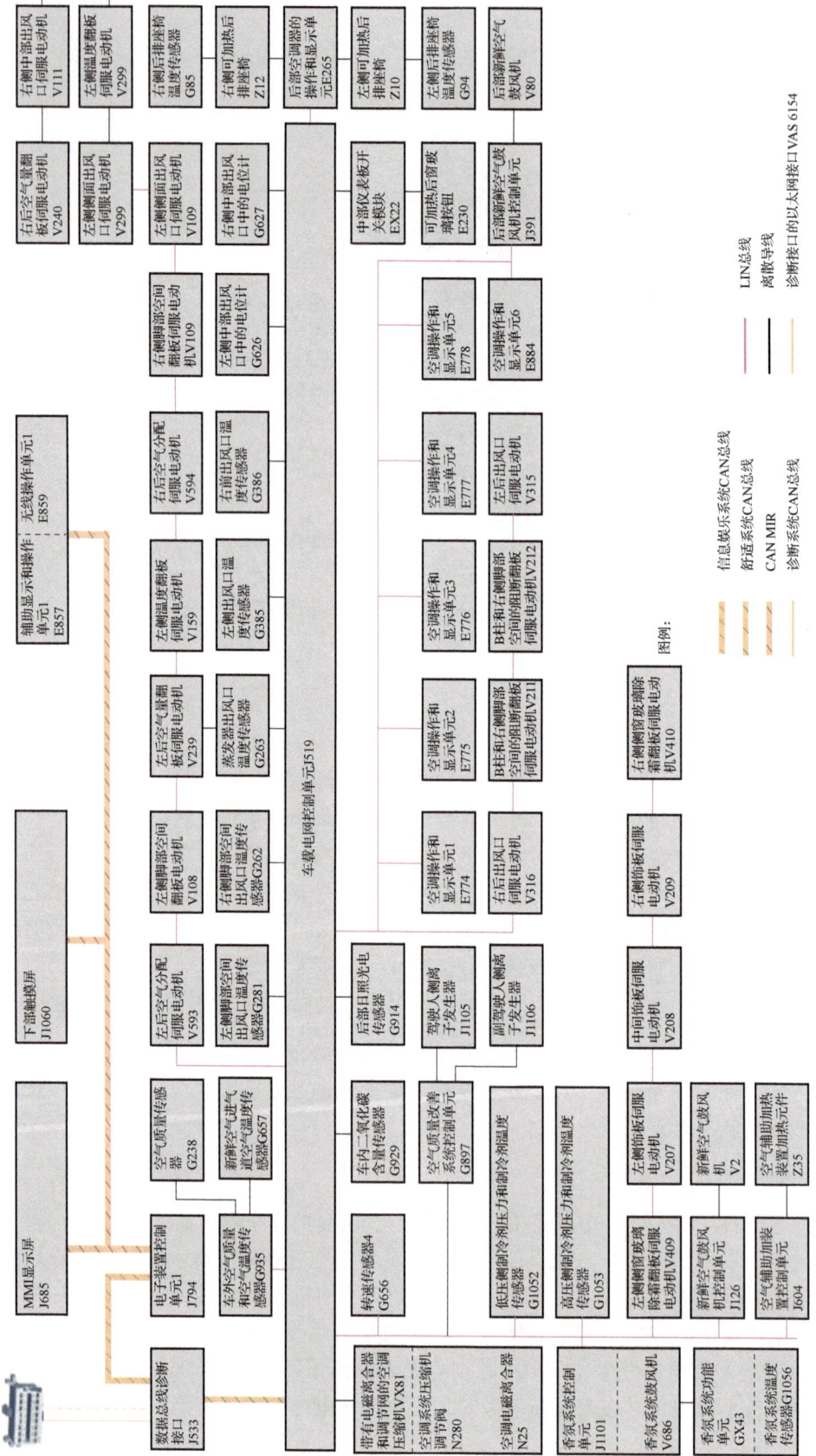

图 4-137　拓扑图

图例：

信息娱乐系统CAN总线
舒适系统CAN总线
CAN MIR
诊断系统CAN总线

LIN总线
离散导线
诊断接口的以太网接口VAS 6154

诊断接口

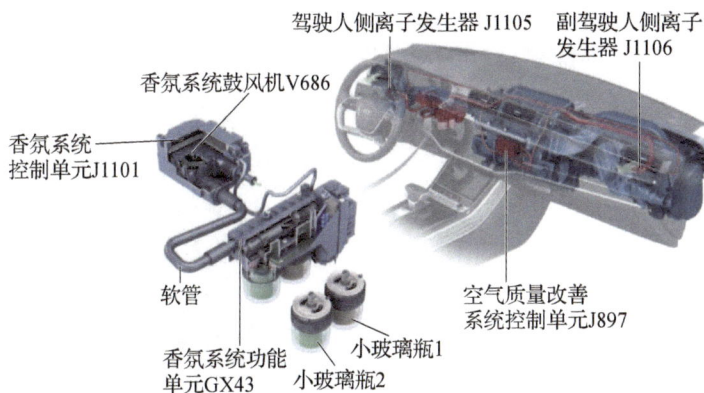

图 4-138　香氛系统

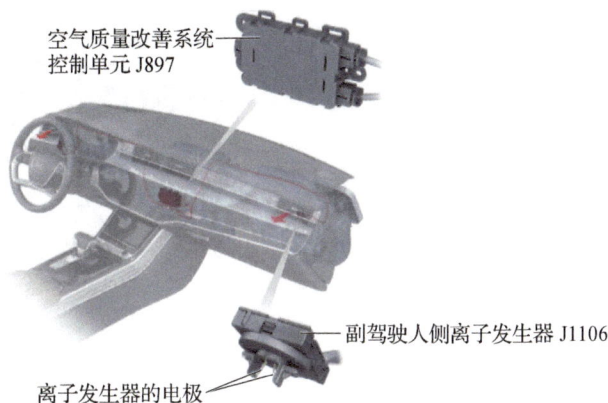

图 4-139　空气质量改善系统

16. 前排和后排区域的空调操作元件

（1）前排区域

在奥迪 A8（型号 4N）上取消了全自动空调控制单元 J255，因此不再有自己的空调控制单元，可通过 2 个触摸显示屏进行操作。空调的控制功能现在被移植到车载电网控制单元 J519 中。通过 LIN 总线系统实现车载电网控制单元 J519 和空调相关组件之间的通信。

在操作方面与光学和声学有关的重要创新是两个触摸屏。上部 MMI 显示屏和下部触摸显示屏分别安装在仪表板和中控台的中央。通过汽车菜单可以调取上部 MMI 显示屏的空调功能，如图 4-140 所示。

通过 MMI 显示屏、前部信息显示和操作系统控制单元的显示单元 J685 可以选择以下功能及其设置：

- 电离。
- 香味。
- 转向盘加热。
- 驾驶人和副驾驶人侧同步。
- 后排乘客／后部的空调。
- 驻车加热／通风。
- 空调（AC max、AC off、AC eco）。

图 4-140　MMI 显示屏的空调功能

下部触摸屏空调操作如图 4-141 所示。

在下部触摸显示屏、前部信息显示和操作系统控制单元的显示单元 2 J1060 中，可以为驾驶人侧和副驾驶人侧单独设置各自的空调功能。

- 温度。
- 鼓风机档位。
- 空气分配。
- 座椅加热。
- 座椅通风。
- AC 功能。
- 循环空气。
- 后窗遮阳卷帘操作。
- 缩小空调显示（为在屏幕上半部分创建快捷方式创造空间）。
- 自动起动 / 停止系统。
- 接通 / 关闭显示屏。

图 4-141　下部触摸屏空调操作

还可以通过显示屏的触摸操作实现同步。如果将两个手指合起来平行置于显示屏上方，则同步激活。如果将两个手指分开，则同步关闭，如图 4-142 所示。

图 4-142　空调同步

（2）后排区域

在基本装备版本中，为座椅加热操作提供了 2 个按钮（左侧座椅加热按钮 E653 和右侧座椅加热按钮 E654）。这两个按钮均与座椅加热控制单元 J882 相连。而这个控制单元通过一条导线与车载电网控制单元 J519 直接相连，如图 4-143 所示。

后座遥控单元由以下部分组成：

- 无线操作单元 1 E859 的遥控器。
- 辅助显示和操作单元 1 E857 的支架。

支架是一个集成到 MIB-CAN 中的独立的 CAN 控制单元。

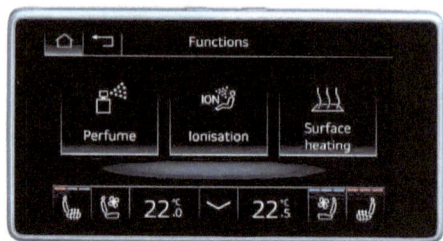
图 4-143　后排区域显示操作单元

后排区域的另一个操作元件是后部空调的操作和显示单元 E265，这是一个不带感觉表面的操作单元。通过这个操作单元不但可以设置温度和鼓风机强度，还可以设置座椅加热，如图 4-144 所示。

后排区域还可以选装另一个操作元件，即后部空调操作和显示单元 E265，可通过触摸进行操作，如图 4-145 所示。

图 4-144　用于后续起动的操作元件

图 4-145　选装操作元件

可以进行如下设置：

- 温度。
- 鼓风机档位。
- 空气分配。
- 自动空调。
- 空调开关。
- 座椅加热。

通过感觉调节器（也被称为滑块）设置鼓风机强度，其中4个位于前排区域，2个位于后排区域。

17. 座椅按摩功能

（1）背部按摩

奥迪A8（型号4N）还提供背部按摩功能。为此，在前排座椅中集成了多达16个气压腔，在后排座椅中集成了多达18个气压腔。标准装备的座椅还配备双行程气压腔。通过选装的3行程气压腔，可以增加背部按摩的强度，如图4-146所示。

（2）足部按摩

为了激活足部按摩，必须将副驾驶人座椅置于初始位置。

按摩程序提供2个选项，既可以通过线性压力按摩足底，还可以按摩反射区。可为足部按摩进行如下选择，如图4-147所示。

- 2种程序（波浪、伸展）。
- 3种强度档位。
- 3种脚部尺寸（S-M-L）。

足部按摩　　背部按摩　肩部按摩

图4-146　座椅按摩功能

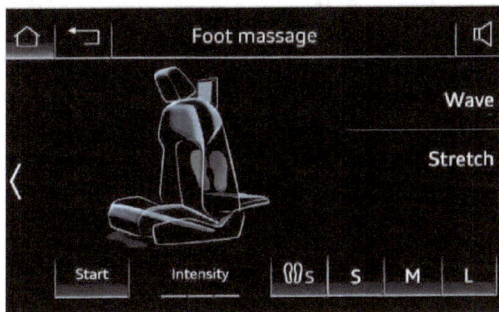

图4-147　足部按摩选择

18. 可加热表面

可加热表面是指车门饰板中的扶手支撑表面以及前排和后排区域中的中央扶手，基本版的一件式前部中央扶手不可加热。只有可分的前部中央扶手才能选装加热功能。座椅加热装置可接通、关闭和调节所有可加热表面，如图4-148所示。

表面加热装置均直接与座椅加热装置相连，未接通座椅加热装置时，这些加热装置无法运行。车门扶手表面加热以相应座椅加热装置的加热功率档位为准。通常以后排座椅中某个座椅加热装置的较高值确定后排中央扶手的加热功率。

例如：将左后侧座椅的座椅加热装置设置为3档以及将右后侧座椅的座椅加热装置设

置为 1 档，则将后排中央扶手切换到更高的 3 档。

19. 足底加热

在相应的装备中，只有当副驾驶人座椅处于折叠状态且位于初始位置时，才可以激活脚架中的足底加热装置。

通过后座遥控单元激活脚架中的足底加热装置，与座椅加热和座椅通风装置相同，可分 3 档调节，如图 4-149 所示。

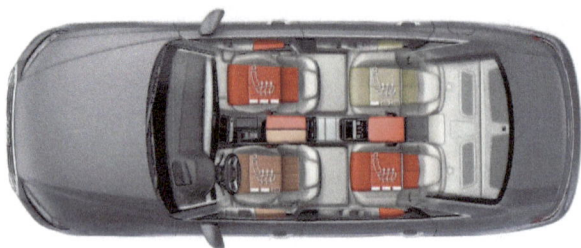

图 4-148 可加热表面功能

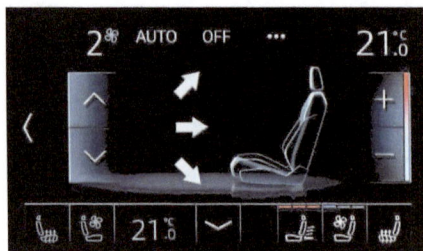

图 4-149 激活脚架中的足底加热装置

（二）空调制冷系统维修

1. 空调制冷剂充放机

随着在奥迪 A8（型号 4N）中引进制冷剂 R744，在售后服务中也引进了新的空调制冷剂充放机。

通过以往的空调制冷剂充放机无法对采用 R744 的空调进行保养。因为 R744 对压力和密封性有新的要求，需要通过空调制冷剂充放机完成以下任务：软管清空、排放、抽真空、加注、压力检测、喷射新机油和紫外线添加剂。

空调制冷剂充放机通过多功能转向盘进行操作和菜单导航，提供了自动模式和手动模式。通过手动模式，可以选择单个工作步骤，如图 4-150 所示。

"空调保养"自动模式具有以下工作步骤，如图 4-151 所示。

- 自检。
- 排放。
- 抽真空。
- 加注。

图 4-150 空调制冷剂充放机

图 4-151 "空调保养"自动模式

提示：

因为无法通过空调制冷剂充放机为 R744 进行制冷剂循环回路的冲洗，所以必须通过之前使用的空调制冷剂充放机和相关制冷剂（例如 R1234yf 或 R134a）执行冲洗过程。

2. 保养接口

采用 R744 的空调保养接口盖板不再是拧紧式结构，而是选用插接结构，这提高了安全性。因为与螺栓连接方式不同，在盖板下面不会形成制冷剂压力，从而防止盖板因为高

压而自行松动的情况。此外，通过这种措施也减小了事故风险。

为了在服务中不会意外地抽出或加注错误的空调气体，服务接口和服务连接器均采用了机械编码。也就是说，R134a、R1234yf 和 R744 的接口几何结构不同，例如直径和接口长度，R744 的空调保养接口如图 4-152 所示。

图 4-152 R744 的空调保养接口

拓展阅读

精益求精

工匠精神的核心在于对待工作执着专注、精益求精、追求卓越。面对谱写更加绚丽篇章的生动实践，从党员干部到专业人才、基层群众，各行业、各领域、各年龄劳动者都应以工匠精神对待工作，以卓越品质做好工作，以每个人的精彩凝结出事业的出彩。

社会各界要弘扬工匠精神。习近平总书记强调，劳动者素质对一个国家、一个民族发展至关重要。这些高素质的劳动者不仅要有高水平的专业技术，掌握尖端技术、富有创新能力，还要有精益求精的工作作风，心无旁骛、专注笃定。随着先进制造业的蓬勃发展，国家对胸怀工匠精神的高素质劳动者的需求只会越来越大。这就需要在全社会大力弘扬工匠精神，营造精益求精的浓厚氛围，厚植发展的坚实根基。

治玉石者，既琢之而复磨之，治之已精，而益求其精也。

让我们大力弘扬好精益求精的工匠精神，以更加负责的态度投入工作、更高的标准开展工作、更卓越的追求完成工作，牢牢把握重大战略机遇期，埋头苦干、奋勇争先!

任务评价

（一）判断题

1. 使用 4C-Climatronic 时，可以彼此独立地针对每个空气调节区自动调节温度、气流分布和风量。 （　　）
2. 4C-Climatronic 利用两个空调器对前部和后部空气调节区进行空气调节。 （　　）
3. 后部空调器可以对行李舱单独进行空气调节。 （　　）
4. 使用 4C 和 2C-Climatronic 时的温度调节范围为 16~29.5℃。 （　　）
5. 使用 2C-Climatronic 时可以自动并彼此独立地调节左侧和右侧乘员区的温度。 （　　）

（二）简答题

1. 气候控制系统在制冷控制的过程中接收的信息有哪些?
2. 风机转速在控制的过程中接收的信息有哪些?
3. 空气质量监控系统有哪些特点?
4. 什么时候自动空气再循环功能关闭进气风门并打开空气再循环风门?

（三）不定项选择题

1. 气候控制系统用于温度控制的信号有：
   A. 车内温度传感器　　　　　　B. 阳光传感器
   C. 车外温度传感器　　　　　　D. 空调压力传感器

2. 实现分区温度控制的条件是：
   A. 操作左侧和右侧温度选择按钮　　B. 气候控制系统无故障码
   C. 只需要一个温度调节风门电动机模块　　D. 按下AUTO按钮即可执行分区温度控制

3. 关于鼓风机转速的修正控制，下列描述正确的是：
   A. 除霜器开关开启时会增大鼓风机转速　　B. 日照量变化时会减小鼓风机转速
   C. 发动机温度上升时会增大鼓风机转速　　D. 在经济模式时会增大鼓风机转速

4. 关于鼓风机，下列描述正确的是：
   A. 为直流有刷电动机
   B. 鼓风机在启动前会检查气候控制单元
   C. 鼓风机转速由风扇控制模块控制
   D. 鼓风机损坏时会存储故障码

5. 关于气流方向的调整，下列描述正确的是：
   A. 会参考当前温度调节风门电动机模块位置来确定气流模式
   B. 会参照车外温度来确定气流模式
   C. 会参照车内温度来确定气流模式
   D. 会依据驾驶人的意图来确定气流模式

6. 关于除霜器调节风门电动机模块，下列描述正确的是：
   A. 在自动模式下，气候控制单元会根据需要促动除霜器调节风门电动机模块
   B. 气候控制单元通过LIN控制除霜器调节风门电动机模块
   C. 调节风门电动机模块会向空调控制反馈当前位置的信号
   D. 除霜器调节风门电动机模块是直流有刷电动机

7. 在气候控制系统中，关闭空气再循环的条件是：
   A. 开启除霜器　　　　　　B. 开启空调
   C. 车内温度比较低时　　　　D. 车外温度比较低时

8. 在气候控制系统中，实现空气质量控制功能的部件有：
   A. 空气再循环调节风门电动机模块　　B. 空气质量传感器
   C. 空调滤清器　　　　　　D. 车外温度传感器

9. 所有三个型号的空调在结构和功能上有哪些共同点？
   A. 前部空调器通过两个固定元件固定在安装板上
   B. 灰尘及花粉滤清器组合安装在前部空调器内，可以在空调器处于安装状态下更换
   C. 每个空调器各有一个蒸发器、一个热交换器和一个鼓风机
   D. 具有余热利用功能，即利用发动机关闭后产生的热空气调节乘员区的温度
   E. 前部仪表板上和后部中控台上各有一个操作和显示单元